Alexander Batthyány / Elisabeth Lukas
Logotherapie und Existenzanalyse heute

Alexander Batthyány
Elisabeth Lukas

LOGOTHERAPIE UND EXISTENZANALYSE HEUTE

Eine Standortbestimmung

Mit einem Geleitwort von Eleonore Frankl
und einem Vorwort von Franz Vesely

Tyrolia-Verlag · Innsbruck-Wien

MIX
Papier aus verantwortungsvollen Quellen
FSC® C014138

Nachhaltige Produktion ist uns ein Anliegen; wir möchten die Belastung unserer Mitwelt so gering wie möglich halten. Über unsere Druckereien garantieren wir ein hohes Maß an Umweltverträglichkeit: Wir lassen ausschließlich auf FSC®-Papieren aus verantwortungsvollen Quellen drucken, verwenden Farben auf Pflanzenölbasis und Klebestoffe ohne Lösungsmittel. Wir produzieren in Österreich und im nahen europäischen Ausland, auf Produktionen in Fernost verzichten wir ganz.

Mitglied der Verlagsgruppe „engagement“

Umschlaggestaltung: stadthaus 38, Innsbruck
Layout und digitale Gestaltung: Tyrolia-Verlag
Druck und Bindung: FINIDR, Tschechien
ISBN 978-3-7022-3893-3 (gedrucktes Buch)
ISBN 978-3-7022-3895-7 (E-Book)
E-Mail: buchverlag@tyrolia.at
Internet: www.tyrolia-verlag.at

Für Eleonore Frankl
in Dankbarkeit und Verbundenheit

INHALT

GELEITWORT VON ELEONORE FRANKL

Es ist eine glückliche Fügung, dass gerade die beiden Personen, die im deutschen Sprachraum über das wohl tiefste Verständnis des Werks Viktor Frankls verfügen, gemeinsam ein Buch über die Logotherapie und Existenzanalyse verfasst haben. Denn beide – Elisabeth Lukas und Alexander Batthyány – haben die Logotherapie nicht nur verstanden, sondern auch vom Herzen her begriffen, was mein Mann mit seinem Werk bewirken wollte. Eine bessere Autorenkombination kann man sich daher gar nicht wünschen: Wenn sich die beiden Besten zusammensetzen, kommt auch das Beste heraus.

Eleonore Frankl

VORWORT VON FRANZ J. VESELY

Alexander Batthyány und Elisabeth Lukas besprechen in diesem Buch ein breites Themenspektrum aus logotherapeutischer Perspektive – darunter aktuelle Themen ebenso wie Problemfelder innerhalb der Logotherapie, die schon länger darauf warteten, kritisch und mit klarer inhaltlicher Genauigkeit diskutiert und behandelt zu werden.

Die beiden Autoren werden damit der Verantwortung gerecht, die Viktor Frankl in die Hände künftiger Logotherapeutengenerationen gelegt hat: die Logotherapie in einem offenen Dialog mit den wissenschaftlichen, philosophischen und gesellschaftlichen Themen, Trends und Problemstellungen der Gegenwart lebendig und zukunftsfähig zu halten.

Franz J. Vesely
Leiter des Viktor Frankl Archivs,
Mitgründer des Viktor Frankl Instituts Wien

I. DIE PATHOLOGIE DES ZEITGEISTS IM 21. JAHRHUNDERT

1. GLÜCK IST, WAS EINEM ERSPART BLEIBT

Batthyány: Wir werden in diesem Gespräch einige bisher noch selten so offen und im Detail diskutierte Fragen innerhalb der Logotherapie behandeln und dabei auch Debatten und Kontroversen ansprechen, die in den letzten Jahren oder Jahrzehnten innerhalb der Logotherapie aufgekommen sind. Wir werden auch auf neuere Entwicklungen innerhalb der Logotherapie und benachbarter Forschungsgebiete eingehen. Und wir werden – und das vielleicht gleich zum Einstieg – auch auf Einsichten und Erkenntnisse im Werk Viktor Frankls hinleuchten, die noch verhältnismäßig wenig Beachtung gefunden haben; darunter auch einige, die sich vielleicht erst auf den zweiten oder dritten Blick erschließen. In diesem Zusammenhang muss ich gestehen, dass mir der innere Sinn eines solchen Impulses lange Zeit verborgen geblieben ist. Konkreter konnte ich über viele Jahre hinweg mit Frankls Definition von Glück relativ wenig anfangen. Frankl definiert Glück wie folgt: „Glück ist, was einem erspart bleibt“.[1]

Ich hatte den Satz zwar immer wieder gelesen; aber bis er richtig „angekommen“ ist, dauerte es tatsächlich ziemlich lange. Aber heute scheint mir: Die Einsicht, die in diesem scheinbar kleinen Satz verborgen ist, ist nicht weniger als der Weg zu eben einer jener kopernikanischen Wenden, von denen Frankl im Zusammenhang von tiefen Erkenntnisprozessen und lebensverwandelnden Einsichten gesprochen hat.

---

1 Frankl, V. E. (2005). … *trotzdem Ja zum Leben sagen.* Bd. 1 der Edition der Gesammelten Werke. Hrsg. von Batthyány, A., Biller, K. und Fizzotti, E. Wien: Böhlau, 79. Genau genommen handelt es sich bei Frankls Formulierung um eine semantische Verkürzung des Satzes: „Glück ist das Nicht-Eintreten von dem, was einem erspart bleibt.“

Ich will das an einem Beispiel illustrieren: Man geht zur Routineuntersuchung zum Arzt. Der Weg zu seiner Praxis ist eine dieser vielen alltäglichen Strecken durch die Stadt: Auf dem Weg kommt man an Blumenständen vorbei, an der Buchhandlung, an einigen Kleidungsgeschäften, an den Lebensmittel- und Blumenläden und Marktständen etc. Schließlich sitzt man im Wartezimmer der Arztpraxis, blättert in den dort ausliegenden Zeitschriften, liest sich vielleicht den einen oder anderen Artikel über Reiseziele, Rezepte und Theaterkritiken durch – und wird dann zum Arzt hineingerufen. Der Arzt begrüßt einen allerdings schon mit einem etwas ernsteren Blick und eröffnet einem dann überraschend, dieser oder jener Befund gefalle ihm nicht, dem müsse man weiter nachgehen, ob sich dahinter nichts Schlimmeres verberge. Jeder, der sich in diese Situation hineinversetzen kann, wird die Verwandlung der Welt nachvollziehen können, die eintritt, sobald diese Welt mit einem Male so unerwartet und grundlegend bedroht ist. Sie ist auf einmal in Frage gestellt. Und: Sie ist dadurch eine andere geworden. Auf dem Heimweg beobachtet man die Sorglosigkeit anderer – es ist genau dieselbe Sorglosigkeit, die man selbst auf dem Hinweg noch mit ihnen teilte, ohne sie allerdings je gewürdigt oder Dankbarkeit darüber empfunden zu haben. Man sieht auf dem Weg nach Hause dem alltäglichen Treiben auf der Einkaufsstraße zu, und es wird einem klar: „Diese Menschen haben etwas, was ich eben verloren habe: Sorgenfreiheit. Diese Sorgenfreiheit hätte ich auch gerne wieder." Eine Patientin formulierte es einmal sehr treffend: Sie sprach in eben diesem Zusammenhang von der „unerlebten Fröhlichkeit" der Menschen, die gar nicht mehr wahrnehmen, wie sorglos und frei sie eigentlich durch die Einkaufsstraßen flanieren.

Es wird einem in solchen Situationen unmittelbar bewusst, was für ein Glück es beispielsweise bis zu diesem Tag gewesen ist, alles das zu erleben, was auf dem Hinweg noch ein kaum je hinterfragtes oder etwa dankbar anerkanntes Geschenk gewesen ist: beispielsweise am Schaufenster einer Buchhandlung stehenzubleiben, sich einige der neuen Buchtitel anzusehen, die man als Nächstes lesen könnte, oder die Kleidung der kommenden Saison – und sich auf die kommende neue Jahreszeit zu freuen, oder die Vielfalt und Farbenpracht der Blumen des Blumenstands auf sich wirken zu lassen etc. Kurz: Auf einmal leuchtet einem auf, wie interessant, wie lebenswert, wie großzügig und wie sorgenfrei das Leben die meiste Zeit gewesen ist. Und mit diesem Gedanken wird einem klar, wie dankbar man die ganze Zeit über selbst für das scheinbar belanglose, „selbstverständliche" Alltagsglück hätte sein können.

Wenn man sich nun weiter vorstellt, dass man eine Woche später zum Nachfolgetermin geht – die Laborwerte liegen nun vor, und der Arzt eröffnet einem die gute Nachricht, dass alles in Ordnung sei; es war nur eine harmlose und vorübergehende Infektion, die die Blutwerte verfälschte, also ein Fehlalarm. Es lässt sich leicht ausmalen, wie nach dieser erfreulichen Nachricht auf dem Weg nach Hause dieselbe Einkaufsstraße in neuem Licht erstrahlt. Nur: Was ist dieses neue Licht eigentlich? Es ist das Licht der Dankbarkeit. Und Dankbarkeit wofür? Dafür, dass man nur seinen Alltag wieder hat; mehr ist ja nicht geschehen. Die eigentliche Wandlung fand daher im Inneren statt: das dankbare Bewusstsein, dass das vermeintliche belanglose und selbstverständliche Alltagsglück weder belanglos und schon gar nicht selbstverständlich ist, sondern eben ein Glück.

Anders gesagt: Wir gewöhnen uns manchmal so sehr an das, was wir haben – und sind oft im selben Ausmaß so beschäftigt mit dem, was wir gerne hätten oder haben zu müssen glauben, dass die Dankbarkeit für das Gelungene, Heile, Gute atrophiert, also unterversorgt wird und abstirbt. Und dann ist es oftmals erst das Bedrohtsein oder der Verlust des bis dahin als selbstverständlich Hingenommenen, die uns vor Augen führen, wie beschenkt wir die ganze Zeit gewesen sind. Und wie blind für das Schöne, Gute und Gelungene wir womöglich diese ganze Zeit über waren.

Kurz: Dieser scheinbar kleine Satz birgt auf gleich mehreren Ebenen eine tiefe und tatsächlich positiv lebensverändernde Weisheit. Er öffnet die Tür zu einer natürlichen und echten, weil eben begründeten und wirklich empfundenen Dankbarkeit – also einer Dankbarkeit, die nicht nur als „moralische Pflicht" oder als Lippenbekenntnis dem Leben entgegengebracht wird, sondern die wirklich lebensnahe und erlebnisecht erfahrbar ist. Glück ist tatsächlich, was einem erspart bleibt.

Lukas: Zu dieser Einsicht möchte ich Sie beglückwünschen. Aus dem enormen Fundus logotherapeutischer Einsichten haben Sie mit dem angesprochenen „Impuls" etwas sehr Bedeutsames herausgepickt. Tatsache ist, dass die Dankbarkeitsvergessenheit grassiert wie eine böse Infektionskrankheit.

Mir ist dies schon als junge Dissertantin Anfang der 1970er Jahre aufgefallen, und damals hielt sich die „Infektion" noch in Grenzen. Die erbärmliche Kargheit der Nachkriegsjahre war den Erinnerungen vieler Europäer noch nicht entschlüpft. Trotzdem hatte der Wohlstand bereits seinen Siegeszug angetreten und damit ein irrationales Anspruchsdenken zu schüren begonnen. Die Kenntnis von Frankls Trilogie „Schöpferische Werte", „Erlebniswerte" und „Einstellungswerte" im Hinterkopf ging ich damals im Zuge meiner Dissertation daran, nach einer Befragung von 1000 Zufallspersonen die erhaltenen Antworten auf deren Werteladung abzutasten. Dabei fiel mir auf, dass es eine Reihe von Antworten gab, die auf meine Frage nach Sinnfindung im Leben die Freude über positive Faktoren und/oder die Bereitschaft, diese eigenen Schätze mit anderen Menschen zu teilen, benannten. Diese Antworten streiften lediglich die „Erlebniswerte" und ähnelten eher den „Einstellungswerten" mit umgekehrten Vorzeichen. Offenbar gibt es nicht nur großartige und sinnorientierte Einstellungen zu Kummer und Leid, sondern ebensolche zu den Gnadenfüllhörnern, die sich gelegentlich über uns öffnen.

Ich besprach mich mit meinem Mentor, und Frankl stand der Idee einer Erweiterung seiner Definition der „Einstellungswerte" um die „generalisierten Einstellungswerte" (Lukas) wohlwollend gegenüber. Schlussendlich erbrachte die Aufschlüsselung der Werteladungen der Antworten aus meiner Befragung eine spannende Verteilung. Die drei „Hauptstraßen der Sinnfindung" (Frankl) waren von jenen Befragten, die ihr Leben als sinnvoll deklarierten, folgendermaßen betreten worden: von 50,40 % über die „schöpferischen Werte", von 23,26 % über die „Erlebniswerte" und von 26,34 % über die „Einstellungswerte plus generalisierten Einstellungswerte" (= 100 %). Rund die Hälfte fand also Sinn im Hineinwirken in die Welt. Rund ein Viertel fand Sinn im Empfangen der Schönheiten der Welt. Rund ein Viertel fand Sinn im Positionbeziehen zu Gegebenheiten der Welt – seien sie zum Weinen oder zum Lachen[2].

Batthyány: Diese Arbeit – „Logotherapie als Persönlichkeitstheorie"[3] – war, soweit ich weiß, die erste deutschsprachige Dissertation zur Logotherapie; und sie ist auch, gemeinsam mit dem „Purpose in Life-Test" von James C.

---

2 Lukas, E. In: Frankl, V. E. (1982). *Der Wille zum Sinn. Ausgewählte Vorträge über Logotherapie*. Bern: Hans Huber (3. Auflage), 290

3 Lukas, E. (1971). *Logotherapie als Persönlichkeitstheorie*. Dissertation. Universität Wien

Crumbaugh und Leonard T. Maholick (1964)[4], eine der von Frankl am häufigsten zitierten Arbeiten der empirischen Logotherapie.

Der historischen Vollständigkeit willen ist vielleicht noch zu erwähnen, dass Ihr Doktorvater, der damalige Ordinarius für Psychologie der Universität Wien, Giselher Guttmann – als Schüler von Hubert Rohracher ein Vertreter derjenigen, die die Psychologie als streng empirische Wissenschaftsdisziplin betrachten und zudem auch ein Pionier der Neuropsychologie –, nicht zuletzt unter dem Eindruck der von Ihnen erhobenen Daten zunehmend den Wert der Logotherapie sowohl als Persönlichkeitstheorie als auch als Psychotherapie zu erkennen begann.

Zumindest sagte mir dies Professor Guttmann knapp 30 Jahre später, als er dann wiederum als Doktorvater meine Dissertation betreute. Professor Guttmann war es auch, der vor diesem Hintergrund ihrer empirischen Glaubwürdigkeit über viele Jahre hindurch im österreichischen akademischen Diskurs immer wieder seine Stimme für die Logotherapie erhob und so maßgeblich darauf hinwirkte, dass die Logotherapie vom österreichischen Ministerium bzw. dem Psychotherapiebeirat als Richtlinienpsychotherapie anerkannt wurde und heute das psychotherapeutische Fachspezifikum des Ausbildungsinstituts für Logotherapie und Existenzanalyse (ABILE[5]) staatlich akkreditiert ist.

Aber um wieder den Anschluss an die Gegenwart zu finden: Ihre Forschungsarbeit wurde 1971 am Institut für Psychologie der Universität Wien eingereicht. Vor dem Hintergrund Ihrer langjährigen therapeutischen Beobachtungen, klinischen Erfahrung und Lehr- und Vortragstätigkeit seither: Ich frage mich, ob diese Prozentsätze der Werteschwerpunkte heute – immerhin knapp 50 Jahre später – ähnlich verteilt wären, wenn man diese Messung erneut durchführen würde?

Lukas: Nein, vermutlich würden die Prozentsätze heute anders aussehen. Ich vermute, dass sowohl die „Erlebniswerte“ als auch die „Einstellungswerte

4 Crumbaugh, J. C. & Maholick, L. T. (1964). An experimental study in existentialism: The psychometric approach to Frankl's concept of noogenic neurosis. In: *Journal of Clinical Psychology*, 20 (2), 200–207

5 Das österreichische Ausbildungsinstitut für Logotherapie und Existenzanalyse (ABILE) wurde 1994 mit ausdrücklicher Zustimmung Viktor Frankls gegründet und führt neben der regulären Psychotherapieausbildung auch Forschungsprojekte im Bereich der Psychotherapiewissenschaften an der Donau-Universität Krems aus.

plus generalisierten Einstellungswerte“ unter die 25 %-Marke rutschen würden. Bei den „Erlebniswerten“ bin ich dessen nicht sicher, doch scheint mir, dass selbst überzeugte Internetfans das Surfen und Kommunizieren im Netz nicht mehr als „rein beglückendes Erlebnis“ erachten, sondern irgendwo zwischen Informationsgewinn, Zwang und Fesselung einordnen. Jedenfalls werden für sonstige beglückende Erlebnisse die Zeitfenster schmal. Für „Einstellungswerte“ angesichts von Leid dürften die schnell aufwallende Entrüstung und Wehleidigkeit verwöhnter Menschen arg groß sein. Und für „generalisierte Einstellungswerte“ fehlt vielerorts der Sensus der Dankbarkeit.

2. WOHLSTAND UND DER MANGEL AN DANKBARKEIT

Lukas: Dass man sich zu einem schweren und unabänderlichen Schicksal tapfer tragend und *würdig* einstellen kann, und dass dies eine beachtliche Sinnkomponente darstellt, ist für unsere Zeitgenossen überraschend genug. Dass man sich zu einem leichten und angenehmen Schicksal *es würdigend* einstellen kann, ja, dass es angemessen ist, sich an Erfreulichem zu erfreuen, klingt schon fast wie eine Farce. „Na logisch“, schreit der Verstand, und dennoch scheint es einer erheblichen Intelligenzakrobatik zu bedürfen, eine solche Würdigung zu vollziehen. Korrespondenten aus allen Erdteilen präsentieren uns Bilder des Grauens aus Hunger- und Kriegsländern, von Flucht, Vertreibung, Unterdrückung und Aussichtslosigkeit am laufenden Band, aber der „logische“ Abgleich mit unseren hiesigen selbst in Pandemiezeiten noch paradiesischen Bedingungen fällt aus. Im Gegenteil: Die Zahlen der seelisch angeknacksten und Therapie benötigenden Personen in unserem Kulturkreis steigen. Die Zufriedenheit sinkt.

Batthyány: ... und das wirft zugleich die Frage auf: Woran mag das liegen und wie ist das möglich? Wie kann mitten im Wohlstand – und für viele Menschen auch mitten im Überfluss – und in so starkem Kontrast zu anderen, nämlich viel entbehrungsreicheren Zeiten und Landstrichen, Undankbarkeit so epidemisch werden?

Lukas: Ehrlich gesagt, ich weiß es nicht. Vielleicht bin ich einfach zu alt und zu sehr Kriegskind, um das zu verstehen. Die einzige Erklärung, die mir dazu einfällt, ist, dass positive Lebensbedingungen *als solche überhaupt erst erkannt* *werden müssen*. Ich habe unzählige Patienten gehabt, die (zu Recht) unglücklich waren – aber gewiss auch eine nicht zählbare Schar an Patienten, die nicht wussten, dass sie glücklich waren bzw. glücklich hätten sein können. Sie waren nicht imstande, ihre Lebensumstände als milde und schonend zu taxieren. Sie hatten keine Ahnung, was ihnen in ihrer Vergangenheit erspart geblieben war. Sie hatten keinen Schimmer, wie prächtig ihre Zukunftsoptionen aussahen. Sie waren für all das Gute rund um ihre Person mit völliger Ignoranz geschlagen. Dann kamen sie daher und meckerten über Banalitäten …

Für sie habe ich einen drastischen Therapieplan entworfen[6]. Ich ging daran, ihnen ein schlimmes Schicksal *im Konjunktiv* auszufantasieren. Eine junge, von Nichtigkeiten genervte Mutter wurde angeleitet sich vorzustellen, sie sei mit ihrem kleinen Sohn gerade auf der Fahrt zu einer Klinik, wo der Bub einer Herzoperation unterzogen werden müsse. Wie würde sich ihre Lage anfühlen? Ein junger quengeliger Mann wurde aufgefordert zu imaginieren, dass er soeben einen Einberufungsbefehl in ein Kampfgebiet erhalten habe. Er müsse sich als Soldat von seinen Lieben verabschieden. Einen wohlhabenden und entsprechend mürrischen Arzt ließ ich die Vision durchleiden, ihm sei vor Jahren ein gravierender Kunstfehler unterlaufen, der ihn jetzt erschreckend einhole. Es war faszinierend zu erleben, wie froh die Patienten plötzlich aufatmeten, dass diese Fantasien *im Konjunktiv* nicht die Realität widerspiegelten. Und wie gefasst und gelassen sie daraufhin ihre Realität annahmen.

Ist diese Methode brutal? Ich möchte die Frage verneinen. Manchmal müssen Menschen bis in ihr Innerstes aufgerüttelt werden, um ihre Grundeinstellungen neu zu überdenken. Manchmal sind es auch Erschütterungen, die das Leben selbst ihnen verpasst, auf Grund derer sie ihre Haltung radikal revidieren. Im Prinzip *muss* es niemandem gut gehen. Nirgends in der ganzen belebten Natur ist verankert, dass Pflanzen, Tiere oder Menschen unbehelligt ihr Dasein fristen können. Dahinwelken und Schmerzempfinden sind allgegenwärtig. Der Tod lauert überall. Was uns davon wie lange erspart bleibt, ist pures Göttergeschenk. *Das zu wissen, ist das größte Geschenk!*

In einer Industriegesellschaft wie der Unsrigen müssen wir höllisch aufpassen, Glück nicht mit dem Besitz von Konsumgütern zu verwechseln. Freilich will die Industrie die Waren, die sie erzeugt, verkaufen und muss zu

6 Vgl. dazu Lukas, E. (2014). *Vom Sinn des Augenblicks. Hinführung zu einem erfüllten Leben.* Kevelaer: topos plus, Kapitel „Die Sonnenseiten des Lebens bejubeln“

diesem Zweck das Bedürfnis nach ihren Waren ständig anheizen. Zufriedene Menschen geben aus ihrer Sicht zu wenig Geld aus. Allerdings gäbe es dazu eine Sinn-Alternative, nämlich die Verwirklichung von „generalisierten Einstellungswerten". Mit ihnen ist ja nicht nur eine „das Positive würdigende" Einstellung gemeint, sondern auch eine samariterhafte Einstellung. Austeilen kann nur derjenige, der Besitztümer hat. Helfen kann nur derjenige, der Hilfsmittel hat. Letztlich bedeutet das Gutgehen nicht bloß Anlass zur Freude, sondern auch Anlass, sich um das Schlechtgehende zu kümmern.

Zufriedene Menschen geben zu wenig Geld aus? Sie brauchen es „zu ihrem Glück" nicht für überflüssige, dem Begehren einsuggerierte Waren auszugeben, daher könnten sie es für ihre Mitmenschen ausgeben, speziell für diejenigen, die weniger Grund zur Zufriedenheit haben. Frankl war weise, als er davon sprach, dass den „Einstellungswerten" die Superiorität zukommt. Sie evozieren menschliche Höchstleistungen. Ergänzen möchte ich, dass auch die „generalisierten Einstellungswerte" zu menschlichen Höchstleistungen einladen. In einer Welt, in der die jeweiligen Glückspilze den jeweiligen Unglücksraben liebevoll ihre Hände entgegenstrecken würden, ließe sich für alle gut leben.

3. EINE STÄRKE DES MENSCHEN: ANDERE MENSCHEN

Batthyány: Das ist ein wertvoller Denkanstoß. Im Grunde geht er nämlich einen erheblichen Schritt weiter als Frankls Glücksbestimmung: Nicht nur ist Glück, was einem erspart geblieben ist. Es birgt auch zusätzlich einen „gesonderten" Auftrag zur Selbsttranszendenz, also zum Blick über den Tellerrand des eben nicht nur bedürftigen, sondern auch dankbaren, großzügigen, wohlwollenden und zum Teilen bereiten Ichs.

Dazu fällt mir eine wissenschaftliche Arbeit ein, die in einem der von der *American Psychological Association* herausgegebenen Sammelbände zur sogenannten „Positiven Psychologie" erschienen ist.[7] In diesem Band wurde vermessen, welche Stärken und Möglichkeiten im Menschen brachliegen – das ist ja das Programm der „Positiven Psychologie". Viele Autoren, da-

---

7 Aspinwall, L. G. & Staudinger, U. M. (Eds.) (2003). *A Psychology of Human Strengths: Fundamental Questions and Future Directions for a Positive Psychology*. Washington, DC: American Psychological Association

runter einige der heute bekannteren psychologischen Forscher, versuchten sich an dem Thema. Man kommt allerdings nicht umhin, kritisch anzumerken: So schön an und für sich das Projekt der Positiven Psychologie auch sein mag, so sehr waren viele der Autoren allzu forciert optimistisch und erlagen daher der Versuchung, die Psychologie in ein fortwährendes Selbstoptimierungsprojekt und in weiterer Folge menschliches Leben insgesamt in ein überaus ambitioniertes „Glücksprojekt" abgleiten zu lassen, in dem das Bewusstsein von Leid und Mangel und die tragische Trias aus Leid, Schuld und Tod (und paradoxerweise daher auch die Dankbarkeit) – oder auch nur das Anerkennen und Gutseinlassen des eben auch einmal Nichtvollkommenen – keinen rechten Platz haben. Der Perfektionismus fortwährender Selbstverwirklichung und -verbesserung und des immer Positiven nimmt da manchmal durchaus beklemmende Dimensionen an und ist angesichts des globalen Leids auch moralisch fragwürdig und schlichtweg unrealistisch. Wir werden noch im Laufe dieser Gespräche darauf kommen, warum und in welcher Hinsicht es einer so einseitigen Gewichtung und Überbetonung des Positiven an einem vernünftigen, reifen und gesunden Realismus mangelt – und auch, wie kostspielig sie psychologisch sein kann, wenn es etwa um Leidbewältigung und Mitgefühl und Frustrationstoleranz geht.

Aber *ein* einzelner Artikel stach aus dem erwähnten Sammelband heraus. Die bedeutende amerikanische Sozialpsychologin Ellen Berscheid von der Universität Minnesota beschrieb darin mit beeindruckender Feinfühligkeit die „größte Stärke des Menschen: andere Menschen"[8]. Berscheid machte daran sogar einen der wesentlichen Faktoren kultureller und sozialer Entwicklung fest.

Was Sie eben über generalisierte Einstellungswerte und die „samariterhafte Einstellung" gesagt haben, kann man somit auch ausdehnen nicht nur auf zu teilende Güter, sondern auch für *Fähigkeiten* in Stellung bringen, die sich einsetzen lassen, um einander zu helfen, um füreinander da zu sein, und sich einzubringen. Das setzt nämlich erstens die Anerkennung der Bedürftigkeit des Menschen voraus (verschließt also nicht mehr die Augen vor dem Leiden oder den Nöten der Menschen), zweitens behält es aber auch den Wert der gegenseitigen Hilfsbereitschaft im Blick.

---

8 Berscheid, E. (2003). The human's greatest strength: Other humans. In: Aspinwall & Staudinger. *A Psychology of Human Strengths*, s. Anm. 7

Bildlich gesprochen: Der Blinde kann den Lahmen tragen und der Lahme den Blinden führen, und beide bezeugen damit ja viel mehr als nur die Fähigkeit des Menschen, ihre jeweiligen Schwächen zu kompensieren. Sie bezeugen damit eben auch, dass andere Menschen – und unsere Bereitschaft, unsere Fähigkeiten mit ihnen zu teilen und in den Dienst des anderen zu stellen – tatsächlich eine der größten Stärken des Menschen sind. Zweitens werden diese Fähigkeiten ja erst dann ihrer eigentlichen sinnvollen Bestimmung zugeführt – davor waren es ja bloß Möglichkeiten. Nun aber, im Einsatz für und mit etwas oder jemand, der oder das nicht wieder man selbst ist, werden sie sinnvoll genutzt und verwirklicht.

Aber dieser Zusammenhang zeigt auch etwas noch Grundsätzlicheres über die Natur selbst. Man kann das auch philosophisch deuten und dann entfalten sich sehr schöne und tröstliche Implikationen für unser Welt- und Menschenbild: dass nämlich mit der Person, vor allem ihrem Potential zur Selbsttranszendenz, etwas in die Welt getreten ist, in dessen Hand sogar die Schwäche noch Zeugnis von Stärke werden kann.

Um zum Blinden und dem Lahmen zurückzukommen: Wir kennen aus der Natur zwar zahlreiche Beispiele der Symbiose und des biologischen Gleichgewichts und des gegenseitig Angepasstseins von Wirtstieren etc. – das ist ja gleichsam das „Erfolgsrezept“ der Natur: Zusammenarbeit und Ineinanderwirken.

Aber das, was Sie mit der „samariterhaften Einstellung“ beschreiben, geht weit darüber hinaus. Es ist uns im Unterschied zum Tier stets nur als Möglichkeit, also im Freiraum, gegeben. Das Teilen und die Großzügigkeit ist beim Menschen eben nicht, wie beim Tier, triebhaft vorbestimmt. *Nichts treibt uns zur Großzügigkeit an.* Mit anderen Worten: Im Menschen ist Teilen nicht einfach ein biologisches Programm, das automatisch abläuft, sobald wir irgendwo ein Defizit erblicken. Es ist etwas viel Wertvolleres: nämlich Ausdruck genuinen Wohlwollens – also ein Akt in Freiheit und Verantwortung bzw. der Akt in der Freiheit, wohlwollend und Anteil nehmend zu leben – oder eben nicht.

4. REAKTIVES GLÜCK UND UNGLÜCK

Batthyány: Wir können ja beides: am Leid vorbeigehen oder im Rahmen unserer Möglichkeiten zu helfen versuchen. Denn das Gegenbild zu dem, was Sie „samariterhafte Haltung" nennen, wenn ich Ihren Gedanken nochmals aufgreifen und weiterspinnen darf, ist auf der anderen Seite, dass Undankbarkeit und geringes Wohlwollen in sehr unmittelbarer Weise miteinander zusammenhängen: dass man in einer innerlich unreifen Anspruchshaltung für das eigene Glück ebenso erblindet („es steht mir ja zu!") wie für die Not in der Welt („was geht mich das an?"). Ersteres wird als selbstverständlich hingenommen und Letztes geht einen dann scheinbar nichts an. Frankls Satz vom Glück als das, was einem erspart bleibt, und Ihre Worte über generalisierte Einstellungswerte und die samariterhafte Einstellung decken so gesehen beide Seiten der Medaille ab: Das eigene Glück ist ebenso wenig selbstverständlich wie die Not des anderen, an der man nicht schulterzuckend vorübergehen soll, sofern man Ressourcen hat, diese Not zu lindern oder zu beheben.

Wobei wir es nebenbei gesagt dem Realismus schulden, dass wir nicht vergessen sollten, dass wir ja tatsächlich nie wissen, wann wir uns auf welcher Seite befinden werden: ob und wann und für wie lange wir also das Glück haben, teilen zu können, oder ob und wann wir darauf angewiesen sein werden, dass sich ein anderer unserer annimmt und uns aufrichtet.

Lukas: Gut, dass Sie bei Ihren Überlegungen zum sinnorientierten Miteinander den Aspekt der Freiheit betont haben. In der Psychopathologie basieren viele Probleme auf falschen bzw. sinnwidrigen Reaktionen auf gewisse Lebensvorgaben. Frankl hat in seiner „Theorie und Therapie der Neurosen"[9] ein ausführliches Kapitel den „reaktiven Neurosen" gewidmet. Solche wurden sonst nirgendwo diagnostiziert und sind heute von der Begrifflichkeit her veraltet. Trotzdem ist das *reaktive Element* bei einer Menge an seelischen Störungen ausschlaggebend.

Der eine wird am Schulweg von einem Hund angesprungen und entwickelt eine Hundephobie – der andere wird am Schulweg von einem Hund angesprungen und lernt, mit Hunden geschickt umzugehen. Die eine entdeckt, dass sie durch Vorgabe von Halsschmerzen oder Magengrimmen die

9 Frankl, V. E. (1982). *Theorie und Therapie der Neurosen*. München: UTB

zärtliche Fürsorge ihrer Mutter herbeirufen kann, und übt sich daraufhin im histrionischen Manipulieren ihrer Mitwelt ein. Die andere macht dieselbe Entdeckung, verzichtet aber auf weiteres „Theaterspielen". Zahlreiche psychologische Krankheitsbilder sind von ihrer Entstehungsgeschichte her Kombipakete: nicht nur die psychosomatischen Krankheiten mit ihrer typischen Kombination von körperlicher Vorschädigung plus Auslösestressor, sondern auch viele Abhängigkeitsprobleme, bei denen auf kurzfristig erzeugbaren Emotionalgewinn mit „Mehr desselben" statt mit vorsichtiger Zurückhaltung reagiert wird, oder iatrogene (also durch ärztliche Einwirkung erst entstandene) Störungsformen, bei denen unbedachte Äußerungen von Ärzten und sonstigen Autoritätspersonen zu ernst genommen bzw. als drohendes Unheil ausgelegt werden.

In diese Aufzählung passt, was wir soeben diskutiert haben, nämlich die inadäquate (statt adäquate) Reaktion auf eigenes Glück und auf fremdes Leid.

5. EINE FÜNFTE PATHOLOGIE DES ZEITGEISTS?

Batthyány: Zugleich ist das, was wir gerade besprechen, nicht nur individuell, sondern auch kollektiv zu beobachten und berührt damit unmittelbar auch jenen Bereich, den Frankl „die Pathologie des Zeitgeistes" genannt hat, als er vor allem in der Zeit nach dem Zweiten Weltkrieg vier gesellschaftlich weit verbreitete kritische Haltungen ausmachte: die provisorische, fatalistische, kollektivistische und fanatische Daseinshaltung.[10]

Allerdings hat Frankl diese vier Daseinshaltungen vor mehr als 70 Jahren beobachtet und beschrieben; daher stellt sich die naheliegende Frage, ob der heutige Zeitgeist tatsächlich noch ganz deckungsgleich ist mit dem damaligen Zeitgeist, der ja unter ganz anderen historischen und sozialen Bedingungen gewachsen und in Erscheinung getreten ist.

Mit Blick auf die Gegenwart untersuchen daher Studenten in der Forschungsabteilung des großen Moskauer Instituts unter meiner Leitung seit einigen Jahren, ob sich zu diesen vier Fehlhaltungen im Laufe der Zeit vielleicht noch andere hinzugesellt haben. Und tatsächlich kommt da – sowohl

---

10 Frankl, V. E. (1955). *Pathologie des Zeitgeistes: Rundfunkvorträge über Seelenheilkunde.* Wien: Deuticke

in Einzelgesprächen als auch in Gruppenerhebungen – immer wieder ein neues kollektivneurotisches Syndrom zum Vorschein, das die Vermutung, die Pathologie des Zeitgeists habe sich angesichts des geänderten sozioökonomischen Klimas entwickelt, bestätigt: nämlich eine Vermengung überragend vieler Möglichkeiten bei gleichzeitigem Schwinden des Verantwortungsbewusstseins. Anders ausgedrückt: Freiheit und Verantwortung sind in ein gehöriges Ungleichgewicht geraten.

Wir beobachten insbesondere bei Menschen, die finanziell und auch sonst gut abgesichert sind, eine enorme Anspruchshaltung dem Leben und anderen Menschen gegenüber, zugleich aber auch eine mangelnde Anerkennung des Guten und parallel dazu einen Mangel an Bereitschaft, sich den unvermeidlichen Schattenseiten des Daseins zuzuwenden, ja, diese überhaupt zu akzeptieren. Mit anderen Worten: Diesen Menschen mangelt es an vernünftiger Ehrfurcht vor dem, was sie haben und ihnen eben erspart bleibt – und auch vor dem, was sie dem Leben oder anderen schuldig sind.

Wenn man dieses neue Syndrom mit Frankls Pathologie des Zeitgeists vergleicht, dann fällt zunächst einmal auf, dass die vier von Frankl beschriebenen kritischen Daseinshaltungen allesamt durch ein Element der *Angst* gekennzeichnet sind: In der provisorischen Geisteshaltung etwa herrscht eine grundlegende Angst vor der Zukunft vor. Es wird der Zukunft so stark misstraut, dass die Betroffenen gar nicht erst einen Sinn darin erblicken können, etwas aufzubauen, von dem sie aufgrund ihrer Zukunftsängste befürchten, dass es ohnedies nicht von Bestand und Dauer sein wird. In dieser entmutigten Geisteshaltung scheint es den Betroffenen fraglich, ob und weshalb sie sich überhaupt noch für etwas oder jemanden engagieren sollten, wenn doch ohnedies nicht gewährleistet ist, dass das, wofür sie sich einsetzen, nicht schon im nächsten Augenblick wieder bedroht oder tatsächlich vernichtet wird. Daher richten sie sich im Provisorium ein – ängstlich und mutlos auf den nächsten Schicksalsschlag wartend. Das Angstmotiv hier lautet: Angst vor der Zukunft und Angst vor Bedrohung.

In der fatalistischen Daseinshaltung hingegen überragt die Angst vor vermuteten und unerkannten Schicksalsmächten und unterminiert jegliche Initiative und freie und verantwortliche Lebensführung. Der Glaube an die Übermacht des Schicksals, das dem Einzelnen, so glaubt er, gar nicht erst die Möglichkeit der Entscheidungsfreiheit und Gestaltungsfähigkeit einräumt, ihn vielmehr zu einem hilf- und bedeutungslosen Rädchen im großen Schicksalswerk reduziert, untergräbt seine Gestaltungsmotivation:

Bei näherem Hinsehen ergibt sich, dass sich der Fatalist auf den Standpunkt stellt: Es ist nicht möglich, zu handeln, sein Schicksal in die Hand zu nehmen; denn dieses Schicksal ist übermächtig. Während der Fatalist fortwährend vorsagt, ein Handeln sei nicht möglich, denkt sich der provisorisch Eingestellte: Ein Handeln ist auch ganz und gar nicht nötig; denn wir wissen nicht, was morgen los sein wird.[11]

Das Angstmotiv des Fatalisten ist somit die Übermacht des Schicksals, nicht selten gepaart mit abergläubischer Furcht vor verborgenen Schicksalszusammenhängen (Unglückssymbolen, Horoskopen, schlechten Omen etc.).

Beim Kollektivismus dagegen ist das vereinfachende, oft stereotypisierende Gruppendenken meist nicht nur mit dem „Untergehen der Person in der Masse“ (Frankl) verbunden, sondern auch mit dem gleichzeitigen Aufbau eines Feindbilds – nämlich eines anderen Kollektivs (Out-Group): Tatsächlich bestätigt ja auch die sozialpsychologische Forschung, dass das sogenannte In-Group/Out-Group-Denken nur in dem Maße funktioniert, wie ein abzulehnendes und meist als feindlich wahrgenommenes Gegenkollektiv konstruiert wird: wir gegen die anderen bzw. die anderen gegen uns.[12] Das Angstmotiv richtet sich hier also auf ein Feindbild, also alle jene, die gegen das eigene Kollektiv einstehen, weil sie andere Ideale oder Identifikationsmerkmale (in der Regel die eigenen) höher schätzen.

Im Fanatismus dagegen – auch das bestätigt die sozial- und einstellungspsychologische Forschung – herrschen andere Ängste vor: erstens die Angst vor den eigenen Zweifeln, die umso radikaler kompensiert werden müssen durch Loyalitätsbeteuerungen gegenüber der fanatisch verteidigten Meinung oder Einstellung[13]; zweitens aber auch die Angst vor der Gültigkeit oder Wahrhaftigkeit anderer, den eigenen Ansichten widersprechenden Überzeugungen. Denn deren Wahrhaftigkeit würde wiederum (in diesem Fall berechtigte) Zweifel an den eigenen Ansichten wecken, was seinerseits wieder als beängstigend erlebt wird.

---

11 Frankl, V. E. (2018). *Psychotherapie für den Alltag: Rundfunkvorträge über Seelenheilkunde*. Freiburg/Br.: Herder, 47

12 Linville, P. W., Fischer, G. W. & Salovey, P. (1989). Perceived distributions of the characteristics of in-group and out-group members: Empirical evidence and a computer simulation. In: *Journal of Personality and Social Psychology*, 57 (2), 165; Struch, N. & Schwartz, S. H. (1989). Intergroup aggression: Its predictors and distinctness from in-group bias. In: *Journal of Personality and Social Psychology*, 56 (3), 364.

13 Johnson, J. J. (2010). Beyond a shadow of doubt: The psychological nature of dogmatism. In: *International Journal of Interdisciplinary Social Sciences*, 5 (3)

Kurz: So unterschiedlich die vier von Frankl beschriebenen krisenträchtigen Daseinshaltungen auch geartet sein mögen, sie alle haben einen gemeinsamen Nenner im Faktor der Angst: Angst vor der Zukunft (provisorische Lebenshaltung), Angst vor dem Schicksal (fatalistische Lebenshaltung), Angst vor anderen Gruppen (kollektivistische Lebenshaltung) und Angst vor anderen Deutungen der Welt oder bestimmter Weltzusammenhänge bzw. Angst vor den eigenen Zweifeln (fanatische Lebenshaltung). Und allen gemein ist zudem, wie Frankl betonte, das Kernmerkmal der Scheu vor der eigenen Verantwortung.

Bei der von uns in unseren Forschungen gefundenen fünften Pathologie – also der übertriebenen Anspruchshaltung und der damit meist einhergehenden mangelnden Ehrfurcht vor der eigenen Freiheit und Verantwortung und dem Leben insgesamt – scheint es dagegen überraschenderweise so, als spiele Angst eine eher untergeordnete Rolle. Im Gegenteil gewinnt man bei dieser Daseinshaltung viel eher den Eindruck, es *fehle* diesen Menschen ein wenig an Angst oder zumindest Sorge – und vor allem auch an Realismus etwa mit Blick auf die Tatsache, dass wir in Wirklichkeit erstens gar keinen Anspruch darauf haben, dass das Leben uns jeden nur denkbaren Wunsch erfüllt und uns alle Herausforderung und Bewährungsproben und Leiden „erspart" und zweitens – wie Frankl es formulierte – dass nicht wir das Leben fragen, sondern wir im Gegenteil die vom Leben Befragten sind. Um es mit den Worten von Frankls seinerzeitigem Assistenten an der Wiener Poliklinik Paul Polak zu sagen: Wir können dem Leben keine Bedingungen stellen. Aber eben dies scheint in dieser Daseinshaltung eines der Kernmerkmale zu sein.

Je mehr unsere Erhebungsdaten in diese Richtung weisen und zeigen, dass die von uns beobachtete kritische Daseinshaltung sich von den von Frankl beschriebenen kollektiven pathologischen Geisteshaltungen abhebt, desto deutlicher wird, dass wir es hier tatsächlich mit einer neuen, *fünften* pathologischen Geisteshaltung zu tun haben, die man am ehesten wie folgt beschreiben könnte: Das Gute und Angenehme wird wie selbstverständlich hingenommen („es steht mir zu"), zugleich werden die Herausforderungen des Daseins – sei es das eigene Leid oder das Leid der anderen, und überhaupt alles, was in irgendeiner Weise nach Bewährung und Aufforderung zu konstruktiver Teilnahme am Leben aussieht, aus der eigenen Vorstellungs- und Lebenswelt verdrängt.

Interessanterweise hat Rudolf Allers, seinerzeit einer der frühen Mentoren Viktor Frankls aus dem ehemaligen Umfeld der Individualpsychologischen Vereinigung um Alfred Adler, in seiner Phänomenologie der Psychiatrie bereits einige dieser Merkmale im Amerika der 1960er Jahre beobachtet und sehr treffend wie folgt beschrieben:

> Konflikte, Schwierigkeiten aller Art, die man früher in Kauf nahm und als unvermeidlich anerkannte, erscheinen heute vielen als ungebührliche Störungen ihres Behagens. Sie sind überzeugt davon, dass sie ein Anrecht auf ein leichtes Leben haben, und sehen daher im Konflikt nicht ein unausweichliches Moment der menschlichen Wirklichkeit, sondern ein Symptom. Überdies scheuen sie die Verantwortung, die jeder, auch nur einigermaßen folgenschweren, Entscheidung anhaftet. Daher sind sie nur allzu bereit, die Entscheidung anderen aufzubürden. Es ist nicht leicht zu sagen, ob man diese Menschen nun wirklich als Neurotiker ansehen soll (…) oder als Menschen, die in der Diagnose eine gültige Entschuldigung für ihre oft genug selbstverschuldete Lebensunfähigkeit finden und in der Behandlung einen Kompromiss zwischen ihrer Begierlichkeit und ihrer Feigheit.[14]

In der heutigen Erscheinungsform dieser Geisteshaltung kommen allerdings wie erwähnt unseren Erhebungen zufolge noch einige weitere Merkmale hinzu: Es mangelt in Folge der eben beschriebenen Anspruchshaltung erstens an Dankbarkeit, zweitens an Leidensfähigkeit angesichts des unabänderlichen Schicksals, drittens an Mitgefühl und viertens an Verantwortungsbereitschaft – wobei das letzte Kriterium diese Geisteshaltung wiederum eindeutig in die ursprünglich von Frankl ausgemachten Pathologien des Zeitgeists eingliedert. Ein Mangel an Verantwortungsbereitschaft ist ja gemeinsamer Nenner und Bindeglied zwischen allen bisher beschriebenen kritischen Daseinshaltungen.

Somit scheinen wir hier einem verhältnismäßig neuen psychologischen Phänomen zu begegnen, das in der Regelmäßigkeit seines Auftretens nahelegt, dass wir es tatsächlich mit einer fünften kollektiven Neurose zu tun haben.

Allerdings habe ich dies, gewissermaßen aus Respekt vor der Tatsache, dass Frankls „Pathologie des Zeitgeistes" so harmonisch in sich abgeschlossen ist, noch nie publiziert oder als Ergänzung zur bekannten „Pathologie des Zeitgeistes" vorgeschlagen.

---

14 Allers, R. (1963/2008). *Abnorme Welten. Ein phänomenologischer Versuch zur Psychiatrie.* Hrsg., kommentiert und eingeleitet von Batthyány, A. Weinheim/Basel: Beltz, 143

6. CYBERPATHOLOGIE (INTERNET UND PSYCHE)

Lukas: Im Gegensatz zu Ihnen, der – wie Sie andeuten – sich aus „Pietätgründen" scheut, Frankls Zusammenstellung um eine fünfte kritische Zeitgeistströmung anzureichern, habe ich dies längst getan. Ich bin mir ziemlich sicher, Professor Frankl hätte es ebenfalls getan, hätte er die gegenwärtige Verfasstheit unserer Gesellschaft noch miterlebt. Ich habe diese fünfte „kollektive Neurose" mit der grassierenden Cyberpathologie unserer Tage gleichgesetzt.[15]

Natürlich gibt es viele verschiedene Lebenshaltungen, die philosophisch und ethisch fragwürdig sind und krisenträchtige Auswirkungen für die Betreffenden und ihr Umfeld haben. Nicht umsonst hat die Logotherapie in ihrer Methodik der „Einstellungsmodulation" ein therapeutisches Gegenmittel zu einem ganzen Katalog von Fehlhaltungen geschaffen. Um aber von einer Zeitgeistströmung sprechen zu können, müssen ihr *sehr große* Bevölkerungsteile huldigen. Und das ist mit der *Cyberpathologie* der Fall. Wir schlagen mit ihr nicht nur ein Kapitel kollektiver Sucht auf, die wie ein Moloch insbesondere die Jugend in ihren Bann zieht. Wir betreten mit ihr auch just jenes Areal, zu dem die von Ihnen genannten Beobachtungen fugenlos passen. Denn bei Süchtigen finden wir *immer*

1. eine hohe Anspruchshaltung: „Ich brauche das"… „Das steht mir zu …", „Ich kann das Leben ohne das (Suchtmittel) nicht aushalten …",

2. eine geringe Dankbarkeit, weil sämtliche Werte am Wahrnehmungshorizont allmählich verblassen und nur noch das Suchtmittel zählt,

3. ein herabgesetztes Verantwortungsbewusstsein, das parallel mit dem Toleranz-[16] und Kontrollverlust der Süchtigen einhergeht,

15 Vgl. dazu die Kapitel „Viel Bildschirmzeit – wenig Empathie" und „Vorbild und Beeinflussbarkeit" in Lukas, E. (2018). *Auf den Stufen des Lebens. Bewegende Geschichten der Sinnfindung*. Kevelaer: topos premium

16 Während anfangs noch eine gewisse Vorsicht beim Suchtmittelkonsum waltet, verliert sich diese immer mehr, weil die sukzessive Abhängigkeit einen häufigeren Konsum und/ oder eine laufende Dosissteigerung erfordert. Das nennt man „Toleranzverlust". Der suchtmittelfreie Zustand wird vom Organismus immer weniger und schlechter „toleriert".

4. eine Überspielung und Vertuschung der Abhängigkeit und Schwierigkeiten mittels erheblicher Lügen- und Selbstbetrugsenergie.

Ich gebe Ihnen absolut recht, dass die beiden Basiselemente „zu wenig angemessene Furcht“ und „zu wenig Ehrfurcht (vor dem verpflichtenden Guten, will heißen: dem Guten, das zu dessen Wertschätzung und zu dessen Weitergabe im Rahmen eigenen Vermögens verpflichtet)“ die Stützpfeiler der Malaise sind. Obwohl der Süchtige eine ausgedehnte Phase des Hineinschlitterns lang genau weiß, dass er menschlich, physisch, sozial, pekuniär bergab rutscht, ist nicht genug Furcht vor dem Abgrund da, um ihn mit aller Kraft und gebündelter „Trotzmacht des Geistes“ (Frankl) zur Handbremse greifen zu lassen. Gleichzeitig ist zu wenig Ehrfurcht da, Ehrfurcht vor der Kostbarkeit seines Lebens, vor den ihm gewährten Freiräumen und Ressourcen, vor dem Willkommensein in der Welt und Gerufensein durch die Welt, vor der Einladung, sie liebevoll und verantwortlich mitzugestalten … Kaum dringt etwas davon mehr zu seinem betörten Gehirn und seiner umnebelten Seele vor – einzig die Gereiztheit und Ruhelosigkeit leise raunender und immer lauter pochender Entzugsqual dominieren und motivieren den Süchtigen …

Nun hat es Suchterkrankungen von jeher gegeben. Wie konnte es aber zu einem solchen „Massenbefall“ wie der Cyberpathologie kommen? Daran dürften mehrere Faktoren beteiligt sein. Einerseits ist beständiger Fortschritt, kultureller, technischer wie wissenschaftlicher Fortschritt, *geistesnotwendig.*

In der – nach Maßstäben der Evolution – kurzen Zeit, seit das Menschengeschlecht das Licht der Welt erblickt hat, sind ungeheuerliche Fortschritte erzielt worden. Dass wir inzwischen fähig sind, Atome zu spalten, Informationen drahtlos rund um den Erdball zu schicken oder uns ins All aufzuschwingen, grenzt an Wunder. Tatsächlich sind es Ausstrahlungen des „wundersamen“ Geistes, mit dem wir begabt wurden, und der danach strebt, alles Vorfindliche zu handhaben, seine eigene Intelligenz genauso wie die Früchte der ihn tragenden Erde. Geistiges kennt keine Stagnation, Geistiges ist ununterbrochen in Bewegung, ja, wie Frankl formuliert hat: „Geist ist reine Dynamis“ – Bewegung (nicht im Raum, sondern) im Sein. *Fortschritt ist das Fort- und Voranschreiten des Geistes.*

Andererseits sind wir Wesen aus Fleisch und Blut, mit einer anfälligen und hinfälligen Physis und einer bunt zusammengewürfelten Psyche, in der die Emotionen und Kognitionen, Lust und Verstand, in einem kuriosen Gerangel miteinander liegen. Dieses „allzu Menschliche" bremst das „spezifisch Menschliche" immer wieder ein und umwölkt es mit Irrungen und Wirrungen und nicht zuletzt auch mit Unmenschlichkeit und Grausamkeit. Folglich kommt alles darauf an, dass beim zügigen Fortschritt *der verantwortliche Umgang mit den Neuerungen*, die der Fortschritt mit sich bringt, ebenso zügig mithält. Dieser Wettlauf zwischen den Erfindungen des Geistes und der Sensibilität des menschlichen Gewissens rollt seit Jahrtausenden ab; bislang ohne eindeutige Gewinner und Verlierer. Dass jedoch die Erfindungen des Geistes in diesem Wettlauf einen bedenklichen Vorsprung haben, hat bereits Frankl Sorgen bereitet, als er anmerkte, dass weder die althergebrachten Traditionen noch die angeborenen Instinkte den Menschen der Gegenwart mehr (sittliche) Orientierung zu spenden vermögen, und gefährliche Auswüchse („wollen, was andere tun" bzw. „tun, was andere wollen") in das entstandene Orientierungsvakuum hineinwuchern.

Ich selbst habe die Erfindungen des Fernsehens, später des Computers, und mittlerweile des Smartphones miterlebt. Die Bildschirmfaszination, das Ergriffensein (im wahrsten Sinne des Wortes) von virtuellen Welten, das Unbedingt-dabei-sein-Wollen in der digitalen Moderne, die stürmische Begeisterung über ungeahnte und nie dagewesene Möglichkeiten ... Das alles ist viel zu schnell über uns hereingebrochen, als dass sich irgendwelche Korrekturmechanismen hätten ausbilden können, zumal das bereits vorhandene Orientierungsvakuum solche erschwerte.

Erfindungen sind an und für sich wertneutral. Dass Physiker Mechanismen errungen haben, mit denen Atome gespaltet werden können, impliziert keinen Atombombenabwurf. Dass Raketen die Anziehungskraft der Erde überwinden können, impliziert keinen Vernichtungsschlag „von oben". Dass beliebige Fotos für jedermann zugänglich ins Internet gestellt werden können, impliziert keine Kinderpornographie im großen Stil. *Solange das Gewissen die Technik an der Leine führt, kann und wird sie uns zum Segen gereichen*. Nur wenn es die Leine loslässt – dann bewahre uns Gott!

Der Cyberspace verlockt zum partiellen Ausstieg aus dem Zuständigkeitsbereich des Gewissens. So vieles darin ist bloß „Kino", ist „Geflunker", ist unecht. So vieles darin kann fantasiert, einfach behauptet, zu gemeinen Zwecken vorgegaukelt werden. Man kann zum Beispiel Folterszenen zur perversen Ergötzung der Betrachter nachstellen, ohne jemandem ein Haar zu krümmen. Mogelt man ein paar Videos von echt gepeinigten Personen darunter, fällt dies kaum auf. Der Ergötzungseffekt mag derselbe sein ... Es ist brandgefährlich, wenn die Schranke zwischen Fantasie und Wirklichkeit wankt. Wenn die Überprüfbarkeit von Nachrichten schrumpft. Wenn User absichtlich auf falsche Fährten geleitet werden. Wenn unentwegt nichtige Botschaften von Wichtigem ablenken. Wenn kursierende Meinungen die Sachlichkeit verdrängen. Wenn der Glaube wächst, im Netz und nur dort stehe einem die ganze Welt offen ... Wie soll sich das Gewissen des Einzelnen in diesem Getümmel von Realem, Irrealem, Surrealem auskennen? Das Gewisper im Äther lullt das Gewissen geradezu in den Schlaf.

Batthyány: ... und doch ist es, wie bei jedem Instrument, auch eine Frage, wie und wozu man es verwendet ...

Lukas: Freilich gibt es auch das dicke Plus des Fortschrittes. Das elektronische Gedächtnis speichert alles, was sich Menschen niemals merken könnten. Blitzschnell liegen auf jedwede Anfrage Antworten aus dem Erfahrungspool von Generationen auf dem Tisch. Blitzschnell kann mit weit entfernten bekannten oder unbekannten Personen kommuniziert werden, was ein gigantisches Gedankenaustauschprogramm ermöglicht. Es entstehen neue Transparenzen: Was hinter den Stirnen vorgeht, pulsiert plötzlich in einem öffentlich zugänglichen Datennetz. Und es entstehen neue Assistenten in Form von künstlicher Intelligenz und Robotik; Hausdiener, die beträchtlich weniger schwächeln als ihre Hausherren. Unser gesamtes Wirtschafts- und Zivilisationssystem wäre ohne sie bereits dem Chaos preisgegeben. Dass man von einer Hilfe abhängig wird, sobald man sie längere Zeit benützt, ist nicht zu verhindern. Autofahrer, die es gewohnt sind, von einem „Navi" dirigiert zu werden, verlernen es, selbständig ihre Wege zu finden, u. Ä.

Leider gilt dasselbe auch für die sozialen Kontakte. Es besteht kein Zweifel daran, dass sich die realen Beziehungen zwischen Freunden und in den Familien bei einem krankhaften Medienkonsum deutlich verschlechtern. Experten beziffern die Schwelle zum krankhaften Medienkonsum mit ca. vier Stunden täglichem Smartphone-Starren – was eindeutig eine „untere" Grenze darstellt, die zunehmend überschritten wird. Die Betreffenden wähnen sich zwar im Facebook-Universum mit anderen dialogisch verbunden, verlernen es aber, in direkter Nähe anderen verständnisvoll und konstruktiv zu begegnen. Es kommt noch schlimmer: Die „digital natives" erlernen Empathie und gegenseitige Achtung gar nicht mehr richtig, wie Hirnforscher und

Psychologen belegen.[17] Laut Mehrfachstudien hegen viele dieser Sprösslinge einer heraufdämmernden Ära 1. die illusorische Erwartung, dass ständig auf sie eingegangen wird, wissen aber 2. Freundlichkeit und Interesse an ihrer Person nicht zu würdigen, sind sich 3. über die Folgen ihrer eigenen Aussendungen und Mails nicht im Klaren und halten 4. keinerlei „Belohnungsaufschub" aus, weil alles uneingeschränkt sofort verfügbar sein muss. Voilà! Da sind sie: Ihre vier klugen Beobachtungen: Überzogene Ansprüche, kein Gefühl der Dankbarkeit, reduziertes Verantwortungsbewusstsein und die Abneigung, irgendeine Frustration durchzuhalten, und sei es nur das „Warten" auf etwas Positives (vom Ertragen des Negativen gar nicht zu reden). Da ist sie: *die fünfte „kollektive Neurose" in der Pathologie des aktuellen Zeitgeistes!*

7. NOT UND EHRFURCHT

Batthyány: Wenn wir nun den Weg von der Diagnose zur Therapie gehen wollten: Wie könnte ein solcher Ihrer Meinung nach aussehen?

Lukas: Schwer zu sagen. Ich weiß, in unserem Beruf gibt man sich mit diagnostischen Erwägungen nicht zufrieden. Man fragt sich sofort: Was wären denn Richtlinien für eine Therapie von Cyberkranken? Alle Logotherapeuten sind gut beraten, sich künftig intensiv mit dieser Frage zu beschäftigen. Überlegen wir: Gibt es einen Hinweis, den uns Frankl dazu hinterlassen hat? Er schrieb:

> So ist die Zielsetzung der kollektiven Neurose dieselbe wie die der individuellen: Sie gipfelt und mündet aus in den Appell an das Verantwortungsbewusstsein ... Wollen wir also unsere Patienten zum Bewusstsein ihres Verantwortlichseins bringen ... dann müssen wir versuchen, uns den geschichtlichen Charakter des Lebens und damit die menschliche Verantwortung im Leben zu vergegenwärtigen ... Dem Menschen ... empfehle man zum Beispiel, einmal so zu tun, als ob er an seinem Lebensabend in seiner Biographie blätterte ...[18]

---

17 Vgl. dazu: Spitzer, M. (2015). *Cyberkrank! Wie das digitalisierte Leben unsere Gesundheit ruiniert.* München: Droemer

18 Frankl, V. E. (1982). *Der leidende Mensch.* Bern: Hans Huber (2. Auflage), 197f.

Frankl führte an dieser Stelle aus, dass alle Details unverrückbar in den Abschnitten der eigenen Lebensvergangenheit festgeschrieben sind. Könnte man rückblickend eines davon ausradieren und verbessern, würde man das wohl oft gerne tun. Doch dieser Wunsch bleibt uns auf ewig versagt. Wie wäre es darum, *schon während des Schreibens* sorgsam darauf zu achten, dass die Details, die sich da verewigen, uns am Ende unseres Lebens nicht leidtun?[19]

Batthyány: Darf ich hier kurz einhaken – ich berichtete davon auch andernorts[20], aber es passt so gut hierher, dass ich kurz davon erzählen möchte, wie mir eine ältere Deutschlehrerin in einem Hospiz eben diese Einsicht schilderte, obgleich sie Frankls Werk kaum kannte (außer sein Buch *... trotzdem Ja zum Leben sagen*). Wir trafen uns im Garten des Hospizes, in dem sie nun, schwerst herzkrank, ihre letzten Lebenstage verbrachte. Da saßen wir also unter einem schönen alten Apfelbaum und sie erzählte von ihrem Leben und war alles in allem recht versöhnt mit sich, ihrem Leben und auch ihrem baldigen Sterben. Dann fielen die Worte, die direkt anknüpfen an das, was Sie gerade zitiert haben. Sie sagte nämlich, dass ihre Lebensgeschichte nun zu Ende ginge, dass *ich* aber, als vergleichsweise junger Mensch, gut an mein Werk gehen solle – dass ich heute die Verantwortung tragen würde für das, was einmal in meiner Lebensgeschichte stehen werde. Es ist nicht leicht, die dichte und zugleich ungemein friedliche Atmosphäre dieses Gesprächs an einem Frühsommermorgen im Hospiz einzufangen. Aber ich muss sagen: Dieses Gespräch ist nun schon einige Jahre her, aber es ist seither eigentlich kaum ein Tag vergangen, an dem ich *nicht* an diese Worte denken musste.

Das Interessante aber ist: Frankl hat – und das schließt wieder an das Zitat an, das Sie soeben brachten – diesen Blick auf die eigene Endlichkeit und das Verdichten der eigenen Entscheidungen und Handlungen zur jeweils individuellen Lebensgeschichte ja auch therapeutisch als Weg der Vermittlung von Lebensverantwortung wie folgt vorgestellt:

---

19 Diesen Gedankengang gipfelte Frankl in seiner imperativen Maxime auf: „Lebe so, als ob du zum zweiten Mal lebtest und das erste Mal alles so falsch gemacht hättest, wie du es zu machen – im Begriffe bist."

20 Batthyány, A. (2019). *Die Überwindung der Gleichgültigkeit. Sinnfindung in einer Zeit des Wandels*. München: Kösel (2. Auflage), 53f.

> Wir weisen den Kranken an, sich vorzustellen, sein Lebensablauf wäre ein Roman und er selbst eine entsprechende Hauptfigur; es läge dann aber ganz in seiner Hand, den Fortgang des Geschehens von sich aus zu lenken, sozusagen zu bestimmen, was im nächsten Kapitel zu folgen hat. Dann wird er statt der scheinbaren Last der Verantwortung, die er scheut und vor der er flüchtet, seine wesenhafte Verantwortlichkeit im Dasein als Freiheit der Entscheidung gegenüber seiner Unzahl von Möglichkeiten des Handelns erleben.
>
> Noch intensiver können wir schließlich an den persönlichen Einsatz seiner Aktivität appellieren, wenn wir ihn dazu auffordern, sich vorzustellen, er sei an einem Endpunkt seines Lebens angelangt und im Begriffe, seine eigene Biographie zu verfassen; und eben jetzt halte er gerade bei jenem Kapitel, das von der Gegenwart handelt; und es liege nun, wie durch ein Wunder, ganz in seiner Hand, Korrekturen vorzunehmen; er dürfe gerade noch das, was unmittelbar darauf geschehen solle, ganz frei bestimmen … Auch das Vehikel dieses Gleichnisses wird ihn zwingen, aus dem Vollen seiner Verantwortlichkeit heraus zu leben und zu handeln.[21]

Nun, dass jemand, der so kurz vor dem eigenen Ende steht wie die oben erwähnte ältere Dame, diese Einsicht gewinnt, lebt und weitergibt, ist eine Sache. Eine andere ist es, mitten im Leben im Blick auf die eigene Endlichkeit einen Anstoß zur Verantwortung zu entdecken. Das hat etwas durchaus Drastisches an sich …

Lukas: Ja, Frankl fuhr schweres Geschütz auf. Er schlug vor, die Patienten mit ihrer Endlichkeit zu konfrontieren und ihnen ihre Lebensverantwortung von der Warte des Todes aus ans Herz zu legen. In seiner Genialität hat er wieder einmal exakt den Punkt getroffen. Ich gebe zu: Ich habe immer Widerwillen verspürt, wenn die Suchtprofis erklärten, „es müsse den Süchtigen erst miserabel genug gehen“, bevor sie sich zur Therapie aufraffen. Aber es stimmt, so traurig es ist. Wenn die Wahrnehmung des „Sinndrucks“ schwindet, hat der „Leidensdruck“ noch eine allerletzte Chance. Ähnlich operierte Frankl angesichts der Problematik pathologischer Zeitströmungen. Vom Faktum des Todes aus beleuchtet, ändern sich die Präferenzen. Deswegen

21 Frankl, V. E. (2010). *Logotherapie und Existenzanalyse. Texte aus sechs Jahrzehnten.* Weinheim: Beltz, 22f.

möchte ich, was Präventiv- und Therapiemöglichkeiten betrifft, die Reihenfolge der aufgelisteten Beobachtungen *umdrehen*. Man wird damit beginnen müssen, die Auseinandersetzung mit den Schattenseiten des Lebens (inkl. Leiden und Sterben) voranzutreiben (4). Das wird – wie Frankl propagiert hat – das Verantwortungsbewusstsein für die Lebensnutzung schärfen (3). Daraufhin wird sich eine Dankbarkeit für vorhandene Sonnenseiten des Lebens einstellen (2) und der absurde Anspruch auf puren Lebensgenuss verlieren (1).

Tatsächlich zeichnen sich inzwischen derartige „Umkehrtrends“ vage ab. Deshalb möchte ich Sie gleichsam trösten: Ich sehe Grund zum „tragischen Optimismus“ (Frankl). Der Tod tastet sich mit seinen Fangarmen langsam durch die Fortschrittseuphorie hindurch. Die Autoabgase verpesten die Städte, die Klimaerhitzung verdorrt die Felder, der Plastikmüll besudelt die Meere, Viren breiten sich aus, die Schere zwischen Arm und Reich explodiert ... Das von rasanten technischen und gesellschaftlichen Entwicklungen überrumpelte menschliche Gewissen regt sich in den Weltbevölkerungen und müht sich, im Wettlauf aufzuholen. Es flüstert von globalen Megaaufgaben, die nur im friedlichen und konsensualen Miteinander bewältigt werden können. Mit steigender, bedrohlicher Not wird sein Flüstern eindringlicher werden und das Cybergesumme übertünchen.

Not lehrt Furcht und Ehrfurcht, was sich im (zu Unrecht spöttisch gebrauchten) Wort „Not lehrt beten“ niederschlägt. Not lehrt uns, dass uns alles nur „auf Zeit“ gehört, aber auch, dass uns dieses „auf Zeit Gehörige“ in einem Gnadenakt anvertraut ist. Und Beten nährt unsere Hoffnung, dass die Gnade immer noch waltet ...

II. ZUR PSYCHOLOGISCHEN BEDEUTUNG REALISTISCHER MENSCHENBILDER

1. UNSER SELBSTBILD UND SEINE AUSWIRKUNGEN

Batthyány: Wir sprachen zuletzt von der Not als Lehrmeister … es gibt aber auch noch andere und weitaus weniger glaubwürdige Lehrmeister, die unser Welt- und Menschenbild jedoch maßgeblich prägen. Es sind Lehrmeister, denen zugleich oft viel mehr und lieber Gehör geschenkt wird als der eigenen Not oder der Not der anderen. Ich denke da insbesondere an die Rolle der Wissenschaft, vor allem auch der Psychologie, bei der Prägung unseres Menschenbilds.

Wir beobachten ja in den letzten Jahren eine erneut entfachte breite Diskussion über die Grundfragen und das Wesen des Menschseins, wie sie in dieser Intensität vielleicht zuletzt zu Zeiten Darwins oder Freuds stattgefunden hat. Diese Entwicklungen hängen eng zusammen mit den Fortschritten der Neurowissenschaften, vor allem aber auch ihrer Popularisierung und Vereinfachung auf einen blanden Materialismus und Determinismus durch die populärwissenschaftlichen und Massenmedien. Auf die Materialismusdebatte brauchen wir hier jetzt nicht einzugehen – das würde ein eigenes Buch füllen und auf uns warten ja noch viele andere Themen, die besprochen werden wollen. Diejenigen, die sich für das Materialismusproblem interessieren und zu diesem Themengebiet nach Antworten suchen, finden aber ohnehin bereits eine Menge hervorragender Abhandlungen zu diesem Thema.[22]

---

22 Baker, M. C. & Goetz, S. (Eds.) (2011). *The Soul Hypothesis: Investigations into the Existence of the Soul*. London: A. & C. Black; Zunke, C. (2012). *Kritik der Hirnforschung: Neurophysiologie und Willensfreiheit*. Berlin: Walter de Gruyter; Gabriel, M. (2015). *Ich ist nicht Gehirn: Philosophie des Geistes für das 21. Jahrhundert*. München: Ullstein eBooks; Peschl, M. F. & Batthyány, A. (Hrsg.) (2008). *Geist als Ursache? Mentale Verursachung im interdisziplinären Diskurs* (Vol. 2). Würzburg: Königshausen & Neumann

Aber zum Determinismus gibt es einiges zu sagen – auch deswegen, weil es dazu einige empirische Befunde gibt, die uns in diesem Zusammenhang aus mehreren Gründen interessieren sollten. Sie belegen nämlich erstens den starken und direkten Zusammenhang zwischen dem, was wir tun, und dem, was wir über uns und den Menschen denken und glauben – bzw. ihm und uns zutrauen. Zweitens zeigen sie aber auch, dass ein doch erheblicher Teil unseres Verhaltens durch unsere Einstellungen änderbar ist. Und drittens – etwas weiter gedacht – zeigen sie daher auch: Wenn Einstellungen dauerhaft änderbar sind, ist auch Verhalten dauerhaft änderbar. Das ist vielleicht auch für all jene eine gute Botschaft, die sich immer wieder das Versprechen abnehmen, „von jetzt an anders zu handeln", dann aber doch immer wieder rückfällig werden und nach einer Weile feststellen müssen, dass der bloße Vorsatz, etwas von nun an anders zu machen, noch lange nicht ausreicht, um diesen Vorsatz auch wirklich tätig umzusetzen. Die Forschung zeigt ebenso wie die Lebenserfahrung der wohl meisten: Eine zusätzliche Zutat ist vonnöten – und diese Zutat scheint nun ganz grundlegend *die jeweilige Einstellung* zu sein, und hierbei vor allem *unser Selbst- und Menschenbild*: Ermutigt es uns, frei und proaktiv von unseren Möglichkeiten Gebrauch zu machen – oder entmutigt es uns und stempelt es uns zum Opfer unserer inneren und äußeren Bedingtheiten ab?

Um das konkreter auszuführen: Jemand, der sich und sein Verhalten für weitgehend abhängig von Innen- und Außenzuständen betrachtet, wird vermutlich gar nicht erst – oder weniger intensiv – versuchen, seinen Bedingtheiten gegenüber Stellung zu beziehen.[23] Das klingt nun zunächst sehr einfach und naheliegend – aber wie eng dieser Zusammenhang wirklich ist, belegen einige Experimente über die Wechselwirkung von Selbstbild und Handeln, die von Verhaltensforschern in den letzten Jahren durchgeführt worden sind.

Die Experimente folgten im Prinzip zumeist demselben Schema. Man nahm eine zufällige Stichprobe und teilte sie in zwei Gruppen ein. Beide Gruppen bekamen – unter irgendeinem Vorwand – einen Text zu lesen. Der Text der ersten Gruppe argumentierte in ziemlich überzeugender Weise dafür, dass der Mensch vollständig durch seine Innen- und Außenumstände determiniert sei („nicht anders könne"). Der anderen Gruppe wurde in ebenso überzeugender Weise dargelegt, der Mensch sei zwar in Maßen bedingt, aber

23 Martijn, C., Tenbült, P., Merckelbach, H., Dreezens, E. & de Vries, N. K. (2002). Getting a grip on ourselves: Challenging expectancies about loss of energy after self-control. In: *Social Cognition*, 20 (6), 441–460

es käme vor allem auf seine eigenen frei gewählten Entscheidungen an, wie er sich verhalte; der Mensch sei daher in relevanter Weise willensfrei („er könne stets auch anders").

Für gewöhnlich verbirgt man in solchen Studien die wissenschaftlichen Hintergrundabsichten vor den Versuchspersonen, damit man Erwartungseffekte, Verfälschungen und Ähnliches möglichst ausschließen kann. So auch hier. Das Ziel war ja, die reine, unmittelbare Wirkung des Glaubens oder Unglaubens an die eigene Willensfreiheit auf das Verhalten des Menschen zu untersuchen. Zu diesem Zweck gab es eine sogenannte Coverstory. Bei den erwähnten Experimenten ließ man die Versuchspersonen glauben, sie würden an einer Reihe mehrerer kleiner Einzelstudien teilnehmen, die nichts miteinander zu tun hätten. Von der ersten Studie wurde den Versuchspersonen mitgeteilt, sie teste das Verhältnis von Textverständnis und Texterinnerung. Die Versuchspersonen bekamen je nachdem, welcher Versuchsgruppe sie (zufällig) zugeteilt wurden, einen vermeintlich brandneuen Artikel einer wissenschaftlichen Zeitschrift zu lesen, in dem von angeblich definitiven und revolutionären Forschungsergebnissen berichtet wurde, denen zufolge nun wissenschaftlich zweifelsfrei erwiesen sei, menschliches Verhalten sei vollständig determiniert (für die „unfreie Gruppe") bzw. nicht determiniert, sondern stünde im Einflussbereich der bewussten Entscheidungsfähigkeit der Person (für die „freie Gruppe"). Natürlich waren beide Artikel fiktiv, aber den Versuchspersonen verriet man dies nicht. Sie glaubten, dass sie gerade eine grundlegende wissenschaftliche Stellungnahme für oder gegen die eigene Willensfreiheit gelesen hätten.

Nach dem Stellen einiger für die eigentliche Forschungsabsicht unwichtiger Testfragen wurde dieser Teil der Studienreihe für beendet erklärt und die Versuchspersonen wurden auf das nächste Experiment vorbereitet. Dieses war dann das entscheidende Experiment, diente also der eigentlichen experimentellen Überprüfung der Frage, wie sich der Glaube an einen Pandeterminismus oder an die eben doch vorhandene Willensfreiheit auf das Alltagsverhalten der Versuchspersonen auswirke. So sollten die Probanden in einem dieser Folgeexperimente[24] z. B. einige Rechenaufgaben im Kopf lösen. Die Anweisung lautete: Auf einem Computermonitor würden nacheinander 20 mathematische Probleme präsentiert werden, die mit etwas Geduld und Ausdauer durch Kopf-

24 Vohs, K. D. & Schooler, J. W. (2008). The value of believing in free will: Encouraging a belief in determinism increases cheating. In: *Psychological Science*, 19 (1), 49–54

rechnen zu lösen seien (1+8+18+12+19-7+17-2+8-4=? etc.). Die Versuchspersonen sollten die Lösungen auf einem bereitgestellten Blatt Papier notieren.

Jedoch merkte der Versuchsleiter entschuldigend an, dass aufgrund eines Programmierfehlers die richtige Lösung einige Sekunden nach Präsentation der Aufgabe automatisch auf dem Monitor aufscheinen würde. Das sei nicht gewollt – und er bat die Versuchspersonen um ihre Mithilfe: Sie sollten kurz, nachdem die Aufgabe auf dem Monitor erschien, die Leertaste der vor ihnen liegenden Tastatur drücken – damit könnten sie unterbinden, dass die Lösung auf dem Bildschirm präsentiert werde. Der Versuchsleiter betonte, dass er zwar nicht nachprüfen könne und werde, ob und wie oft die Versuchsteilnehmer die Leertaste drückten, um das automatische Aufscheinen der Lösung zu verhindern. Aber er bat sie inständig darum, nicht zu mogeln und die mathematischen Probleme wirklich selbständig zu lösen – also nicht einfach ohne Drücken der Leertaste darauf zu warten, dass die Lösung erscheine. Andernfalls wären die Versuchsergebnisse wertlos und die langen und aufwendigen Vorbereitungsarbeiten vergeblich gewesen.

Daraufhin verließ der Versuchsleiter unter irgendeinem Vorwand den Raum; die Versuchspersonen fühlten sich also unbeobachtet und sich selbst überlassen. In Wahrheit registrierte der Computer aber natürlich, wie oft die Studienteilnehmer die Leertaste drückten bzw. wie oft sie warteten, bis die Lösung von alleine erschien.

Die Versuchspersonen hatten somit die Gelegenheit, die frustrierend langweiligen Rechenaufgaben deutlich bequemer hinter sich zu bringen, indem sie einfach *nicht* die Leertaste drückten und lediglich darauf warteten, bis die Lösungen auf dem Monitor aufleuchteten. Auf diese Weise wurde ein direkter Konflikt zwischen lust- und unlustbestimmtem Verhalten einerseits und rücksichtsvollem und im weitesten Sinne wertorientiertem Verhalten andererseits herbeigeführt. Es wurde mit anderen Worten eben jene Verleitungs- oder Versuchungssituation provoziert, der der ichschwache Mensch so häufig erliegt mit der Begründung, „nicht anders gekonnt zu haben".

Ziel des Experiments war es, zu untersuchen, ob es in einer solchen Situation einen Unterschied ausmache, ob die Teilnehmer zuvor davon überzeugt worden waren, dass sie willensfrei bzw. willensunfrei seien. Und tatsächlich zeigte sich ein höchst signifikanter Effekt des recht kurzen Überzeugungstextes: Die Versuchspersonen, denen zuvor glaubhaft gemacht worden war, sie seien „unfrei", drückten wesentlich seltener die Leertaste (in 48 % aller Fälle) – schummelten also signifikant häufiger als die Versuchsteilnehmer, denen zuvor ihre Freiheit zugesichert und bestätigt worden war. Diese drückten in durchschnittlich 70 % der Fälle die Leertaste. Oder anders formuliert: Die sich unfrei denkenden Versuchspersonen schummelten durchschnittlich bei 52 % der Rechenaufgaben, die sich frei denkenden Versuchspersonen bei durchschnittlich nur 30 %. Zudem zeigte sich eine starke positive Korrelation zwischen dem Glauben an die menschliche Willensfreiheit und ehrlichem Verhalten. Je erfolgreicher die Manipulation also war (d. h. je eher die Versuchspersonen dem jeweiligen Text Glauben schenkten), desto stärker war der hier beschriebene Effekt.

Dieser Versuchsaufbau wurde mittlerweile in unterschiedlichen Variationen und Testkonstellationen wiederholt – mit immer demselben eindeutigen Ergebnis. Es zeigte sich u. a., dass Menschen, die nicht an ihre eigene Entscheidungsfreiheit glauben, signifikant aggressiver handeln gegenüber unbekannten Personen, von denen ihnen zuvor – in einer wiederum kontrollierten Laborsituation – mitgeteilt worden war, dass sie sie als Spielpartner für einen weiteren Test abgelehnt hätten (Prinzip: „Wie du mir, so ich dir"). Es zeigte sich, dass sie allgemein weniger zuvorkommend sind (Prinzip: „Das können andere machen, ich bin mit meinen eigenen Sachen beschäftigt. Ich habe nichts davon, andere zu unterstützen"). Es zeigte sich, dass sie sich in Gruppensitzungen sogar wider besseres Wissen angepasster verhalten (Prinzip: „Mir ist wichtig, was andere über mich denken. Ich brauche ihre Anerkennung, weil ich mich dann besser fühle. Also stimme ich ihrem Urteil zu, obwohl ich es eigentlich nicht teile"). Es zeigte sich, dass sie weniger kooperativ sind, wenn es darum geht, auf Bitte des Versuchsleiters freiwillig einige Minuten länger als nötig an einer Aufgabe zu arbeiten (Prinzip „Was kümmert mich der andere, wenn es um mich geht?"). Und es zeigte sich, dass sie weniger hilfsbereit sind, wenn dem Versuchsleiter scheinbar versehentlich ein paar Utensilien aus der Hand fallen.[25]

Einige dieser Experimente haben wir mit meiner Forschungsgruppe an der Universität Wien wiederholt, und es ist, wenn man es mit eigenen Augen

25 Stillman, T. F. et al. (2010). Personal philosophy and achievement: Belief in free will predicts better job performance. In: *Social Psychological and Personality Science*, 1 (1), 43–50; Baumeister, R. F., Masicampo, E. J. & DeWall, C. N. (2009). Prosocial benefits of feeling free: Disbelief in free will increases aggression and reduces helpfulness. In: *Personality and Social Psychology Bulletin*, 35 (2), 260–268; MacKenzie, M. J., Vohs, K. D. & Baumeister, R. F. (2014). You didn't have to do that: Belief in free will promotes gratitude. In: *Personality and Social Psychology Bulletin*, 40 (11), 1423–1434

verfolgt, wirklich verblüffend, wie stark eine derart kurze „Intervention" – das Lesen eines persuasiven Textes – über den Umweg des dadurch geänderten Menschen- und Selbstbilds sich auf das Verhalten der Versuchspersonen auszuwirken vermag. Wir haben allerdings weniger die problematischen Auswirkungen des Glaubens an den Pandeterminismus untersucht, als vielmehr die aufbauenden und positiven Auswirkungen des wieder erstarkten Glaubens an die eigene Willensfreiheit.[26] Auch hier waren die Effekte stark (und durchaus heilsam etwa bei Prokrastination und ängstlichem Vermeidungsverhalten). *Kurzum, die Forschungsergebnisse bestätigen, dass es einen erheblichen und messbaren Unterschied ausmacht, was Menschen über sich denken und von sich glauben. Und dass dasjenige, was sie über sich glauben, zugleich relativ leicht zu beeinflussen ist.* Man braucht den Leuten beispielsweise nur glaubhaft mitzuteilen, es sei „wissenschaftlich erwiesen, dass ...", und dann reicht schon ein wenige Paragraphen umfassender Text, um ihr Selbst- und Menschenbild und über diesen Faktor ihr (moralisch relevantes) Verhalten zu beeinflussen.

Das alles ist nur ein kleiner Ausschnitt aus einem weitaus umfassenderen Datensatz ähnlicher Versuchsergebnisse, die insgesamt die logotherapeutische Aussage bestätigen, es gebe einen ausschlaggebenden und zentralen Zusammenhang zwischen Menschenbild, Selbstbild und Verhalten: Sie zeigen, wie stark der Einfluss unseres Menschenbilds auf das Bild ist, das wir von uns selbst abgeben.

Ferner machen diese Befunde aber auch deutlich, wie hoch die Verantwortung der Psychologen und Verhaltenswissenschaftler und Therapeuten ist, wenn sie Theorien und Modelle über „den" Menschen in Umlauf bringen. Ich bin mir nicht sicher, ob sie sich im Klaren darüber sind, dass ihre Theorien und Modelle in der allgemeinen Öffentlichkeit schnell als „wissenschaftlich fundierte Wahrheit" aufgefasst werden – und seien sie noch so unausgegoren, spekulativ, fraglich oder weltanschaulich voreingenommen ... und welchen Schaden sie auch anzurichten vermögen.

Lukas: Die Schlussfolgerungen aus den erwähnten Experimenten sind in der Tat brisant, fast ein bisschen beängstigend. Bleibt zu hoffen, dass die be-

26 Batthyány, A. (2019). The Impact of Free Will Beliefs on Pro-Social and Altruistic Behavior & Getting a Grip on Ourselves: The Impact of Free Will Beliefs on Procrastination and Phobia-based Avoidant Behavior. Mauren: *IAP Monographie* 2

teiligten Versuchspersonen nach Beendigung der von Ihnen beschriebenen Experimente darüber aufgeklärt worden sind, dass die ihnen vorgelegten Artikel pro oder kontra die Willensfreiheit frei erfunden gewesen sind und keinerlei „definitiven und revolutionierenden Forschungsergebnissen“ entsprochen haben. Man hat ihnen hoffentlich im Nachhinein gestanden, dass sie belogen worden sind.

Meines Erachtens wäre ein aufrichtiges und die Sichtweise zurechtrückendes Endgespräch mit jedem einzelnen Probanden die Mindestpflicht der Versuchsleiter gewesen.

Batthyány: Ja, eine ausführliche nachträgliche Aufklärung („debriefing“) ist sogar vorgeschrieben in den Ethikrichtlinien für psychologische Experimente im Allgemeinen und insbesondere für solche, in denen die Versuchspersonen durch die Versuchsleiter bewusst getäuscht worden sind.

Lukas: (Wollte man den „advocatus diaboli“ spielen, könnte man überlegen, ob es „ehrwürdiger“ ist, zu wissenschaftlichen Zwecken zu mogeln – wie die Versuchsleiter – als zu Bequemlichkeitszwecken zu mogeln – wie manche Versuchspersonen –, aber auf dieses schlüpfrige Parkett will ich mich nicht begeben.)

Vom psychologischen Standpunkt aus fällt die ganze Chose unter die Dachkategorie der Suggestionen, deren Wirkungen seit Urzeiten bekannt sind. Im Negativen ist ein riesiger Bogen um sie zu machen. Was hat zum Beispiel allein die Vermutung, ein „unerwünschtes Kind gewesen zu sein“, schon an Unfug gestiftet, um nur ein winziges Detail aus den vielen problematischen Deutungen herauszugreifen, die das Leben eines Menschen vergiften können. Trotzdem wird die Frage des ursprünglichen Erwünscht-gewesen-Seins nicht selten bei Anamnesen in psychologischen Praxen diskutiert. Im Positiven bedienen sich sämtliche „Wunderheiler“ seit der Antike der Suggestion. Selbst Frankl ist nicht davor zurückgeschreckt, sie gelegentlich für seine Zwecke einzuspannen.[27]

Darf ich Ihre Erläuterungen noch dahingehend ergänzen, dass jede Einflussnahme sowohl auf das Selbstbild als auch auf das Menschenbild einer

27 Zum Beispiel hat er nervösen Patienten mit vor lauter Sorge erhöhtem Blutdruck suggeriert, ihr Blutdruck sei normal, was diesen auf Grund der Erleichterung der Patienten sofort abschwellen ließ.

Person äußerst behutsam und verantwortlich zu handhaben ist. Bei den obigen Experimenten ging es um Einflüsse auf das *Selbstbild.* Doch auch, was wir über andere Menschen glauben, welches Bild wir uns von (speziellen?) anderen machen, bestimmt entscheidend mit, wie wir jenen anderen begegnen. Hierzu ein irrwitziges Detail aus meiner Studienzeit:

Die 1960er Jahre waren die Jahre unzähliger Rattenexperimente in den Psycholabors. Eine der Anordnungen bestand darin, dass eine Ratte von einem Podest, auf das sie gesetzt wurde, zu einem zweiten Podest nur über ein elektrisch aufgeladenes Gitter gelangen konnte, dessen Überquerung ihr heftige Schmerzen bereitete. Warum sollte sie also über das Gitter laufen? Na, weil sich dort etwas Verlockendes befand. Im ersten Versuch setzte man ein hübsches Weibchen auf das zweite Podest. Das Männchen auf dem ersten Podest sah zwar begehrlich hinüber, verkniff sich aber den schmerzhaften Weg zu seiner Geschlechtspartnerin. Im nächsten Versuch bestückte man das zweite Podest mit duftender Nahrung. Die ausgehungerte Ratte auf dem ersten Podest lief zuckend und quietschend hinüber, um sich zu sättigen, aber als man sie sogleich wieder zurückversetzte, blieb sie hocken. Der Hunger war ihr doch lieber als der Schmerz. Im nächsten Versuch legte man ein Rattenjunges auf das zweite Podest und beobachtete die Rattenmutter auf dem ersten Podest. Was würde sie tun? Sie lief über das elektrisch aufgeladene Drahtgitter zu ihrem Jungen. Man setzte sie zurück, und wiederum lief sie zu ihrem Jungen. Man erhöhte die Stromstärke im Gitter, und wiederum lief sie zu ihrem Jungen. Sie lief so lange, bis sie tot war.

Mir ist dieses Experiment – gegen das heutzutage die Tierschützer vehement protestieren würden – in Erinnerung geblieben, weil es mich zutiefst ergriff. Umso eigenartiger aber war der Kommentar der damaligen Professorengilde. „Meine Damen und Herren, Sie sehen, dass der Muttertrieb der stärkste Trieb ist, stärker noch als der Sexualtrieb oder der Nahrungstrieb. Alles, was Ihre Mütter folglich jemals für Sie getan haben, haben sie getan, um ihren eigenen stärksten Trieb zu befriedigen ..."

Wir Studenten lachten – aber war es zum Lachen? War nicht mit wenigen Sätzen unser bisheriges Mutterbild umgestülpt, wenn nicht gar entwertet worden? Ach, wie gut, dass ich später in Frankls Vorlesung gestolpert bin! Dort erfuhr ich postwendend, dass es sich bei dem Professorenkommentar um eine unzulässige Projektion aus der menschlichen Dimension, in der sich so etwas wie selbstlose Mutterliebe findet, in die tierische Ebene der Triebe und Instinkte handelte – und mein Mutterbild war wieder okay.

2. DOKTRINÄRE FÜGSAMKEIT

Batthyány: Ja, wie Sie sagen, ist nicht nur das Selbstbild, sondern auch das Menschenbild ein entscheidender Faktor für die Art und Weise, wie wir der Welt und anderen Menschen begegnen. Es gibt auch dazu empirische Befunde, die mit demselben experimentellen Paradigma wie die oben beschriebenen Studien die Wechselwirkung von dem Glauben an Willensfreiheit und Dankbarkeit bestätigen. Um das kurz zu fassen: Menschen, die an die Wahl- und Willensfreiheit glauben, empfinden, wenn sie sich an Situationen erinnern, in denen ihnen jemand geholfen oder sich großzügig gezeigt hat, signifikant mehr Dankbarkeit als jene, die nicht an die Willensfreiheit glauben. Im Prinzip ist auch dieser Befund relativ leicht erklärbar – Deterministen sehen die „Ursache" des großzügigen Verhaltens eines Dritten nicht in seiner freien persönlichen Entscheidung, sondern in unbewussten oder anderen nicht steuerbaren Einflussfaktoren begründet. Daher werten sie auch die persönliche Leistung der Großzügigkeit ab – warum auch jemandem sonderlich danken, der ohnehin „nicht anders konnte" als eben so zu handeln, wie es die jeweiligen Determinanten vorgegeben haben? Wir sehen also: Wir haben es hier mit durchaus sozial- und alltagsrelevanten Wirkungen des Glaubens oder Nichtglaubens an die eigene Willensfreiheit bzw. des Selbst- und Menschenbilds insgesamt zu tun.

Wie subtil und tiefgreifend solche Effekte sind, zeigt sich allerdings auch daran, dass sie nicht nur im Bereich der bewussten steuerbaren mentalen Funktionen wirken und keineswegs nur das Problem der Willensfreiheit betreffen. Andere Untersuchungen haben etwa nachgewiesen, dass Patienten orthodoxer Psychoanalytiker überzufällig häufig von klassisch psychoanalytischen Traumthemen wie sexuellen Symbolen berichten, wohingegen Patienten klassischer Individualpsychologen Träume produzieren, in denen es „theoriegerecht" um Selbstbehauptung, Geltungsstreben und Gruppendynamik geht. Und Patienten von Jungianern träumen signifikant oft von archetypischen und mythischen Figuren. Man nennt dieses bemerkenswerte Phänomen „doktrinäre Fügsamkeit".[28]

---

28 Cohen, D. (1952). Expectation effects on dream structure and content in Freudian psychoanalysis, Adlerian individual psychology, and Jungian analytical psychology. In: *Modern Thought*, 1 (2), 151–159; Ehrenwald, J. (1957). Doctrinal compliance in psychotherapy. In: *American Journal of Psychotherapy*, 11 (2), 359–379

Nun enden diese Wechselwirkungen zwischen Selbst- und Menschenbild auf der einen Seite und Erleben und Verhalten auf der anderen Seite keineswegs in den eben besprochenen Phänomenen selbst. Vielmehr beschreiben beide Befunde, jene zur Frage der „geglaubten Willens(un)freiheit" ebenso wie die zur „doktrinären Fügsamkeit" darüber hinaus einen *sich fortwährend selbst verstärkenden Prozess*. Das ist leicht nachzuvollziehen: Denn natürlich bestätigt das Erleben und Verhalten indoktrinierter Personen denjenigen, der aus den Beobachtungen ihres Erlebens und Verhaltens psychologische Modelle und Theorien abzuleiten versucht. Wenn also Versuchspersonen bewusst oder unbewusst Erwartungseffekte des Forschers oder Therapeuten erfüllen, dann liefern sie zugleich ja auch in hohem Maße theoriebestätigende Daten; und je mehr diese Daten die Theorie bestätigen, desto sicherer wird der jeweilige Forscher oder Therapeut sich fühlen, dass seine Theorie stimmt. Und je sicherer er sich fühlt, desto eher und stärker wird er seinerseits Erwartungseffekte evozieren.

Dieser sich selbst verstärkende Prozess macht die experimentelle Psychologie natürlich massiv artefaktanfällig.[29] Vermutlich erklärt dieser Rückkoppelungsprozess auch einen Großteil der widersprüchlichen Befunde einzelner psychologischer und psychotherapeutischer Schulen – selbst wenn bei ihren Messungen methodisch sauber gearbeitet wird, was wir einmal voraussetzen wollen. Die Psychologiegeschichte besteht ja zu einem gar nicht so geringen Anteil aus einem Katalog an Modellen und Theorien, die sich zumindest eine Zeit lang bestätigen und bestätigten, obwohl wir zugleich aus der Forschung wissen, dass sie gar nicht gültig oder haltbar waren oder sind. Und in dem Zusammenhang fällt dann meist auf, dass diese Befunde nur von jenen Arbeitsgruppen erfolgreich wiederholt werden, die von der Richtigkeit dieser Modelle und Theorien hinreichend überzeugt sind, von anderen aber nicht (daher gilt ja auch die unabhängige Wiederholung als Goldstandard der Forschung). Kurz: Es ist anzunehmen, dass (neben einer unsauberen Methodologie) die genannten Rückkoppelungs- und Erwartungseffekte bei dem Bestätigungsphänomen obsoleter psychologischer Theorien eine Rolle spielen.

Abgesehen vom „Schulenstreit" und der Artefaktanfälligkeit der psychologischen Forschung scheint mir jedoch noch wichtiger, auf die praktischen,

---

29 Bungard, W. (1980). *Die „gute" Versuchsperson denkt nicht. Artefakte in der sozialpsychologischen Forschung*. Wien: Urban & Schwarzenberg

sozialen und auch moralischen Implikationen der hier besprochenen Querverbindungen hinzuweisen. Fügt man nämlich all dieses Wissen zusammen, dann wird einem die Verantwortung, aber auch die Aufgabe (insbesondere des Logotherapeuten) bewusst, *gegenzusteuern gegen eine Verkennung des Menschen*. Frankl selbst ist immer wieder gegen den Reduktionismus, gegen eine egozentrische Psychologisierung und gegen den wachsenden Nihilismus gerade in den Wohlstandsgesellschaften aufgetreten und hat den Menschen verteidigt gegen jedweden Versuch, ihn „schlechter zu machen, als er ist".

Lukas: Es ist eine blendende Idee von Ihnen, zwischen den Auswirkungen und den Entstehungen von Menschenbildern einen „circulus vitiosus" zu wittern. In der Tat verhalten wir Menschen uns gemäß unseren Selbstbildern und unserem Selbstverständnis, und dieses unser Verhalten wird dann zum bekräftigenden Beweis jener Bilder und jenes Verständnisses, die Wissenschaftler (und andere Führungspersonen, z. B. Religionsvertreter) uns Menschen zuordnen. Vermutlich gibt es gar keinen *Ausstieg* aus diesem Zirkelprozess. Es gibt nur *Veränderungen*, die entweder an einem allmählichen Verhaltenswandel vieler Menschen ansetzen – und damit Veränderungen im populären Menschenbild nach sich ziehen, oder an einem allmählichen (Selbst-)Bewusstseinswandel vieler Menschen ansetzen – was sich modulierend auf ihr Verhalten auswirkt. Auch Zirkelprozesse sind dem „Panta rhei" unterworfen.

Nun ist die Frage der gezielten suggestiven Beeinflussung, wie gesagt, uralt, allgegenwärtig und im Zeitalter der totalen Vernetzung aktueller als jemals zuvor. Wer hätte sich noch vor 60 Jahren vorstellen können, dass man Menschenmassen vom Schreibtisch aus per Mausklick mobilisieren, ja, sogar radikalisieren kann, etwas Bestimmtes zu tun oder zu glauben? Dass man Werbekampagnen für oder gegen Kaufartikel, Parteien, Volksangehörige, Weltanschauungen etc. durch den Äther schicken kann mit drastischen Konsequenzen? Denn nicht nur das Bild, das wir uns über *uns selbst* machen, dirigiert unser Verhalten, sondern auch das Bild, das wir uns über gewisse Personengruppen machen (siehe „Mutterbild"), steuert unseren Umgang mit jenen Personengruppen, was schon Despoten von Herodes bis Hitler ausgenutzt haben. Nicht umsonst hat Frankl nicht nur vor dem Psychologismus (problematisches eigenes Menschenbild), sondern auch vor dem Kollektivismus eindringlich gewarnt, der seinen Spuk mit problematischen Fremdbildern treibt.

3. UNTER DEM STERNENHIMMEL SICH UND DEM LEBEN NEU BEGEGNEN

Batthyány: Damit wird aber auch die Frage aufgeworfen: Was kann und soll die Logotherapie hierzu ausrichten – wie kann sie hier beitragen, um heilsam und korrigierend zu wirken? Natürlich kann – und soll sie wohl – aktiv am öffentlichen Diskurs über den Menschen teilnehmen, und tut das ja auch seit jeher. Ich möchte die Frage aber gerne konkreter mit Blick auf die Psychohygiene und Psychotherapie, also die Korrektur eines problematischen eigenen Menschenbilds, stellen.

Lukas: Ich denke, dass sich die Logotherapie vor dem Fehler hüten muss, eine Doktrin mit einer anderen zu bekämpfen. Als sich Frankl von der ersten und zweiten Wiener Schule der Psychotherapie abzugrenzen und eigene Wege zu beschreiten begann, war es für ihn notwendig, den gängigen reduzierten Menschenbildern ein vollständigeres entgegenzuhalten. Aber wir wissen aus anderen Zusammenhängen, dass der Versuch einer Gegeneinflussnahme nicht viel besser ist als die Einflussnahme, gegen die sie opponiert. Oder, wie ich meinen Patienten zu sagen pflegte: „Auch der umgedrehte Spieß ist ein Spieß“. Lässt sich eine Frau zum Beispiel jahrelang von ihrem Mann anschreien und demütigen, und gelingt es ihr dann endlich, sich auf die eigenen Füße zu stellen, zurückzuschreien und zurückzudemütigen, so hat sie sich damit noch lange nicht weiterentwickelt. Sie hat zwar gelernt, sich zu verteidigen, und wenn etwas daran gut ist, dann hat sie gelernt, sich auf ihre Würde zu besinnen, aber ansonsten hat sie sich exakt auf der Stufe verhakt, auf der ihr Mann steht, und kein Höckerchen höher. Erst wenn sie gewaltlos und in authentischer Gelassenheit seine Exzesse abwehren oder ignorieren oder belächeln oder ihnen ausweichen kann, erst wenn sie sich ohne Verteufelung ihres Mannes ein für sie beide günstiges Verhaltensrezept erarbeiten kann, ist sie wirklich um etliche Stufen höher aufgestiegen.

Analog ist es nicht die optimale Aufgabe eines Psychotherapeuten, seine negativ indoktrinierten Patienten gegenzuindoktrinieren, auch nicht zu ihren Gunsten. Man macht das zwar hin und wieder, um größeres Übel zu verhindern. Frankl verglich solche appellativen und suggestiven Strategien mit der sogenannten „Seilhilfe“ am Berghang. Klettern zwei Bergsteiger eine steile Wand empor, dann sichert der obere Kamerad, nachdem er einen festen Stand erlangt hat, den nachkommenden unteren Kameraden mit einem Seil. Dieses Seil soll den unteren retten, falls er abrutscht. Aber es ist nicht dafür gedacht, den unteren emporzuhieven. Sollte allerdings der untere Kletterer bedroht sein, den Halt zu verlieren, oder einfach keinen Griff in der Wand über sich mehr entdecken, gibt ihm der obere Kletterer einen kleinen Ruck mit dem Seil – gerade so viel, dass sein Kamerad den Aufstieg fortsetzen kann. Obwohl solche „Seilhilfe" unter den professionellen Kletterern verpönt ist, verlangt eben die knallharte Realität so manche Konzession, und das ist in der psychotherapeutischen Praxis nicht anders.

Frankl, der ein begeisterter Bergsteiger war, wusste das. Wenn möglich, umschiffte er direktive Anweisungen und konkrete Beeinflussungen seiner Patienten, aber er scheute nicht davor zurück, zu ihrem Wohl deutlicher zu werden, als es sonst in der Branche üblich ist. Dennoch bevorzugte er den „Sokratischen Dialog", und auch ich halte die In-Frage-Stellung von Selbst- und Fremdbildern, Menschen- und Weltbildern für außerordentlich fruchtbar. Fragen locken Antworten hervor, und Antworten tasten nach Argumenten. Über plausible Argumente kann man in einen Dialog eintreten, der seinem Namen gerecht wird, indem der „logos", um den sich die Debatte gerade entfaltet, aus mehrfacher Warte betrachtet und à deux sorgfältig herausgeschält wird. Die psychotherapeutische Aufgabe ist es, die Mündigkeit und Kritikfähigkeit der Patienten zu fördern, ihr selbständiges Denken zu schärfen und blinde Nachsagerei und Rechthaberei ins Wanken zu bringen. Mitläufertum ist stets fatal. Die Despoten dieser Erde gewönnen keinerlei Macht, hätten sie keine Scharen von Mitläufern im Rücken …

Es stimmt: Wir Menschen sind beeinflussbare Wesen. Innere und äußere Einflüsse formen und prägen uns zuhauf. Doch da ist darüber hinaus jenes geistige Kapital, das uns befähigt, Stellung zu nehmen zu allem und jedem, und daher auch zu jedem Einfluss, der nach unserer Seele greifen will. Geist ist findig. Wenn jemand spürt, dass er sich einer Infiltrierung nicht entwinden kann, kann er allemal den Kontakt zu ihr stoppen. Genauso, wie Werbespots im Fernsehen nicht angeschaut werden müssen, weil man schließlich den Apparat abschalten oder während der Sendung aus dem Zimmer marschieren kann, genauso muss Idolen nicht gelauscht werden, die abstruse Gesichtspunkte verkünden. Es knospet genug Weisheit in unserem innersten Gespür, um Gutes von Bösem ungefähr unterscheiden zu können. Mein Tipp: gelegentlich in den nächtlichen Sternenhimmel blicken!

Ich weiß, das hat Seltenheitswert! Oft ist es zu kalt dafür. Oft ist der Himmel von Wolken verhangen. Für die Städter ist die Lichtverschmutzung zu krass: Über den beleuchteten Straßenschluchten zeigt sich kein Stern. Leider gibt es Millionen Kinder, die den Sternenhimmel gar nicht mehr kennen. Und wer nimmt sich schon die Muße dafür, nachts ins Freie aufzubrechen, um sich ins Firmament zu versenken?

Dennoch ist es eine wunderbare Möglichkeit, beunruhigende Indoktrinationen, falsche Vorbilder und implantierte Meinungen abzustreifen und mit dem verborgenen Zentrum des Selbst wieder in Verbindung zu kommen. Es ist eine sehr lange Tradition, dass Menschen, die Orientierung suchten, die Augen über den Nachthimmel haben gleiten lassen. Sie waren Wanderer, Seefahrer – und Reisende sind wir motorisierten Menschen auch. Wir sind auf einer Reise, die uns flott durch die rotierenden Jahreszeiten jagt; immer rascher und unaufhaltsamer, wie es uns dünkt. Der ehrfürchtige Blick zu den Sternen kann uns da eine sagenhafte Atempause verschaffen. Das sollten wir öfters ausprobieren.

Sie wundern sich vielleicht über diesen seltsamen Tipp.

Batthyány: Ich finde ihn vor allem sehr schön!

Lukas: Tatsache ist, dass wir tagsüber mit Mutter Erde stärker verwurzelt sind als nachts. Der Tag mit seinen Tagesgeschäften nährt die Vorstellung, dass sich unsere Existenz in ihnen weitgehend erfüllt. Die klare Nacht hingegen öffnet das Schaufenster zu einem überdimensionalen Kosmos, in dem sich die meisten unserer Geschäfte in überwältigender Bedeutungslosigkeit verlieren. Dafür zeichnet sich schemenhaft ab, was Ewigkeitswert haben könnte … und das sind sicher nicht die Auffassungen irgendwelcher Zeitgenossen, die uns mit ihren Phrasen überzeugen wollen. Wahrhaft Überzeugendes ragt in den Metaraum über uns hinaus und kann auch nur dort „sinn-bild-lich“ erfahren werden.

III. AUFMERKSAMKEIT, ACHTSAMKEIT UND SINNFINDUNG

1. ACHTSAMKEIT UND SINNORIENTIERUNG

Batthyány: Apropos Metaraum und Atempause – das Thema führt unser Gespräch auf einen aktuellen Trend der Psychologie. In den letzten Jahrzehnten hat die Achtsamkeitsmeditation (und Achtsamkeit im Allgemeinen) einen enormen Triumphzug innerhalb der Psychotherapie und auch der Medizin erlebt. Die Idee besteht kurz gesagt darin, bewusst dem Atem zu folgen und dabei Gedanken, Gefühle und Empfindungen einfach unbewertet vorüber- und vorbeiziehen zu lassen. Die wissenschaftliche Forschung attestiert dieser Methode eine hohe Effizienz bei einer ganzen Bandbreite von Indikationen – sei es bei Ängsten, bei Schmerzen, bei Unruhe und Übererregbarkeit und Affektlabilität etc.[30]

Allerdings fällt aus logotherapeutischer Sicht zugleich etwas auf – und das stellt auch einen Gegensatz dar zu der von Ihnen vorgeschlagenen Besinnung unter dem freien Sternenhimmel: Die Methode der Achtsamkeitsmeditation zielt im Grunde einzig und allein auf die Selbstdistanzierung hin, zugleich geht ihr aber jedwede Anregung zur Selbsttranszendenz ab – also zum Blick über den Tellerrand der eigenen Befindlichkeit auf Zusammenhänge, in denen wir irgendwo da draußen in der Welt gemeint sind oder in denen etwas oder jemand auf unser Engagement und unseren Beitrag wartet.

---

30 Brown, K. W. & Ryan, R. M. (2003). The benefits of being present: mindfulness and its role in psychological well-being. In: *Journal of Personality and Social Psychology*, 84 (4); Khoury, B., Lecomte, T., Fortin, G., Masse, M., Therien, P., Bouchard, V. ... & Hofmann, S. G. (2013). Mindfulness-based therapy: a comprehensive meta-analysis. In: *Clinical Psychology Review*, 33 (6), 763–771; Grossman, P., Niemann, L., Schmidt, S. & Walach, H. (2004). Mindfulness-based stress reduction and health benefits: A meta-analysis. In: *Journal of Psychosomatic Research*, 57 (1), 35–43

Im Gegenteil: Wenn man die Achtsamkeitsmeditation regelgerecht ausübt, geht es sogar darum, jene Gedanken und Einsichten, die einen zum Engagement in der Welt inspirieren wollen, ebenfalls unbewertet und detachiert vorüberziehen zu lassen ... Im Mittelpunkt steht das Sichdistanzieren, das Bewusst-, aber eben gerade nicht das Involviertsein, das Geschehenlassen und das Nichtwerten der eigenen Eindrücke, Assoziationen und Gedanken. Achtsamkeitsmeditation ist, so hilfreich sie auch ist, buchstäblich eine wertefreie Methode ...

Man kann noch weitergehen und feststellen, dass diese Methode von ihrer Intention her letztlich (über den Umweg der Selbstdistanzierung) nur ein „zuständliches", aber kein „gegenständliches" Ziel hat: nämlich Stressresistenz und Affektregulation, vielleicht auch eine gewisse Desensibilisierung gegenüber unangenehmen körperlichen Empfindungen wie Schmerzen oder Verspannungen. Aber im Mittelpunkt der Intention steht stets *das Empfinden von Gleichmut*. Anders gesagt: Es wird, wenn man das konsequent betreibt, zwar ein „guter Zustand" des relativen Gleichmuts und vielleicht auch der inneren Gelassenheit erreicht, aber die entscheidende Frage, wofür – also für wen oder für was – man diese nun frei werdenden Ressourcen und die wachsende innere Souveränität gegenüber Innen- und Außenzuständen sinnvoll einsetzen und nutzen kann, wird außer Acht gelassen. Auch in der einschlägigen Literatur zur Achtsamkeit wird diese Frage meistens gar nicht angesprochen, wodurch leicht der Eindruck entstehen kann, der entspannte Zustand des Gleichmuts stelle quasi den Selbst- und Endzweck des Ganzen dar.

Dazu muss man allerdings ergänzend festhalten: In den religiösen Traditionen, in denen die Achtsamkeitsmeditation entstanden ist und weitergegeben wurde, stand sie eigentlich so gut wie nie dermaßen isoliert dar. Sie war vielmehr immer auch eingebettet in einen moralischen Kanon – sie soll Leid lindern, aber zugleich Ressourcen freimachen für Einsicht und rechtes Handeln.[31] Dieser Aspekt ist in der zeitgenössischen Version der Achtsamkeitsmeditation – vor allem im psychotherapeutischen und medizinischen Kontext – in der Regel kaum mehr vorzufinden.

Mit einem Wort – wir haben es hier mit einer effektiven Methode der Affektregulation zu tun, und als solche hat sie fraglos Platz im therapeutischen

31 Mills, E. (2004). Cultivation of moral concern in Theravada Buddhism: Toward a theory of the relation between tranquility and insight. In: *Journal of Buddhist Ethics*, 11, 21–45

Werkzeugkasten. Allerdings wird man den Verdacht nicht los, diese Methode sei in der gegenwärtig propagierten Form aus den erwähnten Gründen noch irgendwie unvollständig.

Lukas: Nun, die *Intensivierung der Achtsamkeit* ist in der Psychotherapie keine neue Errungenschaft, auch wenn sie derzeit auf einer Modewelle mitschwimmt. Genau genommen ist sie das psychotherapeutische Anliegen schlechthin. Die verschiedenen Therapieschulen spalten sich erst auf, sobald es darum geht, *worauf* von den Hilfesuchenden geachtet werden soll. Bei den Psychoanalytikern sind es die Bedürfnisse und Triebmeldungen, die von den Patienten nicht (mehr) unter den Teppich gekehrt, sondern berücksichtigt werden sollen. Bei den Körpertherapeuten sind es die Signale aus dem vegetativen Nervensystem, die gehört und verstanden werden sollen. Bei den Verhaltenstherapeuten sind es die Fehlkonditionierungen, die gestoppt und nach Plan umgelernt werden sollen. Bei den Gesprächspsychotherapeuten sind es die vagen Ansichten und Aussagen der Patienten, die unter die Präzisionslupe genommen werden sollen.

Die Empfehlung zum Verfolgen des Atemrhythmus, und sich dabei bar jeder Beurteilung seinen „vorbeiwehenden" Empfindungen zu widmen, ist nur eine Variation uralter Meditationsverfahren, die stets zum Innehalten in der alltäglichen Betriebsamkeit, zur Entschleunigung und „Entstreuung" einladen. Das Beste daran ist dieses Innehalten im Galopp des Lebens, denn ohne eine zeitweise Besinnung und Neuorientierung läuft man zu schnell dahin und vergisst zu schnell, *wohin*. Jeder Wanderer muss gelegentlich rasten, verschnaufen, die Landkarte, den Kompass oder sein Navigationsgerät aus dem Rucksack ziehen, prüfen, ob der Kurs noch stimmt, Kräfte sammeln für den Aufbruch, und sich innerlich auf die nächste Wegstrecke einstellen. Er muss „zu Atem kommen", denn keuchend kann er nicht weiterrennen. Und er muss Empfindungen wie Durst, Müdigkeit, schmerzende Fersen etc. wahrnehmen und ernst nehmen. Jedes Achtsamkeitstraining ist dem Diktat des Lebens abkopiert, denn das sich abspulende Leben ist es, das uns ermahnt, nicht achtlos draufloszustürmen. (Nur wer diese Ermahnungen ignoriert, braucht einen Therapeuten, Coach, Yogalehrer oder simpel einen guten Kameraden als „Lautsprecher" für die Ermahnungen des Lebens.)

Sie haben aber ganz recht, wenn Sie solche Besinnungsrasten mit einer Intensivierung der Selbstdistanzierung in Verbindung bringen. Denn wer achtet schließlich auf wen? Klarerweise ist es die *geistige Person*, die auf sich selbst als Ganzheit zu achten hat. Sie hat die Oberhoheit über das Zusammenspiel der dimensionalen Regionen im Menschen. Sie muss sich um ein klopfendes Herz und Blasen an den Fersen genauso kümmern wie um eine flatternde Psyche, die am Durchdrehen ist, oder um einen Verstand, der mit Absenzen ringt. Sie hat schwierige Koordinierungsaufgaben zu erfüllen, und hätte sie nicht mit ihrem „Sinn-Organ Gewissen“ (Frankl) ein verlässliches Leitsystem an ihrer Seite, wäre sie wahrscheinlich des Öfteren ratlos. Aber das Gewissen, der „Kompass“ (oder moderner: das „Navigationsgerät“) lässt den Wanderer nicht im Stich, wenn er sich die Ruhe gönnt, in Abständen darauf zu schauen und prinzipiell darauf zu vertrauen. Und so lautet denn die speziell logotherapeutische Achtsamkeitsparole (im Kontrast zu den anderen Therapieschulen): „Man soll auf die zarten Regungen seines Gewissens achten!“

An dieser Diskursstelle möchte ich einen kleinen Schlenker vollziehen. Ich möchte betonen, dass sich aus der generellen Achtsamkeit auch die Achtsamkeit im *Umgang mit Ressourcen* ergibt, wobei es keine Rolle spielt, ob es Ressourcen der eigenen Existenz sind, oder Fremdressourcen, zu denen man Zugriff hat. Ich bin einmal von einer Reporterin gebeten worden, dank meiner psychotherapeutischen Erfahrung mit ein paar Tausend Patienten (ich hatte bis zu 300 Patienten im Jahr) in aller Kürze auszudrücken, wovon seelische Gesundheit oder Krankheit am ehesten abhängt. Spontan habe ich damals geantwortet: „Vom Umgang mit den Ressourcen“, und ich stehe heute noch zu meinem Wort. *Lebenszeit* zum Beispiel ist eine so kostbare Ressource – aber für welchen Kleinkram wird sie vergeudet! Menschen dröhnen sich voll mit Ablenkungen und stumpfer Routine, statt im Sinne des klösterlichen „ora et labora“ ein vernünftiges Wechselspiel von Produktivität und Regeneration einzuhalten. Selbstverständlich ist auch das „schnöde“ *Geld* eine wichtige Ressource – aber für welche Überflüssigkeiten wird es verschwendet! Vom Keller bis zu den Dachböden werden Kästen und Laden in unserem Land mit Zeug vollgestopft, das man gar nicht braucht und das nur belastet, statt sich die Freude an wenig Materiellem und viel Spirituellem zu bewahren[32]. Welch fantastische Ressource ist darüber hinaus unser *Organismus*, der uns Tag und Nacht gestattet, durchs Leben zu spazieren – und wie schlecht wird es ihm vergolten! Er wird mit

32 Es ist eine erwiesene Tatsache, dass die Freude an Gütern mit dem Zuwachs an Gütern sinkt und mit der Spärlichkeit von Gütern steigt.

Schadstoffen gefüttert, in seiner Beweglichkeit eingeschnürt, mit Schlafentzug gemartert und mit Grämlichkeiten überfrachtet, statt dass er seiner Natur gemäß gepflegt und seiner Leistung gemäß geschätzt würde. Oder was ist die *Familie* für eine segenspendende Ressource, die in größter Not, wenn alles kippt, ja selbst noch in Todesnähe Reserven für einen bereitstellt – aber wie mutwillig wird ihr Frieden für Belanglosigkeiten riskiert und ihre Harmonie mit Füßen getreten! Was streiten Angehörige unentwegt miteinander, statt einander tolerant, verständnisvoll und barmherzig zu begegnen.

Batthyány: Das ist natürlich eine zutiefst logotherapeutische Wendung des Umgangs mit Achtsamkeit, die zugleich Anschluss findet an die ursprünglichen Zusammenhänge der Achtsamkeitsmeditation: Nicht die Methode wird in den Mittelpunkt gestellt, und auch nicht die Gelassenheit des bewertungsfreien Geschehenlassens, sondern die Frage des achtsamen und guten Umgangs *mit etwas oder jemandem* – also steht nicht nur, oder nicht notwendig, das neutrale Beobachten im Zentrum, sondern vielmehr die Frage, was und wie wir etwas oder jemanden beachten oder mit Zuwendung und Wohlwollen beschenken. Das hat gewiss auch therapeutische Bedeutung?

2. LOGOTHERAPEUTISCHE ACHTSAMKEITSMEDITATION – EINE METHODE

Lukas: Gewiss. Immer wieder liefen die Beratungen meiner Patienten darauf hinaus, sie mögen achtsam und liebevoll mit ihren Ressourcen umgehen, sich auf Wesentliches beschränken und ihr Leben sinnvoll gestalten. Von Pearl Sydenstricker stammt das Bonmot: „Die wahre Lebenskunst besteht darin, im Alltäglichen das Wunderbare zu sehen." Solche Lebenskunst zu lehren, ist die höchste Kunst des Psychotherapeuten. Der Hirnforscher Gerald Hüther hat in seinem jüngsten Buch „Raus aus der Demenz-Falle!" überzeugend erläutert, dass ein gelassener, problemlöseorientierter und auf das Positive achtender Lebensstil nicht nur die Selbstheilungskräfte des Körpers ankurbelt, sondern auch „Dünger für das Gehirn" ist, das über die Ausschüttung der Hormone Dopamin und Serotonin sogar seinen eigenen Verfall (begrenzt) in Schach halten kann. „Bleibe wach für den Moment!", lautet Hüthers Devise, der ich mich voll anschließen möchte.

Zusammenfassend begrüße ich das Grundkonzept von Achtsamkeitsmeditationen. Allerdings würde ich die Instruktionen für den Meditierenden verfeinern. Etwa nach folgender Art:

> Entspanne dich, atme ruhig und gleichmäßig ein und aus, ein und aus ... schiebe störende Einflüsse und Eindrücke zur Seite, lass grüblerische Gedanken an dir vorüberfließen, lass sie wegfließen ... sie haben jetzt nichts bei dir zu suchen. Entspanne dich, so gut du kannst, und genieße die geistige Freiheit, die sich mehr und mehr in dir ausbreitet. Wenn sich deine Glieder schwer anfühlen und deine Seele leicht geworden ist, dann versuche, Kontakt mit deiner innersten Stimme aufzunehmen. Es muss sehr still in dir werden, denn deine innerste Stimme ist leise. Lass es still werden, spüre dem Leisen nach. Wenn andere, fremde Stimmen aus deiner Erinnerung dazwischenfunken, schalte sie aus. Das Stille und Leise, Echte und Ehrliche wird sich dir zunehmend offenbaren. Frage deine innerste Stimme, was du bisher gut gemacht hast. Lächle bei ihrer Antwort und entspanne dich noch mehr.
>
> Dein Atem fließt ruhig und gleichmäßig, nichts kann dich jetzt stören ... Du bist schläfrig und zugleich hellwach. Frage deine innerste Stimme, was du noch besser machen kannst, und achte genau darauf, wovon sie erzählt. Sie erzählt von drinnen und draußen. Von deinen Stärken, auf die du stolz sein kannst, und von den vielen Aufgaben draußen. Sie erzählt von deinem Geschick, unter den Aufgaben die richtigen herauszupicken und mit Lust und Schmerz zu erfüllen. Du zögerst, was die richtigen sein könnten? Lass es still werden, lausche auf das Leise in dir. Was du dir nicht selbst sagen kannst, wird dir gesagt. Wenn du auf deine innerste Stimme achtest, weißt du plötzlich, was richtig ist. Lust und Schmerz werden verblassen, aber deine Gewissheit, um das Richtige zu wissen, wird bleiben. Du kannst sie mitnehmen, wenn du aus deiner Meditation zu deinen aktuellen Vorhaben zurückkehrst.
>
> Doch sei auch weiterhin achtsam und wachsam, was in dir und um dich herum vorgeht! Bedenke: (Zeitlos) lange genug hast du in der Unbewusstheit geschlummert, bevor du zum Menschsein erwacht bist. Und für (zeitlos) lange genug wirst du eines nicht fernen Tages wieder in die Unbewusstheit entschlafen!

Allein mit der Umschreibung „was in dir und um dich herum vorgeht“ ist die Fähigkeit zur Selbsttranszendenz bereits der Fähigkeit zur Selbstdistanzierung aufaddiert.

3. SELBSTDISTANZ UND SELBSTTRANSZENDENZ

Batthyány: Schön – dazu vielleicht noch eine ergänzende Anmerkung: Achtsamkeit ohne Selbsttranszendenz bedeutet ja einfach Aufmerksamkeit bündeln – aber Aufmerksamkeit sagt noch gar nichts über die Qualität und innere Haltung, mit der man der Welt dann aufmerksam begegnet. Aufmerksamkeit kann ja auch negativ sein. Aber Wohlwollen oder einfach eine positive Zugeneigtheit ist viel umfassender: Sie beinhaltet erstens automatisch auch Aufmerksamkeit – ich muss ja hinschauen, um den anderen wahrzunehmen – und zweitens die gute Intention. Mit anderen Worten: Wohlwollen beinhaltet Achtsamkeit und Aufmerksamkeit und ein positives Wollen, aber Achtsamkeit und Aufmerksamkeit beinhaltet nicht zwangsläufig Wohlwollen; es kann auch bedeuten, dass ich der Welt ziemlich gleichgültig oder auch negativ und ablehnend begegne. Daher finde ich Ihren Meditationstext sehr schön! Um aber generell noch etwas bei den geistigen Potentialen zur Selbstdistanzierung und zur Selbsttranszendenz zu bleiben: Die Logotherapie betont ja beide – Selbstdistanzierung und Selbsttranszendenz –, aber ich wurde in der Literatur, auch bei Frankl, nie wirklich fündig, wenn ich nach Analysen oder überhaupt nach Vorschlägen zum Verhältnis der beiden zu- und untereinander suchte. Das finde ich durchaus interessant. Denn man könnte argumentieren, dass das eine ohne das andere durchaus problematisch sein kann.

Nehmen wir etwa die Selbstdistanzierung. Wie wir am Beispiel der Achtsamkeitsmeditation gesehen haben, ist sie kein Selbstzweck, sondern eine Fähigkeit (keine Fähigkeit ist ein Selbstzweck). Sonst kann sie – als Distanznahme etwa zu den eigenen Gefühlen – in bloße Gelassenheit, um nicht zu sagen: Gleichgültigkeit abgleiten oder aber auch in eine unnötige Härte sich selbst gegenüber. Beides sind ja Wege der Distanzierung vom inneren und äußeren Erleben. Aber der Verzicht etwa, zu dem eine gesunde Selbstdistanzierung befähigt, ist schließlich nicht allein deswegen sinnvoll, *weil* er ein Verzicht ist, sondern immer nur dann und deswegen, weil das Verzichten um einer wichtigen Sache oder einer geliebten Person willen sinnvoller ist, als sich in der eigenen Lebensführung lediglich von den Parametern Lust und Unlust oder anderen Launen treiben und leiten zu lassen. Bloße Selbstdistanzierung um ihrer selbst willen, die kein selbsttranszendentes Wofür meint, kann daher im Grunde ebenso egozentrisch sein, nur halt unter umgekehrtem Vorzeichen und unter Einsetzung anderer Mittel.

Auf der anderen Seite könnte man sagen, dass bloße selbsttranszendente Ausrichtung leicht in Fanatismus und vergleichbar problematische Entwicklungen zu münden Gefahr liefe, wenn da nicht die innere Souveränität und Gelassenheit der Selbstdistanzierung wäre, die einen dazu ermahnt, die eigenen Erkenntnisgrenzen anzuerkennen und zumindest die Möglichkeit gelten zu lassen, dass man – qua Menschsein – sich irren kann, sogar sehr wahrscheinlich in manchen Belangen irrt. Dass man ein bisschen Bescheidenheit und Demut walten lassen soll, auch wenn man glaubt, absolut im Recht zu sein. Kurzum, ein bestimmtes Maß an Selbstdistanzierung gegenüber der eigenen allzu großen Gewissheit und der damit bisweilen assoziierten Kompromisslosigkeit schützt vor fanatischen Entgleisungen. Es ließen sich noch mehr Beispiele anführen, etwa das Beispiel des Workaholikers, der sich wirklich engagiert für etwas oder jemanden, dem also ein Mangel an Selbsttranszendenz nicht attestiert werden kann – aber ich denke, Sie wissen, worauf ich hinaus will, wenn ich die Frage nach dem Verhältnis von Selbstdistanzierung und Selbsttranszendenz zueinander aufwerfe.

Lukas: Ja, ich verstehe, was Sie meinen – und ich gebe zu, dass wir in der angewandten Logotherapie selten beide spezifisch humanen Potentiale gleichzeitig zu Heilzwecken anzapfen. Bei der Behandlung von Neurotikern hat das Abrücken der Person von ihren Ängsten und Zwängen stets Vorrang. Das Ich und seine Symptome sind auseinanderzuzerren, damit das Ich seine Symptome bei den Hörnern packen und besiegen kann. Erst wenn die Person nicht mehr ständig von gräulichen Gefühlen, grässlichen Erwartungen und skurrilen Impulsen gejagt und geplagt wird, ist sie halbwegs in der Lage, sich auf etwas Nicht-Ichhaftes hin zu transzendieren. Hier wird also zunächst die Fähigkeit zur Selbstdistanzierung gehoben, und später (bei der Nachbetreuung) an der Anhebung der Selbsttranzendenz gearbeitet.

Aus Ihrer Frage höre ich heraus, ob man nicht ähnlich methodisch den Fokus auf die Selbstdistanzierung legen müsste bei Personen, die zwar eine ausgeprägte Fähigkeit zur Selbsttranszendenz mitbringen, aber diese zu fanatischem Terror bündeln, oder sich selbst endlos verausgaben, masochistisch aufopfern und ohne Widerstand auspowern lassen.

Dem möchte ich erwidern, dass die zwei genannten Personengruppen nicht in einen Topf zu werfen sind. Eine Überschneidung von Fanatismus und Selbsttranszendenz ist glatt zu verneinen. Fanatiker behängen sich zwar gerne mit scheinheiligen Mäntelchen, unter denen sie ihre Egoismen verbergen. Das war schon zur Zeit der Kreuzzüge so, als Horden von Soldaten ins „Heilige Land" aufbrachen – offiziell, um die Wiege des Christentums zu beschützen, und inoffiziell, um zu metzeln, zu rauben und zu plündern. Auch moderne Diktatoren, die angeblich Lebensraum für ihr Volk beschaffen wollen, haben keinerlei Hemmung, zu ihrem eigenen Ruhme dieses Volk blutig zu verheizen. Fanatiker sind Sklaven ihrer Wünsche, die sie unbedingt durchpeitschen wollen, und neben ihren Wünschen klafft dort, wo sich der Rest der Welt befindet, ein schwarzes Loch.

4. DER WORKAHOLIKER UND DIE FRAGE NACH SINN

Lukas: Anders steht es mit den Workaholikern, die unter einer vermeintlichen Verantwortungsüberlastung ausbrennen, mit den bienenfleißigen Helfern, die „helfersyndrom"atisch im Hamsterrad rotieren, mit den sanftmütigen, wehrlosen Kerlchen, die jedermann schamlos ausnützen kann, oder mit den unverbesserlichen Träumern, die die ganze Welt retten wollen. Ihnen ist eine rechte Portion Selbsttranszendenz nicht abzusprechen. Vielleicht vergessen sie vor lauter Selbstvergessenheit und Dienst an der Mitwelt tatsächlich oft auf ihr Selbst. Trotzdem würde ich ihr Hauptproblem nicht in einer schwach entwickelten Fähigkeit zur Selbstdistanzierung orten. Um an die oben erwähnten Achtsamkeitsmeditationen anzuknüpfen, würde ich sagen: *Sie achten nicht auf die Stimme ihres Gewissens.*

Fähigkeiten brauchen einen geistigen Einsatzbefehl, um loszusprinten. Auch wenn jemand ein Supertalent im Turnen hat, ist der Gehsteig nicht der passende Ort, um Purzelbäume zu schlagen. Auch wenn jemand mit schmelzendem Tenor singen kann, ist Mitternacht nicht der passende Zeitpunkt, um eine Arie am offenen Fenster zu schmettern. Dafür bekommen Sportlichkeit oder Gesangstüchtigkeit keine Einsatzbefehle. Analog sind unsere Potentiale zur Selbstdistanzierung und zur Selbsttranszendenz dem jeweiligen Einsatzbefehl der geistigen Person untergeordnet, und die geistige Person ist gut beraten, sich dem Spruch ihres Gewissens unterzuordnen. Wenn sie es tut, entscheidet das Gewissen als oberste Instanz über den sinnvollen Einsatz unserer Fähigkeiten und annulliert ihn bei Sinnwidrigkeit.

Deshalb und gerade deshalb ist es unerlässlich, Sinn als zwar relativ (ad personam et ad situationem), aber als transsubjektiv zu definieren, wie es in der Logotherapie Usus ist. Zur Demonstration greife ich einen Textblock des Amerikaners John Wood auf, den die Sinnforscherin Tatjana Schnell in einem ihrer Bücher veröffentlicht hat. Darin heißt es:

> Ich habe ... einen sinnvollen Beruf, für den ich Leidenschaft empfinde. Wenn ich aufwache, kann ich es kaum erwarten, aus dem Bett zu springen und ins Büro zu kommen ... ich sah meine Familie seltener als ich es mir gewünscht hätte ... es gab noch eine schlimmere Schattenseite, die immer wieder ihre hässliche Fratze zeigte. Die Überstunden waren einfach die Hölle für meine Beziehungen. Wenn ich begann, mit einer Frau auszugehen, war sie innerhalb eines Monats total frustriert wegen der wenigen Zeit, die ich der aufkeimenden Beziehung widmen konnte ...[33]

Tatjana Schnell zieht daraus das Resümee, dass „hohes Sinnerleben am Arbeitsplatz gefährlich sein kann". Sie zählt Beispiele von Leuten auf, die zu Gunsten sinnvoller Arbeit erhebliche Nachteile und sogar finanzielle Ungerechtigkeiten hinnahmen.

Frankl hätte diesbezüglich bloß den Kopf geschüttelt. Nicht nur, dass er selbst imstande gewesen ist, seine überaus sinnvolle und arbeitsaufwändige Berufstätigkeit mit innigen familiären Beziehungen zu koppeln. Er hat sogar bezweifelt, dass der Konfliktcharakter den unterschiedlichen Werten (Beruf, Familie, Freizeitinteressen ...) innewohnt.[34]

Der Sinn – der transsubjektive Sinn, den man sich nicht willkürlich zusammenreimen kann – ist kein Freund einer Vernachlässigung von geliebten Menschen. Der Sinn ist auch kein Freund von Überstunden, die die Hölle sind, von psychischer Raserei und physischer Verausgabung, von frustrierenden zwischenmenschlichen Kontakten oder von der kommentarlosen Akzeptanz ausbeuterischer Strukturen. Der Sinn – der transsubjektive Sinn, den man nicht als Ausrede für Sinnwidrigkeiten vorschieben kann – streckt

33 Aus: Schnell, T. (2016). *Psychologie des Lebenssinns.* Berlin: Springer, 166

34 Vgl. Frankl, V. E. (1992). *Der unbewusste Gott. Psychotherapie und Religion.* München: dtv (7. Auflage), 72f.

seinen Finger aus und zeigt auf denjenigen Wert, der „gerade dran ist“, und legt demjenigen Wert den Finger auf den Mund, der „gerade zu schweigen hat“. Der Sinn lockt die Selbsttranszendenz aus ihrem Versteck, wenn es um ein persönliches Engagement geht, zu dem man gerufen ist, und der Sinn mobilisiert die Selbstdistanzierung, wenn es gilt, eigenen leibseelischen Vorgängen Aufmerksamkeit zu schenken und sich lebensfit zu erhalten. Wie schade, dass John Wood nicht einen amerikanischen Logotherapeuten aufgesucht hat! Dieser hätte ihn Achtsamkeit gelehrt: Achtsamkeit auf die zarten Regungen des Gewissens, das vom jeweils Sinnvollen kündet. Bald hätte John Wood begriffen, dass seine (subjektiv) als sinnvoll empfundene Arbeitsfreudigkeit ihren (objektiven) Sinn verliert, wenn er sie vergötzt und auf Kosten anderer Menschen ausübt. Er hätte begriffen, dass *der Verlust von Sinn* gefährlich ist (und nicht etwa das hohe Sinnerleben am Arbeitsplatz, wie von der Buchautorin behauptet).

Womit ich wieder bei der logotherapeutischen Achtsamkeitsparole gelandet bin. Es gibt in der Frankl'schen Literatur eine Stelle, an der Frankl eindringlicher als sonst vor Unachtsamkeit warnte. Wir agieren wie Schauspieler auf einer irdischen Lebensbühne, meinte er, und erkennen im Dunkeln nicht, wer im überirdischen Zuschauerraum sitzt und uns beobachtet. Aber Achtung: Wir spielen vor offenem Vorhang![35]

Ergänzen könnte man die Metapher: Und sollten wir auf der Bühne ins Stocken geraten, dann souffliert unser Gewissen das erlösende Stichwort. Nicht *irgendein* Stichwort, das uns zufällig gefallen mag, sondern jenes Stichwort, das haargenau zur laufenden Szene passt und zum richtigen Handeln auffordert. Welcher Regieanweisung aber entnimmt unser Gewissen sein Stichwort? Es fängt die Stimme der Transzendenz auf ...[36]

5. SINN UND WIRKLICHKEIT

Batthyány: Sie erwähnten eben die Arbeiten von Tatjana Schnell. Darauf würde ich gerne später zurückkommen, und zwar im Kontext anderer Denkschulen der Psychologie, die zunehmend auch auf die Rolle des Sinns auf-

---

35 Frankl, V. E. (1987). *Logotherapie und Existenzanalyse. Texte aus fünf Jahrzehnten*. München: Piper, 113

36 Frankl. *Der unbewusste Gott*, s. Anm. 34, 41

merksam werden. Zunächst aber – und auch, um etwas von der Diskussion der Arbeiten von Tatjana Schnell vorwegzunehmen: Wenn Sie eben sagten: „Nicht *irgendein* Stichwort, das uns zufällig gefallen mag, sondern jenes Stichwort, das haargenau zur laufenden Szene passt und zum richtigen Handeln auffordert", dann führt das unmittelbar zu der immer wieder gestellten Frage, ob Sinn etwas subjektiv Konstruiertes oder ein objektiv/transsubjektiv Gegebenes ist.

Diese Frage „verfolgt" die Logotherapie von Anfang an; einige ehemalige Weggefährten Frankls – u. a. der Psychotherapeut Alfried Längle, auf den wir ebenfalls später noch gesondert und ausführlicher zu sprechen kommen werden – haben an genau dieser Weggabelung zwischen gegebenem (objektivem/transsubjektivem) und gemachtem (subjektivem) Sinn die Position der klassischen Logotherapie verlassen. Faszinierend daran finde ich, dass es in *keinem einzigen* dieser Fälle dabei geblieben ist, dass jemand ein subjektives Sinnverständnis postuliert hat, ohne nicht zugleich auch andere wesentliche Elemente der Logotherapie abzuändern. Stets hatte dieser Schritt also einschneidende Auswirkungen auf das therapeutische Vorgehen und insgesamt auf das theoretische Verständnis und Gebilde der dann entstehenden Denkschule.

Aber fangen wir einen Schritt vorher an – nämlich beim grundlegenden Sinnverständnis unserer Tage. Wenn man sich in diese Debatte etwas einliest, dann staunt man darüber, in welche Selbst- und Sinnzweifel eine erkenntnisskeptische Postmoderne den Menschen geführt hat. Irgendwie scheint mir, als seien unsere Instrumente zur Selbst- und Weltwahrnehmung unter den Vorzeichen der Postmoderne falsch kalibriert – mit der Folge, dass der Mensch einer doppelten Fehleinschätzung zum Opfer fällt: *Dass er sich gleichermaßen unterschätzt und* überschätzt.

Er unterschätzt etwa im Rahmen des „Naturalisierungsprojekts" des Menschen (Stichwort neurobiologischer Reduktionismus) seine eigene Willensfreiheit.[37] Er traut sich zu wenig zu, vor allem zu wenig Freiheit und Verantwortung – mit, wie wir bereits gesehen haben, durchaus gravierenden Folgen. Zugleich schreibt er sich selbst aber die Fähigkeit zu, Sinn „machen",

37 Leser, die an dieser Debatte interessiert sind und eine freiheitspositive Deutung der aktuellen Befunde zu Hirnforschung und Willensfreiheit suchen, seien verwiesen auf: Batthyány, A. (2017). *Gehirn und Handlung. Anmerkungen zum Bereitschaftspotential.* Heidelberg: Universitätsverlag Winter; Hasler, F. (2012). *Neuromythologie. Eine Streitschrift gegen die Deutungsmacht der Hirnforschung.* Bielefeld: Transcript-Verlag

also konstruieren zu können (bzw. zu müssen, da Sinn ja objektiv gar nicht da oder in einem Sachverhalt angelegt sei). Dieses Ungleichgewicht zwischen dem Glauben an einen Mangel an Selbstkontrollfähigkeit (Unterschätzung des Ichs) und dem zugleich erhobenen Anspruch auf die Fähigkeit, über die Sinnhaftigkeit der Wirklichkeit bestimmen zu können (Überschätzung des Ichs), halte ich für höchst bemerkenswert. Es ist auch offensichtlich ziemlich paradox. Man verlegt die Kontrollfähigkeit von sich selbst weg – dabei könnte man gerade dort, also bei sich selbst, am meisten ausrichten – auf die „Umstände" und „Bedingtheiten" bzw. auf die Welt als Ganzes. Diese „Welt" und das Schicksalhafte habe, so nimmt man dann nach einer Absage an die eigene Freiheit und Verantwortung an, beinahe unbegrenzten und ungebremsten Einfluss über das eigene Erleben, Denken, Entscheiden und Handeln. Soweit die Absage an die menschliche Freiheit und die damit einhergehende Unterschätzung unserer Möglichkeiten und Fähigkeiten.

Doch mit der Absage an die Gegebenheit eines objektiven oder transsubjektiven Sinns behauptet man zugleich von sich selbst, dass man über die Sinnhaftigkeit eben jener Welt durch subjektive Konstruktionsprozesse verfügen könne. Mit anderen Worten: Man verortet die eigenen Fähigkeiten schlichtweg falsch. Sich selbst und die eigene Freiheit unterschätzt man, und gleichzeitig überschätzt man sich selbst in der Annahme, man müsse oder könne Sinn irgendwie „machen". Diese Position ist also nicht nur erkenntnistheoretisch fragwürdig, es grenzt eigentlich schon an Allmachtsfantasien, wenn man ernsthaft von sich selbst glaubt, durch die eigenen Konstruktionsprozesse nicht weniger als Sinn herstellen zu können. Ganz abgesehen davon, dass sich diese Position im Grunde auch gar nicht leicht in Einklang bringen lässt mit der gleichzeitigen Absage in die eigene Entscheidungs- und Willensfreiheit.

Zwar ist unser Gespräch nicht der Ort, über die Stärken und Schwächen eines solchen harten Konstruktivismus in allen Einzelheiten zu verhandeln. (Diese Debatte wird derzeit in den Naturwissenschaften intensiv geführt, und man findet dort hochinteressante Argumente, die man auch auf die Sinndebatte übertragen könnte.) Bei der Sinnfrage geht es allerdings um eine ganz unmittelbare lebenspraktische Relevanz – sie ist nicht nur erkenntnis- und wissenschaftstheoretisch von Bedeutung, sondern hat vielmehr auch unmittelbare und starke Auswirkungen auf unsere Lebensführung.

Denn die Idee, wir konstruierten Sinn, geht nicht nur, wie erwähnt, mit frappierenden Selbstfehleinschätzungen einher, sondern auch mit einer enormen Unterschätzung des *Sollens* in der Welt, bzw. der Welt insgesamt: Denn Sinn konstruieren muss ich ja hauptsächlich dann, wenn ich einerseits einen Willen zum Sinn anerkenne (immerhin dies), zugleich aber der Welt unterstelle, sie sei so sinnlos und unbedacht und lebensfeindlich konstruiert oder gewachsen, dass das, wonach uns so sehr sehnt – Sinn –, gar nicht wirklich existiere.

Das ist die dritte Inkonsistenz dieses „Modells": Ihm zufolge sind wir zwar nämlich mit einer ausgeprägten Sinnmotivation ausgestattet – so sehr, dass nicht wenige Menschen an der unbeantworteten Sinnfrage verzweifeln bzw. innerlich zu zerbrechen drohen. Zugleich aber sei genau das, wonach wir so sehr streben, gar nicht da. Wenn dieses Modell stimmte, hätte der Wille zum Sinn folglich kein echtes Pendant in der Wirklichkeit – nur deswegen müssen wir es uns ja ausdenken, es erfinden. Der Mensch wäre demnach eine wahre Fehlkonstruktion – ein Irrläufer der Evolution, wie der ungarisch-britische Schriftsteller Arthur Koestler sagte: Fortwährend auf der Suche nach etwas, das aber nirgends zu finden ist und das er daher *erfinden* muss. Eine Welt, die sich solche Geschöpfe leistet und sie zugleich mit hinreichend Intelligenz und Handfertigkeit ausstattet, die Welt selbst grundlegend zu gefährden, wäre im Grunde nicht nur „sinn-los", sie wäre richtiggehend sinnwidrig …

Nun ist mir bei alledem natürlich bewusst, dass auch diese Inkonsistenzen und Selbstwidersprüche keinen zwingenden Beweis für das Gegenmodell der transsubjektiven Natur des Sinns darstellen. Man wird transsubjektiven Sinn wohl ohnedies niemals im eigentlichen Sinne *beweisen* können; das ist methodisch nicht möglich. Aber man kann immerhin Spuren und Indizien finden. Und diese erschließen sich bereits in der einfachen Betrachtung der Natur, insbesondere der menschlichen Natur … Dann sieht man z. B., dass es evolutionäre Hinweise gibt, die sich aus der Sinnfrage ableiten. Etwa, dass wir Menschen die einzigen uns bekannten Lebewesen sind, die dann, wenn etwas im Argen liegt, nicht nur versuchen, sich an veränderte Lebensbedingungen anzupassen (wie das in der Tierwelt geschieht), sondern darin auch einen Auftrag erkennen, die Dinge zum Besseren zu wenden – und zwar interessanterweise auch die Dinge, die gar nicht unmittelbar unserem eigenen Überleben dienen (Stichwort Selbsttranszendenz). Das heißt: Mit dem Menschen kam ein Phänomen in die Welt, das zudem aufs Engste mit der Sinnfrage in Zusammenhang steht: das Phänomen der Hoffnung. Und zwar nicht nur Hoffnung, dass es *uns* gut ergehen möge (diese

Hoffnung ist ja noch recht leicht auch im Sinnsubjektivismus zu erklären), sondern auch Hoffnung, dass man selbst die Dinge zum Guten wenden kann, und zwar auch für andere – auch für jene, die überhaupt keinen unmittelbaren oder mittelbaren Einfluss auf unser Leben haben.

Der Philosoph Robert Spaemann hat dazu einige sehr eindrückliche Fragen formuliert. Genau genommen hat er diese Fragen nicht bloß formuliert, sondern der Psychologie ins Stammbuch geschrieben. Er fragte nämlich u. a., warum sich die Psychologie nicht schon längst ernsthafter mit dem Phänomen der Selbsttranszendenz auseinandergesetzt habe. Seine Anfragen richten sich maßgeblich an eine reduktionistische und konstruktivistische Psychologie, die dem Sinnphänomen schlichtweg nicht gerecht wird, weil sie einzig auf den Prozess der Sinnkonstruktion und nicht auf genuine Sinnerfüllung abzielt. So fragte Spaemann:

> Was ist das für ein Interesse, das wir daran haben, dass die letzten Tiger in Russland, die wir ohnehin nie zu sehen bekämen, nicht ausgerottet werden? Was ist das für ein Interesse, das einen Künstler dazu veranlasst, ohne Rücksicht auf Kraft und Lebenszeit an der Verbesserung eines Werkes zu arbeiten, das vermutlich von fast niemandem jemals wahrgenommen wird? … Oder was ist das für ein Interesse, das einen Menschen veranlasst, lieber eine für ihn niederschmetternde Wahrheit wissen zu wollen, als durch eine freundliche Lüge getröstet zu werden, und zwar auch dann, wenn die Täuschung auf dem Sterbebett erfolgt, also folgenlos bleibt?[38]

Nun muss man sagen: Unter rein konstruktivistischen oder subjektivistischen und utilitaristischen Gesichtspunkten ergibt so ein Verhalten tatsächlich überhaupt keinen Sinn – es verbraucht aus dieser Perspektive nur Kraft und Ressourcen, die andernorts viel „gewinnbringender" eingesetzt werden könnten. Dennoch ist all dies „typisch menschliches" Verhalten – und wird es wohl immer sein (sofern wir es dem Menschen nicht unter dem ideologischen Diktat des blanden Materialismus oder Nihilismus abzugewöhnen versuchen). Dabei ist es schon auffällig: Gerade das Verhalten und Handeln, dem wir moralisch eine hohe Wertigkeit und Menschlichkeit bescheinigen – vom Altruismus bis zum Engagement für Werte, vom Mitgefühl bis zum

38 Spaemann, R. (1996). *Personen: Versuche über den Unterschied zwischen „etwas" und „jemand"*. Stuttgart: Klett-Cotta, 234

kreativen Schaffen etwa in Kunst und Dichtung –, ist aus einer strikt naturalistischen oder reduktionistischen Sichtweise eben nicht nur unproduktives Verhalten, sondern auch nicht-adaptiv. Bemerkenswert ist unter diesem Vorzeichen dann nur noch, dass es sich nicht längst wegentwickelt hat … Man kann hierin wiederum einen gewichtigen Hinweis darauf erblicken, dass und warum eine rein naturalistische Sichtweise weder dem Menschen (seiner Gestaltungsfähigkeit und seinem Sinnstreben) noch der Welt (und ihrem Aufgabencharakter) gerecht wird.

Zudem übersieht der harte Reduktionismus, dass unser Dasein fraglos auch allgemein eine ethische Dimension hat. Vereinfacht gesagt: Es ist ganz offensichtlich eine Gewissensstimme als eine Art moralischer Kompass in uns angelegt, der uns Sollimpulse unmittelbar erkennen lässt, und zwar ohne theoretische oder rationale (oder bloß emotionale) Herleitung. Es gibt mit anderen Worten eine unbestechliche Weisheit des Herzens, und diese operiert ganz natürlich mit dem Sinn als Maßstab guten oder falschen Verhaltens. Um das an einem simplen Beispiel zu erörtern: Es ist leicht erkennbar „falsch“, jemanden grund-, also sinnlos zu verletzen und ihm Schmerzen zuzufügen. Sobald aber ein sinnvoller Grund vorhanden ist, etwa, weil der Arzt einen chirurgischen Eingriff vornehmen muss, ist es nicht mehr falsch, sondern eben sinnvoll – also gesollt. Dieses Grundverständnis ist, wie Frankl es nannte, *präreflexiv*: eine Art natürlich in uns angelegtes Vorwissen von Sinnhaftigkeit und Sinnlosigkeit als Orientierungsgeber und Maßstab, nach dem wir die Sinnhaftigkeit oder Sinnlosigkeit von Dingen und Ereignissen bewerten. Wir wissen aus der Entwicklungspsychologie, dass dieser Orientierungsgeber erstens bereits sehr früh, schon im Kindesalter, eingesetzt wird; zweitens ist er überraschend geringfügig kulturabhängig.[39]

Solche „Befunde“ oder Indizien zählen zu dem, was man in der Philosophie manchmal „einfache Tatsachen des Lebens“ nennt – also Datenpunkte, die an sich leicht beobachtbar sind, die aber zugleich gültige Schlüsse auf sehr viel komplexere Zusammenhänge erlauben: in diesem Fall auf die Immunität von ethischen Sachverhalten gegen den Vorhalt, es handle sich bloß um subjektives Hineindeuten von Bewertungen.

---

39 Kinnier, R. T., Kernes, J. L. & Dautheribes, T. M. (2000). A short list of universal moral values. In: *Counseling and Values*, 45 (1), 4–16; Sachdeva, S., Singh, P. & Medin, D. (2011). Culture and the quest for universal principles in moral reasoning. In: *International Journal of Psychology*, 46 (3), 161–176

Lukas: Es ergeht einem „Verwandten“ des Sinns, nämlich dem Recht, sehr ähnlich, ja geradezu vergleichbar. Durch die Jahrtausende hindurch suchen wir Menschen nach Recht und Gerechtigkeit und haben allmählich erkannt, dass sich niemand über das (eben transsubjektive) Recht stellen darf, auch nicht, wenn er höchste Ämter bekleidet. Dass sich unsere Auffassungen vom Recht wandeln und gewandelt haben, dass machtgierige Personen und Herrscher das Recht stets willkürlich gebogen und verbogen haben, ändert nichts an der Tatsache, dass sich nach Recht und Gerechtigkeit nur aufrichtig streben lässt, und dass sämtliche Gesetzesnovellen der kontinuierliche Versuch sind, diesem vorliegend existierenden Recht im Detail auf die Spur zu kommen und das Gefühl für das Recht zu schärfen.

Dennoch scheint mir, dass das Recht in den modernen Staaten unhinterfragter als „oberste (und nicht beliebig zu verzerrende) Instanz“ anerkannt wird als der Sinn. Deshalb empfinde ich Ihre obigen Ausführungen als überaus lehrreich.

Batthyány: Das freut mich … Freilich sind das alles wie gesagt (nur) *Indizien*, und es würde den Rahmen unseres Gesprächs sprengen, würden wir hier eine Reihe weiterer Indizien und Argumente auftreten lassen. Mir ist an dieser Stelle nur generell der Hinweis wichtig, dass es diese Indizien und Argumente überhaupt gibt – und dass die Vorstellung eines vorfindlichen, objektiven Sinns respektable geistes- und naturwissenschaftliche Grundlagen hat. Manchmal fällt mir nämlich im Gespräch mit Kolleginnen und Kollegen aus der Logotherapie auf, dass sich auch innerhalb der Logotherapie noch kaum herumgesprochen hat, dass wir mit der Annahme eines objektiven Sinns gar nicht alleine dastehen. Wir vertreten diesbezüglich also keine vollkommen isolierte obskure Einzelmeinung, die geglaubt oder dogmatisch akzeptiert werden müsse. Unser Sinnverständnis hat vielmehr ernstzunehmende Mitstreiter in benachbarten Forschungsrichtungen und kann auch überzeugend „außerlogotherapeutisch“ begründet werden.[40]

---

40 Siehe hierzu etwa: Brink, D. O. (1989). *Moral Realism and the Foundations of Ethics*. Cambridge: Cambridge University Press; Robinson, D. N. (1980). *Psychology and Law: Can Justice Survive the Social Sciences?* New York: Oxford University Press; Robinson, D. N. (2009). *Praise and Blame: Moral Realism and its Applications* (Vol. 54). Princeton: Princeton University Press; Finlay, S. (2007). Four faces of moral realism. In: *Philosophy Compass*, 2 (6), 820–849; Rottschaefer, W. A. (1999). Moral learning and moral realism: How empirical psychology illuminates issues in moral ontology. In: *Behavior and Philosophy*, 19–49

Der manchmal von Kritikern und ehemaligen Weggefährten Frankls gehörten Vorhaltung, der Glaube an einen objektiven Sinn sei letztlich nur ein „Glaube", kann vor diesem Hintergrund also wie folgt entgegnet werden: *Ja, es ist eine Annahme.* Aber es ist erstens eine zumindest durch vielfältige Indizien und Beobachtungen gestützte Annahme. Zweitens ist es eine Erfahrungswirklichkeit. Und drittens ist die Gegenannahme eines bloß subjektiven, konstruierten Sinns ebenfalls nur eine Annahme; denn wir bewegen uns hier an den Grenzen des mit herkömmlichen, rein innerweltlichen Methoden Beweisbaren.

Aber es gibt noch einen weiteren erwähnenswerten, lebenspraktischen Aspekt zu diesen Fragen, der sich in gewisser Weise parallel zu den bereits erörterten Befunden zur Willensfreiheit bewegt. Dort sahen wir, dass Menschen, deren Glaube an ihre Willensfreiheit durch einen manipulativen Überzeugungstext ins Wanken gebracht wird, sich in Folge tatsächlich so verhalten, als wäre ihr Entscheiden und Verhalten nur von inneren und äußeren Bedingtheiten bestimmt, und ihr Handeln letzten Endes nichts anderes als Funktion oder Ergebnis von selbsttätigen Lust- oder Unlustgefühlen. Bestärkt man sie andererseits in ihrem Glauben an ihre Fähigkeit zur Freiheit und Selbstkontrolle, zeigt sich mit einem Male, dass sie in der Lage sind, von diesen Fähigkeiten Gebrauch zu machen.

Wenn man dies nun umlegt auf die Frage, ob Sinnmöglichkeiten wirklich vorhanden oder bloß subjektive Wertungen sind, dann spricht uns im konstruierten Sinn im Grunde ja gar nichts Gesolltes und nichts Verbindliches an – und damit gar nichts, für das wir wirklich Verantwortung tragen – also nichts, von dem ein echter Ruf ausgeht, der uns auffordern würde, konstruktiv und nicht nur konstruierend Stellung zu nehmen. Die Philosophen der Frankfurter Schule, die ja ganz maßgeblich an der zeitgenössischen Metaphysikskepsis gegenüber dem objektiven bzw. transsubjektiven Sinnbegriff mitgearbeitet haben, sprechen in diesem Zusammenhang vom selbstkonstruierten „Projekt", das sich jemand eine Weile lang zu eigen macht. Dieses Projekt hat aber Gültigkeit und subjektive Bedeutung nur in dem Maße und nur so lange man es sich eben zu eigen macht. Man kann es genauso gut wieder weglegen und damit verliert es auch schon alle Verbindlichkeit bzw. hat diese Verbindlichkeit eigentlich nie besessen – eben, weil von einem konstruierten Sinn prinzipiell nichts Verbindliches ausgeht, da dieser voll und ganz der Beliebigkeit der eigenen Entscheidung, was gerade sinnvoll sei, ausgesetzt ist.

Das deckt sich auch erneut mit der eingangs angesprochenen *Unterschätzung der Welt*: Sie hat unter diesem Vorzeichen keinen Aufgaben- und Bewährungscharakter; sie ist Spielball und Material unseres jeweiligen „Projekts". Hier von Sinn zu sprechen ist dann schon sprachlich fragwürdig – von den ethischen und ästhetischen Dimensionen ganz zu schweigen.

Lukas: Zum Wort „Bewährung" noch ein Hinweis aus der naturwissenschaftlichen Ecke: Der Sinn liegt nicht nur *nicht* in der Hand des Menschen, sondern überhaupt nicht in der Hand der lebendigen Natur. Denn aus der Evolutionstheorie wissen wir, dass sich alles Leben nach den Prinzipien der Mutation und Selektion entwickelt hat. Aber aufgepasst! Ein drittes Prinzip schwang immer mit: die Bewährung. Bevölkerte zum Beispiel eine mausähnliche Tierart ein beutearmes Territorium, und spross bei einigen dieser Tiere auf Grund genetischer Mutationen plötzlich ein Ansatz von Krallen hervor, dann konnte es sein, dass sich die Krallen *bewährten.* Mit ihrer Hilfe konnten die Tiere Bäume erklettern, auf denen sie reichlich Nahrung fanden. Trat nun die Selektion auf den Plan und wählte die Krallenbesitzer fürs Überleben aus, während ihre Artgenossen verhungerten und ausstarben, dann folgte die Selektion *keiner Willkür,* sondern einem allwaltenden Logos, demzufolge es sich in der Situation dieser Tiere eben „bewährt hatte" („sinnvoll war"), mit Krallen ausgestattet zu sein. Demnach lautet das Dreier- (und nicht Zweier)gespann des sich entfaltenden Lebens: Mutation (= Angebot an Möglichkeiten) – Bewährung (= Feststellung der sinnvollsten Möglichkeiten) – Selektion (= Begünstigung und Umsetzung dieser sinnvollsten Möglichkeiten).

Wenn also schon der gewaltige Antriebsmotor der gesamten lebendigen (und vielleicht auch analog der unbelebten?) Natur einem Sinnprinzip folgt, das sie sich nicht „irgendwie" aussuchen kann, wie anmaßend muss dann ein kleines Menschlein entgleisen, sich für den „Herrn und Gebieter über den Sinn" zu halten?

In der logotherapeutischen Theorie und Praxis unterscheiden wir zwischen dem „großen" (umfassenden) Sinn und dem „kleinen" Sinn des Augenblicks, wobei selbstverständlich kein „Bruch" zwischen beiden besteht. Meine Schüler liebten die Metapher von mir, wonach der Sinn des Augenblicks einem Lichtstrahl gleicht, der zwischen den Lamellen einer abgesenkten Jalousie auf den Boden eines Zimmers fällt. Der gelbe Fleck, den er dort aufblitzen lässt, kommt nicht aus dem Nichts, sondern ist „angebunden" an die unvorstellbar weit entfernte Sonne, die ihre Strahlen aussendet. Diese Sonne steht in der Metapher für den großen, umfassenden Sinn, den wir nicht schauen können, weil wir bei seinem Anblick erblinden würden. Den kleinen Lichtstrahl im abgedunkelten Raum jedoch können wir erspähen. Was aber *nicht* Sinn des Augenblicks ist, *weil es jeglicher Anbindung gebricht,* wäre ein gelber Farbklecks, den wir mit einem Pinsel auf den Zimmerboden hinmalen. Er wäre das subjektive Surrogat eines objektiven Lichtstrahls, den zu erspähen wir verfehlt haben.

Frankl, der sich der Philosophie genauso wie den Naturwissenschaften zugeneigt fühlte, war weise, diese Unterscheidung zwischen dem „großen" und dem „kleinen" Sinn zu treffen. Der „große", nicht fassbare Sinn steht nicht minder außerhalb menschlichen Zugriffs wie unsere Sonne am Firmament. Am (metaphysischen) Firmament leuchten nebst Logos noch weitere „Sonnen": Ethos, Veritas, Pax, Misericordia, Agape, Ästhetik und wie sie alle heißen mögen; jene großen Werte, die nach Frankl zu einer höchsten Wertperson konvergieren. Auch die Justitia sendet von dort ihre Strahlen aus, wie eine Debatte im österreichischen Parlament ins Bewusstsein vieler Menschen gerufen hat. Es ging um die Frage, ob die Politik dem Recht oder das Recht der Politik zu folgen habe. Filtert man die Frage aus dem Geflecht parteipolitischer Polemik heraus, zeigt sie – wie bereits angedeutet – etwas Interessantes auf, nämlich dass auch „das Recht" bzw. „die Gerechtigkeit" transsubjektiv sind und nur gesucht und in redlicher Annäherung gefunden werden können, nicht aber mit dem Pinsel der Macht in irgendwelche willkürlich beschlossenen Gesetze hingekleckst werden können.

Bereits Kinder empfinden in den Untiefen ihres geistigen Schlummers, was gerecht ist und was nicht. Sind etwa fünf Kinder zum Spiel eingeladen, und wird eine Tafel Schokolade an vier dieser Kinder verteilt, wohingegen das fünfte Kind unberücksichtigt bleibt, regt sich etwas in der Schar. Ein Lichtstrahl von Justitia fällt durch die Jalousie in ihre Seelen – und würde ein Erwachsener behaupten, das Geschenk an diese vier Kinder sei völlig in Ordnung, bliebe dennoch ein Unbehagen in den Kindern zurück, und dies nicht nur im fünften Kind, sondern in allen! Dasselbe Unbehagen regt sich in Völkern, deren Führer vermeinen, sich herrschaftlich über „das Recht" stellen zu dürfen, was nichts Neues unter der Sonne ist, aber noch nie erbauliche Früchte getragen hat.

Ich stimme Ihnen völlig zu, dass eine Unterschätzung des vorfindlichen Wertehimmels äußerst problematisch ist. Sie ähnelt fast dem veralteten geozentrischen Weltbild mit seinem menschlichen Mittelpunktswahn. Die Folge ist, dass dann frei erfunden werden muss, was gut, schön, wahr oder gerecht ist – ein unlösbares, Chaos stiftendes Unterfangen! Wie problemkalmierend ist es dagegen, sich klarzumachen, dass die großen Werte am Wertehimmel allesamt keine Produkte menschlicher Erfindungsgabe sind, sondern sich uns nur deswegen teiloffenbaren, weil sich in unserer Erkenntnis (zwischen Milliarden Jahre lang „geschlossenen Lamellen") ein Spalt für sie geöffnet hat. Am einfachsten scheint mir dies anhand der „Wahrheit" vermittelbar. Wer zweifelt schon daran, dass „Wahres" nur entdeckbar und nicht konfabulierbar ist? Am schwierigsten scheint es mir anhand von „Schönheit" vermittelbar. Sofort taucht der Einwand auf, dass die Geschmäcker verschieden sind. Trotzdem ist unser Innerstes auf Schönheit hin angelegt und sträubt sich gegen Hässlichkeit, und dies im wilden Auf und Ab aller Kunstepochen. Wenn wir folglich Standards entwickeln wollen, an denen wir uns festhalten können, wie etwa die Menschenrechte, demokratische Strukturen, Sittenkodices u. Ä., dann ist es der Versuch, von erspürten Werten *abzuschreiben*, was konsensfähig ist, weil es eine Mehrheit im Menschengeschlecht gibt, die Ähnliches erspürt.

Wer ein solches Weltbild vertritt, das große, vorfindliche Werte inkludiert, wer also den Aufbau unserer Welt *nicht unterschätzt*, tut sich mit der Alltagssinnerfahrung leichter.

Wechseln wir jetzt in diesen Alltag hinüber. Wahrscheinlich ist es uns deshalb so suspekt, den Sinn des Augenblicks als transsubjektiv zu erachten, weil er dermaßen flexibel ist. Sein Lichtstrahl tänzelt geradezu beschwingt über den Boden unseres Lebensraumes, nirgends verweilend, immer dynamisch, zwischendurch kurz wegflackernd, dann wieder hell auflodernd. Da dünkt uns der fix hingemalte gelbe Farbfleck bequemer und stetiger, und manchmal vereint er sich ja auch für eine Weile mit dem objektiven Sinn.

Sehen wir uns ein Beispiel aus den Wintertagen an. Jemand erachtet Schifahren als sinnvoll. Das kollidiert nicht mit den einfallenden Lichtstrahlen des Logos. Sport ist gesund. Bewegung in frischer Luft ist ein idealer Ausgleich zu sitzenden Berufen. Es bereitet dem Fortgeschrittenen Lust, über die Pisten zu sausen. Dabei kann er innerlich von sämtlichen Sorgen und Bedrängnissen abschalten und psychisch auftanken. Ha, der (subjektive) gelbe Fleck sitzt für ihn am richtigen Platz, und der (objektive) Lichtstrahl gießt seinen Glanz darüber.

Aber plötzlich gleitet der Sinn des Augenblicks hinweg, und der gelbe Fleck verliert an Glanz. Nein, diese Piste ist wegen Lawinengefahr gesperrt – *hier und jetzt* (ad situationem) ist es nicht sinnvoll, Schi zu fahren! Nein, diese Abfahrt ist für untrainierte Knie zu steil – *für dich* (ad personam) ist es nicht sinnvoll, in sie einzubiegen. Bedenke: Wenn du verunglückst, gefährdest du auch eventuelle Rettungstrupps, die dich bergen müssen. Du reduzierst eigene Chancen, setzt ein falsches Vorbild, überschattest das Glück deiner Familie. Sinnvoll ist nur, was *für alle Beteiligten* gut ist ... Lässt sich daraus der Schluss ziehen, dass hohes Sinnerleben beim Schifahren ein Risiko darstellt? Natürlich nicht. Geringes Horchen auf den Sinn des Augenblicks ist riskant, und das mit oder ohne Schivergnügen.

6. SELBSTÜBERSCHÄTZUNG UND DAS WOHLTUENDE MASS DER WIRKLICHKEIT

Batthyány: Wenn man sich dieses Beispiel ansieht, dann scheint es, als hingen Selbstüberschätzung und Sinnfrage in sogar noch viel unmittelbarer Weise zusammen, als ich das vorgeschlagen habe ...

Lukas: Gestatten Sie mir, ein paar Informationen zum Phänomen der menschlichen Selbstüberschätzung anzufügen. In der Psychologie ist dieses Phänomen (auch unter dem Begriff „Überlegenheitsillusion“) ausführlich untersucht worden. Als Erste hat Ola Svenson von der Universität Stockholm 1981 nachgewiesen, dass eine überwältigende Mehrheit von schwedischen und amerikanischen Autofahrern davon überzeugt ist, gewandter und geschickter zu fahren als der Durchschnittsautofahrer (was sich rein statistisch nicht rechnet).[41] Inzwischen ist gesichert, dass Polizisten, Zeugen, Lehrer, Handwerker, Studierende etc. ihre Fähigkeiten, anfallende Aufgaben ordentlich erfüllen zu können, gründlich überschätzen. Der in der Zeitschrift „Nature“ 2011[42] veröffentlichte Satz der beiden Sozialwissenschaftler Dominic Johnson von der Universität Edinburgh und James Fowler von der University of California: „Menschen weisen zahlreiche psychologische Wahrnehmungsverzerrungen auf, aber zu den hartnäckigsten, stärksten und am weitesten verbreiteten gehört die Selbstüberschätzung“ ist das Endergebnis einer ganzen Serie von Experimenten[43].

---

41 Svenson, O. (1981). Are we all less risky and more skillful than our fellow drivers? In: *Acta Psychologica*, 47 (2), 143–148

42 Johnson, D. D. & Fowler, J. H. (2011). The evolution of overconfidence. In: *Nature*, 477 (7364), 317

43 Vgl. Shaw, J. (2016). *Das trügerische Gedächtnis. Wie unser Gehirn Erinnerungen fälscht.* München: Wilhelm Heyne, 159ff.

Nun ist Selbstüberschätzung weder für Tier noch für Mensch überlebensfreundlich. Ein Panther, der sich bei einem Sprung über eine Schlucht überschätzt, stürzt ab. Ein Mensch, der sein Reaktionsvermögen im Straßenverkehr überschätzt, landet im Graben. Ein Mensch, der seine Rückzahlungskapazität bei Aufnahme eines hohen Kredits überschätzt, gerät ebenfalls in Kalamitäten. Es fragt sich, warum die Evolution nach ihrem bewährten Ausleseprinzip nicht längst alle Individuen mit Überlegenheitsillusionen durch Scheitern-Lassen ausgemerzt und damit aus dem Genpool herausgenommen hat? Offenbar gibt es trotz der Gefahren versteckte Vorteile der Selbstüberschätzung, zumindest bei uns Menschen. Vielleicht ist es so, dass wir ohne ein Mindestmaß an Illusionen viele Unternehmungen gar nicht starten würden. Vielleicht beginnen Hunderte junger Leute ein Studium zu einem Zeitpunkt, da es ihnen noch an Konzentration und Lernausdauer dafür mangelt – und *doch* wachsen etliche von ihnen im Laufe der Semester in ihr Fachgebiet hinein. Vielleicht gründen viele verliebte Menschen eine Familie zu einem Zeitpunkt, da sie noch zu unreif sind, um Berufs-, Ehe- und Elternpflichten ausgewogen zu kombinieren – und *doch* schaffen schließlich die meisten von ihnen diese komplexe Herausforderung. Ich selber, die ich nie eine Vorlesung in Pädagogik besucht habe, hätte wahrscheinlich ohne eine gehörige Portion Selbstüberschätzung kein Institut zu leiten gewagt, das mich zu kontinuierlichem Dozieren nötigte. Selbstüberschätzung scheint im besten Fall ein Wachstumsmotor und im schlechtesten Fall ein Versagensgrund zu sein.

Wenn das stimmt, braucht es ein Regulativ, das die anfeuernde Kraft der Selbstüberschätzung nicht ausbläst, aber ihre Waghalsigkeit einbremst. Ich könnte mir vorstellen, dass exakt unser „Wille zum Sinn" solches leistet. Das Element „Wille" entzündet sich am „Gewollten" (Frankl) und eilt mit Begeisterung zukunftsweisenden Projekten entgegen. Das Element „Sinn" aber kontrolliert deren Leitplanken und stellt sich als Mahner und Wächter in den Weg, sobald der Pfad brüchig und das Vorhaben abgründig wird (siehe Schifahrbeispiel). Freilich: Nur ein „Gegenüber zur Person", ein *objektiver* Sinn, ist dazu imstande. Ein subjektiv ausgedachter Sinn wäre gleichsam ein Handlanger der Person, wäre ein Vasall ihres Willens und hätte ihrem unbedachten Vorpreschen nichts entgegenzusetzen.

Logotherapeutisch kann man das seltsame Phänomen der Selbstüberschätzung auf dreifacher Dimensionsebene betrachten. Auf der körperlichen Ebene liefert unser Gehirn – sofern keine Störung vorliegt – ein leicht positiv getöntes Grundgefühl, wie man heute weiß. Das heißt, wir fühlen uns (bei allen Schwankungen) normativ eine Spur wohler, als es der Realität entspricht. Auf der psychischen Ebene halten wir uns in überwiegendem Maße für ein wenig tüchtiger und gescheiter, als wir realiter sind. Beides miteinander fördert ungeahnte Entwicklungsschübe, aber auch dramatische Entwicklungseinbrüche. Ob es zu dem einen oder anderen kommt, wird auf geistiger Ebene entschieden. Schwappt die Überlegenheitsillusion auch in diesen Bereich über, indem sich der Mensch zum Macher des Sinns – zum „Farbkleckser" – erkört, büßt er jegliches Regulativ ein. Das rächt sich, wovon genug traurige Geschichten künden. Macht er sich hingegen auf die Suche nach dem „einfallenden Lichtstrahl", dann wird er sich auch bei überschäumendem Optimismus noch dahin entwickeln, wohin er sich entwickeln *soll*.

Wir haben die Wahl. Die Jalousie ist nicht komplett geschlossen.

Obwohl die Forscher also eine frappierende Mehrheit von „Selbstüberschätzern" in der Bevölkerung enttarnt haben, gibt es (neben „Richtigeinschätzern", die hoffentlich ebenfalls vorhanden sind!) die Gruppe der „Selbstunterschätzer". Mit dieser Gruppe haben wir es bei der psychotherapeutischen Arbeit zu tun. Es sind die armen, geknickten Kerle, die sich nichts zutrauen, zumindest nichts Gutes. Es sind Personen mit Minderwertigkeitsgefühlen, denen irgendwer eingeredet hat, dass sie nichts taugen, und die es prompt glauben. Es sind Enttäuschte und Verbitterte, chronische Pessimisten oder zynische Skeptiker. Obwohl Sie die These aufgestellt haben, dass die Selbstüberschätzung des postmodernen Menschen mit dessen *Unter*schätzung der Wertewelt zusammenhängt, möchte ich doch einwenden, dass die individuellen Selbst-, Welt- und sogar Gottesbilder sich fast immer decken. Das heißt, wer sich selbst unterschätzt, neigt dazu, auch andere und anderes zu unterschätzen. Gemäß den Worten, die Friedrich Nietzsche seinem „Zarathustra" in den Mund gelegt hat: „Also gab dem Hungrigen das Meer einen Stein" – in Analogie: „Also gab Gott den Sinnhungrigen eine sinnleere Welt" – halten sich Selbstunterschätzer für unfähig, etwas wirklich Sinnvolles zustande zu bringen. Ob das nun an ihnen liegt, weil sie sich zu keinem sinnvollen Leben aufraffen können (man habe sie nicht gelehrt, Fische aus dem Meer zu fangen), oder ob das daran liegt, dass dem Leben grundsätzlich kein Sinn innewohnt (es gäbe bloß Steine im Meer), schwankt. Generell ist es die *vermeintliche Minderwertigkeit*, die eigene und/oder die ringsum vorhandene, die den „Willen zum Sinn" verebben lässt.

IV. WEGE ZUR SINNFINDUNG

1. HEILSAMES LESEN: BIBLIOTHERAPIE HEUTE

Batthyány: Sie zitierten eben Nietzsche, dem die Logotherapie u. a. ein von Frankl oft verwendetes Zitat – „Wer ein Warum zu leben hat, erträgt fast jedes Wie“ – verdankt. Um nun einen kleinen thematischen Sprung zu wagen, aber beim geschriebenen Wort und seinem Verhältnis zu sinnfördernden und realistischen Zugängen zur Welt zu bleiben: Frankl selbst war, wenn man sich die überfüllten Bücherregale seiner Bibliothek in seiner Wiener Wohnung in der Mariannengasse anschaut, nicht nur ein profilierter Autor, sondern auch selbst ein vielseitig interessierter Leser – übrigens nicht nur von einschlägiger Fachliteratur, sondern auch von Belletristik und Lyrik.

Vor allem in den frühen Jahren nach seiner Befreiung aus dem KZ und der Rückkehr nach Wien gingen Literaten wie Ingeborg Bachmann, Hans Weigel, Ilse Aichinger, Arthur Miller etc. im Haushalt der Frankls ein und aus.[44] Die Mariannengasse – obwohl in der unmittelbaren Nachkriegszeit noch nicht einmal richtig möbliert und beheizt – war ein Treffpunkt vieler derjenigen Intellektuellen und Dichter, die damals ans Werk gingen, wie Frankl es formulierte, „geistige Wiederaufbauarbeit“ zu leisten.

Und zu der von Adorno (rhetorisch) gestellten Frage, ob Dichtung nach Auschwitz überhaupt noch möglich sei, antwortete Frankl einmal in einem Radiointerview, Dichtung sei nach Auschwitz nicht nur noch möglich, sondern sie sei sogar nötiger denn je, um dem Menschen Inhalte zu vermitteln, die ihn vor einem erneuten Abgleiten in Zivilisationseinbrüche bewahren könnten. Jahrzehnte später sprach Frankl dann öfters vom „Buch als Therapeutikum“[45]:

---

44 McVeigh, J. (2016). *Ingeborg Bachmanns Wien 1946–1953*. Berlin: Insel Verlag

45 Frankl, V. E. (1977). *Das Buch als Therapeutikum. Lesen in der Lebenskrise.* Freiburg/Br.: Herder

> Wenn vom Buch als Therapeutikum gesprochen wird, so geschieht dies durchaus im klinischen Ernst. Nimmt doch die sogenannte Bibliotherapie bereits seit Jahrzehnten im Rahmen der Neurosenbehandlung einen legitimen Platz ein. Dem Patienten wird jeweils die Lektüre bestimmter Bücher – und zwar keineswegs nur die von Sachbüchern – empfohlen. [...] Die Möglichkeit, das Buch therapeutisch einzusetzen, geht weit über das Pathologische hinaus. So vermag das Buch etwa in existentiellen Krisen – von denen ja niemand verschont bleibt – einfach Wunder zu wirken. Das rechte Buch zur rechten Zeit hat viele Menschen vor dem Selbstmord bewahrt, und davon wissen wir Psychiater sehr wohl ein Lied zu singen. In diesem Sinne leistet das Buch echte Lebenshilfe.[46]

Und jüngere Arbeiten vor allem von Stefan Schulenberg, einem logotherapeutisch arbeitenden und forschenden Psychologen an der University of Mississippi, weisen auf die Bedeutung des Films als einsichtsförderndes Medium für eine mittlerweile etwas weniger lesegewohnte jüngere Generation hin.[47]

Auch Sie selbst nahmen in Ihren Veröffentlichungen und Vorträgen bisweilen Bezug auf die Bibliotherapie – also das Erkenntnis stimulierende, aktivierende und hilfreiche Lesen etwa von Weisheitsgeschichten, die Inhalte und Einsichten transportieren, die man rein intellektuell oder kognitiv bisweilen gar nicht so leicht direkt vermitteln kann. Das greift auf eine uralte Tradition zurück, die Geschichte und Geschichten als Weg der lebensnahen Vermittlung von Weisheit, aber auch als Therapeutikum nutzt.

Lukas: Nun, die Bibliotherapie ist meines Erachtens ein Auslaufmodell. Ich habe noch eine Zeit erlebt, in der die Kinder (sehr zum Ärger ihrer Eltern) mit einer Taschenlampe unter der Bettdecke Indianergeschichten und Mädchenromane gelesen haben. Eine Zeit, in der sie Klavier oder Blockflöte spielen lernten, Reime in Poesiealben schrieben, sich mit Gesellschaftsspielen unterhielten, sonntags wandern gingen und später die Tanzschule besuchten. Nicht dass ich dieser Idylle nachtrauern würde, ich will nur sagen, dass diese abendländische Kultur einer Götterdämmerung

46 Frankl, *Psychotherapie für den Alltag*, s. Anm. 11, 182

47 Schulenberg, S. E. (2003). Psychotherapy and movies: On using films in clinical practice. In: *Journal of Contemporary Psychotherapy*, 33 (1), 35–48

gleich zu Ende geht. Die „digital natives" haben andere Sorgen und andere Sehnsüchte. Sie beschränken ihren Lesehorizont auf Kurznachrichten, laden sich musikalische Berieselung aus dem Internet herunter und sitzen viel mehr als sich zu bewegen. Aber ich will das gar nicht bedauern, denn der epochale Wandel, in dem wir uns gegenwärtig befinden, verlangt eben andere Skills.

Auf die Gefahr hin, das Thema zu verfehlen, möchte ich doch darauf hinweisen, dass sich die Welt von morgen erheblich von der Welt von gestern unterscheiden wird. Deswegen werden lehrreiche Texte und Gedichte, ja sogar Filme aus der Welt von gestern nicht mehr nahtlos passen. Die Fähigkeiten, die sich die Jugendlichen von heute im Wechselbad zwischen Fortschritt und Fehlschritt gerade erarbeiten, werden in ausgedehntem Maße nötig sein, um auf die neuen Gegebenheiten reagieren zu können.

Dank der umfassenden internationalen Vernetzung müssen die nächsten Generationen imstande sein, blitzschnelle soziale Kontakte kreuz und quer zu knüpfen, zu pflegen und auf Ehrlichkeit und Fairness hin abzuschätzen. Eine riesige Herausforderung! Aber auch ein riesiges Begegnungsforum für verschiedene Kulturen, für einen Austausch von Ansichten und für das Entdecken von Gemeinsamkeiten – für das Herauskristallisieren des spezifisch Humanen in Frankl'scher Diktion.

Ferner müssen sie die Beherrschung und Handhabung von unglaublich leistungsstarken und intelligenten Maschinen trainieren – eine noch viel gigantischere Herausforderung! Schon schaudert es einem vor Waffensystemen aus Killerrobotern, die im Kriegsfall selbständig entscheiden können, welche Feindesgruppen sie als Nächstes auslöschen werden. Aber Technik hat immer auch das „zweite Gesicht": Perfekt ausgerüstete Drohnen könnten z. B. bei Flutkatastrophen Verunglückte aus dem Schlamm ziehen oder Hilfsgüter überbringen, ohne sich um Wassermassen, geborstene Brücken und verschwundene Straßen zu scheren.

Schlussendlich werden sich die nächsten Generationen angesichts steigender Machbarkeit bei gleichzeitiger Absenkung jeglicher Vorhersagbarkeit mit Horrorentscheidungen herumschlagen müssen, von denen die Menschheit bislang verschont geblieben ist. Soll man mit menschlichen Chromosomen experimentieren, darf man ins Erbgut eingreifen? Soll man künstliche Organismen schaffen, darf man Gehirne manipulieren? Auch sind viele der dräuenden Gefahren auf unserem Planeten wahrscheinlich nur noch über einen massiven Eingriff ins Naturgeschehen abzuwenden, etwa durch künstliche Wetterlenkung, mechanische Luftsäuberung oder chemische Nahrungsproduktion, aber welche unabsehbaren Risiken sind damit verbunden? Das werden die Fragen der Zukunft sein, und dazu findet man keine Antworten in den Lehrbüchern der Vergangenheit.

Oder doch? Na ja, *eine* Klammer zwischen Gewesenem und Künftigem gibt es wohl schon. Das Thema der Sinnhaftigkeit und Verantwortlichkeit menschlichen Tuns und menschlicher Unterlassungen wird sich in alle Dilemmata mit hineinmischen. Und es wird sich immer sprachlicher Formen bedienen. Vielleicht wird sich die „Bibliotherapie" der Zukunft in aufrüttelnden Nachrichtenüberblicken verbergen, in authentischen Berichten Betroffener, in Informationen über Heldentaten, in Petitionen kleiner Leute mit großen Herzen. Vielleicht werden berührende Appelle an das Gewissen im Menschen nicht ungehört verhallen. Ich könnte mir vorstellen, dass eines Tages so etwas wie ein ethisches Navigationsgerät in den elektronischen Begleitern der nächsten Generationen installiert werden wird, das mitten in der Ambiguität gegenläufiger Tendenzen und Strebungen unbeirrt vom Guten und Wahren und Schönen kündet.

Wenn man an das Geistige im Menschen glaubt, lässt man die Hoffnung nicht fahren. Was man aber sicherlich aufgeben muss, ist das Vorhaben, in einer Lesemuffel-Gesellschaft das Buch als Therapeutikum einzusetzen.

Batthyány: ... und wir beide sitzen hier und arbeiten an einem Buch! Ich hoffe jedenfalls, dass das Buch nicht so schnell ausgedient haben wird, und die Einsichten, die durch die Lektüre von Büchern vermittelt werden, auch sinnvolle Hinweise geben können auf die Herausforderungen einer sich ändernden Lebenswelt. Kant etwa schrieb ja in einer vollkommen anderen Lebenswelt; dennoch sind seine Gedanken zur Aufklärung und kritischen Vernunft noch immer für viele wertvolle Leitlinien für Individuum und Gesellschaft. Zudem: Wenn Einzelne das Lesen alleine nicht mehr oder immer weniger beherzigen, so hat es zumindest in Gruppen eine einende Funktion. Darauf wies ja auch Frankl hin:

> Ich kenne Briefe, die auf dem Sterbebett geschrieben wurden, und andere, die aus dem Kerker geschmuggelt wurden, und in all diesen Briefen wird rührend zum Ausdruck gebracht, wie viel irgendein Buch, ja auch nur ein einzelner Satz, gerade in einer solchen Situation äußerer Abgeschlossenheit und innerer Aufgeschlossenheit bedeuten konnte.

> Solche therapeutischen Effekte lassen sich noch potenzieren, wo immer sich eine ganze Gruppe zusammentut und zusammenfindet, um irgendwelche Bücher gemeinsam zu studieren beziehungsweise durchzustudieren. Ich verfüge etwa über Protokolle, aus denen hervorgeht, wie sich unter den Häftlingen des Staatsgefängnisses in Florida eine Studiengruppe ganz spontan herauskristallisierte und wie therapeutisch sich dann die Gruppenlektüre auswirkte.[48]

Zufällig kenne ich aus meiner Arbeit an Frankls privatem Nachlass die zahlreichen Briefe dieser Gefängnislesegruppe (Logo 7) – bewegende Zeugnisse innerer Wandlung, die unter anderem auch dadurch zustande kam, dass sich die Häftlinge regelmäßig die Zeit nahmen, gemeinsam einen sinn- und einsichtsfördernden Text durchzulesen und darüber zu sprechen. Wenige wissen übrigens, wie sehr Frankl diese Gruppe unterstützt und aus der Ferne begleitet hat; er nahm sogar eigens Tonbänder für diese Gruppe auf, die er regelmäßig ins Staatsgefängnis nach Florida schickte.

2. GRUPPENARBEIT – DIE LOGOTHERAPEUTISCHE MEDITATIONSRUNDE

Batthyány: Jedenfalls: Das gemeinsame Lesen lenkt die Aufmerksamkeit auf ein geteiltes Objekt, zu dem jede und jeder dann letztlich einen eigenen Zugang hat, den mitzuteilen wiederum die Gruppe bereichert. Vor diesem Hintergrund haben zum Beispiel einige meiner ehemaligen Studenten in Moskau einen logotherapeutisch orientierten Gesprächskreis gegründet. Diese Initiative kam auch dort so gut an, dass sich nach Vorbild der ersten Gruppe in Russland nun mehrere solcher Gesprächskreise bildeten. Und inzwischen sind wir an einem Punkt angelangt, an dem wir diese Gruppen professionalisieren und die Zielsetzungen und Methoden konkreter an die Wünsche und Anliegen der Teilnehmerinnen und Teilnehmer anpassen wollen.

Bei unserer letzten Besprechung der Gruppenleiter und -leiterinnen haben wir drei stets wiederkehrende Leitthemen der Gesprächskreise gefunden, die den Schwerpunkt künftiger Gruppenarbeit bilden sollen: (a) Texte und Filme mit positiven Rollenmodellen, (b) Nacherziehungsarbeit puncto

48 Frankl, *Psychotherapie für den Alltag*, s. Anm. 11, 183

Menschen- und Weltbild, (c) Wecken der Freude am reifen Erwachsensein, insbesondere an der Verantwortung für sich und andere. Bibliotherapie ist da ein wertvolles Instrument. Da Sie meines Wissens nach *die Erste* waren, die nicht nur das Konzept einer logotherapeutisch orientierten Bibliotherapie, sondern auch das Konzept einer logotherapeutischen „Gruppentherapie" (bzw. Vor- und Nachsorge im Rahmen von Dereflexionsgruppen und Meditationskreisen) einführten, interessiert mich Ihre Perspektive auf die logotherapeutische Gruppenarbeit im Allgemeinen und die hier angesprochenen Fragestellungen natürlich.

Lukas: In den Jahren 1980 bis 1997 habe ich reichlich Erfahrungen mit logotherapeutischer Gruppenarbeit gesammelt (danach fehlte mir die Zeit dafür). Bei meinen Gruppenteilnehmern handelte es sich zum größeren Teil um genesene Patienten in der Nachbetreuung (also zur Rückfallprophylaxe) und zum kleineren Teil um Seminarteilnehmer, die sich „seelisch aufpäppeln wollten" (also zur Krisenprävention). Zwei Gruppenformen haben sich damals bewährt, die ich, wie Sie sich erinnert haben, mit den Überschriften „Dereflexionsgruppe" und „Logotherapeutischer Meditationskreis" bezeichnet und in meinen Fachbüchern beschrieben habe. Die Versuchsgruppen in Moskau dürften meinem „Logotherapeutischen Meditationskreis" ähneln.

Batthyány: Ja – die Teilnehmerinnen und Teilnehmer kommen weniger mit einem konkreten therapeutischen Anliegen zu uns, sondern eher, weil sie auf der Suche nach Impulsen für ihr Leben und seine alltägliche Bewältigung sind – und auch, weil es ihnen in der Gruppe leichter fällt, bestimmte Lebensthemen aus einem neuen Blickwinkel zu betrachten, und sich überhaupt die Zeit zu nehmen, einmal innezuhalten und ihre Freiräume auszuloten und ihre Chancen und Verpflichtungen zu überdenken.

Lukas: Ein prima Angebot! In logotherapeutischen Meditationsgruppen geht es ja nicht um die fernöstliche Meditationspraktik zum „Leerwerden" der Gedanken, um losgelöst von interferierenden Einflüssen zu irgendwelchen Erleuchtungen zu gelangen, sondern um die abendländische Meditationspraktik, der zufolge geistige Inhalte in völliger Ruhe und Klarheit gedanklich „abgewogen" und bei entsprechendem Gehalt ins Leben integriert werden. Solche geistige Inhalte waren in meinen Gruppen Argumentationen, Gleichnisse und Sichtweisen aus der Frankl'schen Logotherapie, zum

Beispiel alles, was dem Punkt (b) Ihrer Russlandgruppen: „Nacherziehung im Menschenbild“ entspricht. Weitere Schwerpunkte waren „konstruktive Konfliktentschärfung“, „das Meistern von Ängsten“ oder „die Bewältigung der tragischen Trias (Frankl) im menschlichen Leben“.

Mir gefällt auch Ihr Vorhaben sehr gut, geeignetes Filmmaterial zuzuziehen: Punkt (a). Denn unsere medienverwöhnten Zeitgenossen sind nur mehr schwach auf der Brust, wenn es darum geht, still zu sitzen und nachzudenken. Bei ihrem eher zentrifugalen Lebensstil ist Konzentration nicht ihre Stärke. Es ist deshalb vernünftig, Filmausschnitte, Geschichten und Lieder als Botschaftstransporteure zu verwenden. In diesem Zusammenhang könnte man von Videotherapie, Bibliotherapie und einer Untersparte der Musiktherapie sprechen, wobei die Bibliotherapie, wie dargelegt, bei den jüngeren Jahrgängen wahrscheinlich die schlechtesten Karten hat. Lesen ist immer weniger gefragt. Aber Filme anzugucken, und sich von Pop-Songs berieseln zu lassen, genießen die Youngsters; über diese Schienen kann man sie erreichen. Wählt man folglich gezielt Filme und Lieder mit Texten aus, die „teaching quality“ haben, indem sie niveauvolle Denkanstöße vermitteln, kann mit ihrer Hilfe eine positive Alltagsphilosophie etabliert werden, die Missbräuchen und Schändlichkeiten entgegenwirkt. „Exempla trahunt“, das wussten schon die Römer in der Antike.

Das Procedere des Auswählens dünkt mich allerdings nicht ganz einfach zu sein. Es gibt am Markt ziemlich viele Filme und Abhandlungen, die Fehlstrukturen anprangern und „metastasierende Geschwüre“ in Politik, Wirtschaft und Gesellschaft aufdecken. Aber „Diagnosen“ sind für sich allein genommen nicht bekömmlich. Schon Frankl hat beklagt, dass solch aufdeckende Kritiken nicht gegen das existentielle Vakuum immunisieren, sondern eher damit infizieren. Materialien, die wir für logotherapeutische Gruppenzwecke benötigen, müssen dem Frankl'schen Motto „Die Welt ist nicht heil, aber heilbar“ genügen. Wobei der Akzent und Modellcharakter unüberhörbar auf dem „aber heilbar“ zu liegen hat. Solche Materialien sind rar. Zum Beispiel werden Familien im Fernsehen kaum mehr intakt und gut funktionierend dargestellt. Trotz dem jüngsten Rummel um die „Ehe für alle“ dürfte es den modernen Regisseuren eher um die Proklamation einer „Scheidung für alle“ gehen. Fröhliche Väter, Mütter und Kinder, die miteinander unbeschwert umgehen, lachen und scherzen, scheinen einzig eine Domäne des Werbefernsehens zu sein, das Glückseligkeit mit dem käuflichen Erwerb bestimmter Konsumartikel zusammenschweißt.

Zum Gruppenkonzept würde ich empfehlen, geeignetes mediales Material, das Nichtheiles nicht ausklammert, aber zusätzlich gangbare Verbesserungswege und Alternativen offeriert, an den Anfang einer Gruppensitzung zu stellen, und *danach eine Besinnungspause* einzufordern. Viel zu schnell wird häufig zerredet, was in den Köpfen noch unausgegoren ist. Eine zentripetale Sammlung der Gedanken und ein Sich-ausschwingen-Lassen der Gefühle sind die elementare Voraussetzung für einen fruchtbaren Dialog, der daran anschließen kann. Wenn aus diesem Dialog ein oder zwei Erkenntnisse herausgeschält werden, die – in kurze Merksätze gegossen – sozusagen am Ende mit nach Hause getragen werden, wäre das ein großartiges Ergebnis. Ich würde sogar empfehlen, bei der nächsten Gruppensitzung, die „nach Hause getragenen Erkenntnisse" noch einmal abzurufen und auf ihre Relevanz in den vergangenen Tagen abzuklopfen. Was ist haften geblieben? Was wurde umgesetzt? Worüber sind Zweifel aufgetaucht? Was ist schier nicht gelungen, und warum nicht? Es ist die Entscheidung des Gruppenleiters, ob er das Thema vertiefend wiederholt oder zur nächsten medialen Präsentation voranschreitet. Sicher ist: was sich nicht festigt, verflüchtigt sich wieder. Bekanntlich ist weniger „mehr" …

So viel zu Punkt (a). Was mich beschäftigt, ist jedoch Punkt (c), nämlich das Vorhaben, *Freude* an der eigenen Verantwortlichkeit zu wecken.

Batthyány: Inwiefern?

3. DIE FREUDE, DIE AM SINNVOLLEN WÄCHST

Lukas: Ich überlege, ob dieses Vorhaben nicht eine Nummer zu groß ist für uns alle miteinander. Ob dafür nicht eine reifere Menschheit und nicht bloß ein reifes Erwachsensein vonnöten wäre. Freilich hat Frankl die Überzeugung geäußert: „… es ist etwas Furchtbares um die Verantwortung des Menschen – doch zugleich etwas Herrliches!"[49]

Aber das ist eben die Krux: Das Furchtbare an der Verantwortung nimmt dem Herrlichen ein Stück seiner Herrlichkeit wieder weg. Weniger theoretisch formuliert: Die Angst vor einem Sich-schuldig-Machen dämpft die Be-

49 Frankl, V. E. (1982). *Ärztliche Seelsorge. Grundlagen der Logotherapie und Existenzanalyse.* Wien: Deuticke (10. Auflage), 48

geisterung an der Ehre, Verantwortung tragen zu dürfen. Und das ist kein Einzelfall, sondern meiner Beobachtung nach der *Normalfall*.

Batthyány: Auch, wenn ich jetzt Gefahr laufe, etwas zu verallgemeinern: Dieser Gedanke von Ihnen mag, speziell für unsere Arbeit in Russland, sogar besonders relevant sein. Gerade die ältere Generation hat dort noch eine Zeit hinter dem ehemaligen Eisernen Vorhang erlebt, in der Begriffe wie individuelle Freiheit und Verantwortung ganz andere Bedeutungen gehabt haben und mit – oftmals kollektiven – Maßstäben viel kritischer bemessen wurden als in den individualistisch geprägten Gesellschaften des Westens.[50] Die Idee, dass persönliche Verantwortung mitunter bedeuten kann, im „Alleingang" auch einmal gegen kollektive Vorgaben, Normen und Erwartungen zu handeln, mag für manche also noch immer in der Erinnerung mit einem Gefühl der Angst verbunden sein …

Lukas: Das kann ich mir gut vorstellen. Aber auch unabhängig von politischen Drohgebärden dürfte es eine Verkettung zwischen Verantwortungsbewusstsein und Ängstlichkeit geben. Insofern nämlich, als Personen mit hohem Verantwortungsbewusstsein zu größerer Angst vor einem Schuldigwerden neigen, während draufgängerische Personen, die kaum Gedanken an eine mögliche Schuld ihrerseits verschwenden, von Verantwortung nicht allzu viel halten.

Frankl kannte die Bredouille durchaus. Er wusste, dass jede selbst getroffene Entscheidung den Mut zum Wagnis verlangt[51], und dass auch verantwortliches Handeln keine Garantien für einen guten Ausgang liefert. Überspitzt gesagt, dass nicht einmal die ausführlichste Gewissensanhörung davor schützt, in sämtliche Fettnäpfchen zu treten und über sämtliche Stolpersteine zu straucheln, die um einen herumliegen. Er wusste, dass uns nur die Intention „gehört", nicht aber der jeweilige Effekt. Das bedeutet: *Unsere Bereitschaft, Verantwortung zu übernehmen, stützt sich lediglich auf unsere Intention, auf eine sinnorientierte, „lautere" Intention!* Auf eine Intention, frei

---

50 Diligenskii, G. G. (2000). Individualism, old and new: The individual in the post-Soviet social organism. In: *Russian Politics & Law*, 38 (4), 30–44; Mamontov, V. D., Kozhevnikova, T. M. & Radyukova, Y. Y. (2014). Collectivism and individualism in modern Russia. In: *Asian Social Science*, 10 (23), 199

51 Vgl. dazu den von Frankl zitierten amerikanischen Spruch, man solle sich „half sure and whole hearted" entscheiden!

von jeglichem Hinschielen auf unvorhersehbare Effekte wie „Was bringt mir das ein?“ oder „Was passiert mir bei Versagen?“. Die Fragen: „Welche Belohnung wartet auf mich, wenn meine Intention erfolgreich ist?“ und „Welche Bestrafung wartet auf mich, wenn meine Intention schuldhaft ausgeht?“ müssen praktisch komplett verdrängt werden, soll uns die reine Intention leiten.

Hand aufs Herz: Ist das realistisch? Tausende Studien und Belege aus der Verhaltensforschung und seitens der Verhaltenstherapie und der Lerntheorie beweisen die Mächtigkeit von Belohnung und Bestrafung im Tier- und Menschenreich. Belohnung hat prägenden Einfluss, Bestrafung hat löschenden Einfluss auf sich automatisierendes Verhalten. Zu erwartende Belohnung und zu erwartende Bestrafung lenken die Schritte des Durchschnittsbürgers in überwiegendem Maße. Wer wollte sich diesen Befunden widersetzen? Idealisten wie wir Logotherapeuten? Können wir die Freude an verantwortlichem Tun allein auf der Basis der menschlichen Intentionalität aufbauen, die mit einem „vielleicht gibt es gar keine Belohnung“ und „vielleicht gibt es aber eine Bestrafung“ auskommen muss?

Aufmüpfig wie David gegen Goliath möchte ich behaupten, dass wir das können, wenn wir das „Woran“ der Freude ein bisschen verschieben. Wir verschieben es von der Innenwelt des Ichs über die Brücke hinüber zur Außenwelt. Intentionalität ist nach Frankl (und in der Tradition von Franz Brentano und Edmund Husserl) die Fähigkeit des Menschen, sich auf etwas oder jemanden zu beziehen.

> Und zwar verstehe ich unter Selbsttranszendenz den grundlegenden Tatbestand, dass Menschsein heißt, immer schon über sich selbst hinaus und auf etwas gerichtet sein, das nicht wieder es selbst ist –, auf etwas oder auf jemanden … Und die Intentionalität der geistigen Akte, stellt sich heraus, ist der kognitive Aspekt der Selbsttranszendenz – dieses umfassenderen menschlichen Phänomens.[52]

Damit bieten wir den Verhaltensforschern und Lerntheoretikern die Stirn, ohne ihre Massenbefunde anzweifeln zu müssen. Wir dividieren die Freude an einer Belohnung, die man selber einkassiert, und die Freude an der „Belohnung eines Wertes“, der aufblüht und gedeiht, wenn man ihn liebevoll

52 Frankl. *Der Wille zum Sinn*, s. Anm. 2, 221

fördert, auseinander. Wir dividieren auch die Angst vor einer Strafe, die man selber einstecken muss, und die Angst vor der „Bestrafung eines Wertes", den man vernachlässigt oder zerstört, auseinander. Das Hinschielen auf „Was bringt mir das (an Erwünschtem) ein?" wird zu einem geradlinigen Sehen dessen korrigiert, was unser Handeln dem intendierten Wert (an Wünschenswertem) einbringen kann. Das Hinschielen auf „Was passiert mir (Schlimmes) bei Versagen" wird zu einem geradlinigen Sehen dessen korrigiert, was dem intendierten Wert (an Schlimmem) passieren kann. Wir verwenden nicht das verhaltenstherapeutische Vokabular von Reinforcement und Avoidance, aber wir stimmen der Mächtigkeit von Belohnung und Bestrafung zu – unter der Bedingung, dass „Menschsein immer schon auf etwas gerichtet ist, das nicht wieder es selbst ist", und dass es daher der urtümlichen Wesenhaftigkeit des Menschen entspricht, Gutes (Belohnung?) für Sinnvolles und Geliebtes zu wollen, und Schaden (Bestrafung?) von Sinnvollem und Geliebtem abwenden zu wollen.

Im Licht dieser „selbsttranszendenten Verschiebung" zu erwartender Effekte über die Brücke zur Welt leuchtet nun die menschliche Verantwortung auf. Die Angst vor einem möglichen Sich-schuldig-Machen ist damit nicht ausgestanden, aber ihr Fokus ist verschoben. Jetzt scheut man nicht mehr vor der Verantwortung zurück, weil man im Schuldfall *um sich* fürchten muss, sondern jetzt nimmt man die Verantwortung auf sich, weil man *um den Wert* fürchtet, an dem man schuldig werden könnte. Dass dieser Unterschied keine Kleinkrämerei ist, habe ich einmal anhand einer berührenden Fallgeschichte dargelegt[53] Eine Klassenlehrerin wollte sich per Krankschreibung davor drücken, ihre Schüler auf einer Klassenfahrt nach England zu begleiten. Sie fürchtete sich vor den horrenden Vorwürfen, mit denen Vorgesetzte und Eltern sie bombardieren würden, sollte einem der Kinder während der Reise ein Unglück widerfahren. Als ich ihr zeigen konnte, dass sie *um sich und nicht um die Kinder bangte*, keimte Scham in ihr auf. Das Blatt wendete sich, als sie „die Brücke überschritt" und dazu überging, *um die Schulkinder zu bangen*. Wann würde den Schülern am ehesten ein Unglück geschehen? Na, wenn sie nicht gehorchen, den Linksverkehr auf den Londoner Straßen vergessend umhertoben, sich streunend verirren würden, u. Ä. Wer konnte sie am ehesten disziplinieren? Na, eine Person, der

53 Lukas, E. (2006). *Spirituelle Psychologie. Quellen sinnvollen Lebens*. München: Kösel (5. Auflage), 110ff.

zu folgen sie gewohnt waren, und zu der sie einen guten Draht besaßen: ihre Klassenlehrerin. Als die Frau verstand, dass ihre Anwesenheit bei der Klassenfahrt *gerade zum Wohle ihrer Schüler* wichtig war, verzichtete sie auf die Krankschreibung und überwand ihre Furcht. Es wurde für alle Beteiligten ein schönes Erlebnis ohne Misstöne.

Auch Frankl hat mit berührenden Beispielen nicht gespart. Insbesondere zwei rühren zu Tränen. Er hat unter dem Hitler-Regime Gutachten gefälscht, um schizophrene Patienten vor der Euthanasie zu bewahren. Er hat seine erste Frau Tilly bei der Trennung von ihr in Auschwitz „freigegeben", sich um jeden Preis zu retten, und sei es notfalls mittels Ehebruch. Kein Funken von Angst vor einem Selber-gestraft-Werden ist dabei erkennbar – dafür aber eine liebevolle Besorgtheit um die kranken Patienten, und eine berechtigte Angst um das Leben seiner geliebten Frau. „Ich wollte nicht mit schuld sein am Tod dieser Menschen", hat Frankl seine Gewissensentscheidungen begründet. In conclusio: *Verantwortung ist tragbar trotz der Angst vor einem möglichen Sich-schuldig-Machen, aber nur dann, wenn diese Angst das Ich verlässt und sich an einen intendierten Wert anschmiegt.*

Batthyány: Nun sagte Frankl ja auch – Sie zitierten es eben: „... es ist etwas Furchtbares um die Verantwortung des Menschen – doch zugleich etwas Herrliches!"[54]

Der Versuch, auch auf das „Herrliche" der Verantwortung hinzuleuchten – eben auf die Freude am Verantwortlichsein und das Wissen, dass ich heute vom Leben gemeint bin, dass mein Entscheiden und Handeln Bedeutung hat, weil es auch die Welt rund um mich mitgestaltet ... alles das hat ja auch etwas ungemein Aktivierendes, Stärkendes und Vitalisierendes an sich. Die psychologische Forschung untersucht das unter dem Stichwort „Selbstwirksamkeit" und schnürt den Begriff eng an den Begriff der Selbst- oder Eigenverantwortung[55] – und der Freude, die dem Wirksamsein entspringt, vor allem, wenn dieses sich an Sinnmöglichkeiten orientiert, man also nicht nur *irgendetwas* bewirkt, sondern womöglich auch etwas, *von dem es alles in allem gut ist,* dass es in die Welt gesetzt wurde ...

---

54 Frankl (1982). *Ärztliche Seelsorge*, s. Anm. 49, 48

55 Cahill, S. P., Gallo, L. A., Lisman, S. A. & Weinstein, A. (2006). Willing or able? The meanings of self-efficacy. In: *Journal of Social and Clinical Psychology*, 25 (2), 196–209

Lukas: Lassen Sie mich zu Ihrer Ausgangsfrage zurückkehren, der Frage nach dem Wecken von Freude an der eigenen Verantwortlichkeit. Mein Vorschlag ist, der Freude ebenfalls zu erlauben, sich eng an den intendierten Wert anzuschmiegen. Wie hat sich meine Patientin, die Klassenlehrerin, darüber gefreut, als die Englandfahrt *für alle Reisenden* zu einem schönen Erlebnis geworden war! Wie mag sich Frankl gefreut haben über jeden Schizophrenen, den er medikamentös stabilisiert und behütet in ein Altenheim hineinmogeln konnte. Wie immens hätte er sich gefreut, *seine Frau* wiederzusehen! Die Freude an einem Wert schiebt sich genauso über die Brücke zur Welt wie die Sorge um einen Wert. Sie ist nicht nur ihrerseits unintendierbar, sie ist auch die natürliche Begleiterin jeder „lauteren" Intention, der „Gott den Segen eines positiven Effekts gewährt"[56]. Ich glaube nicht, dass die Freude an der Verantwortung erzeugbar ist, aber ich glaube, dass die *Freude an denjenigen Werten*, für die Verantwortung übernommen wird, auf den Verantwortungsbewussten zurückstrahlt und ihm hilft, seine Ängste zu besiegen.

Batthyány: ... wenn wir nun diese logotherapeutische Position auf die konkrete Gruppenarbeit übertragen?

Lukas: Gruppenkonzeptuell bedeutet dies, dass in den Filmausschnitten, Texten, Liedern und sonstigen medialen Vorgaben die Werte und Sinnbezüge herauszukristallisieren sind, um deren Wohl und Wehe (lerntheoretisch: „Belohnung" oder „Bestrafung") es im Grunde geht. Es ist die Besorgtheit um solche Werte und Sinnbezüge zu liften und parallel dazu die Freude an ihnen und ihrem Vorhandensein anzufachen. Ängste und Sorgen sind starke Gesellen, aber die Freude an geliebten und geschätzten Werten beschenkt im Unterschied zu diesen Gesellen mit einem beglückenden Bonus, der nicht mehr zurückgenommen wird. „Das Ansichtigwerden von Werten kann einen Menschen nur bereichern"[57], hat uns Frankl gelehrt. Wer den Wertereichtum „jenseits der Brücke" erschaut, kann eigentlich nie mehr total unglücklich sein. Sein Verantwortungsgefühl wird sich – so die Hoffnung – „wie von selbst" schärfen.

---

56 Anspielung auf das Franklwort: „Die Intention ist unser, der Effekt ist Gottes."

57 Frankl (1982). *Ärztliche Seelsorge*, s. Anm. 49, 147

4. SKEPTISCHE MENSCHEN UND DIE FRAGE NACH SINN

Batthyány: Sie zitieren diesen bemerkenswerten Satz von Frankl: „Das Ansichtigwerden von Werten kann einen Menschen nur bereichern". Das bringt uns auf eine andere Zielgruppe, mit der sich übrigens auch Frankl schon in seinem Frühwerk beschäftigt hat. Ich meine den eher intellektuellen Typus des Nihilisten, wie er einem vor allem im Universitätsalltag begegnet. Bei ihm herrscht oft eine große Skepsis vor, ob Sinn wirklich da sei. Mit anderen Worten: An dem von Ihnen beschriebenen „Wertreichtum jenseits der Brücke" hegt dieser Typus massive Zweifel.

Ich muss dazusagen, dass es sich hierbei um einen relativ eigenen Typus handelt, aber ganz selten ist er auch nicht – Frankl beschrieb ihn in seinem frühen Artikel „Zur Psychologie des Intellektualismus" (1926)[58]. Es sind häufig Studierende, die ein Menschen- und Weltbild angenommen haben, in dem der Verbindlichkeit objektiver Sinnmöglichkeiten eine grundlegende Absage erteilt wird, weil die betreffenden Personen glauben, dass alles Seiende letztendlich einfach das so Wahrgenommene ist (das Seiende also nicht „wirklich so", sondern bloß „so erlebt und gedeutet" ist; s. o.). Diese Denkrichtung ist meiner Beobachtung nach unter jungen Intellektuellen in Europa und den USA derzeit ziemlich verbreitet. Sie erinnert ein wenig an die Aussage des Begründers der Gestalttherapie, Fritz Perls, derzufolge wir zwar glauben, wir sähen aus dem Fenster auf die Wirklichkeit – in Wirklichkeit sähen wir aber nur in einen Spiegel: Überall trifft das Subjekt nur das Subjektive an, nichts Objektives, nichts Verbindliches. Und demnach ist wiederum nichts genuin Sinnvolles in der Welt, das nicht zuerst durch den Filter- und Deutungsprozess des Subjekts gegangen wäre: Überall das Ich und das Ichhafte. Der Psychologe John Beloff von der Universität Edinburgh bezeichnete diesen Zugang zur Welt in einem Schreiben einmal sehr treffend als einen „solipsistischen Alptraum". Dazu gesellt sich häufig das nicht immer gut begründete Misstrauen gegenüber allem Reden von Hoffnung, Wohlwollen etc.

Wenn man versucht, den Wurzeln solcher Lebenshaltung nachzuspüren, dann habe ich manchmal den Eindruck, es handle sich dabei nicht nur um ein Ergebnis konstruktivistischer (Selbst-)Indoktrination, sondern auch um das Ausufern einer an sich gesunden Skepsis gegenüber der Tradition, wie sie

58 Frankl V. E. (1926). Zur Psychologie des Intellektualismus. In: *Internationale Zeitschrift für Individualpsychologie* 3

unter Studierenden ja ohnedies häufig beobachtbar ist. Allerdings – und da unterscheidet sich die gegenwärtige Generation von früheren Studentengenerationen wesentlich: Wo frühere Studentengenerationen zur Revolte gegen das Unrecht aufriefen und auch mit einem gewissen Anspruch auftraten, die Welt zu verbessern, sehe ich bei dem von mir beschriebenen Typus des prinzipiellen Skeptikers eine „Abgeklärtheit", die nicht zur Tat animiert, sondern eher zur fatalistischen Tatenlosigkeit und zum Zynismus verführt.

Das einzig Tröstliche an diesem Syndrom ist, dass die Betroffenen oftmals selbst merken, dass ihre „Abgeklärtheit" sie vom Reichtum der Wirklichkeit abschneidet. Dass sie auch meist viel zu feinfühlig und integer sind, um nicht zu merken, dass sie genau dasjenige, dem sie in ihrer Sinnablehnung eine grundlegende Absage erteilen, zugleich zutiefst vermissen.

Lukas: Sie sprechen hier hauptsächlich von Studenten – und das Studentendasein ist wahrlich eine besondere (und besonders privilegierte) Situation. Man ist (noch) von vielen häuslichen Sorgen entlastet und dafür überlastig mit der Verarbeitung von Theorien beschäftigt. Das treibt manch seltsame Blüten. Doch möchte ich in diesem Diskurs über das „überall anvisierte Ich" einen kleinen Bogen zur Menschheitsgeschichte spannen. Machen wir uns eines klar: Dieses „Ich" gibt es erst einen winzigen Zeitraum lang auf Erden. Weder die unbelebte noch die belebte Natur außer uns Menschen kennt ein „Ich". Der Regenwurm zum Beispiel ist ein Stück Natur, aber er kennt kein „Ich" und daher auch kein „Du". Das heißt, er hat mit der Erde, in der er sich schlängelt, kein Gegenüber, sondern ist zusammen mit ihr jenes Stück Natur. Er *hat* nicht Welt, er *ist* Teil der Welt. Bei höher entwickelten Tierarten kann es Vorstufen eines Ichbewusstseins geben, zum Beispiel bei Hunden, die auf den Ruf ihres Namens hören. Doch Vorsicht: Derlei Konditionierungsprozesse laufen mehr unbewusst als bewusst ab. Eine eindeutige Differenzierung: „hier bin ich, Hund – und dort bist du, Herr bzw. Frau" ist gewiss nicht ausgeprägt.

Erst der Mensch ist einer solchen Differenzierung fähig, und dies nicht einmal von Anfang an. Auch das Neugeborene *ist* zunächst Teil der Welt. In dem Maße, in dem es beginnt, seine Bezugspersonen als „Nicht-Ichhaftes" wahrzunehmen, öffnet sich die Kluft zwischen dem Selbst und dem Fremden. Viele Lernspiele sind darauf angelegt, diese Kluft im kindlichen Begreifen zu festigen. Bei Brettspielen, Kartenspielen etc. lernt das Kind: „Jetzt bin ich am Zug – und jetzt bist du, Mutter oder Vater, am Zug". Das „Du" findet Eingang ins Basisverständnis, und das kleine Menschlein mausert sich zu einem Wesen, das Welt *hat*, nämlich *Zugriff zur Welt hat* – wofür es eben einer Welt im Modus des Gegenübers bedarf.

Es ist schon eine atemberaubende Errungenschaft der Evolution, ein Ichbewusstsein hervorgebracht zu haben! Damit jedoch noch nicht genug. Unsere Spezies hat eine weitere dimensionale Sprosse erklommen, und es war buchstäblich Frankl, der darauf aufmerksam gemacht hat. Ist das überhaupt irgendwo gewürdigt worden? Haben die Evolutionsexperten jemals Frankl dafür auf die Schulter geklopft …? Nach der Differenzierung zwischen dem „Ich" und dem „Du" der Außenwelt kam es zur zweiten gigantischen Differenzierung, diesmal innerhalb des „Ichs": Die geistige Person erlangte die Fähigkeit, sich aus dem „Ich" herauszuschälen, sich vom „Ich" zu distanzieren und aus der Distanz auf dieses Ich zurückzuschauen und zurückzuwirken. Damit errang sie wiederum *einen Zugriff* – diesmal zu sich selbst! Dieses Schauspiel findet in jedem pubertierenden Menschenkind statt, in dem sich die geistigen Kräfte entfalten und sich seine Personalität ihren Weg quer durch das Psychophysikum bahnt. Damit gewinnt der junge Mensch nunmehr *einen doppelten Zugriff* (und einen doppelten Verantwortungsdruck): nämlich zu sich selbst und zur Welt. Von Stunde an wird er mitbestimmen, was aus ihm selbst wird, und was er dem „Nicht-Ichhaften" rings um sich herum antut bzw. angedeihen lässt.

Mich dünkt, dass jene Studierenden und jungen Intellektuellen, von denen Sie berichten, von der zweiten gigantischen Differenzierung ein wenig geblendet und im pubertären Faszinosum der Ichschau stecken geblieben sind. Sie fokussieren, was das „Ich" erlebt, fühlt, deutet … und meinen, darin die ganze Welt (gespiegelt) wiederzufinden. Vielleicht schreckt sie auch die unendliche Vielfalt der Außenwelt, die zu erforschen der menschliche Geist außerstande ist, sodass sie „fremdeln" wie die Kleinkinder vor unbekannten Personen. Auf Theorien getrimmt und von Praxisbezügen ein bisschen abgekoppelt, ist ihnen die Sache mit ihren eigenen „Zugriffen" nicht geheuer. Ich würde mich vor Grundsatzdebatten mit ihnen hüten und sie schnurstracks auf ihren Alltag festnageln. *Darin* haben sie sich zu bewähren. Und *darin* steht ihnen genügend „gegenüber", das der Formung und Gestaltung durch sie harrt.

Batthyány: Da gebe ich Ihnen vollkommen Recht. Es ist so: Diese Studenten kommen nicht ausdrücklich zu einem Beratungsgespräch in die Universitätssprechstunde, sondern zur Besprechung wissenschaftlicher Arbeiten,

Schwierigkeiten bei Prüfungen und dergleichen. Trotzdem nutzen einige die Gelegenheit des Vier-Augen-Gesprächs, um sich vertraulich über ihre weltanschaulichen Kämpfe auszusprechen. Das findet meistens gegen Semesterende statt. Sie haben dann schon ein Semester lang über die psychologische Bedeutung der Sinnmotivation gehört oder über die Zusammenhänge zwischen Sinnerfüllung und psychischer Gesundheit. Aber sie sind zugleich geplagt von einem grundlegenden Misstrauen gegenüber der Wirklichkeit und erst recht gegen alles, was nur irgendwie nach Metaphysik klingt. Das allerdings schließt die Sinnfrage ebenso ein wie vor allem die Idee, dass Sinn wirklich als ein objektiv Gesolltes in den Dingen und Situationen angelegt ist.

Sie sagten eben, Sie würden sich „vor Grundsatzdiskussionen hüten" – und das deckt sich mit meiner Erfahrung: In solchen Fällen nützt es tatsächlich wenig, über die Plausibilität des Konstruktivismus zu diskutieren oder über die rational gut begründbaren Gegenpositionen des ontologischen Werterealismus. Gespräche darüber mögen zwar in Einzelfällen den Boden vorbereiten, aber sie ersetzen niemals den Erlebnisbeweis, also die unmittelbare Begegnung mit persönlichen Sinnmöglichkeiten und eigener Verantwortung. Der Weg vom intellektuellen Verstehen zum direkten Erleben ist doch recht lang, und gerade der zweifelnde, grüblerische Typus, von dem wir hier sprechen, wird auf diesem Weg immer wieder Halt machen und nicht selten auch wieder umkehren.

Als ich vor einigen Jahren eine solche Studentin beraten habe – sie befand sich in einer ganz besonders ausgeprägten Sinnkrise und war gleichzeitig ihrer eigenen Sehnsucht nach Sinn gegenüber extrem skeptisch eingestellt –, habe ich zu einem „Trick" gegriffen, den ich Joseph Ratzinger, dem späteren Papst Benedikt XVI., verdankte:

> Alle wesentlichen Dinge unseres Lebens erkennen wir nur in einem Wechselspiel zwischen Tun und Denken, zwischen einer lebendigen Erfahrung und dem, was wir daraus lernen. Das heißt, wenn man sich der Erfahrung überhaupt verweigert und gar nicht anfängt, kann auch die Einsicht nicht aufgehen.
>
> Und so wäre mein Vorschlag – wie komme ich in diese Sinnmöglichkeit hinein – gerade dieser: dass man anfängt, so zu tun, als gäbe es diesen Sinn. Wenn man einmal in seinem Leben davon ausgeht: ‚Ich handle so, als ob ich gewollt wäre. Als ob die anderen Menschen gewollt wären. Als

> ob ein Sinn dahinterstünde und tragen würde.' Wenn man es sozusagen mit diesem Muster probiert, dann wird man neue Erfahrungen machen, wie damit größere Möglichkeiten aufgehen, wie das Leben wertvoller, reicher wird, wie auch sich bewährt, was man auf solche Weise versucht. Das heißt: Durch das Experiment der Erfahrung wird sich zeigen, dass da Wahrheit dahintersteht.[59]

Dieser wertvollen Anregung folgend habe ich der Studentin vorgeschlagen, eine Art philosophisches Experiment zu machen – nämlich erst einmal das Nachdenken über die Sinnfrage buchstäblich beiseitezulegen, und weniger auf das zu achten, was sie über den Sinn glaubt, als vielmehr wach und teilnehmend durchs Leben zu gehen, so, als ginge tatsächlich von der Situation selbst eine Anfrage an sie aus.

Ich hatte zuvor mit ihr über Frankls schönes Wort der stets jeweils unvollendeten Tatsachen gesprochen. Und nun liege es also an ihr, dem Bestmöglichen dieser unvollendeten Tatsachen zur Vollendung zu verhelfen. Sie solle somit handeln, *als ob* Sinn wirklich „da" und in den verschiedenen Situationen des Alltags angelegt sei. Damit lag es an ihr, die damit einhergehende Verantwortung anzuerkennen, die Sinnmöglichkeiten des Alltags zu verwirklichen oder zu verwirken. Sie solle also zumindest einmal eine Woche lang keinen theoretischen Sinnbeweis suchen, sondern konkrete Begegnungen und Erfahrungen mit Sinn machen, freilich mit dem Vertrauensvorschuss, dass das, wonach sie sich sehnte, auch wirklich sei – allerdings in seinem Verwirklichtwerden auf sie selbst angewiesen. Sie hat dieses kleine Experiment angenommen, und es ist höchst positiv ausgegangen. Die Studentin hat darüber sogar einen Bericht verfasst und auf ihrem Blog im Internet veröffentlicht. Weil das so gut funktionierte, habe ich seither diesen Rat öfters gegeben, vor allem dem hier beschriebenen Typus des notorischen Zweiflers. Mir ist tatsächlich noch keiner begegnet, der danach zurückkehrte und berichtete, dass das Ratzinger-Experiment ohne positive Folgen oder wichtige Einsichten geblieben wäre. Sinn ist eben eine Erlebnistatsache, also im weitesten Sinne empirisch – der Sinn im Leben, von dem wir in der Logotherapie sprechen, findet mit anderen Worten mitten im Leben statt: Er will erfüllt werden; und wird er erfüllt, wird er erlebt; und wird er erlebt, wird er „gewusst"...

---

59 Ratzinger, J. (1982). *Auf der Suche nach dem Sinn. Ein Gespräch mit Ulrich Hommes.* Manuskript

5. METHODEN DER SINNFINDUNG

Lukas: Bravo! Ihre angewandte Methode zählt zur „Als-ob-Technik", die in vielen Variationen therapeutisch erfolgreich angewandt wird. Zum Beispiel muss sich der Angstkranke (unter dem Schutz der „Paradoxen Intention") mitten in die angstbesetzte Situation hineinbegeben, *so als wäre er bereits frei* von seiner übertriebenen Angst, um diese loszuwerden. Auch der Alkoholkranke muss eine dauerhafte Abstinenz durchziehen, *so als wäre er überhaupt nicht mehr abhängig*, um seiner Abhängigkeit zu entrinnen. Und bei jeder Konfliktbeschwichtigung spielen die „finalen Vorleistungen" (Lukas), *als ob man dem Feind freundlich gesonnen wäre*, die wichtigste Rolle.

Inwieweit sich dieses Konzept auf die Behandlung auch anderer seelischer Störungen übertragen lässt, ist auszuprobieren. Die von Ihnen beschriebene Studenten-Problematik kann sich leicht zu einer „noogenen Neurose" verdichten, wie Frankl alle Störungen auf Grund geistiger Sinnkrisen (und Werteambivalenzen) tituliert hat. Bei handfesten noogenen Turbulenzen aber dürfen die Anweisungen meines Erachtens nicht zu abstrakt sein, und ich fürchte, dass der Tipp: „Tun, als wäre Sinn ein objektiv Vorhandenes" den Vorstellungsrahmen der allermeisten solcher Patienten sprengt. Diesen Tipp noch dazu mit einem Verantwortungsappell zu garnieren, könnte sogar Assoziationen mit dem „erhobenen Zeigefinger" hervorrufen und Widerstand provozieren.

Lesen wir bei Frankl, dem Pionier in Sachen noogener Krisen, nach, was er stattdessen dazu vorschlägt:

> ... wird eine solche Logotherapie ... versuchen müssen, in Fällen von noogener Neurose, sofern ihnen eine Frustration eben dieses Sinnwillens, also die existentielle Frustration zugrunde liegt[60], konkrete Möglichkeiten personaler Sinnerfüllung zu ekphorieren ... Werte, deren Verwirklichung den frustriert gewesenen Sinnwillen zu erfüllen vermöchten, um so den Sinnanspruch des Menschen an sein Dasein zu befriedigen.[61]

---

60 Diese Einschränkung ist notwendig, weil es auch noogene Neurosen gibt, die nicht auf eine existentielle Frustration, sondern auf einen sittlichen Konflikt zurückgehen.

61 Frankl. *Theorie und Therapie der Neurosen*, s. Anm. 9, 144f.

Frankl war demnach (wie auch ich) ein Verfechter der Konkretion im Behandlungssetting. Wie aber gelangt der Psychotherapeut zu „konkreten Möglichkeiten personaler Sinnerfüllung“ bei einem Patienten bzw. zu einer Aufwertung dessen, was einer vermeintlichen Minderwertigkeit zum Opfer gefallen ist? Hier ein paar Kurzempfehlungen aus meiner Praxis:

A) Das griffigste Konzept ist die Sinnfahndung in der Vergangenheit des Patienten[62]. Vergangene Wertbezüge, und wären sie noch so zart, verlöschen nie zur Gänze. Was man einmal geliebt hat, was einmal das Herz hat höherschlagen lassen, ist in den Engrammen der Seele gespeichert und glost weiter wie winzige Funken in der Asche. Es unter darübergestapeltem Schutt auszugraben und behutsam anzublasen kann alte Sinnwahrnehmungen neu entfachen. Ihre Anpassung an die Gegenwart ist dann leicht verhandelbar. Eine exzellente Frage ist in diesem Kontext die Frage nach der „besten Zeit“ im bisherigen Leben des Patienten. Wann war sie, und was genau ist damals geschehen? Die Rückholung dieser Zeitspanne ins Gedächtnis erlaubt sowohl die Auffrischung beseligender Erlebnisse, die (von außen) empfangen wurden, als auch die Erinnerung an vollbrachte Taten, die eigene (innere) Talente vorausgesetzt haben. Äußere Beeindruckbarkeit und innere Ausdrucksfähigkeit der geistigen Person werden transparent. Frankl:

> … ist die Psychophysis nun durchaus plastisch … sie ist es nicht nur im Sinne von Be-eindruck-barkeit, sondern auch von „Ausdrucks“fähigkeit, und so tritt neben die äußere Plastizität etwas, das man als *„innere Plastizität“* bezeichnen könnte. – Auch in einer Frucht finden sich, im Innern, Eindrücke des Kerns.[63]

Viel mehr brauchen wir nicht, um mit einem Patienten auf die Fährte konkreter Möglichkeiten seiner personalen Sinnerfüllung zu gelangen. Selbst Gedächtnistäuschungen des Betreffenden, wie z. B. Rückwärts-Glorifizierungen, wären für unsere Zwecke noch kein Übel. Beseligendes kann nicht minderwertig sein, Talente sind nicht zu verachten … es kann wieder „beste

62 Die Diagnose „noogene Neurose/Depression“ ist (im Unterschied zur Tiefenpsychologie) eine der *wenigen* logotherapeutischen Indikationen, sich detailliert mit der Lebensgeschichte eines Patienten zu befassen.

63 Frankl. *Der leidende Mensch*, s. Anm. 18, 118

Zeit" für ihn werden. Anders als früher, dafür in Form herangereifter Frucht ... In den vielen Jahren meiner Praxis habe ich niemanden erlebt, der keine „beste Zeit" lokalisieren konnte. So jämmerlich kurz sie auch gewesen sein mag, hat sie doch stets Anhaltspunkte dafür geliefert, was seinen Willen zum Sinn neu zu erwecken vermöchte.

B) Es gibt eine Reihe weiterer geeigneter Verfahren, deren man sich bedienen kann. Alles, was den Patienten aus dem gewohnten Tagestrott herausreißt und eine Zeit lang „in die Wüste" schickt, bringt Bewegung in die verknoteten Schlingen seines existentiellen Darbens. Nach dem Motto: „Gelingendes Leben ist schlichtes Leben in Fülle – misslingendes Leben ist kompliziertes Leben in Leere"[64] ist ein abrupter Wechsel in die Schlichtheit ungemein produktiv. Ob man den Patienten dazu animieren kann, ein Stück des Jakobswegs zu wandern, sich zu Exerzitien in ein Kloster zu begeben, zu einer Trekkingtour in eine abgelegene Bergwelt aufzubrechen u. Ä., hängt von der Machbarkeit des angedachten Vorhabens ab. Aber nicht nur. Es braucht auch das Geschick des Beraters, den Prozess eines kognitiven Jonglierens mit Möglichkeiten zu initiieren, mit abwegigen, verruchten, verrückten, absurden Möglichkeiten – immerhin: mit einem Mal weht dem Patienten der Geruch der Freiheit um die Nase. Was er in Freiheit spontan davon ausschließt, ist sinnwidrig, was übrig bleibt ... könnte der Erwägung wert sein. Existentiell frustrierte Personen sehen Möglichkeiten nur defizitär; dem muss gegengesteuert werden. Ziehen sie sich danach in die Natur, in die Stille, in die Einsamkeit zurück, sortieren sich die vielen Möglichkeiten vor ihren geistigen Augen, und sie kehren nicht selten revitalisiert zurück.

Andere Techniken setzen bei der Vorbildsuche nach Sinnträgern an, bei der Aufstockung von Erlebniswerten oder sogar bei den Klagen der Betreffenden. Hinter einer Klage steckt oft ein Wertbewusstsein, nämlich ein Begreifen, wie es *nicht sein soll*. Daraus ist das gegenteilige *Soll* rasch ableitbar. Und wer könnte zu diesem *Soll* beitragen? Na, am ehesten jemand, der dieses *Nicht-sein-Sollende* bedauert! Wer sich daran nicht stört, wird es wohl nicht beheben. Wer jedoch daran leidet, dass etwas nicht ist, *wie es sein soll*, der trägt in sich ein Ideal: das Ideal des *Solls*, und ist damit qualifiziert und motiviert, den „noodynamischen Spannungsbogen zwischen Sein und Soll"

64 Lukas, E. (2008). *Den ersten Schritt tun. Konflikte lösen, Frieden schaffen*. München: Kösel, 31

(Frankl) ein Quäntchen in Richtung *Soll* zu verschieben. Ein Kurzbeispiel: Jemand ärgert sich über die entsorgten Büchsen, Abfälle, Autoreifen im nahen Wald? Wer wenn nicht er wäre geeignet, einen Säuberungstag zu kreieren, an dem er mit einer Brigade Pfadfinder plaudernd und singend die Reinheit des Waldgebietes wiederherstellt? Ein sinnvoller Schritt ...

Zusammenfassend möchte ich sagen:

Der transsubjektive, dem Sein vorgängige Sinn ist nicht nur der „Schrittmacher des Seins" (Frankl)[65], er ist auch der Schrittmacher unserer *Einschätzung des Seins*. Er mahnt und wacht bei Überschätzungen. Er ruft und lockt bei Unterschätzungen. Dass wir die Wirklichkeit inklusive unserem Selbst nicht richtig einschätzen können, liegt an unserer menschlichen Unzulänglichkeit. Dass wir dennoch in unserem Lebensauftrag nicht scheitern müssen, verdanken wir dem Horchen auf den Sinn.

6. DER SOKRATISCHE DIALOG: ENTDECKEN STATT AUFDECKEN

Batthyány: Ein Instrument, dieses Horchen zu fördern, und ein Verfahren, im gemeinsamen Gespräch den Blick auf die Welt und auf sich selbst etwas nachzujustieren – manchmal vielleicht auch, das ohnehin implizit Gewusste wachzurufen –, ist der von Frankl beschriebene *Sokratische Dialog*, also jene spezifische Gesprächsmethode, mit deren Hilfe über klug gesetzte Fragen der Weg zu Einsichten freigemacht werden soll, die eben ureigene Einsichten des Patienten oder Klienten sind und nicht bloß die Überzeugungen des Therapeuten oder Beraters.

Der Sokratische Dialog, der über lange Zeit eine Spezialität der Logotherapie gewesen ist, wird ja seit einigen Jahren vermehrt auch von anderen Psychotherapieschulen entdeckt: Es erscheinen Bücher und Fachartikel zum Thema des Sokratischen Dialogs[66], und auf Psychologenkongressen wird

---

65 Frankl. *Der leidende Mensch*, s. Anm. 18, 186

66 Kazantzis, N., Fairburn, C. G., Padesky, C. A., Reinecke, M. & Teesson, M. (2014). Unresolved issues regarding the research and practice of cognitive behavior therapy: The case of guided discovery using Socratic questioning. In: *Behaviour Change*, 31 (1), 1–17; Overholser, J. C. (2010). Psychotherapy according to the Socratic method: Integrating ancient philosophy with contemporary cognitive therapy. In: *Journal of Cognitive Psychotherapy*, 24 (4), 354–363; Horster, D. (2013). *Das Sokratische Gespräch in Theorie und Praxis*. Berlin: Springer; Haberl, G. (2010). *Der Sokratische Dialog in Viktor Frankls Logotherapie*. Doktorarbeit. Universität Wien

darüber diskutiert. Immerhin wird bei solchen Erwähnungen in der Regel anerkennend zur Kenntnis genommen, dass diese Methode Grundwerkzeug der Logotherapie ist.

Nun hat Frankl den Sokratischen Dialog zwar angewandt und vorexerziert – ich denke etwa an seine eigenen Fallbeispiele in der Ärztlichen Seelsorge oder in der *Psychotherapie in der Praxis* –; dennoch hat er relativ wenig Spezifisches dazu geschrieben. Zugleich fällt auf, dass man auch innerhalb der Logotherapie relativ unterschiedliche Zugänge und Bestimmungsorte des Sokratischen Dialogs beobachten kann. Zum einen tendieren manche Logotherapie-Vertreter dazu, den Sokratischen Dialog als logotherapeutische „Methode" im engeren Sinne zu beschreiben, während andere ihn eher als natürliches Produkt der weltanschaulichen Enthaltsamkeit logotherapeutischer Gesprächsführung betrachten – als idealen Weg also, Sinnfindung anzustoßen unter gleichzeitiger Vermeidung eines Werte-Oktrois durch den Therapeuten. Beide Sichtweisen (Sokratischer Dialog als „Methode" und Sokratischer Dialog als sozusagen „natürliche Voraussetzung bzw. Folge" der Vermeidung eines Werte-Oktrois) haben etwas für sich. Beide schließen meines Erachtens einander auch nicht wirklich aus, zumal es in der alltäglichen Praxis ohnedies nicht immer leicht sein dürfte, eine klare Grenze zwischen beiden Sichtweisen auf den Sokratischen Dialog zu ziehen.

Wenn ich es richtig sehe, kann man als Kompromiss vorschlagen, der Sokratische Dialog sei ein Weg der therapeutischen Gesprächsführung, die an sich erkenntnisstiftend ist, ohne direkt persuasiv zu wirken. Bei bestimmten therapeutischen Interventionen, etwa der Einstellungsmodulation oder der Sinnfahndung, spielt der Sokratische Dialog daher wohl eine prominentere Rolle als in anderen Phasen der Therapie. Er bewahrt und schützt den Therapeuten zugleich vor der Versuchung, allzu überzeugen-wollend auf seinen Patienten/Klienten einzuwirken. Wir wissen ja aus der psychologischen Einstellungsforschung, dass sich die meisten Menschen gegen Persuasionsversuche wehren, ja dass sie gerade in dem Maße, in dem sie glauben, einem Überzeugungsversuch ausgesetzt zu sein, sämtliche Register der Abwehr und Gegenrede ziehen[67], wodurch das therapeutische Gespräch dann eine ziemlich unproduktive Wendung nehmen und der Einsichtsgewinnung sogar geradewegs entgegenstehen würde.

67 Friestad, M. & Wright, P. (1994). The persuasion knowledge model: How people cope with persuasion attempts. In: *Journal of Consumer Research*, 21 (1), 1–31

Lukas: Bekanntlich ist die Logotherapie keine *aufdeckende*, sondern eine *entdeckende* Psychotherapie. Demzufolge hat sich Frankl nach entdeckungsstimulierenden Instrumentarien umgeschaut und dabei den Sokratischen Dialog als geeignet befunden. Es wäre zu viel gesagt, diesen als eine Methode der Logotherapie zu bezeichnen, zumal er ja ein „biblisches Alter“ aufweist. Aber man kann den Sokratischen Dialog als eine häufig und gern benutzte Gesprächstechnik im therapeutischen Setting der Logotherapie einstufen, weil er ihrem philosophischen Wesenskern entgegenkommt. Sind wir Menschen doch laut Frankl eher „die dem Leben antworten Müssenden“ und weniger „die das Leben befragen Dürfenden“, und insofern wird jeder Patient mit dieser Technik sogleich ins Antwort-geben-Müssen hineingelockt. Der Sokratische Dialog ist eine erstklassige Entdeckungshilfe.

Bevor ich zusammentrage, *was alles* zu entdecken er mithelfen kann, seien zwei Vorteile des Selbst-Entdeckens erwähnt.

1. Da ist zum einen der hohe Einprägungsgewinn. Das Entdecken von etwas Bemerkenswertem rangiert in der Kategorie eines Aha-Erlebnisses. Es ist, als fiele die Umhüllung von einem bislang unbemerkten Sachverhalt ab, der sich plötzlich im gleißenden Licht des Erkanntwerdens präsentiert. Dies graviert eine breite Spur in unser Gedächtnis ein, die nicht mehr so schnell versandet. Damit verglichen sind die Spuren von Belehrungen dünn. Man braucht sich nur an seine eigene Schulzeit zu erinnern und an den vielen Paukstoff, der damals bei einem Ohr hinein und beim anderen wieder hinausgegangen ist.

2. Zum anderen stößt die Seele Selbst-Entdecktes nicht ab. Das tut sie aber – wie Sie richtig feststellen – häufig mit fremden Ratschlägen, Mahnungen, Warnungen etc. Es gehört zum „psychophysischen Parallelismus“ (Frankl), dass weder psychische noch physische Fremdkörper vom Organismus widerstandslos integriert werden. Dieses Problem zeigt sich u. a. bei der modernen Organtransplantation. Dabei muss medikamentös mühsam „getrickst“ werden, weil ansonsten das gesündeste Ersatzorgan, das ein Kranker dringend benötigt, von dessen eigenem Abwehrsystem torpediert wird. Analog gibt es erhebliche Schwierigkeiten, gescheite Einsichten zu transplantieren. Selbst-Entdecktes jedoch ist vor derlei Torpedos sicher. Es zählt zum „Personeneigentum“.

Was lässt sich nun mit Hilfe des Sokratischen Dialoges von Patienten entdecken? Stürzen wir uns nicht sofort auf die Vokabel „Sinn“. In der Therapie sind „kleine Brötchen zu backen“, sprich, einzelne Schrittchen bedeuten schon Riesenfortschritte. In vielen Fällen steht am Anfang das Entdecken von Freiheiten und Freiräumen, wo jemand sie gar nicht vermutet hat. Ferner, dass solche Freiräume mit Möglichkeiten gefüllt sind. Und wenn jemand noch dazu entdeckt, dass nicht sämtliche Möglichkeiten, die da im gleißenden Licht des Erkanntwerdens vor ihm auftauchen, gleichermaßen verwirklichungswürdig sind, hat uns der Dialog bereits kostbare Früchte beschert. Dann – und eigentlich erst dann – hat es Sinn, zur Sinnfrage überzuleiten. Um das „Verwirklichungswürdigste unter dem Möglichen" herauszufinden, worauf sich alle logotherapeutische Heilungskunst zuspitzt, bedarf es in der Regel ausgefeilter Methoden. Bedarf es anthropologischer Exkurse, Aufschließungen zur Mitwelt, Anfachungen von Visionen oder schlichtweg Informationen (wie etwa bei der Anwendung der paradoxen Intentionsmethode). Und natürlich jede Menge an Improvisation und Repetition.

Sind wir mit jemandem einmal so weit gekommen, kann uns der Sokratische Dialog erneut assistieren. Jetzt geht es um das Entdecken, wie das Verwirklichen des „Verwirklichungswürdigsten unter dem Möglichen" konkret vonstattengehen kann, welche Hürden dabei zu überspringen sind, woher jemand die Kraft zum Überspringen beziehen kann, welche Überraschungen ihm dabei begegnen werden, welche Haltegriffe ihn vor Rückfällen bewahren können, und so fort. Mischt man diese Gespräche mit praktischen Übungsanleitungen und garniert sie mit kontinuierlicher Ermutigung, steigen die Erfolgschancen. Dies alles näher auszuführen, würde den hiesigen Rahmen sprengen.

Stattdessen soll ein Kurzbeispiel, das ich jüngst in einem Bericht meiner Kollegin Dr. Heidi Schönfeld gelesen habe, demonstrieren, wie ausgezeichnet der Sokratische Dialog als Entdeckungshilfe funktioniert. Schönfeld fragte ihre Patientin: „Wenn ich jetzt meine Hand heben und Sie schlagen würde, was würde diese Handlung über *Sie und Ihren Charakter* aussagen?" Die Patientin konnte natürlich nicht anders als mit „nichts" antworten. Daraufhin fuhr Schönfeld fort: „Wenn ich jetzt meine Hand heben und Sie schlagen würde, was würde das über *mich und meinen Charakter* aussagen?" Auch das wusste die Patientin: „Es würde beweisen, dass Sie aggressiv, aufbrausend und jähzornig sind!" „Wer wäre ich dann?" „Dann wären Sie eine böse Frau, eine Schlägerin!" Mit so geringem Aufwand hat meine Kollegin eine Erkenntnisbombe gezündet, die einen Ideologiestrick zerrissen hat, in dem sich ihre Patientin ein Leben lang verheddert hatte. Immer hatte sie sich als armes, vernachlässigtes Opfer missgünstiger Menschen deklariert. Aber plötzlich war die Chose umgedreht. „Nicht, was du von den anderen empfängst, erzählt die Geschichte von dir, sondern was von dir selbst ausgeht und ausstrahlt – *das* formt dich zu einer ganz bestimmten Person, einer guten oder einer bösen, einer über die du traurig oder auf die du stolz sein kannst …" Die Patientin saß mit offenem Mund und aufgerissenen Augen da und staunte über ihre eigene Erkenntnis! Seither will sie nur noch eines: so handeln, dass sie stolz auf sich selbst sein kann! Frankls Merksatz, dass jede Tat ihr eigenes Denkmal ist, hat sich ihr erschlossen, und noch dazu: dass die Taten anderer uns kein Denkmal errichten … vielleicht eines aus Stein, aber nicht im Sein.

Nun haben Sie bei den Vorteilen des Sokratischen Dialoges erwähnt, dass diese Gesprächstechnik nicht zuletzt den Therapeuten davor schützen soll, allzu persuasiv auf seine Patienten einzureden. Damit haben Sie vollkommen recht. Freilich ist der Kontext einer Redeoffensive mit zu berücksichtigen. Zum Beispiel ist von Frankl überliefert, dass er mit enorm positivem Echo zu Häftlingen in amerikanischen Gefängnissen gesprochen hat. In seiner rhetorischen Gewandtheit stellte er sich in Positur und rief seiner Zuhörerschaft leidenschaftlich zu: „Leute, Ihr habt die Freiheit gehabt, eine Untat zu begehen … Ihr habt genauso die Freiheit, eine sinnvolle Tat zu begehen, und damit könnt Ihr gleich heute beginnen! Nichts hindert Euch daran! Eure Kindheit nicht! Eure Vergangenheit nicht! Eure Gefangenschaft nicht! Ihr allein entscheidet, was Ihr aus Eurem Leben macht und ob Ihr noch etwas Sinnvolles schafft oder nicht …"

Zugegeben, in einer solchen Ansprache findet sich keine Spur von „sokratisch". Das appellative, überzeugenwollende Element ist unüberhörbar. Es galt bei Frankls Gefängnisbesuchen ja auch, einem tief eingeimpften Pessimismus die Stirn zu bieten, demzufolge Elternhaus, soziales Milieu und Vorgeschichte unausweichlich Verbrechertum vorprogrammiert hätten, inklusive Endstation Knast. Wiederum galt es, einen Ideologiestrick zu zerreißen, der den Häftlingen die Brust zuschnürte, und da fackelte Frankl nicht lange. Ich möchte deswegen festhalten, dass in der Logotherapie *direkte und nondirektive* Verfahren verwendet werden, und dass es dem Geschick des therapeutischen Akteurs überlassen bleibt, je nach Situation das eine oder andere zum Einsatz zu bringen.

7. ABHILFE, WENN SICH GESPRÄCHE IM KREISE DREHEN ...

Batthyány: In diesem Zusammenhang würde ich gerne ein persönliches Erlebnis beisteuern, das mich – gerade mit Blick auf direktive und nondirektive Gesprächsführung und die Frage des Werte-Oktrois – lange beschäftigt hat. Vielleicht hilft es uns auch, die Chancen und Grenzen des Sokratischen Dialogs bzw. des beratenden Gesprächs insgesamt ein bisschen auszuloten.

Es geht um das schwierige Thema Abtreibung. Dabei will ich hier nicht die zahllosen Argumente und Gegenargumente zu diesem Thema ausbreiten. Mir geht es vielmehr um den korrekten therapeutischen Umgang mit einem Fall wie dem folgenden: Eines Tages – das war im ersten Jahr meiner Professur – zog mich eine meiner Studentinnen während der universitären Sprechstunde ins Vertrauen. Sie war 22 Jahre alt und mir schon während des Semesters als reife und wertebewusste Person aufgefallen. Nun war sie unerwartet schwanger geworden und ging durch ein Wechselbad der Gefühle. Unter anderem litt sie darunter, dass die Beziehung zu ihrem Freund (die beiden lebten schon mehr als zwei Jahre in einer Partnerschaft) zerrüttet war. Sie war nämlich drauf und dran, einen Abtreibungstermin zu vereinbaren, während ihr Freund das Kind annehmen wollte – sich sogar darauf freute. Der Freund war berufstätig und die Studentin beschrieb ihn als zuverlässig und kooperativ – und es gab an sich ein gutes partnerschaftliches Band zwischen den beiden. Die Vorzeichen standen also wesentlich besser als in manch ähnlich gelagerten Fällen. Das einzige „Unglück", das diese Studentin in die Abtreibungsklinik führen sollte, war ihre eigene Zukunfts- und Berufsplanung, die sie durch ihre Schwangerschaft bedroht sah. Sehr konkret waren ihre Planungen jedoch nicht. Sie wollte im akademischen Bereich tätig werden, Bücher schreiben, Vorträge halten – und war bei aller sonstigen Unsicherheit dieser Berufspläne überzeugt davon, dass sie mit einer Schwangerschaft und frühen Mutterschaft unvereinbar seien.

Nun gibt es, wie wir eben besprochen haben, eine selbst auferlegte Zurückhaltung des Logotherapeuten, wenn es um die Gefahr des Werte-Oktrois geht. Da ich nun aber schon zu Rate gezogen worden war und die Studentin es ablehnte, an eine befreundete Psychotherapeutin überwiesen zu werden, bemühte ich mich redlich um ihr Anliegen. Zuerst im Sokratischen Dialog, mit naivem Fragen und Erwägungen etwa zur Idee der ohnehin nur beschränkt planbaren Zukunft, oder mit Hinweisen auf die Tatsache, dass nicht selten unerwartete Schicksalswendungen sich nach anfänglichem

Hadern als womöglich noch bereichernder erweisen als die Erfüllung auch konkreterer anderweitiger Zukunftspläne. Ferner überlegten wir gemeinsam, ob es nicht auch Lebensumstände gibt, in denen nicht mehr nur zur Frage steht, *was wir uns wünschen*, sondern vielmehr das Leben (und unser Gewissen) fragt, *was sein soll* und was von uns in einer gegebenen Situation gefordert und abverlangt sein könnte.

Damit wir uns richtig verstehen: Ich wollte dieser Studentin zunächst einfach aufzeigen, dass ihr Freiraum letztlich um einiges größer war, als sie vielleicht anfänglich wahrzunehmen bereit oder fähig war. Zugleich überlegte ich, warum sie just mich aufgesucht hatte und sich zugleich weigerte, eine erfahrene Kollegin aufzusuchen. Die Studentin wusste zudem um meine persönliche Einstellung zum Thema. Wie auch immer: Unser gemeinsames Bemühen und Ringen fruchtete nicht. Unser Gespräch drehte sich fortwährend im Kreis. Immer wieder kam die Studentin auf ihre Karrierewünsche zurück und auf ihre Befürchtung, dass ihre Schwangerschaft ihre Karrierepläne durchkreuzen würde. Auch ein ergebnisoffeneres Nachdenken über Karriere plus Mutterschaft – wir gingen ganz detailliert diesbezügliche Freiräume und Möglichkeiten durch (zumal ihr Freund freiberuflich tätig war und sich seine Zeit gut einteilen konnte) – blieb ohne Resultat.

Nach einer Weile fragte ich mich im Stillen, warum sie überhaupt meinen „Rat" suchte – und sich doch bei jedem Versuch, die Situation zumindest auch einmal von verschiedenen Seiten anzusehen, so grundlegend bewegungsunfähig oder -unwillig zeigte. Denn obwohl auch meine Studentin merkte, dass unser Gespräch nicht wirklich fruchtete, wollte sie es dennoch weiterführen. Und ich muss gestehen: Irgendwann ist mir der Geduldsfaden gerissen und ich habe ihr offen mitgeteilt, dass aus meiner persönlichen Sicht ein uns anvertrautes werdendes Leben nicht einfach angesichts zudem noch derart vager „Karrierepläne" zur Disposition steht.

Nun ist Abtreibung eine unrevidierbare Handlung – und es schien mir in dieser Gesprächssituation, als ob diese Studentin gerade dabei war, eine Entscheidung zu treffen, die sie selbst einmal vielleicht bedauern würde: Irgendwie war sie voller Zweifel, ob sie richtig entschieden hatte; sie war zutiefst hin- und hergerissen. Wenn nun so sehr Gefahr in Verzug ist, und wenn so viel auf dem Spiel steht, sagt ja auch das eigene Gewissen, dass man nicht mehr nur neutral und zurückhaltend sein will oder kann. Und nicht nur in solchen Fällen wie dem eben beschriebenen. Um daher nun nicht nur bei diesem Einzelfall zu bleiben: Vergleichbares gibt es ja auch in anderen therapeutischen und beratenden Gesprächen, vielleicht auch verstärkt bei einem spezifischen Patiententypus. Sie haben tausende Patientinnen und Patienten betreut. Was sagen Sie aus Ihrer Erfahrung dazu?

Lukas: Wenn ich mir diesen Fall genauer ansehe, fällt mir als Erstes auf: Was wollte die ratsuchende Studentin *wirklich* von Ihnen? Warum ging sie zu ihrem Professor und legte ihm ihr Dilemma vor? Spontan würde man denken, sie suchte unterstützende Argumente bei der schwierigen Entscheidung, ihr Kind abzutreiben oder nicht. Aber dem war offenbar nicht so. Die sokratisch angepeilten Argumente (pro Kind), die Sie ihr geliefert haben, hat sie konsequent vom Tisch gewischt. Sie hat sogar eigene Argumente pro Kind ausgestreut, indem sie ihren Freund als wohlwollend, berufstätig und kooperativ genug für eine väterliche Verantwortung geschildert hat. Dennoch stand ihr eigenes Argument (kontra Kind), dass eine Mutterschaft ihre Karrierepläne gefährden würde, als „ausschlaggebend" unverrückbar fest. Warum also ging sie nicht in die Klinik – und basta?

Dazu kommt, dass die Studentin von Anfang an geahnt haben dürfte, welche Sichtweisen Sie vertreten und welche Überlegungen Sie ihr nahelegen würden. Logotherapeuten haben nun einmal keine Sympathie für Abtreibungsvorhaben – dazu ist ihr Respekt vor der geistigen Person, sei es bei Geborenen oder Ungeborenen, zu groß. Was also erwartete sich die Studentin von dem Beratungsgespräch mit Ihnen? Eine Bestätigung ihrer Absicht? Wohl kaum. Einen Widerspruch zu ihrer Absicht? Nutzlos! Das Signalisieren von „Verständnis" für ihre Lage? Wozu? Eine psychologische Absolution? Lächerlich! Wollte sie sich bloß aussprechen, um nachher so klug zu sein als wie zuvor? Sinnlos!

Batthyány: Ich habe damals ähnliche Überlegungen angestellt. Was würden Sie vor dem Hintergrund Ihrer jahrzehntelangen klinischen Erfahrung in einer solchen Situation empfehlen?

Lukas: Ich kenne solche Patienten. Man kann sagen, was man will, und methodisch jonglieren, womit man will, sie behalten ihre Meinung bei und bewegen sich kein Jota. Dagegen wäre nicht viel einzuwenden, wenn sie nicht unsere Zeit vergeuden würden. Deshalb hier ein Tipp für Sie: Stellen Sie in einem vergleichbaren Fall Ihrer Klientin folgende Frage: „Wie müsste unser Gespräch verlaufen, damit Sie später nach Hause gehen im Bewusstsein, unser Gespräch habe sich für Sie gelohnt?" Das heißt, *zwingen* Sie Ihre Klientin, Farbe zu bekennen: Zu welchem Ergebnis soll das gemeinsame Brainstorming bestenfalls führen? Sie soll es ausformulieren. Therapie ist ein Gemeinschaftswerk. Wenn Sie sich mit dem von Ihrer Klientin erhofften Ergebnis einverstanden erklären können, steht der gemeinsamen Arbeit daran nichts im Wege. Als Berater verfügen Sie über passende Werkzeuge für diese Arbeit. Wenn Ihnen das genannte Ergebnis suspekt ist, lehnen Sie ab.

Batthyány: ... ohne dabei die feine Linie zum Werte-Oktroi zu überschreiten?

Lukas: Ach, über Werte zu konferieren, ist noch kein Werte-Oktroi. Ihren Worten entnehme ich, dass Ihre Studentin normalerweise hohe Werte propagiert. Zweifellos können gerade bei wertesensiblen Personen mehrere Werte miteinander kollidieren, zumindest vordergründig (vgl. dazu die „sittlichen Konflikte" bei noogenen Neurosen). Allerdings schrieb Frankl:

> Dass der Konfliktcharakter den Werten innewohnt, ist bei alledem nicht einmal so gesichert; denn die möglichen Überschneidungen zwischen den Geltungsbereichen von Werten können ja auch bloß scheinbare sein, indem sie durch eine Projektion, also durch einen Dimensionsverlust, zustande kommen. Erst dann nämlich, wenn wir die hierarchische Höhendifferenz zweier Werte ausklammern, scheinen sie sich zu überschneiden ...[68]

Jemandem wie dieser Studentin darf man durchaus in Erinnerung rufen, dass es eine Höhendifferenz zwischen einem menschlichen Leben und einer Karriereleiter gibt. Leider ist zu „befürchten", dass der Betreffende dies sowieso weiß. Dass er niemanden braucht, der es ihm verdeutlicht, weil es ihm sein Gewissen längst eingeflüstert hat. Und dass er, wenn er den Spruch seines Gewissens abschmettert, erst recht den Spruch eines Außenstehenden abschmettern wird. Was braucht also der Betreffende wirklich?

Vielleicht nur den Hinweis, den Frankl einst einem drogengefährdeten Jugendlichen gegeben hat, als er ihm erklärte, dieser stünde gegenwärtig an einer Weggabelung. In zehn Jahren werde der inzwischen erwachsene Jugendliche zurückblicken und sich entweder denken: „Wie jammerschade,

68 Frankl. *Der unbewusste Gott*, s. Anm. 34, 72f.

damals hätte ich noch die Chance zur Umkehr gehabt …" oder „Gott sei Dank habe ich mich damals durchgerungen …" „Gehe hin, mein Junge, und entscheide dich", sagte Frankl, und schob ihn bei der Türe hinaus.

Was wird die genannte Studentin in zehn Jahren rückblickend denken? Streicht sie aller Unwahrscheinlichkeit zum Trotz ihrem Sohn oder ihrer Tochter zärtlich übers Haar und murmelt vor sich hin: „Danke, Professor"? Wer weiß, wer weiß …

8. WIE SETZT MAN GUTE EINSICHTEN UND VORSÄTZE AUCH WIRKLICH UM?

Batthyány: Wenn wir schon bei den Mühen des therapeutischen Arbeitens sind: Es gibt da noch ein weiteres Hindernis, ein Hindernis, das gar nicht selten beobachtet wird, nämlich der steinige Weg von der Einsicht zur Tat, zum Leben.

Wie oft geschieht es etwa, dass Ratsuchende nach der Beratung aufgebaut, aufgerichtet, ermutigt, aktiviert und optimistisch bereit zu sein scheinen, ihre eigenen Minusbereiche zu überwinden und zu ihren im Beratungsgespräch getroffenen Entscheidungen zu stehen. Sie entscheiden sich bewusst und glaubhaft, sich von nun an nicht mehr von Launen und bloßer Unlustvermeidung bzw. Lustvermehrung treiben, sondern von konkreten, persönlichen sinnvollen Aufgaben leiten zu lassen. Der Kampf ist gewonnen – das Ringen beendet, die Kehrtwende eingeleitet. Glaubt man zumindest.

Doch dann – eine Woche später kommen dieselben Personen wieder, und was sie berichten, ist nicht ein Ende des Ringens, sondern: die tätige Absage an die eigene Einsicht. Es scheint beinahe so, als wären alle guten Intentionen von ihnen in dem Augenblick abgefallen, in dem sie das Sprechzimmer verlassen haben. Kurzum, sie werden ihren eigenen Entscheidungen untreu, Woche um Woche.

Ich erlebe das auch in der Begleitung von Studierenden, z. B. von solchen, die an einem Forschungsprojekt arbeiten oder an ihrer Dissertation schreiben – besser: schreiben sollten, aber an der eigenen Antriebslosigkeit oder an einem ewigen Aufschieben leiden. Irgendwann fällt dann der Groschen (so scheint es zumindest), und sie nehmen sich selbst das glaubwürdige Versprechen ab, alles Verschieben und Ablenken zu reduzieren und (soweit ihr ernsthaftes Motiv) sich an ihre Arbeit zu machen. Doch dann, beim nächsten Termin, berichten sie kleinlaut, dass sie doch wieder nur endlos im Internet gesurft oder sich auf Facebook, Twitter oder Instagram die Zeit vertrieben haben – währenddessen der Druck und die Frustration wachsen und erst recht ein erfolgreiches Arbeiten unterminieren.

Ich nehme an, Ihnen sind solche Phänomene von Ihren Patientinnen und Patienten auch nicht unbekannt. Nur: Was tun? Wie hilft man ihnen? Wie kann man dem Menschen (auch sich selbst übrigens) dazu verhelfen, nicht immer wieder ins alte Fahrwasser zurückzugleiten?

Lukas: Ja, Gewohnheiten sind „klebrig" zäh, und das hat seine biologische Berechtigung. Es wäre zu kompliziert für Lebewesen, ununterbrochen neue Verhaltensmuster entwerfen zu müssen. Die Phänomene der Rhythmisierung und Habituierung entlasten sie. Ererbte Instinkte und eingeschliffene Praktiken geleiten sie ohne Kraftaufwand durch das tägliche Einerlei. Auch dem Menschen nehmen sie eine Menge Denkarbeit ab und „sichern" seine Lebensfunktionen in wiederkehrenden Prozessen des Essens, Werkens, Schlafens etc. Je schwächer oder älter ein Mensch ist und je komplexer und unüberschaubar sich seine Umstände für ihn gestalten, desto mehr benötigt er einen Halt in starren Gewohnheitsstrukturen, um „sich auszukennen" und nicht ins seelische Trudeln zu geraten.

Dazu kommt, dass Habituierungen Ängste reduzieren. Das Gewohnte ist auch das Vertraute. Wird eine Bahnlinie gebaut und führt sie durch ein Weideland, dann stöben die Kühe erschrocken vor den plötzlich durchbrausenden Zügen zurück. Doch allmählich *gewöhnen* sie sich an den zeitweise vorbeidonnernden Lärm, und schließlich grasen sie friedlich neben den Geleisen und heben nicht einmal mehr ihre Köpfe, wenn ein Intercity vorbeisaust. Auch Menschen fürchten sich nicht vor Aufgaben, die zu lösen sie routiniert sind.

Die Kehrseite der Medaille besteht in der Schwierigkeit, aus Gewohnheiten wieder auszusteigen, wenn es nötig ist – zum Beispiel, weil sich die Umstände oder Aufgabenstellungen geändert haben. Das Zauberwort heißt „Flexibilität", doch damit ist die Natur sparsam umgegangen. Biologisch weiß sie sich diesbezüglich hauptsächlich mit genetischen Mutationen (und nachfolgenden Selektionen) zu behelfen. Ansonsten wirft sie Lebewesen, die sich nicht beizeiten umstellen und anpassen können (und das sind viele) über Bord.

Das flexibelste Lebewesen, das sie jemals hervorgebracht hat, ist zweifellos der Mensch. Da ihn die Dynamis des Geistes umweht, entzieht er sich allem, das ihn festzurren könnte, und ist ständig „in Bewegung", wenn auch (leider) nicht in physischem Sinne. Seine geistige Beweglichkeit ist geradezu sein Markenzeichen, seine Kenn- und Identitätsnummer im universellen Reigen der Geschöpfe. Aber ach, sie muss ständig eingeübt und errungen werden und verliert sogleich an Elastizität, sobald man darin schlampt. Es ist wie mit den Muskeln, die erlahmen, wenn sie nicht gebraucht werden. Schleicht sich die Trägheit ein, übernehmen die Gewohnheiten das Regiment, und das menschliche Markenzeichen verblasst.

Der Psychoanalytiker und Psychoanalysekritiker Albert Görres hat einmal in einem Buchtitel gefragt: „Kennt die Psychotherapie den Menschen?"

Batthyány: Eine gute Frage ...

Lukas: Wahrlich eine gute Frage, doch zumindest in einem Punkt kann man sie bejahen: Psychotherapeuten kennen den Stagnations- und Trägheitshang ihrer Patienten genau. Niemand unter ihnen rechnet mit einer raschen Umsetzung dessen, was in einem Beratungsgespräch geklärt und geplant worden ist. Deswegen macht das Wort vom „Leidensdruck", der bloß genügend groß sein muss, die Runde – zum Missfallen von uns Logotherapeuten, die wir uns eine erfreulichere Motivationsausrichtung wünschen. Auch kann ich bestätigen, dass es in unserem Beruf tatsächlich seltene Lichtmomente gibt, in denen ein Patient von einer plötzlichen Erleuchtung oder Vision derart tief ergriffen ist, dass er eine entschlossene Kehrtwende vollzieht und sie nicht mehr revidiert. Aber die Norm sieht anders aus. Da wird wochenlang derselbe Fangstrick abgehandelt, in dem sich jemand ohne Unterlass verfängt, und geduldig wird immer wieder von vorne begonnen. Man bangt um jeden Minierfolg, den ein Patient einheimst, und schaut seufzend zu, wie ein solcher verpufft. Es gehört schon ein Zipfel „Liebe" dazu, nicht müde zu werden. Doch immerhin ist der Zipfel „Glaube" auch noch da, nämlich der Glaube daran, dass *nichts, absolut nichts umsonst ist, was man lauteren Bemühens in einen Menschen investiert.*[69] Angenommen, jemand schafft es nach

69 In einem meiner Bücher ist der Fall eines jungen Mannes erwähnt, der sich aus Verzweiflung über sein chronisches Stottern die Pulsadern aufgeschnitten, aber knapp vor seiner Verblutung noch einen Notruf ausgesandt hat. Im Krankenwagen murmelte er jene Worte vor sich hin, die ich ihm mehr als ein halbes Jahr zuvor vergeblich eingeimpft hatte. Deren Botschaft lautete, dass der Wert einer Person nicht an ihrem Sprechvermögen hinge. Vergeblich? Diese Worte haben ihm das Leben gerettet!

dem 16. Rückfall, auf einen bekömmlicheren Weg zu gelangen. Dann bringt ihn der 9. Rückfall diesem Ziel bereits etwas näher, und mit dem 13. Rückfall schwenkt er geradezu auf die Ziellinie ein! Psychotherapie kann man nicht praktizieren, ohne die Menschen mitsamt ihrer Borniertheit zu lieben und trotz ihrer Unausgegorenheit an sie zu glauben.

Möchten Sie zwischendurch etwas zum Lachen hören? Eines der teuersten Sanatorien in den USA wirbt mit hohen Heilungsquoten für gestresste Direktoren, ausgelaugte Politiker und nervenzerrüttete Stars. Das Konzept für eine dreiwöchige Kur ist bestechend spartanisch: Beim Empfang werden alle Handys und Konsorten abgenommen und verbannt. Die Kurgäste müssen vormittags stundenlang über Wiesen und Fluren spazieren gehen. Nach einem diätetischen Essen werden sie in aromatisch duftende Ruheräume gepackt. Danach dürfen sie ein paar Kreise in einem Sprudelbecken drehen, und abends gibt es weder Fernsehen noch Radio, sondern nur eine sanfte Schlummermusik. Nach drei Wochen fahren die Kurgäste wunderbar erholt und berstend vor neuem Schwung nach Hause.

Soweit gibt es keinen Grund zu lachen – das ist ein extrem vernünftiges Programm.[70] Lachhaft sind nur die horrenden Preise, die dafür gezahlt werden. Theoretisch ist niemand gehindert, bei sich daheim für eine Weile Handys wegzulegen, spazieren zu gehen, Gesundes zu essen, sich auszuruhen, ein Schwimmbad zu besuchen und sich ohne vorherige Medieneinschaltung zu Bett zu begeben. Außer den Eintrittskarten fürs Schwimmbad würde es ihn keinen zusätzlichen Dollar kosten. Aber das ist eben die Irrationalität des Menschen: *Allein bei sich daheim würde er dieses Programm keine zwei Tage durchhalten!* Es braucht eine radikale Heraushebung aus dem Alltagstrott und eine strikt überwachte Vorschreibung, um jene Disziplin einzufordern, die sich das „schwache Geschlecht", sei es Frau oder Mann, nur mit „Hängen und Würgen" – schöner ausgedrückt: unter Aufbietung aller verfügbaren „Trotzmacht des Geistes" (Frankl) – selbst verordnen kann.

---

70 *Mit einer Einwendung:* Frankl hat uns gelehrt, dass sich abrupte Entlastungen ähnlich gefährlich auswirken können wie das abrupte Auftauchen eines Tauchers aus tiefer See. Wenn sich der Organismus an einen starken Druck, z. B. Wasserdruck, gewöhnt hat, kann er nicht rasch genug auf leichten Druck „umschalten", was erhebliche Probleme, z. B. Rupturen von Blutgefäßen, erzeugt. Analog zu dieser „Caisson-Krankheit" kann es auch zu Rupturen in der Sinnerfahrung und Sinnerfassung kommen, wenn eine Phase anhaltender Überforderung übergangslos von einer Phase kompletter Unterforderung abgelöst wird.

Zusammenfassend möchte ich Ihnen und Ihren Kollegen raten, sich bei Studentenberatungen mit Geduld zu wappnen, wenig zu erwarten, mit Unverständnis, Undank und Rückschlägen zu rechnen … und sich überraschen zu lassen. Der Mensch ist immer für eine Überraschung gut. Er ist zwar häufig ein dummer Kerl und alles andere als die „Krönung der Schöpfung". Aber wenn er als wert befunden wurde, mit einer geistigen Dimension ausgestattet zu werden, dann verdient er unsere Achtung, unseren Respekt und unsere barmherzige Zuwendung, ganz egal, wo er herkommt, in welchem Zustand er sich befindet, und ob er mit uns kooperiert oder nicht. Ruin und Auferstehung liegen in *seiner* Hand … und noch dazu in viel größeren Händen … aber jedenfalls nicht in *unserer* Hand.

V. VIKTOR FRANKLS LOGOTHERAPIE UND ALFRIED LÄNGLES EIGENENTWURF

1. ÜBER FRANKL UND LÄNGLE

Batthyány: Sie haben vorhin Albert Görres mit seiner Frage zitiert, ob die Psychotherapie den Menschen kenne. Das bietet einen guten Übergang und Einstieg zum Thema „Begegnung der Logotherapie mit anderen Therapieschulen". Dazu gibt es Fragen, die immer wieder gestellt werden – sowohl innerhalb als auch außerhalb der Logotherapie –, die aber bislang kaum inhaltlich und historisch bearbeitet wurden. Darunter auch die Frage nach dem Verhältnis zwischen Viktor Frankl und seinem ehemaligen Schüler und mittlerweile eigenen Schulgründer Alfried Längle bzw. der von Frankl und Längle begründeten Schulen, die ja bemerkenswerterweise bei aller Unterschiedlichkeit denselben Namen tragen.

Genauer hat Längle die Logotherapie und Existenzanalyse so grundlegend umgedeutet, dass Viktor Frankl schließlich nicht mehr verantworten konnte, für die von Längle im Namen der Logotherapie und Existenzanalyse geleitete Gesellschaft mit seinem Namen als Ehrenvorsitzender einzustehen. Längle hat allerdings wie gesagt – und das sorgt bis zum heutigen Tag für einige Verwirrung – für seine eigenen „Weiterentwicklungen" und Umdeutungen der logotherapeutischen und existenzanalytischen Konzepte dennoch seltsamerweise den Namen „Existenzanalyse und Logotherapie" in Anspruch genommen. Stehen diese beiden Schulen also auch in den meisten zentralen Aspekten (Personverständnis, Willensfreiheit, Rolle der Sinnmotivation, Sinnfrage) einander inhaltlich teils diametral gegenüber, so fehlt leider bis heute eine klare begriffliche Abgrenzung: Daher heißt das, was Frankl vor über 70 Jahren als „Logotherapie und Existenzanalyse" begründete und benannte, auch in Längles Variation so. Nur geht das bei Längle zugleich mit einer inhaltlichen Umkehrung der Begriffsbestimmungen einher:

Bei Frankl ist die Logotherapie Psychotherapie und die Existenzanalyse die sie ergänzende Forschungsrichtung: die Analyse nicht der Existenz, sondern auf die Existenz hin. Nach Längle aber ist die Existenzanalyse Psychotherapie, die Logotherapie hingegen bloß sinnorientierte Beratung.

Wenn wir jetzt neben der Namensfrage auf eine Begegnung beider Schulen zu sprechen kommen, will ich zugleich ausdrücklich keinen Schulenstreit eröffnen – dafür wäre eine Diskussion *zwischen* den Vertretern der einzelnen Schulen sicher angebrachter. Mir geht es hier mehr darum, auf die *Unterschiede* zwischen beiden Schulen aufmerksam zu machen (und einige Beobachtungen dazu mitzuteilen).

Und das scheint mir aus mehreren Gründen wichtig. Einmal, weil eine klare Standortbestimmung nicht nur eine Frage der intellektuellen Redlichkeit und wissenschaftlichen Klarheit ist, sondern auch das Verstehen einiger der subtileren Aspekte und Bereiche der Logotherapie vertiefen kann. Zweitens aber auch, weil man gelegentlich beobachtet, dass manche sich schwertun, die Unterschiede zwischen Frankls und Längles Denken zu sehen und klar zu benennen. Diese sind aber – drittens – insofern über den engeren Rahmen der Längle-Frankl-Debatte hinausgehend relevant, als Längles Existenzanalyse teils starke Übereinstimmungen mit den Schulen um Yalom und van Deurzen aufweist, und damit auch anschlussfähiger ist an diese mehr subjektivistisch orientierten Schulen der existentiellen Psychotherapie als an die originäre Logotherapie mit ihrem objektiven Sinnbegriff und ihrem sehr eigenen Verständnis der geistigen Person. Dabei will ich vorerst dahingestellt sein lassen, bzw. kann ich nicht beurteilen, inwieweit Längle diese Anschlussfähigkeit bewusst angestrebt hat. Vielleicht können Sie gleich mehr dazu sagen.

Historisch wird die Wurzel der Trennung von Frankl und Längle oftmals in der Frage der Selbsterfahrung innerhalb der Logotherapieausbildung verortet. Demnach soll Längle nicht nur von inhaltlichen Bedenken an der ursprünglichen Logotherapie bewegt worden sein, sondern auch von recht pragmatischen Überlegungen. Es war aus Längles Sicht (soweit ich das aus den Archivmaterialien im Privatnachlass Frankls rekonstruieren und überblicken kann) seinerzeit schlichtweg angezeigt, einen Kompromiss einzugehen mit der vom damaligen österreichischen Psychotherapiebeirat eingeforderten Richtlinie, der Selbsterfahrung weiten Raum zu geben, während Frankl darin die Gefahr eben jener selbstfixierten Nabelschau erblickte, die das Potential zur Selbstdistanzierung und Selbsttranszendenz außen vor lässt. Das ist zumindest das Narrativ, das etwa Ivan Stengl in seiner ausführlichen Dissertation[71] über die Trennung zwischen Längle und Frankl entfaltet hat.

Ihre Sicht – als Zeit- und Augenzeugin – wird da vielleicht etwas vollständiger sein und ist mit Sicherheit von großem Interesse für all jene, die den seinerzeitigen Bruch zwischen Frankl und Längle nicht recht nachvollziehen können. Wobei wir später noch auf die eigentlichen inhaltlichen Differenzen zu sprechen kommen wollen …

2. EIN (PERSÖNLICHER) HISTORISCHER ABRISS

Lukas: Es stimmt, in Bezug auf Ihre Frage, wie sich die traurige Logotherapie-Schisma-Geschichte vollzogen hat, bin ich eine Zeitzeugin. Ich kann nicht umhin, diese Geschichte aus meiner Sicht zu erzählen, aber ich will mich so eng wie möglich an die Tatsachen halten.

In meinem Leben gab es einen „Vorlauf", der meiner Trauer über die zu besprechenden Geschehnisse eine zusätzliche Schmerzlichkeit verlieh. Dieser „Vorlauf" begann 1972, als mein Mann und ich mit unserem Sohn eher ungern von Wien nach Deutschland umzogen. Mein Mann hatte seine Pilotenstelle bei Österreichs damals einziger Fluglinie schuldlos (wegen eines Finanzdebakels der AUA) verloren und nach langem Suchen in Deutschland eine Anstellung bei einer Pfälzer Charterfluggesellschaft gefunden. Ohne regelmäßiges Flugtraining wäre sein Berufspilotenschein verfallen! Also nahmen wir die Umsiedelung in Kauf, allerdings mit der Hoffnung im Gepäck, eines Tages wieder heimkehren zu können. 1973 kam die Ölkrise, und die Charterfluggesellschaft ging in Konkurs. Aber jetzt hatte ich eine Anstellung bei einer psychologischen Beratungsstelle und hielt mit meinem Gehalt unsere kleine Familie „über Wasser". Mein Mann konnte in der Hessischen Zentrale für Datenverarbeitung auf die damals „heraufdämmernde" EDV-Branche umschulen, und daher blieben wir im Ausland. Ich sammelte Erfahrungen mit der Logotherapie und stand in gutem Kontakt mit Herrn Prof. Frankl.

---

71 Stengl, I. (2000). *Selbsterfahrung: Selbstbespiegelung oder Hilfe zum Erreichen der noetischen Dimension? Ein Beitrag zur neueren Diskussion in der Logotherapie und Existenzanalyse.* Dissertation. Rom: Università Pontificia Salesiana, Facoltà di Scienze dell'Educazione

1982 erhielt ich ein Schreiben eines jungen Arztes aus Wien: von Dr. Dr. Alfried Längle. Er fragte an, ob es in der Münchener Beratungsstelle, die ich inzwischen leitete, eine Anstellung für ihn gäbe. Er verstünde zwar noch wenig von Logotherapie, sei aber darauf gestoßen, davon angetan, und wisse, dass ich auf diesem Gebiet Expertin sei. Leider musste ich verneinen, denn wir hatten bereits eine Ärztin in unserem Team. Aber ich freute mich sehr über sein Interesse und schlug einen regelmäßigen Gedankenaustausch vor. Bei gelegentlichen Wienbesuchen lernte ich ihn kennen und schätzen, denn er vertiefte sich akribisch in die Frankl'sche Lehre. Auch Frankl selbst hielt viel von diesem jungen, aufstrebenden Talent. 1983 teilte mir Längle auf dem von meinem Mann arrangierten 3. Weltkongress für Logotherapie in Regensburg mit, dass er gemeinsam mit einer ehemaligen Mitarbeiterin Frankls, Dr. Eva Kozdera, ein Logotherapie-Institut zu eröffnen plane, und mein Herz machte einen „Luftsprung". In einem Jahr würde unser Sohn sein Abitur in Deutschland absolvieren, und danach würde einer Heimkehr von meiner Familie nichts mehr im Wege stehen. Wenn es dann in Wien ein Logotherapie-Institut gab, schien mir dies für meinen weiteren Lebensweg geradezu ideal …

1984 fielen die ersten Schatten auf die zart aufkeimende deutschsprachige Logotherapieszene. Längle ist hochintelligent. Je besser er Frankl kennen lernte, desto klarer erkannte er dessen „Achillesferse". Jemand, der so viel gelitten hat wie Frankl, darf wahrhaftig einen wunden Punkt haben.

Frankls wunder Punkt war die Abwertung seiner brillanten Lehre als „unwissenschaftlich", „religiös verbrämt" oder „esoterisches Gerede" durch Neider, Ignoranten und Therapieschulen-Konkurrenten. Demütigungen hatte Frankl ja schließlich genug erlebt – wie viel mehr kann ein Mensch verkraften? Genau da hakte Längle ein und erklärte, dass die Logotherapie eine wissenschaftliche Aufpolierung benötige, damit sie mit den gängigen großen Psychotherapie-Marken Schritt halten könne. Frankl stimmte begeistert zu, und Längle machte sich an die Arbeit. Als ich im Dezember 1984 bei einer Fortbildungsveranstaltung in Wien war, demontierte Längle meine Ausführungen zum menschlichen Gewissen vor lauschendem Publikum. Was hieße da „die Stimme der Transzendenz abhören?" Im Gewissen spiegle sich, was die Gesellschaft, in der man aufwächst, für gut und richtig hält …

Als ich widersprach, ließ Längle mich fallen. Danach suggerierte er Frankl, dass meine Schriften und Bücher viel zu allgemein verständlich und zu simpel seien, um in wissenschaftlichen Gremien ernst genommen zu werden, und tat auch sonst alles, um einen Keil zwischen mich und Frankl zu treiben. In einem Telefongespräch, bei dem ich meine Mitarbeit in Wien anbot, sagte er wortwörtlich: „Bleiben Sie in Deutschland, hier sind Sie unerwünscht!" Ich war zur persona non grata geworden – und mein Traum von einer Rückkehr in die Heimat war geplatzt.

Später habe ich verstanden, dass ich aus irgendwelchen verborgenen Gründen „in Deutschland gebraucht wurde". Aber es hat gedauert, bis ich mich damit abgefunden hatte, zumal unser Sohn zum Studium nach Wien aufbrach. Da es jedoch auf jede Lebensfrage eine sinnvolle Antwort gibt, gründeten mein Mann und ich 1986 unser Süddeutsches Logotherapie-Institut nahe bei München, und seither herrscht Funkstille zwischen Längle und mir. Heute bin ich total versöhnt mit diesen Vorkommnissen – und auch die Heimat hat mich wieder.

In Fürstenfeldbruck war ich vor weiteren Schatten verschont, nur ballten sich diese langsam über der Mariannengasse zusammen. Allmählich merkte auch Frankl, dass die wissenschaftliche Aufpolierung Eckpfeiler seines Denkgebäudes bedrohte. Dennoch hielt er Längle erstaunlich lange die Treue. Es mag ein Wunschdenken mit im Spiel gewesen sein, nämlich die Sehnsucht nach einem potenten „Nachfolger", der die Logotherapie in der Welt bekannt und „salonfähig" zu machen imstande wäre. Denn trotz der vielen Ehrungen, die Frankl international erhielt, und trotz einer üppigen Anhängerschaft konnte sich diese Mini-Wiener-Schule gegen die vielen aus dem Boden schießenden Therapieansätze nicht recht behaupten. Die Zeittrends bliesen der Logotherapie heftig ins Gesicht: Selbstvergessenheit, Selbstüberschreitung, Selbstüberwindung, Verantwortlichkeit, Friedensfähigkeit etc. waren unmodern. Frankl wurde älter und wahrscheinlich besorgter um sein „geistiges Kind". Eines Tages traf ich mich mit ihm in München und stellte ihm mein Konzept der „sinnzentrierten Familientherapie" vor. Plötzlich fiel es Frankl wie Schuppen von den Augen: *Das* ist echte, originäre Logotherapie in adaptiertem Gewand! Ich unterbreitete ihm auch mein Konzept zu einer logotherapeutischen Selbsterfahrung, und er bekam fast feuchte Augen vor Rührung: *Das* ist okay, *das* unterscheidet sich erheblich von Längles Praktiken! „Ich muss die Ehrenpräsidentschaft in Längles Verein zurücklegen", stöhnte er. „Ich kann das alles nicht mehr mittragen!" Ich versichere, dass ich ihn keinesfalls dazu animiert habe. Frankl zog von sich aus den Trennungsstrich und nahm diesen nie mehr zurück.

Batthyány: … und die Rolle der Selbsterfahrung in der Ausbildung der Logotherapeuten? Irgendwie hat sich wie gesagt in weiten Kreisen das Narrativ eingebürgert, dass der Kernpunkt der Trennung die Frage der Selbsterfahrung in der Ausbildung der Logotherapeuten gewesen sei. Auch Harald Mori schreibt in einem eben erschienenen Buch, Frankl habe sich just in dieser Frage der Rolle der Selbsterfahrung in der Psychotherapieausbildung letztlich zu unbeweglich gezeigt und einer „Weiterentwicklung der Logotherapie und Existenzanalyse" durch Längle widersetzt.[72] Wenn ich Ihnen aber nun zuhöre, kristallisiert sich heraus, dass die Differenzen schon damals viel grundlegender waren …

3. ZUR ENTWICKLUNGSFÄHIGKEIT DER LOGOTHERAPIE

Lukas: Um der Wahrheit willen muss ich in diesem Zusammenhang etwas deutlicher werden. Neben Frankls Tochter bin ich vermutlich die Einzige, die noch bezeugen kann, dass Frankl nicht generell gegen die Selbsterfahrung angehender Logotherapeuten war. Er war lediglich *gegen jene Art von Selbsterfahrung*, die in eine Nabelschau und in ein „Begaffen der eigenen Gefühlszustände" ausartet, wie er sich ausgedrückt hat. Demgegenüber hat Längle überall die Mär verbreitet, dass Frankl zu dogmatisch sei, um die Bedeutung der Selbsterfahrung zu ermessen, die doch überall in der Psychotherapieausbildung längst geläufig und verpflichtend sei, und dass es deshalb zum Bruch zwischen ihm und Frankl hatte kommen müssen, weil er, Längle, eben die Ausbildungsvorschriften zu beachten habe. Wie gesagt, Längle ist hochintelligent, und dies war ein kluger Schachzug von ihm, der Frankl den „schwarzen Peter" zuschob.

Längle wusste natürlich, welche negative Konsequenzen Frankls Abwendung von ihm haben konnte, und startete weitere geschickte Manöver. Frankl versperre sich jeglicher Weiterentwicklung seiner Logotherapie und halte stur an seinen veralteten Vorstellungen fest. Frankl memoriere immer wieder nur dasselbe. Frankl sei völlig verkopft, vernachlässige die Psyche des Menschen und unterschätze das Ausmaß ihrer emotionalen Schwingungen. Methodisch rangiere er im tiefsten Hinterland: Die Methode der „Paradoxen Intention" sei abstrus und nicht zu verwenden, die „Dereflexion" sei

72 Mori, H. (2020). *Existenzanalyse und Logotherapie*. Wien: Facultas, Pos. 332 (kindle)

nicht einmal in ihren Anfängen ausgefeilt ... Solche und andere Gerüchte verstreute Längle in seinen Kursen und Vorträgen. Nur ihm, Längle, sei es zu verdanken, dass die Logotherapie noch nicht untergegangen sei und in seiner Neuauflage als „personale Existenzanalyse" Auferstehung feiere. Frankl nannte diese „Auferstehung" einen „Etikettenschwindel" (so als wäre in einer Flasche anderes drinnen, als draußen angeschrieben) und flehte Längle an, einen eigenen Namen für sein „Flickwerk" zu erfinden, aber Längle hütete sich davor. Immer noch hatte Frankls Ruf Zugkraft und bescherte Längle einen Zufluss an Schülern und Interessenten, die nichts von den Divergenzen ahnten.

Wie ist der Stand heute? Frankl kann nicht mehr intervenieren. Wir Vertreter seiner originären Lehre sind Grabenkämpfen abhold. Pro-Motive und nicht Kontra-Motive sollen unser Handeln lenken, deshalb arbeiten wir *für* den Erhalt dieses kostbaren Gedankengutes und nicht *gegen* dessen Aufweichung. Spätere Generationen werden sich anhand von Frankls Schriften selbst ihre Urteile bilden, und wir vertrauen darauf, dass Frankls Lehre nicht stirbt. Wenn er in Auschwitz beschützt war, dann ist auch sein geistiges Erbe beschützt, so unser Credo.

Batthyány: Und dieses Vertrauen ist, wenn man sich die Entwicklung der Logotherapie in den letzten Jahren ansieht, begründet. Der klassischen Logotherapie geht es jedenfalls so gut wie selten zuvor. Jedes Jahr findet abwechselnd in den USA (Dallas) und Europa (mit Wien 2012, 2014, 2016, Moskau 2018 und Valencia 2022) ein Weltkongress für Logotherapie und Existenzanalyse mit bis zu 600 Teilnehmenden und mehr aus 40 Ländern statt. Viktor Frankl ist laut Zitationsindex nach wie vor einer der meistzitierten existentiell orientierten Psychiater. Noch nie sind international so viele Forschungsarbeiten zur Logotherapie publiziert worden, und noch nie gab es weltweit so viele klassisch-logotherapeutische Institute und Initiativen (mit einem Wachstum von weltweit einigen Dutzend Instituten im Jahr 2005 zu weltweit 148 Instituten im Jahr 2020) wie heute.

Auch im akademischen Bereich sind wir in den letzten Jahren zunehmend präsenter geworden: In Liechtenstein gibt es einen eigenen Viktor-Frankl-Lehrstuhl mit Doktoratsprogramm in Logotherapie (der Lehrstuhl soll allerdings ab 2022 in eine reine Forschungsstätte umgewandelt werden). Im Sommer 2019 ist am Liechtensteiner Lehrstuhl übrigens auch die seinerzeit von Ihnen und Prof. Seifert betreute Sommerhochschule für Logotherapie wieder eingeführt worden. An der renommierten Pázmány-Péter-Universität in Budapest haben wir im Juni 2020 ein interdisziplinäres Forschungs- und Exzellenzzentrum für Logotherapie und logotherapiebezogene Studien eröffnet, das Viktor Frankl Forschungszentrum für theoretische Psychologie und personalistische Studien. Am altehrwürdigen großen Moskauer Universitätsinstitut für Psychoanalyse gibt es ein höchst aktives eigenes Department für Logotherapie mit Filialprogrammen in weiteren russischen Städten und in den benachbarten zentralasiatischen Republiken; ein weiteres Programm wird gerade in Georgien aufgebaut.

Neue universitäre Ausbildungen werden derzeit auch u. a. in Haifa (Israel), Sofia (Bulgarien) und Beirut (Libanon) entwickelt, und in Yale und weiteren amerikanischen Universitäten gibt es Forschungsgruppen oder -institute, die sich der klinischen Anwendung der Logotherapie widmen. In Bayern ist uns in enger Absprache zwischen Gudrun Mehring, der Ludwig-Maximilians-Universität in München und dem Viktor-Frankl-Institut Wien gelungen, die krankenkassenärztliche Anerkennung als psychologisches Vorsorgekonzept zu bekommen; und ich arbeite derzeit als logotherapeutischer Berater an einem logotherapeutischen Programm für Kinder und Jugendliche aus Krisen- und Kriegsgebieten mit, das vom Kinderhilfswerk der Vereinten Nationen (UNICEF) in New York organisiert wird und eine Zielgruppe von immerhin rund 100.00 und mehr Betroffenen hat.

Nahezu jedes Jahr erscheinen neue Übersetzungen der Bücher Viktor Frankls bzw. Neuerscheinungen zur Logotherapie. Auch das Interesse der Medien wächst stetig mit regelmäßigen Anfragen bei uns im Wiener Institut aus aller Welt.

Kurz: Die klassische Logotherapie hat mit alledem, so scheint es, ihre wichtigste Bewährungsprobe bereits bestanden. Sie ist mehr als zwanzig Jahre nach Viktor Frankls Tod als eigenständige Therapie- und Forschungsrichtung zu einem nicht mehr wegzudenkenden Bestandteil der non-reduktiven Tradition innerhalb der klinischen, theoretischen und empirischen Verhaltens-, Sozial- und Humanwissenschaften herangewachsen.

Unser Vertrauen in die Erhaltung und Ausbreitung der Logotherapie hat sich, wenn ich die letzten Jahre als Grundlage nehme, somit jedenfalls als begründet herausgestellt. Die Logotherapie ist lebendig und breitet sich nicht nur aus, sondern entwickelt sich auch nach innen mit immer neu erschlossenen Anwendungsgebieten.

Lukas: Ja, es ist erstaunlich, wie kontinuierlich Personen auftauchen, die kompetent und begeistert genug sind, die Logotherapie ein gutes Stück voranzubringen. Da ich Frankl 1968 zum ersten Mal begegnet bin, sind es inzwischen mehr als 50 Jahre, dass ich mich mit seiner Lehre befasse. In diesem Zeitraum gab es zwar Enttäuschungen und Rückschläge, aber stets stand wieder zumindest *eine* Person mit „wehenden Fahnen" auf und schürte das Feuer der Begeisterung für dieses Gedankengut in den Herzen und Köpfen anderer. Stets gab es einzelne Personen (wie derzeit Heidi Schönfeld in Bamberg oder Sie selbst in Wien), die den großen Wurf Frankls bewahren und behutsam an die Herausforderungen der Gegenwart adaptieren ...

Batthyány: Um das Stichwort „Adaptieren" aufzunehmen: Im Anschluss an das unerfreuliche Kapitel mit Längle besteht manchmal ein gewisser Vorbehalt gegen Weiterentwicklungen der Logotherapie. Längle hat uns ja gewissermaßen vorgemacht, wie eine solche „Weiterentwicklung" *nicht* aussehen sollte. Andererseits ist es unvermeidbar, dass eine Psychotherapieform lebendig bleiben und die Zeichen und Anliegen der Zeit verstehen muss, nicht zuletzt vor dem Hintergrund der psychologischen und klinischen Forschung. Wir sehen ja insbesondere in den letzten Jahrzehnten, dass da eine wissenschaftlich dialogfähige junge Generation an Logotherapeuten herangewachsen ist, die zunehmend Anschluss sucht und findet an die Gegenwartsthemen psychologischer und psychiatrischer Forschung ...

Lukas: Frankl hat mehrmals schriftlich beteuert, dass seine Logotherapie offen sei, sowohl für fruchtbare Kombinationen mit anderen Therapiemethoden als auch zur Evolution ihrer selbst. Ich persönlich habe ihn alles andere als orthodox erlebt. Aber es ist wie mit den im Frühling so prächtig blühenden Fliederbüschen. Sie wachsen, sie gedeihen, sie treiben Sprösslinge aus, sie knospen an den verschiedensten Ecken und Enden. Nur eines darf man mit ihnen nicht machen, nämlich an ihren Wurzeln zu sägen. Kappt man ihre Wurzeln, verdorren weite Teile ihres Geästs.

Genauso ist es mit Frankls genialer Sinnlehre. Sie wächst, sie gedeiht und blüht ... wenn man ihre Wurzeln, ihr anthropologisch/philosophisches Fundament unberührt lässt. Die Hauptstränge „logos" und „nous" müssen intakt bleiben, und wer sie beschneidet, bringt die Logotherapie zum Verwelken.

4. FRANKL UND LÄNGLE – EINE GEGENÜBERSTELLUNG

Batthyány: Das führt uns zum Inhaltlichen und den Unterschieden zwischen Frankl und Längle: Wie es sich mir nach der Lektüre von Längles Schriften darstellt, führte er die wirklich gravierenden Änderungen erst *nach* dem Bruch mit Frankl ein. Wiederum kann man spekulieren, ob hier persönliche oder intellektuelle Motive mitspielten; ob Längle den Bruch mit seinem vormaligen Lehrer rückwirkend auch inhaltlich rechtfertigen wollte – oder ob Frankl weitsichtig genug war, in den scheinbar kleinen Änderungen, die Längle bis dahin vorgenommen hatte, die großen Folgen zu erblicken, die dann den endgültigen inhaltlichen Bruch besiegeln sollten.

Auf häufig geäußerten Wunsch will ich kurz auf diese inhaltlichen Unterschiede zwischen der Längle'schen „Existenzanalyse und Logotherapie" und der Franklschen Logotherapie und Existenzanalyse und die Frage ihrer Vereinbarkeit eingehen.

Ich bin mir zugleich dessen bewusst, wie kritisch man im Allgemeinen „dogmatische" oder „orthodoxe" Positionen und Diskussionen beäugt. Die Einstellungsforschung belegt sogar, dass sich bei den meisten Menschen unwillkürlich ein gewisser Widerstand aufbaut, wenn ihnen „orthodoxe" Positionen vorgesetzt werden. Allerdings muss man sagen, dass die klassische Logotherapie im Verhältnis etwa zu Längles Schule gemessen am gegenwärtigen Zeitgeist selbst ziemlich unorthodox ist und eher Minderheitenpositionen vertritt (etwa zur Objektivität des Sinns oder der Stellung und Natur der geistigen Person). Längles Modell ist da wesentlich anschlussfähiger.

Und nicht zuletzt habe ich den Eindruck, dass nicht immer sonderlich fair argumentiert wird, wenn den Vertreterinnen und Vertretern der klassischen Logotherapie einfach entgegengehalten wird, sie würden halt die „orthodoxe Franklmeinung" vertreten – als wäre das ein inhaltlich nur annähernd relevantes Argument. Viel wichtiger ist doch, *worin* diese Meinung besteht und *wie* gut sie begründet ist. Es kann ja nicht darum gehen, bestimmte zentrale Positionen der Frankl'schen Logotherapie leichtfertig aufzugeben oder wegzulegen, nur weil ein Aufrechthalten dieser Positionen „orthodox" wäre.

Anders gesagt: Jede und jeder, der oder die für sich entschieden hat, dass eine allzu klare Festlegung hinsichtlich der Grundlagen der Logotherapie nicht nötig oder unmodern ist, kann vielleicht oder hoffentlich auch anerkennen, dass andere auf ihrer persönlichen Wahrheitssuche und angesichts der empirischen Evidenz diesbezüglich zu einer anderen Schlussfolgerung gelangt sind: Dass es nämlich sehr wohl für die eigene Lebensführung und das therapeutische oder beratende Handeln einen *enormen* Unterschied macht, ob man Sinn als ein Produkt subjektiven Konstruierens und Erlebens oder als objektive und verbindliche Anfrage des Lebens betrachtet. Oder ob man die geistige Person als dem Psychophysikum über- oder untergeordnet erachtet; oder ob man Appelle an die Trotzmacht des Geistes und insgesamt Frankls Umgang mit dem leidenden Menschen als „gefühlskalt", „rationalistisch" und „metaphysisch verbrämt" (Längle) abwertet etc. Denn unter anderem um diese Fragen geht es hier. Die Entscheidung, wer richtig und wer falsch liegt und welche Positionen plausibler sind, bleibt ja nach der Diskussion dieser Fragen ohnehin jedem und jeder Einzelnen überlassen – nur muss man sie dafür auch erst einmal an- und aussprechen.

Nach diesem Einschub gelangen wir nun schließlich zu dem, worum es eigentlich gehen sollte: um eine echte *inhaltliche* Auseinandersetzung mit den Unterschieden zwischen den Werken Frankls und Längles. Wie schon erwähnt will ich gleich vorab noch einmal der Transparenz halber unumwunden meine eigene Parteilichkeit einräumen. Ich erkenne Längles intellektuellen Beitrag zur Psychotherapie natürlich an, aber aus verschiedenen Gründen (s. u.) kann ich seinen „Weiterentwicklungen" der Logotherapie und Existenzanalyse wenig abgewinnen. Ich greife dazu nur einige zentrale Punkte heraus, die zudem noch alle miteinander im Zusammenhang stehen.[73]

A) Person, Wert und Sinn

Zunächst zu dem, was Längle „existentielle Wende" nennt, die zugleich, wie Längle meint, von Frankl nicht konsequent vollzogen wurde. Konkreter hält Längle Frankl vor, dass er von einem objektiven Sinnbegriff ausgeht und nicht von einem existentiellen (das heißt in Längles Verständnis: einem persönlich und subjektiv so erlebten) Sinn. Bedauerlicherweise erläutert Längle allerdings an keiner Stelle, warum nur ein subjektiv erlebter Sinn existentiell sein sollte und weshalb er ausschließt, dass Sinn sowohl objek-

73 Was übrigens ein Beleg für die kohärente und konsistente Theoriebildung bei Frankl ist: Man kann wirklich kaum einen der zentralen Bausteine herauslösen bzw. durch anderes Material ersetzen, ohne nicht gleichzeitig das Gesamtgebäude zu riskieren bzw. empfindlich zu ändern.

tiv gegeben als auch existentiell erlebt werden kann. Wir müssen hier aber für unsere Diskussion eben das nehmen, was Längle uns anbietet, und hier bietet er lediglich die nicht weiter begründete Behauptung an, die zugleich eine der Grundlagen seiner weiteren Überlegungen darstellt: Existentieller Sinn und ontologischer Sinn stehen bei Längle einander polar gegenüber. Wie wir sehen werden, ist dies nicht der einzige Fall, in dem man im Rahmen der Längle'schen Existenzanalyse einen gewissen Mangel an nachvollziehbar begründeten Aussagen zunächst einmal akzeptieren muss, um den dann daraus abgeleiteten Schlüssen folgen zu können. Ich will an dieser Stelle vorerst nur kurz auf diese mangelnde durchgängige Begründung bei Längle hinweisen – andere haben das schon lange vor mir festgestellt und kritisiert (auch Autoren, die sich an und für sich der Längle'schen Existenzanalyse verbunden fühlen[74]).

Längle meint konkreter, dass Frankls Personbegriff *qua* Selbsttranszendenz zu sehr nach außen (von sich weg) gerichtet ist und das subjektive Erleben der „inneren Resonanz" auf Werte vernachlässigt. Auf letztere legt Längle großen Wert – wie gesagt letztlich so großen Wert, dass er Sinnfindung gar nicht mehr als Sinn*findung* sieht, sondern als Sinn*erfühlung*. Mit anderen Worten: Während Frankl einen objektiven, „ontologischen" Sinnbegriff anerkennt (Sinn muss gefunden werden als das, was in einer Sache oder Situation potentiell vorhanden ist, aber noch auf Verwirklichung [schöpferisch] oder Anerkennung [erlebend] wartet), sagt Längle, dass „existentieller" Sinn sich alleine aus dem ableitet, was eine Person *als sinnvoll erlebt.*[75] Dieses Erleben bzw. Erspüren ist ganz grundlegend emotional gedacht: „Das emotionale Erfassen und Erfasst-Werden von subjektiv Wertvollem"[76] stiftet oder „ist" demnach Sinn.

Dass dieses Modell etwas tautologisch ist, sei nur am Rande erwähnt: Damit ich etwas, das mir subjektiv wertvoll ist, emotional (also subjektiv)

---

74 Zum Beispiel: Reitinger, C. (2018). *Zur Anthropologie von Logotherapie und Existenzanalyse: Viktor Frankl und Alfried Längle im philosophischen Vergleich.* Wiesbaden: Springer; Espinosa, N. (1996). Zum Begriff der „Tiefe" in der Existenzanalyse. In: *Existenzanalyse* (1), 5–11 *Was ist Beratung und Begleitung?;* Espinosa, N. (1998). Zur Aufgabe der Logotherapie und Existenzanalyse im nachmetaphysischen Zeitalter. In: *Existenzanalyse,* 15 (3), 4–12

75 Längle, A. (2016). Sich berühren lassen. Vom Zusammenspiel von Werten und Gefühlen in der existenziellen Psychotherapie. In: *Persönlichkeitsstörungen,* 20 (2), 115–126

76 Längle, A. (2003). Wertberührung – Bedeutung und Wirkung des Fühlens in der existenzanalytischen Therapie. In: Längle, A. (Hrsg.) *Emotion und Existenz.* Wien: WUV-Facultas, 49–76

als solches erfassen kann, ist ja schon vorausgesetzt, dass ich es emotional als subjektiv wertvoll erfasst habe. Jedenfalls: Sinn wird bei Längle auf das Sinnerleben zurückgeführt und damit im Wesentlichen wieder nach innen, also nicht im geistigen Wahrnehmen oder in der Wirklichkeit der Welt verortet, sondern auf das Psychische, also auf das subjektive Erleben und Deuten der Welt reduziert.

Längle kritisiert im Gegenzug, dass die Tatsache, dass Frankl von einem ontologischen Sinnbegriff ausgehe, zugleich zur Folge haben würde, dass die Bedeutung der Emotion in der klassischen Logotherapie wesentlich zu kurz käme und durch religiöse Versatzstücke ersetzt würde. Längle begründet das allerdings auf eine recht ungewöhnliche Art und Weise – und ich denke, es lohnt sich, sich das kurz näher anzusehen.

Am Beispiel der Sinnfrage im Leid will Längle Frankl nämlich die von diesem allerdings nie so behauptete Ansicht unterstellen, der Glaube an einen objektiven („ontologischen") Sinn bedeute automatisch auch, dass letztlich jedes Geschehen „eigentlich irgendwie" sinnvoll sei. Mit anderen Worten: Wenn man von einer umfassenden Sinnhaftigkeit ausgehe, dann müsse man auch davon ausgehen, dass jene Dinge und Situationen (meist ist es das Leid), die der Einzelne eben gerade nicht mehr sinnvoll, sondern nur mehr belastend und überfordernd erlebt, dennoch letzten Endes in irgendeiner Weise Sinn haben. Eine solche Sichtweise – abgesehen davon, dass Frankl sie nie vertreten hat – aber sei „kalt und rationalistisch", vor allem frage sie gar nicht nach dem subjektiven Empfinden etwa des leidenden Menschen. Längles Bestimmung des zentraleren „existentiellen Sinnbegriffs" – das Empfinden von Sinn sei bedeutsamer als die Frage, ob etwas aus sich wirklich sinnvoll ist (ontologisch) – soll hier Abhilfe schaffen.

Diese Kritik ist also mehrstufig: Zunächst will sie zeigen, dass Frankls ontologischer Sinnbegriff nahelege, dass wirklich allem Geschehen – auch offenkundig sinnloser Gewalt und Leiden – „in Wirklichkeit" noch ein Sinn innewohne. Zweitens unterstellt Längle in diesem Zusammenhang, dass Frankl diesen ontologischen Sinnbegriff aus der Metaphysik herleite und so weit weg vom menschlichen Erleben positioniere, dass die Begegnung des Logotherapeuten mit dem leidenden Menschen letztlich auf die gefühlsarme rationale Beschwörung hinauslaufe, da ja alles Sinn habe, müsse auch das Leiden Sinn haben – und zwar auch dann, wenn man diesen gerade einmal nicht verstehe:

> Der für den Menschen lebbare und fassbare Sinn leitet sich bei Frankl deduktiv von einer Absolutheit ab, die philosophisch gesehen eine axiomatische Verabsolutierung darstellt und mithin zum Rationalismus gehört.[77]

Damit diese Argumentation Frankls nachvollzogen werden kann, so Längle, müsse der Patient daher die quasi-religiöse Auffassung einer totalen Sinnhaftigkeit von allem teilen:

> Sie macht die rationalistische Gefühlskälte wett, wenn man selbst in einer solchen Religiosität steht.[78]

Auf die Frage aber, wie der Mensch dabei empfinde, würde Frankls Logotherapie gar nicht erst eingehen:

> Es zeigt sich schon darin, dass Frankl sich wenig für das subjektive Werterleben interessiert, sondern nur für das, was sinnvoll ist. Denn das Sinnvolle ist für ihn das Ziel, in welchem alle Werte zusammenlaufen.
> Durch die fehlende Beschäftigung mit dem Wertfühlen bleibt das logotherapeutische Sinnverständnis für den weniger religiösen Menschen emotional kalt und kognitiv in der Begründung. Die Logotherapie beschäftigt sich konsequenterweise nicht mit der Emotionalität, und schenkt dem subjektiven Erleben in den Gesprächen kaum Beachtung.[79]

Soweit Längles Kritik an Frankl, die allerdings auf einer Karikatur von Frankls eigenem Denken und therapeutischem Handeln beruht.

Denn erstens diskutiert Frankl die Frage nach dem Sinn des Weltganzen (dem sogenannten Über- oder letzten Sinn bei Frankl) in seinen therapeutischen und klinischen Schriften einzig und alleine, um eine klare *Abgrenzung* und Unterscheidung vorzunehmen zwischen dem Sinn des Weltganzen und

---

77 Längle, A. (2012). *Erfüllte Existenz: Entwicklung, Anwendung und Konzepte der Existenzanalyse*. Wien: Facultas, 37

78 Längle, A. (1998). Zur ontologischen und existentiellen Bestimmung von Sinn. Analyse und Weiterführung des logotherapeutischen Sinnverständnisses. In: Csef, H. (Ed.). (1998). *Sinnverlust und Sinnfindung in Gesundheit und Krankheit: Gedenkschrift zu Ehren von Dieter Wyss*. Würzburg: Königshausen & Neumann, 255

79 Ibd.

den Sinnmöglichkeiten des Einzelnen (*ad situationem et ad personam*). Diese Unterscheidung betont Frankl nicht zuletzt ja gerade, um vor Kategorienfehlern oder gar religiösen Übergriffen seitens des Therapeuten zu warnen – also genau vor dem, was Längle der Logotherapie zu unterstellen versucht.

Zweitens grenzte es schon an Hohn, im therapeutischen Umgang mit Leid den Sinn des Weltganzen als Rechtfertigung für die Existenz des Leidens in Stellung zu bringen.

Wie weit weg eine solche Sichtweise von Frankls Sinnverständnis ist, zeigt sich ja alleine schon daran, dass Frankl eine Unterscheidung vornimmt, die Längle erstaunlicherweise an dieser Stelle nicht einmal in Andeutungen in Erwägung zieht: Frankl unterscheidet zwischen änderbarem und *unabänderlichem* Leiden und macht stets deutlich, dass von beiden Arten des Leidens auch extrem unterschiedliche Anfragen ausgehen, bzw. dass beiden unterschiedlich zu begegnen ist: Änderbares Leid soll gelindert oder behoben werden, soweit und so sehr das nur geht – letztlich liegt hier ja eine der Sinnaufgaben u. a. ärztlichen und therapeutischen Handelns, bzw. ist das Beheben (oder auch Vorbeugen) änderbaren Leidens Aufgabe und Verantwortung eines jeden Menschen.

Erst im Fall von unabänderlichem Leid stellt sich die eigentliche Frage nach den Sinnmöglichkeiten, die sogar trotz dem oder noch im Leiden verwirklichbar sind. Aber auch diese bestehen nicht darin, dass man eine abstrakte Sinngröße ins Treffen führt und sich oder den Leidenden damit vertröstet, dass ja ohnedies alles irgendwie sinnvoll sei und das eigene, gerade erlebte Leiden es daher auch sein müsse – obwohl man gerade daran verzweifle. Das ist nicht Logotherapie nach Frankl, und ich mag offen gestanden nicht recht glauben, dass Längle die Logotherapie Viktor Frankls wirklich so grundlegend missverstanden hat.

Außerdem muss man sich fragen: Wenn Frankl wirklich – wie Längle hier unterstellt – behauptete, dass angesichts der Sinnhaftigkeit des Weltganzen auch jedes Einzelgeschehen sinnvoll sei, warum würde dann die Unterscheidung zwischen änderbarem und unabänderlichem Leid überhaupt noch eine Rolle spielen?

Das ergibt ja selbst in der Binnenlogik Längles keinen Sinn: Wenn alles sinnvoll ist, dann wäre ja auch das Nichtändern von änderbarem Leid noch sinnvoll. Die bloße Tatsache, dass etwas änderbar ist oder nicht, sagt ja an sich noch gar nichts über seine Sinnhaftigkeit aus. Also sollte man, wenn Längles Zerrbild der Frankl'schen Sinndiskussion stimmte, eigentlich davon ausgehen, dass änderbares ebenso wie unabänderliches Leid in stoischer Gelassenheit angesichts der „rationalistisch und metaphysisch" begründeten Sinnhaftigkeit des Weltganzen schlichtweg ertragen werden müsse. Tatsächlich schreibt Längle:

> Der Mensch ist nur Betrachter, Vernehmender, Denkender. Frankls Sinnverständnis ist in der letzten Analyse nach meiner Auffassung hier anzusiedeln.[80]

Nun ist aber gerade ein solcher metaphysisch verbrämter Fatalismus so weit weg von dem Denken Frankls, dass spätestens hier ersichtlich werden sollte, dass Längle einen Frankl kritisiert und zu „verbessern" versucht, den es in Wirklichkeit überhaupt nicht gibt. Wir haben es hier somit mit einem klassischen Strohmann-Argument zu tun: Es wird der Eindruck erweckt, die Position eines Gegenübers zu widerlegen, die vom Gegenüber aber gar nicht vertreten wird.

Der unmittelbarste Weg, Frankls Konzept der Sinnfindung vor allem im Leiden zu verstehen, führt aber ohnehin weniger über seine theoretische Beschau als über eine Betrachtung ihrer konkreten und praktischen Anwendung. Frankl hat ja oft von dem kurzen Gespräch mit einem älteren Arzt berichtet, der zu ihm kam, weil er über den Verlust seiner Ehefrau nicht hinweggekommen ist:

> An mich wendet sich ein alter praktischer Arzt; vor einem Jahr ist seine über alles geliebte Frau gestorben, und über diesen Verlust kann er nicht hinwegkommen. Ich frage den schwerst deprimierten Patienten, ob er sich überlegt habe, was geschehen wäre, wenn er selbst früher als seine Frau gestorben wäre. „Nicht auszudenken", antwortet er, „meine Frau wäre verzweifelt gewesen." Nun brauche ich ihn nur noch darauf aufmerksam zu machen: „Sehen Sie, das ist Ihrer Frau erspart geblieben, und Sie haben es ihr erspart, freilich um den Preis, dass nunmehr Sie ihr nachtrauern müssen." Im gleichen Augenblick hatte sein Leiden einen Sinn bekommen: den Sinn des Opfers. Am Schicksal konnte nicht das Geringste geändert werden; aber die Einstellung hatte sich gewandelt.[81]

---

80 Ibd.

81 Frankl, V. E. (1985). *Der Mensch vor der Frage nach dem Sinn.* München: Piper, 83f.

Zeichnet sich dieses Vorgehen durch „rationalistische Gefühlskälte“ aus, die durch Religiosität kompensiert werden muss? Sowohl Frankls Argumentation als auch die Reaktion des Arztes legen jedenfalls etwas ganz Anderes nahe: Der Patient fühlte sich verstanden, weil sein ganzes Anliegen ernstgenommen wurde – eben auch, aber nicht nur sein Gefühl und „Empfinden“, sondern auch die Tatsache, dass dieses Gefühl *Reaktion* war auf einen *objektiven* Sachverhalt: Seine Frau war gestorben – und das ist nicht nur ein subjektives Erleben, sondern auch ein reales Geschehen in der Welt. Das Gespräch vermochte ihm angesichts dessen zu zeigen, dass er noch etwas für sie tun konnte, dass seine Trauer um seine Frau also nicht vergeblich war. Wird hier aber metaphysisch bzw. von der Transzendenz argumentiert oder nicht viel eher einfach aus der Selbsttranszendenz heraus? Wird hier zudem emotionslos argumentiert – oder wird nicht viel eher das Empfinden als Angelpunkt der wiedergewonnenen Zustimmung zum Leben nach und mit dem Verlust der geliebten und nun betrauerten Ehefrau eingesetzt?

Längle übersieht genauer gesagt, dass Frankl bei der Frage nach dem Sinn des Leidens bzw. im Leid eben nicht einfach voraussetzte, jedes leidvolle Erleben sei stets sinnvoll; Frankl betonte vielmehr immer wieder, dass Leid gerade die zentrale Frage nach dem *Wie* des Leidens aufwerfe – und das ist nicht, wie Längle behauptet, ein abstraktes oder gefühlsfernes Konzept, sondern individuelle und persönliche Begegnung und Gestaltung; also keine Metaphysik, sondern ureigener Ausdruck der Person und ihrer Stellungnahme zum durchlebten Leid.

Ich denke, das eben genannte Fallbeispiel illustriert somit recht deutlich, dass und inwiefern Längle Frankls Verständnis von der Sinnfrage im Leiden grundlegend verzerrt darstellt. Die gegebene Wirklichkeit von Sinnmöglichkeiten anzuerkennen, bedeutet ja eben gerade nicht, „gefühlskalte rationalistische Metaphysik“ unter dem Deckmantel der Psychotherapie zu betreiben. Es bedeutet vielmehr, jede gegebene Situation auf darin verborgene Sinnmöglichkeiten hin abzuklopfen, ohne dabei pausenlos auf den affektiven Nachhall der Verwirklichung dieser Sinnmöglichkeiten zu schielen (d. h. den sogenannten „existentiellen Sinn“ mit dem Moment des Aha-Erlebnisses zu verwechseln). Zugleich muss man sich fragen, wie Längles Alternative etwa in einem solchen Fall aussehen würde:

> Trauern setzt einen Prozess des Annehmens und (Zu-)Lassens (1. Dimension der Existenz) voraus, sonst kann Trauern nicht beginnen. Im Kern ist Trauern aber noch mehr: ein Prüfen, ob das Leben seinen Wert behält und man selbst Lust und Freude hat, sich auf das Leben wieder einzulassen (2. Dimension der Existenz). Um dahin zu kommen, braucht es Zuwendung – zunächst zu sich selbst und von sich selbst (Zuwendung von anderen kann sie verstärken, aber nicht ersetzen). Wir bezeichnen diese Selbstzuwendung in der Existenzanalyse als den inneren Keimpunkt des Lebens, weil es der Ort ist, wo die Grundbeziehung zum Leben entsteht: wo das tiefste Berührtsein vom Leben stattfindet.[82]

Abgesehen davon, dass Trauer ein grundlegender individueller Vorgang ist, dem derartige mechanische Prozessabfolgen schlichtweg nicht gerecht werden, fällt auch hier auf: Der Weg führt bei Längle ganz entschieden nicht über die Selbsttranszendenz und Hinwendung zum Betrauerten als Ausweg aus der Erstarrung in der Trauer, sondern wieder nur zum und über das eigene Selbst. Kann man aber tatsächlich gerade bei einem intentionalen Thema wie der Liebe und Trauer um einen geliebten Menschen einfach in den Raum stellen, es sei nicht so sehr die Zuwendung zum anderen, sondern vielmehr die *Selbst*zuwendung „das tiefste Berührtsein vom Leben“? Ist es nicht doch eher die Liebe, die eben auch in der Trauer fortlebt und sich nicht so leicht mit Selbstzuwendung kompensieren oder dadurch gar ersetzen lässt?

Die Forschung legt jedenfalls sehr eindrücklich nahe: Ein solches Fixiertsein bzw. eine Förderung der Fixierung auf sich selbst und den subjektiv erlebten emotionalen Nachhall versperrt häufig sogar die Bewältigung von problematischen Trauerverläufen.[83] Und sie versperrt auch den Blick auf Sinnmöglichkeiten auch noch in der Trauer – erst recht noch, wenn der Therapeut den (übrigens nicht minder metaphysischen) Glauben hat, dass

---

82 Längle, A. (2014). Psychotrauma und Trauer aus phänomenologischer und existenzanalytischer Sicht. In: *Leidfaden*, 3 (1), 4–7

83 Le, T. N. (2011). Life satisfaction, openness value, self-transcendence, and wisdom. In: *Journal of Happiness Studies*, 12 (2), 171–182; Joffrion, L. P. & Douglas, D. (1994). Grief resolution: Facilitating self-transcendence in the bereaved. In: *Journal of Psychosocial Nursing and Mental Health services*, 32 (3), 13–19; Pfost, K. S., Stevens, M. J. & Wessels, A. B. (1989). Relationship of purpose in life to grief experiences in response to the death of a signifcant other. In: *Death Studies*, 13 (4), 371–378; Lang, A., Goulet, C., Aita, M., Giguère, V., Lamarre, H., Perreault, E. (2001). Weathering the storm of perinatal bereavement via hardiness. In: *Death Studies*, 25 (6), 497–512

objektive Sinnmöglichkeiten gar nicht gegeben seien und als Ersatz dieser Sinnmöglichkeiten nun eben die Zuwendung zu sich selbst oder das sich-sinnvoll-Anfühlen bestimmter Lebenzusammenhänge herhalten muss. Um über diesen kleinen Exkurs wieder zurück zur Sinnfrage zu finden: Längle betont mehrfach, dass „existentieller Sinn keine Auskunft darüber [gibt], ob etwas (ontologisch) Sinn hat“[84], mit anderen Worten gesteht er zumindest zu, dass aus der bloßen Tatsache, dass man etwas als sinnvoll erlebt, nicht geschlossen werden kann, dass es auch tatsächlich sinnvoll ist (einmal abgesehen davon, dass es innerhalb von Längles rein subjektivem Sinnverständnis ohnedies nicht besonders konsequent ist, überhaupt noch auf diesen aus seiner Sicht ja gar nicht gegebenen objektiven ontologischen Sinn Bezug zu nehmen).

Daher muss man noch einmal feststellen, dass Längles alternatives Sinnmodell hier in gleich mehrerlei Hinsicht etwas widersprüchlich ist. So schreibt Längle im selben Artikel:

> Wir möchten daher den existentiellen Sinn definieren als die wertvollste Möglichkeit der Situation.[85]

Wenige Zeilen zuvor schreibt er auch: „Nur von einem absoluten Wert her kann überhaupt erst gewertet werden“, was ja dann *qua* Superlativ und Absolutheit wiederum nahelegen würde, dass die Idee eines „absoluten“, d. h. nicht relativistischen Werts, scheinbar doch eine zentrale Rolle spielt bei Längle – und da er insbesondere Werte als Maßstab des Sinns erachtet, eine womöglich sogar noch zentralere Rolle, als Längle es Frankl unterstellt. Dieses etwas wackelige Fundament von Längles Sinnkonzept spiegelt sich auch wider in dem folgenden Absatz:

> Das existentielle Sinnverständnis basiert ebenfalls wie das ontologische auf Werten. Hierin folgen wir Frankl. Doch unterscheidet sich unsere Auffassung *möglicherweise* [Hervorhebung AB] darin, dass die existentiellen Werte nicht aus einem vorgegebenen Sinn deduziert gesehen werden, sondern dass die Dinge ihren Wert aus der situativen Berührung des Subjekts mit seiner Welt erhalten, die auf es einwirkt.[86]

84 Längle, A. Zur ontologischen und existentiellen Bestimmung von Sinn, s. Anm. 78, 255
85 Ibd.
86 Ibd.

Leider wird aber auch im weiteren Verlauf dieses Texts (und auch anderer Texte) nicht recht deutlich, ob Längle meint, dass sich sein und Frankls Sinnbegriff nun nur „möglicherweise" oder eben doch tatsächlich voneinander unterscheiden; dabei ist das doch eine ganz entscheidende Frage. Es ist gerade diese etwas schwammige Nichtfestlegung, die zugleich im Brustton der überzeugten Abgrenzung und Korrektur von Frankls Modell vorgetragen wird, die eine inhaltlich präzise Auseinandersetzung mit Längles Arbeiten bisweilen erschwert. Streckenweise sind die Unterschiede tatsächlich klar gegeben, aber streckenweise rudert Längle wieder zurück und lässt durchblicken, dass auch aus seiner Sicht ein rein auf Erleben und Erfühlen beruhender Sinnbegriff kein besonders tragfähiges Konzept darstellt. Dennoch ist das „emotionale Erfasstsein" – und damit eine nun einmal primär subjektive Erlebnisqualität dessen, was sich sinnvoll anfühlt (allerdings laut Längle eben nicht notwendig ‚wirklich' sinnvoll ist) – ein wiederkehrendes Motiv bei Längle, das daher wohl auch wesentlich ernster zu nehmen ist als seine gelegentlichen Rückverweise auf die „möglicherweise" bestehenden Gemeinsamkeiten oder Unterschiede zwischen unserem und seinem Sinnbegriff. So schreibt Längle auch:

Die existentielle Sinnsuche kann *nur* [Hervorhebung AB] über das Heben und Zulassen der Emotion beginnen.[87]

Nun finde ich es gerade angesichts der relativen Unverbindlichkeit, die Längle seinem Sinnbegriff umhängt, an sich schon bemerkenswert, wie apodiktisch in diesem Satz ein *exklusiver*, also alleingültiger Zugang zur Sinnsuche festgelegt wird, der auf die Individualität und die je eigenen, persönlichen Wege der Sinnsuche bzw. -findung der Klientinnen und Klienten bzw. Patientinnen und Patienten überhaupt nicht mehr eingeht … Also nicht: Sinn *kann* auch emotional geborgen werden – nein: Längle schreibt fest, er könne *nur* emotional geborgen werden.

Auf die in solchen Aussagen durchscheinende Gefahr des therapeutischen Dogmatismus und Oktrois will ich an dieser Stelle nur am Rande eingehen. Denn die etwas anmaßende Behauptung, Längle kenne (und woher eigentlich?) den „ausschließlichen" und exklusiven Weg zur Sinnfindung und dieser Weg führe zwangsläufig über das Emotionale: Diese zudem

87 Ibd.

noch nicht besonders sattelfest begründete absolute Festlegung wirkt tatsächlich unmittelbar auf das therapeutische Geschehen mit ein – und setzt diesem Geschehen sehr enge dogmatische Grenzen. Ein solcher Übergriff ist allerdings gerade bei einem so zutiefst persönlichen Thema wie der individuellen Sinnsuche fehl am Platz und will auch nicht recht zur inneren Zustimmung passen, die Längle dem gesamten Vorgang voranstellt. Innere Zustimmung meint hier ja hoffentlich: innere Zustimmung zu sich selbst und den eigenen Werten und den eigenen Erkenntnisinstrumenten, und nicht zwangsläufig Zustimmung zu Längle und dem von ihm etwas unvermittelt erhobenen Anspruch, den emotionalen Exklusivzugang zur Sinnsuche zu kennen ... Die persönliche Sinnsuche braucht schließlich keine Restriktionen und Verordnungen zur Frage, wie Sinn gefunden werden kann: Sie kennt auch, wie alles Existentielle, keine Stellvertreter oder Rezepte. Nicht nur kann Sinn nicht verschrieben werden; auch der Weg der Sinnfindung kann nicht vorgegeben werden. Die Sinnsuche braucht vielmehr die größtmögliche Freiheit. Das Ermöglichen oder Zulassen dieser Freiheit (und Verantwortung) schulden wir sowohl den Patientinnen und Patienten als auch denen, die sie auf ihrem Weg begleiten und ermutigen sollen – ohne ihnen vorzugeben, welchen Weg sie zur persönlichen Sinnerkenntnis beschreiten müssen.

Wir reden hier ja immerhin von nicht weniger als von der immer individuellen Beziehung zwischen Person und Welt – und hier kann und darf niemand für sich in Anspruch nehmen, aus welchen Gründen auch immer dazwischenzutreten und festschreiben zu wollen, wie und auf welcher Ebene diese Beziehung bzw. Begegnung zwischen Person und Welt stattzufinden hat. Es ist daher schon ein Novum auf dem Gebiet der sinnorientierten Psychotherapie, dass den Leuten (Therapeuten wie Patienten) nun mitgeteilt wird, dass es *nur einen* Weg der Sinnsuche geben kann, weil der Schulgründer das so festlegt.

Zweitens stellt Längle ja, wie wir gesehen haben, die These auf, dass Werte (ob diese bei Längle nun relativ oder absolut gedacht werden, kann man wie erwähnt leider nicht so genau eruieren) primär seien und Sinn dann „entsteht", wenn man Werte erspürt. Ontologisch gibt es daher überhaupt nur Werte; Sinn wird dagegen von der Person erlebt oder erfühlt (subjektiv). Hier wird es bei Längle allerdings erneut etwas widersprüchlich – denn einerseits spricht er Werten ontologische Wirklichkeit zu. Andererseits sagt er auch, Werte seien „Wirkungen von Gegenständen und geistigen Gehalten, die den Menschen gefühlsmäßig bewegen und Emotionen auslösen“[88] – womit sie dann ja als „Wirkungen“ gerade *nicht* ontologisch eigenständig, sondern wieder nur eine Funktion des subjektiven Erlebens wären (s. o.).

Nun kann man das über diese Widersprüche hinweg so zur Kenntnis nehmen – Sinnsubjektivismus ist ja in der Postmoderne durchaus in Mode. Was hier aber vollkommen abhandenkommt und auch therapeutisch bedenklich ist: Mit einem derart auf Erspüren und „innere Resonanz“ psychisch begründeten und emotional eingeengten Sinnkonzept geht alle Verbindlichkeit und Verantwortung verloren – also eben jene Verantwortung, von der uns die Philosophie lehrt, dass sie der Freiheit erst reales Gewicht und Bedeutung verleiht, und von der uns die Psychotherapieforschung sagt, dass sie Menschen, die sich verstrickt haben, buchstäblich „retten“ und im guten Sinne erschüttern und aktivieren kann, wenn sie sehen, dass es nicht nur um das eigene Gutfühlen, sondern vielmehr auch wesentlich um das Für-etwas-gut-Sein geht.

Anders und kürzer: Bei Frankl *geht der Sinn, also das Gesollte, dem Wollen voraus*[89] – und gibt dem Können (Freiheit) Substanz (Verantwortung) und Richtung (Sinn). Es hilft, eine heilungsbedürftige Welt zu heilen. Es lenkt die Aufmerksamkeit auf dasjenige, was jetzt gerade „dran“ ist, also verwirklicht werden soll, und bewirkt im Nachhall eben jene Ichstärke und Selbstklarheit, die aus dem Einbringen der eigenen Fähigkeiten und Verantwortung erwächst („gut, dass ich dafür da bin“). Bei Längle hingegen *geht das Wollen dem Sollen voraus*. Sinn erleben bedeutet bei Längle: „Resonanz in der Innenwelt zu erleben auf bestimmte Werte, deren Umsetzung als sinnvoll erlebt wird“[90] („das würde sich gut und stimmig anfühlen“).

Davon abgesehen: Dass Sinnsuche nach Längles Vorgaben wieder nur über das subjektive Erleben führt, hat natürlich auch weitreichende Folgen. Denn der damit einhergehende Abschied von der Selbsttranszendenz (auf etwas außerhalb von uns hin, das jenseits des eigenen Empfindens tatsächlich sinnvoll ist) zugunsten der Aufwertung des „Erspürens“ (auf das, was sich gerade subjektiv sinnvoll anfühlt) gründet auf bzw. bedingt zwei weitere inhaltliche Änderungen, die Längle vornimmt. Mit anderen Worten geht es nicht nur in der Sinnfrage, sondern auch mit Blick auf den Sinnfragenden, also in der Personfrage, ans Eingemachte:

---

88 Längle. Wertberührung, s. Anm. 76

89 Vgl. Reitinger. *Zur Anthropologie von Logotherapie und Existenzanalyse*, s. Anm. 74

90 Ibd.

B) Die geistige Person

So ist die geistige Person bei Längle nicht mehr, wie bei Frankl, das fundamental Andere („noopsychischer Antagonismus"), sondern nur mehr eine Art Emergenzphänomen des Psychophysikums, diesem also nicht mehr vorgeschaltet oder gegenübergestellt:[91]

> Psychisches und Geistiges sind mit dem Körperlichen vergleichbar, die Prozesse laufen homolog ab, weil sie Erscheinungsweisen der Einheit Mensch sind. Das heißt z. B., daß die Informationsaufnahme oder das psychische Verarbeiten von Konflikten strukturell homolog zur körperlichen Nahrungsaufnahme abläuft und darum verglichen werden kann (etwa „in kleinen Bissen" aufgenommen wird, oder daß Konflikte „verdaut werden"). Es wird auch homolog erlebt.[92]

Längle begründet diese „neue Sichtweise" etwas eigenwillig, wenn er meint, er wolle den Menschen „integrativ denken" und sein Modell der geistigen Person garantiere daher ein besseres Verstehen der „Einheit" Mensch als die Dimensionalontologie Frankls. Diese Begründung ist aber schon insofern ungewöhnlich, als es ja aus Sicht der Frankl'schen Logotherapie gerade die geistige Person ist, die Einheit der Seinsdimensionen stiftet. Längle versucht dagegen gar nicht erst, diese Einheit zu erklären – und ohne Erklären ist ein „besseres Verstehen" eigentlich schwer argumentierbar. Längle setzt die Einheit vielmehr einfach voraus und erkauft sich diesen Erklärungsmangel zugleich mit hohen philosophischen Kosten. Längle deutet hier nämlich nicht nur einen psychophysischen, sondern auch eine Art „psychonoetischen" Parallelismus an, wobei allerdings die geistige Person nicht, wie bei Frankl, eigenständiges Sein ist, sondern vielmehr aus dem Psychischen „hervorgeht".

> Dabei geht die jeweilige Erscheinungsweise aus der je anderen hervor. Es handelt sich um eine Emergenz. Jede Dimension ruht auf der anderen auf.[93]

---

91 Längle, S. (2003). Levels of operation for the application of existential-analytical methods. In: *European Psychotherapy*, 4 (1), 77–92. Wörtlich heißt es darin: „The noetic does not have primacy over or supersede the psychological and physical dimensions."

92 Längle, A. (2009). Das eingefleischte Selbst. In: *Existenzanalyse*, 26 (2), 15ff.

93 Ibd., 16f.

Die Existenzanalytikerin Claudia Reitinger hat in ihrer hervorragenden Vergleichsarbeit zur Anthropologie Frankls und Längles den Versuch unternommen, Längles tatsächlich auch hier leider etwas uneindeutige Äußerungen zur Anthropologie zusammenzufassen. Auch sie betont, dass sich Frankl und Längle in dieser Frage an entgegengesetzten Polen des Spektrums befinden:

> Während Frankl [...] den Geist als Antagonisten versteht, der als das ganz andere nicht aus Materiellem hervorgehen kann, versucht Längle, die drei ontologischen Dimensionen integrativ zu denken.[94]

Das bedeutet – auch darauf weist Reitinger hin –, dass Längle die geistige Person als ein emergentes Produkt komplexer biologischer Zusammenhänge betrachtet, aber *nicht mehr* als eigenständig Seiendes. Das führt aber, wenn man es logisch herunterbricht, letztlich zur klassisch materialistischen Position, wie sie auch von starken Reduktionisten wie etwa Wolf Singer[95] vertreten wird – Geist ist demnach letzten Endes nichts anderes als ein Produkt materieller Vorgänge:

> Die geistige Person ergäbe sich, so verstanden, aus dem komplexen Zusammenspiel physischer Entitäten. Somit kann Längle auch sagen, dass das Geistige „nichts substantiell Neues" ist.[96]

Die Absetzung der geistigen Person als eigenständige und „andere" Instanz bzw. ihre „Integration" in das Psychische (und letztlich qua Emergenz ihre Rückführung auf das Biologische, d. h. Physische) mag – neben der in meinen Augen logisch etwas undurchsichtigen Sinndiskussion bei Längle – auch erklären, warum Längle der Emotion eine so zentrale Rolle zuweist: Ein psychisches Phänomen wie emotionale Erfasstheit löst die Rolle des bislang echt geistig gedachten Gewissens als Sinnorgan und „Kompass" ab. Das deckt sich ja auch mit dem, was Sie eben über Längles abweisende Reaktion auf Ihre Gewissensdefinition berichtet haben.

---

94 Reitinger. *Zur Anthropologie von Logotherapie und Existenzanalyse*, s. Anm. 74, 222

95 Singer, W. (2005). Das Gehirn – ein Orchester ohne Dirigent. In: *Max Planck Forschung*, 2, 15–18

96 Reitinger. *Zur Anthropologie von Logotherapie und Existenzanalyse*, s. Anm. 74, 222

Es scheint mir zudem vor diesem Hintergrund allerdings außerordentlich fragwürdig – und in Längles Texten werde ich da auch wieder nicht fündig –, wie sich etwa das „psychotherapeutische und psychiatrische Credo“ (Frankl) vernünftig begründen und aufrechterhalten lassen, wenn die geistige Person nicht in klarer Distanz zum Psychophysikum stehen kann, da sie doch Produkt bzw. emergentes Phänomen des letzteren (nach Längle) sein soll. Auch therapeutisch hat all dies hohe Relevanz – aber ebenso aus Sicht der theoretischen Psychologie. Vor allem der Wegbruch des „psychotherapeutischen Credos“ entzieht ja der Person die Freiheit, Stellung zu nehmen[97]. Sie entzieht zudem der Theorie die Grundlage, die Selbstdistanzierungsfähigkeit als Voraussetzung der Freiheit überhaupt in Stellung zu bringen. Denn eine emergente geistige Person, die ihr Sein aus dem Psychophysikum (also dem ja stets bedingten Leib-Seelischen) bezieht, ist erstens von diesem nicht emanzipiert, sondern grundlegend davon abhängig. Zweitens und zudem kann sie sich schließlich schwerlich vom Psychophysikum (und seiner Bedingtheit) distanzieren, ohne nicht sich selbst, also ihre eigene Existenz, fortwährend zu gefährden: Emergente Phänomene sind ja ihrem Wesen nach grundlegend abhängig von jenen Prozessen, die zum Entstehen des Emergenten führen. Bildlich gesagt kann die Flamme[98] sich nicht von der Kerze distanzieren, ohne nicht zu erlöschen.

Wenn man Längles Modell der geistigen Person als eine aus dem Psychophysikum entstehenden Größe konsequent durchdenkt, dann verliert man automatisch zwei der Kernkonzepte und Säulen der Logotherapie. Zuerst fällt das „psychotherapeutische Credo“. Dieses spricht ja von der

> […] Fähigkeit des Geistes im Menschen, unter allen Bedingungen und Umständen irgendwie abzurücken vom und sich in fruchtbare Distanz zu stellen zum Psychophysikum an ihm.[99]

---

97 Mit – siehe oben – entsprechend unmittelbaren Auswirkungen auf die Selbstkontrollfähigkeit des Menschen.

98 Das Verhältnis von Flamme und Kerze ist ein klassisches Beispiel für ein stabiles emergentes Phänomen und daher ungefähr vergleichbar mit Längles Modell der geistigen Person; siehe etwa Helbig, H. (2020). Das Phänomen der Emergenz. In: Ders. *Welträtsel aus Sicht der modernen Wissenschaften. Emergenz in Natur, Gesellschaft, Psychologie, Technik und Religion*. Berlin: Springer, 667–739

99 Frankl, V. E. (1950). *Zehn Thesen über die Person*. Salzburger Hochschulwochen

Und mit dem psychotherapeutischen Credo fällt die menschliche Fähigkeit zur Selbstdistanzierung; und damit – erst recht noch im Verbund mit Längles gefühlsbasiertem, also rein psychologischem Sinnverständnis – fällt auch die menschliche Fähigkeit zur Selbsttranszendenz. Das bestätigt und zeigt sich ja tatsächlich deutlich an Längles zwar etwas unscharfer, letztlich aber doch primär emotionszentrierter Sinndefinition.

Sind aber neben der objektiven Sinnhaftigkeit und der ontologischen Eigenheit der geistigen Person auch Selbstdistanz und Selbsttranszendenz einmal erfolgreich reduziert bzw. eliminiert, *was bleibt dann noch Logotherapeutisches und Existenzanalytisches übrig*? Wobei sich mir eigentlich vor allem eine Frage stellt: Warum eine solche Denkschule überhaupt noch Logotherapie und Existenzanalyse nennen, wenn sie doch die zentralen Paradigmen der Logotherapie und Existenzanalyse ins Gegenteil verkehrt?

C) Sinn und Motivation

All das spiegelt sich notwendig auch in der Motivationstheorie wider. Längle hat daher auch – immerhin konsequenterweise – die Sinnmotivation um drei seinem Dafürhalten nach ebenbürtige Grundmotivationen aufgestockt. Längle zufolge ist der Wille zum Sinn also keineswegs mehr so zentral wie bei Frankl, sondern nur Teil eines Vierklangs, der wie folgt aussieht:

1. die Motivation zum physischen Überleben und zur geistigen Daseinsbewältigung, d. h. „Sein-Können“
2. die Motivation zur Lebenslust, d. h. „Leben-Mögen“
3. die Motivation zur persönlichen Authentizität, d. h. „So-Sein-Dürfen“
4. die Motivation zum existentiellen Sinn und zur Entwicklung des Wertvollen, d. h. zum „Handeln-Sollen“.

Der klassische Logotherapeut mag sich an dieser Stelle einigermaßen verwundert fragen, warum und inwiefern die ersten drei Grundmotivationen in der Psychotherapie (auch in der Logotherapie) „neue“ Erkenntnisse darstellen? Die psychologische Bedeutung von Leben, Überleben und Zurechtfinden in der Welt (Motivation 1), Lebensfreude und Selbstannahme (Motivationen 2 und 3) sind ja – ganz in Gegensatz zu dem, was Längle in manchen seiner Publikationen Frankl und der klassischen Logotherapie unterstellt – seitens der klassischen Logotherapie niemals außer Acht gelassen oder gar in Frage gestellt worden, sondern als Teil des persönlichkeitspsychologischen Konsenses einfach vorausgesetzt worden. Es ist tatsächlich etwas müßig, wenn man an dieser Stelle bekräftigen muss, dass etwa physisches Überleben und Daseinsbewältigung oder auch Selbstannahme zentrale Motivationsmomente des Menschen (bzw. aller Lebewesen) sind: Was denn sonst?

Entscheidender ist aber die Frage, wie das jeweilige Modell die Frage beantwortet, wie denn diese Motivationen erfüllt werden können.

Und zweitens, dass Längle diese „Grundmotivationen" mit der Sinnmotivation *auf eine Stufe stellt* bzw. andernorts davon spricht, dass zuerst die drei ersten Grundmotivationen gestillt sein müssen, damit Sinn erlebt werden kann:

> Erstens die Schaffung von Bedingungen, um sein zu können und zu überleben. Zweitens die Schaffung eines Lebensbezugs durch Beziehungen und Werterleben. Drittens die Selbstfindung und Begründung einer Authentizität.
> Dann erst ist der Mensch frei zu einem erfüllenden Sinnerleben.[100]

Somit geht Längle (wie seinerzeit schon Maslow) davon aus, dass jede der Grundmotivationen quasi gleichmäßig erfüllt sein muss, damit die jeweils andere Motivationsdynamik „funktioniert" und nicht etwa blockiert. Das allerdings ist weder empirisch nachgewiesen noch klinisch eine Erfahrungstatsache – im Grunde sagen uns die Coping- und die Resilienzforschung sogar mit überdeutlicher Klarheit, dass ein paritätisches Abstillen der Motivationen eben gerade nicht Voraussetzung des Sinnfindens oder auch des bloßen Sinnerlebens ist.

Die Idee, dass die vier Motivationen gleichmäßig erfüllt sein müssen, damit die jeweils benachbarte Motivationsdynamik „funktioniert", hat aber darüber hinaus auch sehr konkrete Folgen: Mit diesem Modell fällt nun auch noch die Trotzmacht des Geistes und es gibt nur vielleicht Sinn im Leiden, insofern Leid ja bedeutet, dass meist gerade die Motivationen des Leben-Mögens und Sein-Könnens in der einen oder anderen Weise in Frage gestellt oder gefährdet sind. In diesem Fall anzunehmen, dass der Wille zum Sinn von Defiziten in anderen Lebensbereichen überschattet oder verschüt-

100 Längle, A. (2016). *Existenzanalyse. Existentielle Zugänge der Psychotherapie.* Wien: Facultas, 31

tet werden kann, unterminiert daher eine wesentliche Copingmöglichkeit – eben Sinn im und trotz Leid zu finden.

Aber auch darüber hinaus wird der Logotherapeut an dieser Stelle gegen dieses „hydraulische Modell" paritätischer Bedürfnisabstillung einwenden, dass die genannten Motivationen keineswegs auf gleicher Augenhöhe nebeneinanderstehen. Er wird etwa einwenden, dass die Forschung zeigt, dass Lebensfreude *eine Folge* sinnerfüllten Lebens ist; und dass zugleich kaum etwas eine bessere Grundlage für ein gesundes Selbstwertgefühl darstellt als das Wissen, für etwas gut zu sein (oder sich dafür aufzusparen, für jemanden oder etwas gut zu sein).[101] Der Logotherapeut wird ferner einwenden, dass Sinn im und trotz Leiden, oder sogar in Kauf genommenes Leiden für einen Sinn eben nahelegen, dass da ein „Mehr" ist, das von der geistigen Person und der Sinnmotivation ausgeht, letztere also eine Sonderstellung im Gefüge der Motivationen innehat.

Es gäbe noch weit mehr zu den Differenzen zwischen Frankl und Längle zu sagen, aber so viel zunächst zu einigen der zahlreichen inhaltlichen Unterschiede zwischen den beiden. Ich bin der Ansicht, dass es – so sehr man auch ein Freund von Kompromissen und der Suche nach einem gemeinsamen Nenner sein mag – auf Grund solch tief reichender Unterschiede in ja nahezu *allen* Alleinstellungsmerkmalen der Logotherapie nicht zuletzt eine Frage der intellektuellen Redlichkeit und Ehrlichkeit ist, dort klare Grenzen zu benennen und zu ziehen, wo man andernfalls weder dem einen noch dem anderen Modell gerecht werden würde. Reitinger hat vor diesem Hintergrund ein, wie ich finde, sehr treffendes Resümee über das Verhältnis der beiden Schulen gezogen:

> Als problematisch erweist es sich auch, dass sich die Existenzanalyse in ihren Schriften auf Frankl bezieht, beispielsweise auf dessen Verständnis von „Person als das Freie im Menschen", auf dessen Freiheits- oder Verantwortungsbegriff oder auf das Gewissen. Dadurch entsteht der Ein-

101 Crocker, J. & Park, L. E. (2004). The costly pursuit of self-esteem. In: *Psychological Bulletin*, 130 (3); Harlow, L. L., Newcomb, M. D. & Bentler, P. M. (1986). Depression, self-derogation, substance use, and suicide ideation: Lack of purpose in life as a mediational factor. In: *Journal of clinical psychology*, 42 (1); Downey, G. & Feldman, S. I. (1996). Implications of rejection sensitivity for intimate relationships. In: *Journal of Personality and Social Psychology*, 70 (6); Downey, G., Feldman, S. & Ayduk, O. (2000). Rejection sensitivity and male violence in romantic relationships. In: *Personal Relationships*, 7 (1)

> druck, dass es sich hier um anthropologisch ähnliche Ansätze handelt, was durch die Veränderung der metaphysischen Annahmen aber nicht mehr der Fall ist.[102]

Und in der Tat: Eine Logotherapie und Existenzanalyse, die nicht mehr vom Geistigen her und auf das Geistige hin operiert und das subjektive Sinnempfinden primär gegenüber dem Sinnvollsein stellt, ist schlicht und einfach keine Logotherapie und Existenzanalyse (auch keine „moderne EALT“[103]). Was, wie ich noch einmal betonen will, im Prinzip gar kein Problem sein sollte; problematisch ist erst, dass dieses Werk immer noch unter dem Titel „Existenzanalyse und Logotherapie“ firmiert, obwohl es letztlich in vielerlei Hinsicht das Gegenteil von Logotherapie und Existenzanalyse darstellt.

Lukas: Ich weiß, alles von Ihnen Aufgelistete ist bei Längles „Sägerei“ passiert. Er hat, wie Sie perfekt ausformuliert haben, den Frankl'schen Sinnbegriff angekratzt und der geistigen Person (theoretisch) ihre Souveränität entzogen. Was übrig blieb, war eine verkümmerte Version der Wertebeachtung in einer Verquickung mit analytischen und humanistischen Motivationselementen. Als Fachfrau möchte ich dazu kritisch anmerken, dass es sich bei dieser Version *nicht*, wie propagiert, um eine *Weiterentwicklung* der Logotherapie handelt, sondern um eine *Rückentwicklung*. Eigentlich hätte es Frankl gar nicht zu geben brauchen, um bei Längles Thesen anzukommen. Die humanistische Psychologie, die Gesprächspsychotherapie und sogar die fortschrittliche Verhaltenstherapie waren schon weit genug gediehen, um im therapeutischen Prozess auch die individuellen Wertvorstellungen von Klienten mit einzukalkulieren. Dass es beim Menschen „höhere Bedürfnisse“ als bloß solche auf der Triebebene gibt, hat sich seit Freuds Tagen reichlich herumgesprochen, und dies nicht nur bei Maslowschülern. Dass Menschen insbesondere dann glücklich sind, wenn ihre Bedürfnisse (möglichst eines nach dem anderen) gestillt werden, ist jedoch ein typisches Axiom aus der Vor-Frankl-Ära, das mit Längle fälschlich in die Nach-Frankl-Ära hineinkatapultiert worden ist. Frankl hat uns perspektivisch endlich aus den Klauen rein egozentrischer Bedürfnisstillung befreit und freigesetzt zur kreativen Gestaltung einer zu verantwortenden Mit- und Umwelt. Nichts wird

102 Reitinger. *Zur Anthropologie von Logotherapie und Existenzanalyse*, s. Anm. 74, 226
103 Mori. *Existenzanalyse und Logotherapie*, s. Anm. 72

in den kommenden Jahrzehnten und Jahrhunderten dringender benötigt werden als Menschen, die sich exakt dessen bewusst sind! Und dann kommt ein Kenner der Logotherapie wie Alfried Längle (und das war er, denn Längle hat Frankl durchaus verstanden und nicht etwa missverstanden) daher, und verabschiedet das Konzept von der menschlichen Selbsttranszendenz zugunsten subjektiver Willensäußerungen! Na prost! Der eine „erfühlt", dass er dieses will, der andere „erfühlt", dass er jenes will ... schöne neue Welt!

Batthyány: Es gibt noch einen kritischen Punkt, auf den (auch nicht-logotherapeutische) Kenner der Sachlage manchmal hinweisen. Ich habe es schon kurz angedeutet: Sie stellen fest, dass die Existenzanalyse nach Längle gerade mit Blick auf ihre anthropologischen Grundlagen nicht ganz widerspruchsfrei ist – ihre einzige Konstante scheint die Abkehr von der originären Logotherapie und gleichzeitig eine Art Nichtloskommen-Können von Frankl zu sein.

Darüber hinaus kommt einem manches in ihr immer noch recht unausgegoren vor, vieles sogar widersprüchlich (s. o.). Reitinger spricht in Bezug auf Längles Existenzanalyse von einem „Mangel an philosophischer Genauigkeit und Ausarbeitung" und von „zwar groben Zusammenhängen mit der Philosophie, aber eher im Sinne von Schlagwörtern denn als konkrete Anknüpfung an Theorien". Sie schreibt auch, die Anthropologie der Existenzanalyse zeige sich bis zu einem gewissen Grad als eine „zusammengestückelte Theorie"[104].

Diese Kritik wiegt meines Erachtens umso schwerer, als sie *innerhalb* der Existenzanalyse erfolgt, also nicht etwa nur Produkt einer ablehnenden Voreingenommenheit ist. Was Reitinger und andere[105] als Mangel an Konsistenz und Durchkomposition in Längles Werk beklagen, ist vielleicht nicht zuletzt auch der Tatsache geschuldet, dass Längle recht ambitioniert versucht hat, das Unmögliche möglich zu machen: Nämlich einen Teil der Frankl'schen Logotherapie und Existenzanalyse (vor allem ihr Vokabular) zu behalten, zugleich aber die philosophisch und anthropologisch pointierten Positionen der Logotherapie aufzugeben bzw. zu invertieren.

Mir wurde das im Sommer 2019 plastisch vor Augen geführt, als ich in London auf einer Konferenz für existentielle Psychologie einen Vortrag

---

104 Reitinger. *Zur Anthropologie von Logotherapie und Existenzanalyse*, s. Anm. 74, 226
105 Espinosa. Zum Begriff der „Tiefe" in der Existenzanalyse, s. Anm. 74, 4–12

hielt, und anschließend einige Existenzanalytiker nach Längle zu mir kamen und sagten, das, was sie da eben gehört hätten, hätte ihnen eigentlich ganz gut gefallen. Nur: Es wäre ihnen bis dahin vollkommen unbekannt gewesen – ob das denn wirklich „Frankl" sei oder eine andere Weiterentwicklung, die auf die offenen Fragen, die Frankl hinterlassen und auch Längle nicht gelöst habe, Antworten gefunden hätte. Dabei enthielt mein Vortrag nicht mehr als eine simple Einführung in die Logotherapie nach Frankl.

Im weiteren Gespräch stellte sich heraus, dass in der Längle'schen Existenzanalyse und ihrem Literaturangebot anscheinend zentrale anthropologisch und philosophisch Stellung nehmende Passagen Frankls schlichtweg *ausgeblendet* werden – das muss man allerdings auch, weil es rational schlechterdings unmöglich ist, in den erwähnten ja doch sehr zentralen Punkten Frankl und Längle zugleich zuzustimmen. Beide Modelle stehen ja gerade in diesen zentralen Punkten in direktem Widerspruch zueinander, und die Positionen, die Längle Frankl unterstellt, um dann vermeintliche Korrekturen und Verbesserungen vorzuschlagen, haben obendrein tatsächlich mit Frankl und seinem Werk selbst nur mehr wenig zu tun.

Auffallend ist jedenfalls die bereits erwähnte hohe Anschlussfähigkeit des Längle'schen Modells an andere existenzpsychologische Schulen. Anders gesagt: Ein Großteil von dem, was Längle von Frankl unterscheidet, ist bereits längst zuvor in den Schulen von Yalom, van Deurzen etc. formuliert worden. Der Beitrag Längles, so scheint mir, besteht primär aus einem rational nicht immer nachvollziehbaren Festhalten an Frankl – symptomatisch wird das deutlich etwa am Beharren auf eine Verwendung von Frankls Sprachschöpfungen (inklusive der Namensgebung „Existenzanalyse und Logotherapie") – für bereits von anderen formulierte Ideen und Wahrnehmungen und zweitens dem in meinen Augen nicht sonderlich überzeugenden Versuch, Frankl subjektivistisch umzudeuten.

Aber mit Blick auf die Übereinstimmungen mit den subjektivistischeren Schulen: Vielleicht also finden sich auch hier Spuren auf einen „Kompromiss" (wie bei der Frage nach der Selbsterfahrung) mit jenen Therapieschulenvertretern, die im Hinblick auf Freiheit, Verantwortung, Sinn etc. weniger Verbindliches sehen wollen als die Logotherapie – wie eben z. B. Yalom und van Deurzen.

Lukas: Die Sache mit den Kompromissen war seinerzeit komplizierter, als Sie annehmen. Frankl und Längle waren ursprünglich einander sympathisch und fanden Gefallen daran, ihre klugen Köpfe aneinander zu reiben. Dafür musste aber jeder der beiden quasi einen Kompromiss *mit sich selbst* eingehen. Für Frankl fehlte im strikt naturwissenschaftlichen Welt- und Menschenbild das „Band" (eines Übersinns), das die einzelnen Phänomene miteinander verknüpft[106], wohingegen für Längle ein solches Band nicht existiert. Demnach musste Frankl ein Stück „Transzendenzaufgeschlossenheit" der Logotherapie opfern, um mit Längles Positionierung der Logotherapie in der Naturwissenschaft einverstanden zu sein. Und Längle musste ein Stück „religiösen Touch" der Logotherapie in Kauf nehmen, wenn er Frankls Werk für sich adoptieren wollte. Für beide war dies kein durchhaltbarer Kompromiss. Das zeigte sich schon früh, als Längle (lange bevor es einen psychotherapeutischen Beirat in einem Ministerium gab) anlässlich unserer Gewissensdebatte die Freundschaft zu mir innerhalb von Minuten in Feindschaft verkehrte. Die zehnte „These über die Person"[107] überschritt eine „rote Linie" bei ihm, sie traf einen empfindlichen Nerv von ihm. Der „religiöse Touch" der Logotherapie widerstrebte Längle so sehr, dass er mit der Zeit auch die ersten neun „Thesen über die Person" verwarf.

Frankl geriet ebenfalls zunehmend in eine Zwickmühle. Er musste zusehen, wie sein Werk sukzessive der „Transzendenzaufgeschlossenheit" beraubt wurde und damit jene Heilkraft einbüßte, die gerade in seinem ungemein würdigen und horizonterweiternden Menschen- und Weltbild gründet und nicht in ausgetüftelten Psychotechniken. Obwohl Frankl stets betont hat, dass die Religion für die Logotherapie nur ein *Gegenstand* der Betrachtung und kein *Standort* sein könne, hat er doch eingestanden, dass der Logotherapie „die Religion am Herzen liegt"[108]. Bei Längle lag sie dort nicht mehr.

Beide Männer kündigten ihre inneren Kompromisse auf. So bitter es für Frankl gewesen ist, rückte er dennoch von Längle ab und begrub seine (insgeheimen?) Hoffnungen auf dessen „Nachfolgerschaft". Das mag auch für Längle bitter gewesen sein, räumte ihm aber die Chance ein, nunmehr unbehindert von irgendwelchen Rücksichtnahmen auf den Begründer der Logotherapie diese nach seinem Gutdünken umzukrempeln. Er eliminierte sämt-

---

106 Frankl. *Der Wille zum Sinn*, s. Anm. 2, 168–169

107 „Die Person begreift sich selbst nicht anders, denn von der Transzendenz her ... Diesen Anruf der Transzendenz hört er [der Mensch] ab im Gewissen", ibd., 117

108 Frankl. *Der unbewusste Gott*, s. Anm. 34, 62 und Frankl, Viktor E. (2015). *Das Leiden am sinnlosen Leben. Psychotherapie für heute*. Freiburg/Br.: Kreuz, 101

liche Anklänge an ein „daseiendes Geistiges" oder an einen „daseienden Sinn" aus seinem Logotherapieverständnis. Geistiges entstehe aus Psychophysischem. Sinn entstehe aus dem psychischen Erleben. Das alte Prinzip eines „spiritus ex materia" wurde – konform mit manchen Hirnforschern der Gegenwart – wiederbelebt, wenn auch hinter neuen Vokabeln verschleiert. Sie haben recht mit Ihrer Rekonstruktion, wonach Längle nach Frankls Abkehr von ihm sich seinerseits in flottem Tempo von Frankls Gedankengut abkehrte. Als er Entzweiung nicht mehr fürchten musste, weil sie bereits stattgefunden hatte, konnte er seinen eigenen Ideen freien Lauf lassen. Er musste sich nur noch mit einigen engen Schülern Frankls entzweien, was für ihn kein Problem darstellte.

Ich möchte mich Ihrer Aussage anschließen, dass es in dieser ganzen Angelegenheit um mehr als um eine Therapieschulenrivalität geht. Frankl ist einmal als Kandidat für den Friedensnobelpreis vorgeschlagen worden. Leider war die Begründung damals zu kurzgriffig. Es wurde damit argumentiert, dass er einen Beitrag zur Aussöhnung zwischen Deutschtum und Judentum geleistet habe. In Wirklichkeit ist Frankls Logotherapie *ein Paradigma zur Friedensstiftung zwischen den Völkern unserer Erde. Denn Frieden zwischen den Völkern kann es nur geben, wenn es Frieden zwischen den Religionen gibt. Und kein spiritueller Entwurf ist so konsensfähig für die Vertreter aller Religionen wie Frankls Gottesbild.*

Die enormen Herausforderungen und Aufgaben, die derzeit auf die Menschheit zurollen, vom Klimawandel bis zum Artensterben, von der Vermüllung der Meere bis zur Luftverschmutzung, gar nicht zu reden von grassierenden Pandemien ... können (wenn überhaupt) allesamt nur in enormen gemeinsamen Anstrengungen gemeistert werden; aber zerstrittene Völker setzen keine gemeinsamen Aktivitäten. Zerstrittene Völker sind vollauf damit beschäftigt, sich gegenseitig zu attackieren! Um gemeinsam eine lebenswerte Welt zu erretten, bedarf es des Friedens. Und um Frieden zu schaffen, bedarf es eines ehrfürchtigen Glaubens an einen „allumfassenden Letztsinn", von dem her sich sinnorientiertes menschliches Handeln definiert. Ein Glaube, wie er Frankl beseelt hat, sein Werk ausgezeichnet hat und – von Längle aus dem therapeutischen Programm geworfen worden ist.

Batthyány: ... ich möchte nochmals betonen, was der für mich entscheidende Punkt ist. Was mich betrifft, ist das Grundproblem mit Längle weniger die Tatsache, dass sich sein Denkansatz von der klassischen Logotherapie und Existenzanalyse fundamental unterscheidet.

Es ist schließlich Längles und auch sonst jedermanns Recht, sich von den Kernideen der Logotherapie zu verabschieden. Es ist dann aber bloß noch irreführend und daher *nicht mehr* Recht – und sowohl Frankl, als auch konkreter den Studierenden und Hilfesuchenden gegenüber schlichtweg falsch –, die Namensgebungen Logotherapie und Existenzanalyse für eine inhaltlich grundlegend andere Denk- und Therapierichtung zu okkupieren und die originäre Logotherapie und Existenzanalyse gleichsam in Geiselhaft zu nehmen.

Problematisch ist aber, wenn diese starken Unterschiede verwischt und den damit einhergehenden Fragen durch einfache rhetorische Figuren vorgegriffen („neu, fortschrittlich, zeitgemäß") wird, statt sie zum Gegenstand einer ernsthaften wissenschaftlichen inhaltlichen Auseinandersetzung zu machen. Das ist jüngst und zudem auch sehr überraschend geschehen: Harald Mori, ehemaliger Assistent Viktor Frankls und bisher Vortragender u. a. auf den Viktor-Frankl-Weltkongressen in Wien und Moskau, spricht etwa in einem Buch (2020) von der Logotherapie und Existenzanalyse nach Frankl auf der einen und der vermeintlich „*modernen*, wissenschaftlichen Existenzanalyse und Logotherapie" (Längle) auf der anderen Seite: „Alfried Längle war am fortschrittlichsten, was die ‚Neuzeit' der EALT [Existenzanalyse und Logotherapie] betrifft".[109] Demnach war es Längle vorbehalten, seine „Existenzanalyse im wissenschaftlichen Anspruch als Psychotherapie modernen Stils"[110] zu entwickeln.

So meint Mori nun, Frankl habe zwar „wunderbare Bücher" geschrieben, habe aber zugleich:

> [...] dem Innehalten vor der eigenen Person, der Wesensschau und dem Entdecken der eigenen Vorlieben oder Abneigungen nicht jenen Raum gegeben, den Längle wie auch die moderne Psychotherapiewissenschaft für notwendig halten.[111]

Frankl und seine klassische Logotherapie stehen demnach mit einem Mal nicht mehr nur Längles „Psychotherapie modernen Stils", sondern mit diesem auch

---

109 Mori. *Existenzanalyse und Logotherapie*, s. Anm. 72, Pos. 1049
110 Ibd., Pos. 339
111 Ibd., Pos. 831

gleich dem Gesamt der „modernen Psychotherapiewissenschaft“ gegenüber. Mori schreibt weiter, Längle habe mit seinen Erweiterungen und Änderungen „aus moderner Perspektive der EALT einen großen Dienst erwiesen“ und „die Existenzanalyse im wissenschaftlichen Anspruch als Psychotherapie modernen Stils [...] weiterentwickelt“[112], was Frankl aber – er war laut Mori etwa zur Thematik der Selbsterfahrung „kein leichter Gesprächspartner“ und generell ein „Alleingänger“[113] – zu begreifen und anzuerkennen verabsäumt habe. Damit zeichnet Mori das Bild, auf der einen Seite stünde ein etwas uneinsichtiger, alleingängerischer Frankl, der zwar „wunderbare Bücher“ schrieb, aber im Gegensatz zu Längle und der modernen Psychotherapiewissenschaft (die andere Seite) wissenschaftliche Erkenntnisse ignorierte oder nicht (mehr?) wahrzunehmen und einzugliedern im Stande war.[114]

Nun muss man es wohl so direkt sagen: In Zeiten evidenzbasierter Psychotherapie kann man eigentlich kaum ein vernichtenderes Urteil aussprechen als jenes, das Mori hier über das Lebenswerk seines einstigen Lehrers fällt. Und sollte das wirklich als inhaltliche Kritik gemeint sein, dann ist in einem normalen wissenschaftlichen Diskurs auch die Bringschuld entsprechend hoch, ein solches Urteil wenigstens zu begründen oder zu belegen.

Allerdings offenbart Mori an keiner Stelle, auf *welche* wissenschaftlichen Forschungsergebnisse und Studien er sich eigentlich beruft. Es ist ja an sich umgekehrt: Die Daten stützen dieses Urteil gerade nicht. So liegt etwa seit 2012 eine groß angelegte Studie (n = 1187) vor, die just das Gegenteil zeigt – nämlich dass die „modernen“ Erweiterungen durch Längle, wie sie seiner *Existenzskala* zugrunde liegen, sich eben gerade nicht als valide erwiesen haben, d. h. ihre Konstruktvalidität war etwa bei dieser großen Stichprobe *nicht* gegeben.[115] Und wie die vorhergehende Diskussion zeigt, kann man Längles Modell auch von der Theorie her nicht unterstellen, in sich besonders konsistent oder kohärent begründet zu sein.

---

112 Ibd., Pos. 343

113 Ibd., Pos. 340

114 Oder aber, wie Mori andeutet, der so sehr an der Frage hing, *wie* man ihn auf vermeintlich nötige Erweiterungen hinwies, dass er zu einer angemessenen *inhaltlichen* Auseinandersetzung nicht bereit war, weil Längle und die GLE „mit dem betagten und weltweit höchst renommierten Wissenschaftler Frankl“ auf eine „unglückliche Art und Weise kommunizierten“ (ibd., 344).

115 Brouwers, A. & Tomic, W. (2012). Factorial structure of Längle's existence scale. In: *Journal of Articles in Support of the Null Hypothesis*, 8 (2)

Und bedauerlicherweise geht Mori auch mit keinem Wort auf die zahlreichen Studien ein, die im Gegenzug der Frankl'schen Logotherapie eben genau jene hohe therapeutische Wirksamkeit bescheinigen und auch die Gültigkeit der ihr zugrunde liegenden Operationalisierungen etwa der Sinnmotivation bestätigen[116], die Mori nun so grundlegend in Frage stellt.

Es kommt mir daher – von der für ehemalige Weggefährten etwas unerwarteten Kehrtwende einmal abgesehen – methodisch etwas inkonsequent vor, dass Mori seine Neupositionierung mit Rekurs auf das Schlagwort der Wissenschaftlichkeit bzw. Evidenzbasiertheit begründet, dabei zugleich aber selbst keinerlei wissenschaftliche oder evidenzbasierte Argumentation vorlegt, sondern bloß Zitate und die eigene Zustimmung zu diesen Zitaten („Längle schreibt treffend"; „Längle betont"; „Längle führt ergänzend aus"; „Längle postuliert folgerichtig"; „Längle fordert"[117] etc.). Mori führt tatsächlich nicht eine empirische Arbeit an, sondern stellt bloß wiederholt in den Raum, dass hier nun mit Längle eine „moderne", wissenschaftliche „EALT" stünde und folgerichtig die Frankl'sche Logotherapie diesen Ansprüchen unzureichend Genüge tue. Gerade Letzteres dürfte allerdings – angesichts der hohen Anzahl der seit ungefähr Mitte der 1970er Jahre bis heute veröffentlichten empirischen Untersuchungen zur klassischen Frankl'schen Logotherapie – schwer begründbar sein und wird von Mori daher auch gar nicht erst zu begründen versucht.

Bemerkenswert finde ich, dass im Gegensatz dazu Längle selbst in seinen jüngsten Publikationen unter Wahrung üblicher wissenschaftlicher Fairness anerkennt, dass „mehr als 600 Studien die Wirksamkeit der [klassischen] Logotherapie bestätigen, einschließlich der Entwicklung von 15 spezifisch logotherapeutischen Testinstrumenten."[118] Da Mori diese Arbeiten meines Wissens nach auch kennen dürfte – er war ja nicht zuletzt über Jahre auch Lehrtherapeut des nach der klassischen Frankl'schen Logotherapie lehren-

116 Thir, M. & Batthyány, A. (2016). The state of empirical research on logotherapy and existential analysis. In: *Logotherapy and Existential Analysis*. Cham: Springer, 53–74; Batthyány, A. & Guttmann, D. (2006). *Empirical Research in Logotherapy and Meaning-Oriented Psychotherapy*. Phoenix, AZ: Zeig, Tucker & Theisen; Batthyány, A. (2011). Over thirty-five years later: Research in logotherapy since 1975. New afterword to: Frankl, V. E. (2011). *Man's Search for Ultimate Meaning*. London: Rider

117 Mori. *Existenzanalyse und Logotherapie*, s. Anm. 72, Pos. 594, 598, 603, 820, 832, 837, 892, 1667

118 Längle, A. (2019). History of Logotherapy and Existential Analysis. In: Van Deurzen, E., Längle, A., Schneider, K. J., Tantam, D. & Du Plock, S. (2019). *The Wiley World Handbook of Existential Therapy*. E. Craig (Ed.). Wiley Blackwell

den österreichischen Ausbildungsinstuts ABILE –, muss seine Argumentation zunächst einmal etwas rätselhaft so stehen bleiben.

Aber gerade, weil hier auch persönliche Aspekte miteinfließen und Mori auch die biographischen Umständes des seinerzeitigen Bruchs zwischen Längle und Frankl erörtert, sei mir eine persönliche Anmerkung erlaubt. Frankl war, als es schließlich zum offiziellen Bruch mit Längle kam, immerhin schon 86 Jahre alt, Längle hingegen war gerade einmal 40 Jahre alt, also wohl jung genug, um sich selbst einen eigenen Namen für seine „neue" Schule einfallen zu lassen. Man braucht – gerade, wenn man auf die Berücksichtigung des Emotionalen so großen Wert legt wie Längle – vermutlich kein ausgesprochenes psychologisches Einfühlungsvermögen, um sich vorzustellen, was es für Frankl bedeutet haben mag, in seinen letzten Lebensjahren relativ hilflos zusehen zu müssen, wie sein Lebenswerk „Logotherapie und Existenzanalyse" für ein in wesentlichen Teilen diametral entgegengesetztes Modell in Beschlag genommen wurde.

Abgesehen davon ist es wie gesagt auch eine Frage der Begriffsklarheit, bei der Namensgebung von Modellen („EALT") authentisch zu bleiben. Das gilt in der Philosophie, Pädagogik und Soziologie ebenso wie in der Psychotherapie: Jung, Adler, Frankl, Binswanger und andere haben immerhin die wissenschaftliche Redlichkeit besessen, für ihre jeweiligen eigenen Therapieformen auch mit eigenem Namen und einer eigenen Namensgebung einzustehen und nicht etwa zu behaupten, sie würden auf Grundlage Freuds eine halt etwas erweiterte oder invertierte „Psychoanalyse" anbieten. Zumindest würde man sich als Student und Patient doch einigermaßen getäuscht fühlen, wenn man auf der Suche nach einer psychoanalytischen Ausbildung oder Behandlung zu einer „Gesellschaft für Psychoanalye" unter Berufung auf Sigmund Freud geht – nur, um herauszufinden, dass dort eigentlich nach Adler, Binswanger, Jung etc. gearbeitet, also gar keine Psychoanalyse nach Freud angeboten wird.

Mir ist diese Einschränkung persönlich wichtig. Es ist ja letztlich relativ einerlei, was Längle oder andere über die Sinnfrage und über das Wesen der geistigen Person denken und veröffentlichen. Nur, dass das irreführenderweise unter dem Siegel der Franklschen Logotherapie und Existenzanalyse geschieht, scheint mir als Ausdruck eines Mangels an eben jener wissenschaftlichen Transparenz, die in der bisherigen Entwicklung der Therapieschulen zu klaren Trennlinien und neuen Eigenbenennungen geführt hat.

VI. DIE SINNFRAGE IN DER WISSENSCHAFTLICHEN FORSCHUNG

1. SINNFRAGE UND WISSENSCHAFTLICHE ERKENNTNISSE

Batthyány: Es gibt, gerade mit Blick auf die Frage der Wissenschaftlichkeit und Evidenzbasiertheit, eine methodische Besonderheit – und mit ihr fällt mir ein weiterer interessanter, allerdings weniger inhaltlicher als methodischer Gegensatz zwischen beiden Schulen auf. Längle hat, wie Sie vorhin sagten, den metaphysischen Unterbau der Logotherapie aufgegeben und den logotherapeutischen Zugang zum Geistigen gegen eine starke Betonung der phänomenologischen Methode eingetauscht – diese nimmt seither in Längles Denken und Werk eine ganz zentrale, wenn nicht überhaupt *die* zentrale Rolle ein.

Aber wie Rudolf Allers, der selbst ein bedeutender existentiell ausgerichteter Psychiater und ein herausragender Phänomenologe[119] war, bereits in den 1960er Jahren in einer Gegenüberstellung von Binswanger und Frankl einmal kritisch festhielt: Die Phänomenologie ist letzten Endes auch nicht mehr als nur die geordnete Betrachtung der Dinge und ihrer Zusammenhänge; und eine noch so geordnete und gute Betrachtung ist noch keine Erklärung und folglich auch kein Ersatz für eine Theorie. Und ohne eine Theorie (oder zumindest eine Arbeitshypothese) ist die empirische Überprüfung eines primär phänomenologisch begründeten Psychotherapiemodells so gut wie unmöglich: Es gibt ja nichts zu falsifizieren, wenn bloße Betrachtung zur Debatte steht.[120] Allers sagte vor diesem Hintergrund voraus, dass Frankls Logotherapie langfristig mehr Bestand und klinische Relevanz haben würde als die bekanntlich ebenfalls primär phänomenologisch begründete Daseinsanalyse Binswangers.

---

119 Allers, (1963/2008). *Abnorme Welten*, s. Anm. 14
120 Ibd.

In gewisser Weise zeigt sich nun dasselbe auch in der wissenschaftlichen Praxis der Existenzanalyse nach Längle. Tatsächlich legen Längle und seine Schüler vor dem Hintergrund der starken Betonung der phänomenologischen Methode als Hauptinstrument der Erkenntnis weitaus weniger Wert auf empirische und klinische Untersuchungen, als wir klassischen Logotherapeuten dies für gewöhnlich tun. Demgegenüber hat Viktor Frankl selbst stets darauf bestanden, dass die Logotherapie aus dem geschützten Raum der bloßen Theorie tritt und sich den Herausforderungen einer empirischen Überprüfung stellt:

> Logotherapy is concerned with the search for meaning not only as a matter of health, and in no way as a matter of morality, but rather as one of the most intrinsic human phenomena.
>
> You cannot turn the wheel back and you won't get a hearing unless you try to satisfy the preferences of present-time Western thinking, which means the scientific orientation or, to put it in more concrete terms, our test and statistics mindedness [...]. That's why I welcome all sober and solid empirical research in logotherapy, how ever dry its outcome may sound.[121]

Um jetzt das Kapitel Längle zu schließen und wieder zur eigentlichen Logotherapie und Existenzanalyse zurückzufinden: Es ist bemerkenswert, dass ausgerechnet die Logotherapie, obwohl sie mit einem gehörigen ontologischen und erkenntnistheoretischen Gepäck aufwartet, viel mehr noch als die historisch benachbarten Schulen (Freud und Adler) sich so bereitwillig und sogar einladend der Herausforderung der empirischen und klinischen Überprüfung stellt.

Wie Sie wissen, haben Prof. David Guttmann von der Universität Haifa und ich im Jahr 2006 sämtliche Untersuchungen zur Logotherapie aus peer-reviewed Journalen in einem Buch zusammengefasst[122] und kommentiert. Wir kamen auf über 610 Studien, die zwischen 1975 und 2005 erschienen sind. Seither aktualisiere ich diese Forschungsübersicht in regel-

---

121 Frankl, V. E. & Fabry, J. B. (1978–1979). Aspects and prospects of logotherapy: A dialogue with Viktor Frankl. In: *The International Forum for Logotherapy Journal of Search for Meaning*, 2, 8–11

122 Batthyány & Guttmann. *Empirical Research in Logotherapy and Meaning-Oriented Psychotherapy*, s. Anm. 116

Erscheint im Oktober 2020

Erscheint im Oktober 2020

Marianne Hengl / Brigitte Gogl

Stehaufmenschen

Geschichten, die Mut machen

Niemand hat sein Leben in der Hand. Ein Unfall, Krankheit, Probleme am Arbeitsplatz oder Schicksalsschläge in der Familie können das Leben von einem Moment auf den anderen auf den Kopf stellen. Was tun? „Das Wichtigste ist, sich nicht unterkriegen zu lassen, sich wieder aufzurappeln und weiterkämpfen", sagt Marianne Hengl, Obfrau von RollOn Austria. Brigitte Gogl beschreibt in diesem Buch „Stehaufmenschen", die besondere Herausforderungen gemeistert haben und wieder oder trotzdem ein glückliches Leben führen.

ca. 80 farb. Abb., geb.
ISBN 978-3-7022-3865-0
ca. 144 Seiten, ca. € 19.95 E-BOOK

Christine Leutkart

Weiter leben!

Neuorientierung nach dem Tod des Partners. Erfahrungsberichte

Der Tod des geliebten Partners stellt die Hinterbliebenen vor unerwartete Heraus forderungen: Der Abschied muss bewältigt werden, Kinder benötigen einfühlsame Begleitung und viele Erledigungen stehen an. In diesem Buch erzählen betroffene Frauen und Männer, wie sie sich im Alltag neu orientieren mussten, um die Freude am Leben wiederzuerlangen.

Klappenbroschur
ISBN 978-3-7022-3863-6
ca. 200 Seiten, € 19.95 E-BOOK

Clemens Sedmak
Ans Herz gelegt
Die vielen Sprachen der Liebe

In Form von persönlich adressierten Briefen geht Clemens Sedmak der Liebe nach. Jeder Brief hat seine eigene Botschaft und seine eigene Geschichte. Das Persönliche ist mit Einsichten über die Liebe verbunden, zeigt Konturen gelebter Liebe auf.

geb.
ISBN 978-3-7022-3550-5
176 Seiten, € 14.95

E-BOOK

Clemens Sedmak
Das Gute leben
Von der Freundschaft mit sich selbst

Was sind unverzichtbare Bausteine für ein gutes Leben? Dieses Buch zeigt Wege auf für die Entwicklung von menschlicher Reife und für persönliches Wachstum. Es zeichnet Konturen der Freundschaft mit sich selbst.

geb.
ISBN 978-3-7022-3468-3
128 Seiten, € 14.95

E-BOOK

Clemens Sedmak
hoffentlich.
Gespräche in der Krise

In diesem Buch führt der Autor fiktive Gespräche: mit einem Journalisten, mit einer Therapeutin, mit einer Theologin, mit einem Historiker, mit einem Dichter, u. v. m. ... Die Texte machen deutlich, dass die vom Corona-Virus ausgelöste weltweite Krise eine Zeit kreativer Neuaufbrüche sein kann.

geb.
ISBN 978-3-7022-3885-8
160 Seiten, € 14.95

E-BOOK

Clemens Sedmak
Das Land, in dem die Wörter wohnen

Im Stil eines Märchens greift der Philosoph Clemens Sedmak die aktuelle Debatte um Fake News auf und liefert ein eindringliches Plädoyer für den sorgsamen Umgang mit Wörtern und Botschaften, für das Ringen nach Wahrheit – und auch für Zeiten der Stille.

geb. m. SU u. Lesebändchen
ISBN 978-3-7022-3743-1
136 Seiten, € 17.95

E-BOOK

Hubert Gaisbauer
Schonungslos zärtlich
Menschen I Bilder I Gedanken

In diesem Sammelband des renommierten Radiomanns Hubert Gaisbauer stehen Persönlichkeiten aus Geschichte und Gegenwart ebenso im Fokus wie biblische Figuren; „schonungslos zärtlich" begibt er sich auf die Suche nach dem zutiefst Menschlichen, nach der innewohnenden Würde.

12 farb. und 6 sw. Abb., geb. m. SU u. Lesebändchen
ISBN 978-3-7022-3735-6
256 Seiten, € 24.95

E-BOOK

Viktor E. Frankl / Christian Handl

Bergerlebnis und Sinnerfahrung

Viktor Frankl beschreibt das Erlebnis des Bergsteigens als eine beglückende Erfahrung von Sinn und Erfüllung. Der unverzichtbare Klassiker der Bergliteratur als erlesener Geschenkband – in der **7., neu gestalteten Auflage**.

24 farb. Abb., gebunden
ISBN 978-3-7022-3297-9
40 Seiten, € 12.95

David Steindl-Rast

Ein guter Tag für dich

Mit Bildern von Peter Umfahrer

Dieses stimmungsvolle Geschenkbuch mit Aufnahmen aus aller Welt öffnet die Augen für die Schönheit der Natur ebenso wie für den Reichtum von Begegnungen.

25 farb. Abb., geb.
ISBN 978-3-7022-3549-9
40 Seiten, € 9.95

„Balsam und Trost, praxisnah."
Sonntagsblatt

Martin Kolozs

Über Mut

Gedanken und Reflexionen

Der Philosoph und Schriftsteller Martin Kolozs begibt sich auf die Suche nach dem Mut und entdeckt anhand seines eigenen Lebens, in wie vielen verschiedenen Erscheinungsformen er sich zeigt: einmal laut und großartig, dann wiederum zurückhaltend und bescheiden. Dabei stellt sich heraus: Ein mutiges Leben ist für jede und jeden möglich – wenn man zu sich selbst steht und sich mit dem, was man hat, für andere einsetzt!

geb.
ISBN 978-3-7022-3778-3
128 Seiten, € 14.95

Inge Patsch

Mich in meinem Leben finden

Ein Wegweiser mit Impulsen von Viktor E. Frankl und Ignatius von Loyola

Die Sinnlehre von Viktor E. Frankl und die Spiritualität von Ignatius bieten eine verlässliche Möglichkeit, das Leben zu bereichern. Dieses Buch regt nicht nur das eigene Denken an, sondern berührt das Herz und stärkt die seelische Widerstandskraft. Ein Wegweiser zu sich selbst, der Begeisterung und Freundschaft für das Leben weckt.

3 sw. Abb., zweifärbig, geb. m. SU
ISBN 978-3-7022-3747-9
144 Seiten, € 17.95

E-BOOK

Inge Patsch
Vertrau auf dein Gefühl und lebe mutig

Die wesentlichen Entscheidungen in unserem Leben treffen wir intuitiv. Oft entdecken wir erst im Rückblick, dass uns endloses Abwägen des Für und Wider nicht weiterbracht hat.
Inge Patsch ermutigt uns in kurzen, lebensnahen Impulstexten, auf unseren inneren Kompass zu vertrauen und mutig Lebensentscheidungen zu treffen.

Broschur
ISBN 978-3-8367-1017-6
96 Seiten, € 10.30

Inge Patsch
Die Logik des Herzens
Vertrauen in das Leben gewinnen

Inspiriert von Viktor E. Frankl, dem Begründer der Logotherapie und Existenzanalyse, bietet Inge Patsch mit diesem Buch „Seelennahrung" und „Verstandesfutter". Damit verhilft sie der Logik des Herzens zum Durchbruch, die Hoffnung und Begeisterung kennt, und ermutigt zum Mitfreuen und Mitfühlen ebenso wie zum Widersprechen aus Verantwortung.

Broschur
ISBN 978-3-8367-0893-7
120 Seiten, € 10.30

Inge Patsch / Sebastian J. Schmidt
Mehr als glücklich
Den Sinn des Lebens entdecken mit Viktor E. Frankl

Die Sehnsucht des modernen Menschen nach wirkungsvollen Strategien zur Gestaltung eines glücklichen Lebens ist groß. In diesem Buch werden die Grundgedanken Viktor E. Frankls mit den Erfahrungen der modernen Wissenschaft verbunden und neu interpretiert für unsere Zeit.

Broschur
ISBN 978-3-8367-1040-4
160 Seiten, € 12.40

topos taschenbücher

Bernhard A. Eckerstorfer
Kleine Schule des Loslassens
Mit den Weisheiten der Wüstenväter durch den Tag

Die überlieferten Weisheiten der Wüstenmönche faszinieren bis heute. Die frühchristlichen Männer und Frauen überzeugten mehr durch das Vorleben als durch große Reden. Der Auszug in die Wüste entsprach ihrer Sehnsucht, Materielles loszulassen. Dieses Verlangen nach dem Wesentlichen teilen sie mit den Menschen der heutigen Zeit.

zweifärbig, geb.
ISBN 978-3-7022-3737-0
136 Seiten, € 14.95

Elmar Simma
Dem Leben zulächeln
Von der Kunst, den Tag zu loben

Der beliebte Seelsorger und Autor aus Vorarlberg macht bewusst, wie viele erfreuliche, schöne und ermutigende Dinge es im Alltag gibt. Mit konkreten Impulsen, um das Leben mit Freude, einer positiven Lebenseinstellung und Zuversicht zu bereichern.

zweifärbig, geb.
ISBN 978-3-7022-3587-1
152 Seiten, € 14.95

Elmar Simma
In den Nebel hinein
Worte der Hoffnung für trübe Tage

Zu unserem Leben gehören die sonnigen Zeiten, aber auch die nebelverhangenen Tage, die traurigen Abschnitte oder dunklen Erlebnisse. Ermutigende Gedanken des bekannten Seelsorgers aus Vorarlberg, damit sich der Durchblick wieder einstellt.

zweifärbig, geb.
ISBN 978-3-7022-3718-9
176 Seiten, € 14.95

Franz Kogler / Wolfgang Schönleitner

Kraftstoff

Was Männer stärkt

Die Beiträge dieses Buches sind von Männern geschrieben und richten sich an die eigenen Geschlechtsgenossen. In kurzen Texten wird über Beziehungen, Sexualität, Aggression, Arbeitswelt, Sinnsuche u. v. a. reflektiert; markante Sprüche, ein Bibeltext bzw. Gebet und Impulse geben weitere Anstöße bzw. liefern Kraftstoff.

15 farb. Abb. u. 5 sw. Zeichnungen, Broschur
ISBN 978-3-7022-3790-5
168 Seiten, € 14.95

E-BOOK

Markus Hofer

Die zweite Halbzeit entscheidet

Strategien für Männer ab 40

Die Lebensmitte ist für Männer eine große Herausforderung und eine Chance. Doch die neuen Qualitäten müssen manchmal erst mühsam entdeckt werden. Dieses Buch ist eine Art Wanderführer für die zweite Lebenshälfte, das auf nützliche Wegmarkierungen aufmerksam macht.

Broschur
ISBN 978-3-7022-3145-3
144 Seiten, € 12.95

E-BOOK

Monika Nemetschek
Sternschnuppen über dem Heimweg
Mit Kunstwerken von Christian Kondler

Mit diesem Buch hinterlässt die Erfolgsautorin ihr Vermächtnis und macht Mut, sich auch in widrigen Umständen auf einen liebenden Gott zu verlassen, dessen trostspendende Botschaften sie mit Sternschnuppen vergleicht.

3 sw. und 31 farb. Abb.
geb. m. Lesebändchen
ISBN 978-3-7022-3867-4
120 Seiten, € 17.95

E-BOOK

David Steindl-Rast
Und ich mag mich nicht bewahren
Vom Älterwerden und Reifen. Mit Gedichten von Rainer Maria Rilke und Josef von Eichendorff

Der große spirituelle Meister unserer Zeit stellt die vier „bewegenden" Fragen: Wonach sehnen wir uns? Wie können wir das überstehen? Woran reifen wir? Was tröstet uns? Und ermutigt zu Vertrauen, Dankbarkeit und zum Leben im Jetzt.

gebunden, Leinen mit Banderole
ISBN 978-3-7022-3184-2
48 Seiten, € 12.95

Gertraude u. Clemens Steindl
Ruhestand für Anfänger
Unser Weg in eine neue Lebensphase

Den dritten Lebensabschnitt als Chance verstehen, sich und sein Umfeld neu zu entdecken, denn alt ist man erst, wenn man nichts mehr vorhat. Die Autoren reflektieren über die ersten Jahre im Ruhestand: von sinnerfüllenden Ehrenämtern über das Glück, Großeltern zu sein, bis hin zur Auseinandersetzung mit dem Lebensende.

geb. m. SU
ISBN 978-3-7022-3166-8
184 Seiten, € 14.95

E-BOOK

Luisa Bove / Anna Deodato
Giulia und der Wolf
Die Geschichte eines sexuellen Missbrauchs in der Kirche

Die italienische Journalistin Luisa Bove verleiht in diesem Buch Giulia ihre Stimme, die in ihrer Jugend über mehrere Jahre hindurch von einem Priester in Mailand sexuell missbraucht wurde. Aus der Ich-Perspektive und ohne etwas zu verschweigen erzählt Giulia von ihrem Drama und dem langen Weg durch Licht und Schatten, um ihre Würde als Frau wiederzuerlangen.

Klappenbroschur
ISBN 978-3-7022-3834-6
190 Seiten, € 17.95

E-BOOK

Angelika Walser
In deiner Nähe geht es mir gut
Warum Freundschaften lebensnotwendig sind

Schon die antike Moralphilosophie wusste: Freundschaft ist einer der wichtigsten Glücksfaktoren im Leben. Doch was macht eine echte Freundschaft aus? Was unterscheidet sie von anderen Beziehungen? Ein Plädoyer für die Lebensnotwendigkeit von Freundschaft.

geb. m. SU
ISBN 978-3-7022-3585-7
128 Seiten, € 14.95

E-BOOK

Martin M. Lintner
Der Mensch und das liebe Vieh
Ethische Fragen im Umgang mit Tieren

Der Umgang mit Tieren ist zutiefst ambivalent. Manche werden gehätschelt, andere unter tierquälerischen Bedingungen gehalten. Dieser Band zeigt auf, wie ein ethisch vertretbarer Lebens- und Konsumstil gestaltet werden kann.

Klappenbroschur
ISBN 978-3-7022-3634-2
296 Seiten, € 21.95

E-BOOK

Monika Nemetschek

Schattenseiten – und wo bleibt Gott?

In Krankheit und Leid nicht allein

Vielen Christen drängt sich die Frage auf: Wie lassen sich Leid und Krankheit akzeptieren, ohne an Gott irre zu werden? Die Autorin nimmt die Leser mit hinein in ihre tiefste Kraftquelle ...

Broschur
ISBN 978-3-7022-2707-4
160 Seiten, € 14.90

Meinhard Feichter / Ulrich Schaffer

Gezählte Tage sind kostbare Tage

Vom Umgang mit einer lebensbedrohenden Krankheit

Meinhard Feichter und Ulrich Schaffer zeigen einfühlsam, dass sich auch nach großen Schicksalsschlägen Wege finden lassen, um dem Leben seinen Sinn abzuringen.

23 sw. Abb., Klappenbroschur
ISBN 978-3-7022-3682-3
160 Seiten, € 14.90 E-BOOK

„Ein Buch, das Schwerkranken wie auch Angehörigen und Freunden von Betroffenen ein wertvoller Wegbegleiter sein kann, weil es unter die Haut geht."

Münchner Merkur

Andreas R. Batlogg

Durchkreuzt

Mein Leben mit der Diagnose Krebs

Was tun, wenn eine schwere Krankheit alle Pläne durchkreuzt? Der Jesuit und erfahrene Publizist Andreas R. Batlogg muss mit der Diagnose Darmkrebs leben. Er beschreibt, wie sein Leben ins Wanken geriet, was ihm in schweren Stunden Trost schenkte, welche Gebete hilfreich waren und wie Freunde zu einer wichtigen Stütze wurden. Ein in seiner Offenheit berührendes Buch, das betroffenen Menschen hilft, besser zurechtzukommen.

2 sw. u. 2 farb. Abb., geb. m. SU u. Lesebändchen
ISBN 978-3-7022-3745-5
192 Seiten, € 19.95 E-BOOK

Petra Hillebrand
Hinter dem Horizont
Kurzgeschichten und Impulstexte für Abschied, Tod und Trauer

Die Geschichten, Gedichte und Zeichnungen dieses liebevoll gestalteten Buches atmen die Erfahrung der Autorin im Umgang mit Sterbenden und Trauernden.

24 farb. Illustr.
geb. m. Lesebändchen
ISBN 978-3-7022-3832-2
104 Seiten, € 14.95

E-BOOK

Monika Nemetschek
Selig die Trauernden, denn sie sollen getröstet werden
Trost und Ermutigung in der Zeit des Abschieds

Ein engagiertes Buch gegen die Unfähigkeit zu trauern, ein ansprechender und hilfreicher Begleiter zum Leben- und Sterben-Lernen!

Broschur
ISBN 978-3-7022-2056-3
152 Seiten, € 14.90

Theresia Kronberger
Leben – Tod – Leben
Impulse für den Weg der Trauer, für Abendandachten, Begräbnisse und Gedenkfeiern

Diese reiche Sammlung von Texten und Gebeten ist ein Begleiter durch die schwere Zeit des Abschiednehmens.

durchgeh. farb. illustr., geb.
ISBN 978-3-7022-2726-5
144 Seiten, € 17.90

Reinhold Stecher
Trostworte
Bilder und Gedanken für die Zeit der Trauer

Das Spiel von Licht und Schatten in der Natur ist für Bischof Reinhold Stecher ein Bild der Hoffnung und der Zuversicht. Ein liebevolles Geschenkbuch, das Trost spendet und Mut macht.

14 farb. Abb., geb.
ISBN 978-3-7022-3830-8
44 Seiten, € 9.95

Gabriele Danler / Christian Sint
In der Liebe bleiben wir verbunden
Gedanken für den Weg der Trauer

Wenn ein uns nahestehender Mensch stirbt, geraten wir ins Wanken. Dieses Geschenkbuch möchte mit einfühlsamen Texten und behutsamen Naturbildern der Trauer Raum geben.

durchgeh.farb. illustr., geb.
ISBN 978-3-7022-3680-9
44 Seiten, € 9.95

Petra Hillebrand
Flieg, kleiner Schmetterling
Gedanken zur Trauer um ein Kind

Mit diesen Trauergedichten findet die Autorin den richtigen Ton, um Eltern dabei zu helfen, ihrer Trauer über den Verlust eines Kindes Ausdruck zu verleihen ...

20 farb. Abb., geb.
ISBN 978-3-7022-2992-4
44 Seiten, € 9.95

Erscheint im September 2020

Reinhold Stecher
Lichtworte
Gedanken zu Advent und Weihnacht

Dieses liebevoll gestaltete Geschenkbuch zitiert prägnante Aussagen des beliebten Innsbrucker Bischofs Reinhold Stecher zum Weihnachtsfest. Vom Advent über Christi Geburt in Betlehem bis zum „Licht ins Dunkel", das in der Weihnachtszeit besonders jene erreicht, die am Rande stehen.

ca. 20 farb. Abb., geb.
ISBN 978-3-7022-3890-2
44 Seiten, € 9.95

Reinhold Stecher
Herzworte
Gedanken und Bilder

Dieses Geschenkbuch lädt dazu ein, der Stimme des Herzens mehr Raum zu geben und beherzt zu handeln, wo Menschen in Not sind.

12 farb. Abb., geb.
ISBN 978-3-7022-3629-8
44 Seiten, € 9.95

Gernot Candolini
Lebenswenden wagen
Die Botschaft des Labyrinths

In diesem Büchlein mit ausdrucksstarken Bildern und einfühlsamen Texten ermutigt der Autor dazu, Lebenswenden als neue Chance zu begreifen.

20 farb. Abb., geb.
ISBN 978-3-7022-3056-2
44 Seiten, € 9.95

Erscheint im August 2020

Helmut Wittmann / Anna Vidyaykina

Von Drachenfrau und Zauberbaum

Das große Buch der österreichischen Märchen

Eine repräsentative und abwechslungsreiche Auswahl der schönsten Märchen aus allen Bundesländern Österreichs. Inklusive Überlieferungen aus dem Kulturgut österreichischer Minderheiten.

ca. 50 farb. Abb.,geb. m. Lesebändchen
ISBN 978-3-7022-3868-1
ca. 250 Seiten, ca. € 27.95

Helmut, Ursula und Heidemarie Wittmann / Agnes Ofner

Das Geschenk der zwölf Monate

Märchen, Bräuche und Rezepte im Jahreskreis

Altes Wissen, kreative Ideen, köstliche Rezepte und stimmungsvolle Märchen verbindet dieses Hausbuch für die ganze Familie in sich auf moderne, ansprechende Weise.

90 farb. Illustrationen, 77 farb. Fotografien
geb. m. Lesebändchen
ISBN 978-3-7022-3618-2
256 Seiten, € 29.95

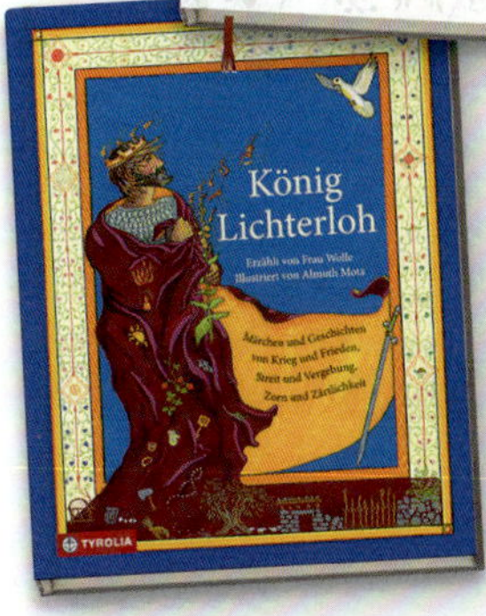

Frau Wolle / Almuth Mota

König Lichterloh

Märchen und Geschichten von Krieg und Frieden, Streit und Vergebung, Zorn und Zärtlichkeit

Die 33 in diesem Buch versammelten Volksmärchen und Weisheitsgeschichten erzählen davon, wie Streit entstehen und Vergebung beginnen und gelingen kann.

durchgeh. farb. illustr., geb.
ISBN 978-3-7022-3542-0
216 Seiten, € 19.95

Hildegard von Bingen

Hildegard von Bingen

Kraftquellen für die Seele

Ausgewählt v. Brigitte Pregenzer und Brigitte Schmidle

Die Texteauszüge aus dem Werk der Hildegard von Bingen bieten Anregungen für ein erfülltes, freudvolles Leben und regen zum Nachdenken an. In Verbindung mit den stimmungsvollen, meditativen Naturaufnahmen von Peter Mertz werden die Zitate wahre Kraftquellen für die Seele.

20 farb. Abb., gebunden
ISBN 978-3-7022-2822-4
44 Seiten, € 9.90

Hildegard von Bingen

Folge der Spur deines Lebens

Die inspirierenden Gedanken der Hildegard von Bingen bieten Orientierung und weisen die Richtung eines harmonischen Lebenswegs. Das beweisen Brigitte Pregenzer und Brigitte Schmidle durch eine stimmige Auswahl von Originaltexten der deutschen Mystikerin, ergänzt durch ausdrucksstarke Wege-Aufnahmen von Thomas Schmidle.

20 farb. Abb., gebunden
ISBN 978-3-7022-3109-5
44 Seiten, € 9.95

Brigitte Pregenzer

Achte auf die Lebensfreude

Für mehr Leichtigkeit mit Hildegard von Bingen

Mit Zeichnungen von Sophia Pregenzer

Dieses Büchlein macht neugierig auf die großen und kleinen Wunder, die das Leben für uns bereithält.

30 farb. Abb., geb.
ISBN 978-3-7022-3628
64 Seiten, € 9.95

mäßigen Abständen[123] – und kann berichten, dass es kaum einen empirisch überprüfbaren Aspekt der Logotherapie gibt, der nicht bereits untersucht und – erfreulicherweise – bestätigt worden ist, häufig auch von Nichtlogotherapeuten.

Damit nimmt die Logotherapie eine Sonderstellung im vielfältigen Feld der Therapieschulen ein, die man vielleicht am ehesten mit dem Wort einer größtmöglichen wissenschaftlichen Transparenz einfangen könnte: Die Logotherapie macht alle ihre philosophischen Grundannahmen und Axiome so explizit deutlich wie nur wenige andere Schulen. Sie war *zugleich* eine der Ersten, die die Notwendigkeit evidenzbasierten Forschens und therapeutischen Handelns nicht nur als Lippenbekenntnis, sondern als echten Arbeitsauftrag anerkannte. Und sie hat fraglos eine metaphysische Dimension, die sich zwar an sich und per definitionem einem empirischen Zugang entzieht, deren Wirkung andererseits aber sehr wohl nachweisbar ist und sich immer wieder bewährt und bestätigt hat. Zugleich widersteht sie der Versuchung, die geistige Dimension metaphysisch oder religiös zu überfrachten … das sind schon recht beachtliche Zusammenhänge.

Nun bin ich ganz gewiss nicht unparteiisch, wenn ich die Logotherapie solcherart ideenhistorisch und methodisch einordne; aber ich denke, dass auch einem unvoreingenommenen Blick kaum verborgen bleiben kann, dass die Logotherapie ihre Prämissen und theoretischen Aspekte von Anfang an tatsächlich ausgesprochen klar entfaltet und zugleich stets die empirische Überprüfung suchte und sucht, obwohl (oder vielmehr: gerade weil) sie einen umfangreichen theoretischen Unterbau aufweist.

Zugleich muss man natürlich sagen: Es liegt allem Empirischen ein Messbares zugrunde, und sicher ist nicht alles am Menschen (oder gar der Welt) messbar – das Geistige etwa nicht …

Lukas: Ich bin durch eine strenge Schule empirischer Psychologie gegangen. In Hubert Rohracher und Giselher Guttmann habe ich in den 1960er Jahren diesbezüglich hervorragende Professoren gehabt. Fast das halbe Psychologiestudium bestand aus Statistik, was mir durchaus gefiel, da ich ein Faible für Mathematik habe. (Mathematik war mein Nebenfach zum Hauptfach Psychologie an der Universität Wien.) Aber als ich mit Frankls Gedankengut

123 Batthyány. Over thirty-five years later, s. Anm. 116; Thir & Batthyány. The state of empirical research on logotherapy and existential analysis, s. Anm. 116

in Berührung kam, wusste ich sofort, dass das Geistige (nach Frankls Definition) das Nicht-Messbare und Nicht-Wägbare im Menschen ist. Dass es sich niemals in empirischen Studien einfangen lassen wird und sich allenfalls phänomenologischen Betrachtungen offenbart, wenn auch nicht komplett. Geistiges ist zu sehr in Bewegung, ist zu wenig im Sein festgezurrt, als dass es in Zahlen gepresst werden könnte. Verweilt es einen Augenblick bei einer Zahl, stimmt diese schon nicht mehr.

Wahrscheinlich gründet darin das Wunder des Menschseins. Oder, wie ich zu sagen pflege: „Der Mensch ist immer für eine Überraschung gut." Statistiken erlauben Vorhersagen, und das tut der Mensch genau *nicht*: Er übertritt ständig sein eigenes Vorhergesagtsein. Was sich jedoch messen lässt, das sind, wie Sie sagen, *Auswirkungen des Geistigen.* Deshalb kann man die günstigen Auswirkungen einer „Psychotherapie vom Geistigen her und auf Geistiges hin" (Frankl) problemlos messen bzw. überprüfen. Zu Testläufen und zum Methodenvergleich ist dies opportun, und ich bin stolz darauf, dass die meisten internationalen Studien belegen, wie effektiv saubere logotherapeutische Arbeit ist. Dass Sie solche Studien gemeinsam mit David Guttmann sorgfältig zusammengetragen haben, ist ein großes Verdienst von Ihnen beiden.

Ich möchte jedoch eine Anmerkung nicht versäumen. Das logotherapeutische Instrumentarium, das uns Frankl vermacht hat, liegt stets in der Hand einer konkreten Person aus Fleisch und Blut (und Geist!), und diese Person handhabt es nach ihrem eigenen Gutdünken und ihren eigenen Skills. Misst man also die Präzision eines Werkzeugs, misst man nicht automatisch das Geschick dessen mit, der dieses Werkzeug gebraucht. In meinem Leben habe ich die seltsamsten Dinge erlebt. Ich traf Personen, die durch eine feinfühlige Intervention eines Psychoanalytikers geheilt worden waren. Ich traf iatrogen geschädigte Personen, die jahrelang vergebens einen Logotherapeuten aufgesucht hatten. Dass jemand logotherapeutisch qualifiziert ist, garantiert bedauerlicherweise nicht, dass er sich in der Praxis bewährt. Und wenn jemand mit einem reduzierten Menschenbild indoktriniert worden ist, muss dies nicht bedeuten, dass er seine Mitmenschen und ihre Bedürfnisse missachtet. Immer und überall kommt es auf den Einzelnen an …

Deshalb glaube ich, dass es etwas gibt, das noch stärker zur Befürwortung der Logotherapie beiträgt als die statistischen Belege ihrer Wirksamkeit. In den 49 Semestern, in denen ich Logotherapie unterrichtet habe, kamen häufig Schülerinnen und Schüler auf mich zu und behaupteten, sie würden in dem Lehrstoff, mit dem ich sie konfrontierte, wiedererkennen, was längst schon in ihren „Herzen" (in ihrer unbewussten Geistigkeit) schlummerte. Sie hätten nicht die passenden Worte dafür gehabt. Sie hätten keine Strukturen dafür gewusst. Es hätte ihnen an einer Synopsis dafür gefehlt. Sie hätten jenes unbewusste Vorwissen nicht in eine reale Produktivität überleiten können. Dennoch: *Gänzlich neu oder fremd war ihnen nicht,* was ich ihnen da vermittelte. Wie in einem Déjà-vu-Erlebnis *erkannten sie es wieder!*

Der biblische Ausdruck der „Ebenbildlichkeit", den Frankl noch verwendet hat (was ihm Kritiker als „religiöse Verbrämung" vorwerfen), kann meines Erachtens auch so gelesen werden: Geistiges erkennt Geistadäquates. So wie unser Sinn-Organ Gewissen auf Sinn „anspringt", so „springt" die geistige Person auf geistadäquate Inhalte an. Menschen können zwar verblendet und zu irrigen Auffassungen verführt sein, siehe „Pathologien des Zeitgeistes" (Frankl), sie können von gesellschaftlichen Normen unterdrückt oder von radikalen Ideologien umnebelt sein, doch jener personale Kern in ihnen, der sie als Menschen legitimiert, birgt zuinnerst in sich die Attribute des Geistes, mit dem eine bevorzugte Tiergattung einst begabt worden ist. Wird ihm ein Thesenmodell präsentiert, das mit jenen Attributen harmoniert, regt sich sogleich Affirmation in ihm. Schon Kleinkinder spüren autark und unverbildet, dass Echtes höher steht als Unechtes, Freundliches höher steht als Unfreundliches, Sanftes höher steht als Brutales etc. Erst recht spüren Erwachsene intuitiv, was „dem Geist gemäß", was „der Würde des Menschen gemäß" ist. Das ist auch der Grund, warum Frankls Vorträge eine derartige Anziehungskraft auf sein Auditorium ausübten. Es war nicht nur die Kunst eines grandiosen Rhetorikers, es waren die *Inhalte,* die jedermann in ihren Bann zogen. Sogar ein SS-Offizier des Naziregimes hat Frankl einst gebannt gelauscht, als er ihn eigentlich verhaften wollte.

Wenn Menschen Geistadäquates spüren, sobald sie mit der Logotherapie in Kontakt kommen, dann scheint mir dies die nobelste Bestätigung des Frankl'schen Denkansatzes zu sein. Mit dem „Herzen" geprüft, gewogen, und für schwer genug befunden – was wollen wir mehr?

2. SINN UND PERSÖNLICHER MYTHOS: ANMERKUNGEN ZU TATJANA SCHNELL

Batthyány: Nun ist die Sinnforschung – lange Zeit „Spezialität" logotherapeutisch interessierter Psychologen und Psychiater – in den letzten Jahren in der Mitte der psychologischen Forschung angekommen. Das ist sicher auch eine Folge der Tatsache, dass auch die Vertreter der sogenannten „Positiven Psychologie" über viele Umwege und auf der Suche nach einer tragfähigen Ressource menschlichen Entfaltens darauf aufmerksam wurden, dass dem Sinnerleben und -verwirklichen tatsächlich eine immens positive psychologische Rolle zukommt. Dass Sinn aber nicht nur eine empirische Kategorie ist, sondern – wie Sie sagen – auch jenseits des Empirischen stattfindet, zeigt sich auch in den Missverständnissen, die bisweilen auftreten, wenn Sinn seiner existentiellen Grundierung entwendet und bloß als eine weitere psychologische Größe betrachtet wird – und nicht als eine existentielle.

Ich würde, wenn es Ihnen recht ist, in diesem Zusammenhang jetzt gerne auf die vorhin schon kurz angesprochenen Arbeiten der Innsbrucker Psychologin Tatjana Schnell zu sprechen kommen, weil diese beispielhaft für dieses Dilemma sind. Tatjana Schnells Arbeiten sind ja etwas verhalten von den Logotherapeuten aufgenommen worden. Einer der Hauptgründe ist, dass Tatjana Schnell aufgrund einiger ihrer Forschungsarbeiten zu dem Schluss kommt, dass der von der Logotherapie postulierte „Wille zum Sinn" – also die menschliche Sinnmotivation – gar nicht so eminent wichtig sei, wie die Logotherapeuten (und mittlerweile auch viele Nichtlogotherapeuten aufgrund eines beachtlichen Fundus an empirischen Arbeiten) annehmen. Damit stellen Schnells Befunde eine veritable Herausforderung dar, und ich denke, dass es gut und notwendig ist, in einen Dialog mit ihren Forschungsergebnissen zu treten, da diese *prima facie* einer der drei Säulen der Logotherapie („Wille zum Sinn") zu widersprechen scheinen.

Ich fasse diese Befunde kurz zusammen, bevor wir sie im Detail erörtern. In ihrer Arbeit *Deutsche in der Sinnkrise. Ein Einblick in die Sinnforschung mit Daten einer repräsentativen Stichprobe*[124] berichtet Schnell über eine groß an-

---

124 Schnell, T. (2008). Deutsche in der Sinnkrise. Ein Einblick in die Sinnforschung mit Daten einer repräsentativen Stichprobe. In: *Journal für Psychologie*, 16 (3)

gelegte Forschungsarbeit zur Sinnerfüllung. Zunächst muss man zur Einordnung dieser Arbeit festhalten, dass Schnell die in den bisherigen Untersuchungen verwendeten Testinstrumente zur Sinnsuche und Sinnerfüllung für konzeptuell unbefriedigend hält – obgleich diese großteils eine hohe Validität und Reliabilität aufweisen (die beiden Goldstandards eines psychologischen Testinstruments) und sich in buchstäblich hunderten Studien bewährt haben.[125]

Wie auch immer – Schnell hat jedenfalls ein eigenes Testinstrument entwickelt, den sogenannten LeBe-Test (Fragebogen zu Lebensbedeutungen und Lebenssinn)[126]. Es ist allerdings unumgänglich, sich genau anzusehen, welche Items der LeBe-Test verwendet, weil sich da bereits von der Theorie her starke Unterschiede zur Sinnkonzeption der Logotherapie offenbaren:

Basierend auf Erkenntnissen der Philosophie, Anthropologie und Religionswissenschaften wurden universelle Ausdrucksformen von Sinn identifiziert. Übertragen auf die Ebene des Individuums manifestiert sich Sinn auf kognitiver Ebene im persönlichen Mythos, auf der Ebene des Verhaltens in persönlichen Ritualen und auf der Ebene des Erlebens als Transzendierungserfahrungen [...].

Entsprechend den Prinzipien des Grounded-Theory-Ansatzes wurde sodann in strukturiert-explorativen Interviews erfasst, mit welchen Inhalten Menschen unterschiedlichster sozialer und religiöser Herkunft ihre persönlichen Mythen, Rituale und Transzendierungserfahrungen verknüpfen.

[...] In Teamarbeit wurden diese Letzt- bzw. Lebensbedeutungen in einem zyklischen Prozess der Inhaltsanalyse mit zunehmendem Abstraktionsgrad zusammengefasst. [...]

So entstand ein objektiv auswertbares Verfahren zur umfassenden und differenzierten Erfassung von Lebensbedeutungen, Sinnerfüllung (= Wahrnehmung des eigenen Lebens als sinnvoll und in einen übergeordneten Zusammenhang integriert) und Sinnkrise (= Wahrnehmung eines als negativ erlebten Sinnmangels).[127]

---

125 Siehe dazu die Übersicht in: Thir & Batthyány. The state of empirical research on logotherapy and existential analysis, s. Anm. 116, 53–74

126 Schnell, T. & Becker, P. (2007). *LeBe. Manual des Fragebogens zu Lebensbedeutungen und Lebenssinn*. Göttingen: Hogrefe

127 Schnell. Deutsche in der Sinnkrise, s. Anm. 124

Der Test fragt demnach weniger nach dem Sinn des Augenblicks – also Frankls „Sinn *im* Leben“, sondern vielmehr nach rituellen und kognitiven Sinnkonstrukten („persönlichen Mythen“) und Transzendierungserfahrungen. Und der Schwerpunkt liegt im *Erleben* der mit diesen rituellen und kognitiven Konstrukten einhergehenden *Empfindungen.* Das ist wiederum primär subjektiv begründet und ruht nicht etwa auf dem in der klassischen Logotherapie postulierten objektiven Aufforderungscharakter des Daseins auf, auf der Verbindlichkeit objektiver Sinnmöglichkeiten und der damit einhergehenden Ich-Stärkung, wenn dieses Ich nicht mehr nur um sich selbst kreist, sondern – statt bloßer Transzendierungs*erfahrungen* – sich wirklich ausrichtet auf die konkreten in einer Situation zu bergenden Sinnmöglichkeiten. Strenggenommen könnte man daher die Diskussion der empirischen Befunde Schnells aus logotherapeutischer Sicht hier schon beenden, weil Forschungsarbeiten, die einen Test verwenden, der gar keine logotherapeutischen Sinnbezüge untersucht, auch nicht dazu geeignet sein können, die Gültigkeit logotherapeutischer Sinnbezüge einer empirischen Überprüfung zu unterziehen. Das zeigt auch die folgende Aufstellung der Test-Items des LeBe-Tests:

> Anhand von 151 Items mit dem Antwortformat 0 (stimme überhaupt nicht zu) bis 5 (stimme vollkommen zu) werden die Ausprägungen von Sinnerfüllung, Sinnkrise und 26 Lebensbedeutungen gemessen. [...]
> Die Lebensbedeutungen lassen sich mithilfe exploratorischer Hauptachsen-Faktorenanalyse mit anschließender Oblimin-Rotation den vier Dimensionen Selbsttranszendenz (Überschreitung eigener Bedürfnisse und Orientierung an einem größeren Ganzen), Selbstverwirklichung (aktive Entwicklung eigener Potentiale), Ordnung (Bewahrung und Mäßigung) und Wir- und Wohlgefühl (Erlangen und Erhalt von körperlichem, seelischem und sozialem Wohlbefinden) zuordnen. Die Dimension Selbsttranszendenz kann aus Gründen besserer inhaltlicher Differenzierung auch durch die beiden Subdimensionen vertikale und horizontale Selbsttranszendenz repräsentiert werden. Vertikale Selbsttranszendenz meint die Ausrichtung an einer jenseitigen Wirklichkeit, horizontale Selbsttranszendenz beschreibt die engagierte Übernahme von Verantwortung für verschiedene Bereiche der Eigen-, Mit- oder Umwelt.[128]

128 Schnell & Becker. *LeBe*, s. Anm. 126

Wir erkennen zwar in einigen dieser Items Konzepte wieder, die zumindest logotherapieverwandt sind (insbesondere in der Dimension der horizontalen Selbsttranszendenz), ansonsten sind die genannten Dimensionen aber eher logotherapiefremd. Dennoch bzw. genau deswegen ist ein Dialog mit den Arbeiten Schnells gerade dann interessant und wichtig, wenn ein mehr konstruktivistisch und psychologistisch operationalisiertes Sinnaxiom dahintersteckt.

Die Psychologin Anna Kalender hat dazu in einer hervorragenden Arbeit die Probleme – aus Sicht der Logotherapie im Übrigen nicht nur Probleme, sondern auch philosophischen Defizite – des hier zugrunde liegenden Sinnbegriffs deutlich gemacht:

> Der bedeutsamste Unterschied zwischen Frankls Gedankengut und der empirischen Sinnforschung des 21. Jahrhunderts ist, dass letztere bei der subjektiv wahrgenommenen Sinnhaftigkeit verbleibt, während Frankl stets von einem vorfindlich in der Welt vorhandenen, transsubjektiven Sinn ausging, der abhängig ist von Person und Situation, und vom Gewissen als die „verwirklichungswürdigste Möglichkeit auf dem Hintergrund der Wirklichkeit" erkannt werden kann. Während die empirische Sinnforschung lediglich danach fragt, ob und in welchem Ausmaß ein Individuum sich selbst oder ein Handeln als sinnerfüllt erlebt, interessiert die originäre Logotherapie, ob etwas an sich sinnvoll ist. Die Verwirklichungswürdigkeit einer sinnvollen Möglichkeit bezieht sich dabei nicht auf subjektive Lustmaximierung oder rein egozentrische Beweggründe. [...] Möglicherweise hätte Hitler im von Schnell (2009) entwickelten Persönlichkeitsfragebogen zu Sinnerfüllung und Sinnkrise eine sehr hohe Sinnerfüllung berichtet. Schnell (2016) gesteht zwar ein, dass die Betrachtung solcher Handlungen als sinnvoll unserem humanistischen Weltbild widerstreben mag, sieht von einer normativen Definition des Sinnbegriffs jedoch ab, da dessen Erklärungskraft ansonsten massiv eingeschränkt würde. Eine Denkweise, die der Frankls entgegengesetzter nicht sein könnte und die deshalb schwer als eine längst verdiente Weiterentwicklung betrachtet werden kann.[129]

129 Kalender, A. (2020). *Kein Sinn – kein Problem? Sinnerfüllung als Burnoutrisiko? Ein kritischer Diskurs aktueller Sinnforschung aus der Perspektive originärer Logotherapie*. Abschlussarbeit. Bamberg: Akademie für Logotherapie im Elisabeth-Lukas-Archiv.

Dem ist wenig hinzuzufügen – es gibt eben, wie Anna Kalender sehr schlüssig argumentiert, eine uneindeutige Beziehung zwischen Sinnerleben und Sinn – und das wirkt sich natürlich auch auf Studien aus, die das eine oder andere zu erfassen versuchen.

Lukas: Ja, auch mir ist in verschiedenen Texten von Tatjana Schnell schon aufgefallen, dass sie Sinn gleichsetzt mit individuellen und willkürlich gewählten Zielvorgaben. Mir ist z. B. ein Satz von ihr in Erinnerung, wonach hohe Sinnerfüllung in der Arbeit zu Burnout-Kollapsen führen könne. Oder die Behauptung, dass Attentäter und Terroristen eine starke Sinnperspektive hätten.

Bei solchen Aussagen stockt uns Logotherapeuten der Atem. Ein Sinn, der gesundheitliche Zusammenbrüche initiiert? Ein Sinn, der zu mörderischem Handeln stimuliert? Das ist nicht der Sinn, um den sich Frankls geniales Werk dreht! Das ist nicht der Sinn, von dem unser „Sinn-Organ" Gewissen erzählt! Das sind sinnwidrige Artefakte aus Menschenhand, in Beliebigkeit hergestellt und wiederholt für „entheiligte" Zwecke eingespannt.[130] Sollte also bei psychologischen Forschungen in den Testblättern und verbalen Umschreibungen eine derartige Fehlauffassung von Sinn an die untersuchten Personen herantransportiert werden – und sei es nur in hauchfeinen Anklängen –, dann würde es mich überhaupt nicht wundern, wenn viele die Abwesenheit eines solchen „Sinns" in ihrem Leben als „nicht störend" empfinden.

Batthyány: Wie gesagt – es stehen Schnells Befunde generell in starkem Kontrast zu einem enormen Satz an Studien, die, meist unabhängig von der Logotherapie, direkte Zusammenhänge zwischen Sinnerfüllung und einer ganzen Reihe an psychologisch relevanten Parametern nachweisen.[131]

Aber nun zu den eigentlichen Ergebnissen Schnells: Mit dem LeBe-Test wurden eine repräsentative deutsche Stichprobe und Studierende zu ihren Lebensbedeutungen, zum Grad erlebter Sinnerfüllung und möglicher Sinnkrisen befragt. Es gab vier Kombinationsmöglichkeiten des Verhältnisses

130 Anspielung auf Frankls Bonmot, wonach nicht der Zweck die Mittel heilige, sondern die schlechten Mittel den besten Zweck entweihen.

131 Thir & Batthyány. The state of empirical research on logotherapy and existential analysis, s. Anm. 116; Batthyány & Guttmann. *Empirical Research in Logotherapy and Meaning-Oriented Psychotherapy*, s. Anm. 116

zwischen Sinnerfüllung und Sinnkrise, bzw. der An- oder Abwesenheit von Sinnerfüllung (wie sie der LeBe bzw. Schnell definiert) und der An- und Abwesenheit von Sinnkrisen. Hier sind die Ergebnisse:

LeBe-Parameter	Studie 1	Studie 2
Sinnerfüllt – keine Sinnkrise	61 %	56 %
Keine Sinnerfüllung – Sinnkrise	4 %	7 %
Keine Sinnerfüllung – keine Sinnkrise	35 %	37 %
Sinnerfüllung – Sinnkrise	0 %	0 %

Das zeigt: Sinnerfüllte Menschen haben – wenig überraschend – mehrheitlich keine Sinnkrisen. Allerdings – und das ist schon etwas überraschender und steht zahlreichen anderen Befunden entgegen[132] – leiden nur minimale Prozentsätze (4–7 %) an einer Sinnkrise, wenn sie aktuell keinen Lebenssinn erleben.

Die zweitgrößte Gruppe sind Menschen, die keine Sinnerfüllung berichten, sich zugleich aber nicht in einer Sinnkrise befinden. Gemäß diesen Zahlen gibt es heute eine große Gruppe von „existenziell indifferenten" Personen, also Personen, die ihr Leben weitgehend für sinnlos halten, zugleich aber keinerlei Anzeichen einer Sinn- oder sonstigen Krise aufzuweisen

132 Siehe etwa Heisel, M. J. & Flett, G. L. (2004). Purpose in life, satisfaction with life, and suicide ideation in a clinical sample. In: *Journal of Psychopathology and Behavioral Assessment*, 26 (2), 127–135; Wang, M. C., Lightsey, O. R., Pietruszka, T., Uruk, A. C. & Wells, A. G. (2007). Purpose in life and reasons for living as mediators of the relationship between stress, coping, and suicidal behavior. In: *The Journal of Positive Psychology*, 2 (3), 195–204; Kleftaras, G. & Psarra, E. (2012). Meaning in life, psychological well-being and depressive symptomatology: A comparative study. In: *Psychology*, 3 (04), 337; Westerhof, G. J., Bohlmeijer, E. T., Van Beljouw, I. M. & Pot, A. M. (2010). Improvement in personal meaning mediates the effects of a life review intervention on depressive symptoms in a randomized controlled trial. In: *The Gerontologist*, 50 (4), 541–549; Kinnier, R. T., Metha, A. T., Keim, J. S. & Okey, J. L. (1994). Depression, meaninglessness, and substance abuse in „normal" and hospitalized adolescents. In: *Journal of Alcohol and Drug Education*; Mascaro, N. & Rosen, D. H. (2005). Existential meaning's role in the enhancement of hope and prevention of depressive symptoms. In: *Journal of Personality*, 73 (4), 985–1014; Hedayati, M. M. & Khazaei, M. M. (2014). An investigation of the relationship between depression, meaning in life and adult hope. In: *Procedia-Social and Behavioral Sciences*, 114, 598–601; Martin, R. A., MacKinnon, S., Johnson, J. & Rohsenow, D. J. (2011). Purpose in life predicts treatment outcome among adult cocaine abusers in treatment. In: *Journal of Substance Abuse Treatment*, 40 (2), 183–188

scheinen. Mit anderen Worten macht es diesen Ergebnissen zufolge kaum einen Unterschied, ob jemand sinnerfüllt ist oder nicht, da sich beide Gruppen (hohe Sinnerfüllung, niedrige Sinnerfüllung) im Prinzip wenig voneinander unterscheiden. Dieser Befund steht wie gesagt relativ isoliert da – mit anderen Worten steht er in direktem Widerspruch zu anderen Arbeiten, die eine starke Beziehung finden zwischen mangelnder Sinnerfüllung und existentiellen Krisen. Schnell nimmt dazu wie folgt Stellung:

> Während in der bisherigen Forschung davon ausgegangen wurde, dass Menschen entweder ein sinnerfülltes Leben führen, oder aber einen solchen Sinn vermissen, findet sich in der repräsentativen Stichprobe eine überraschend hohe Zahl von existentiell Indifferenten. Insgesamt 35 % der Befragten bezeichnen sich weder als sinnerfüllt, noch leiden sie unter einer Sinnkrise.[133]

Schnell räumt zwar ein, dass diejenigen, die über eine geringe Sinnerfüllung berichten, auch signifikant niedrigere Selbsterkenntniswerte aufweisen und daher eine mögliche Deutung auch wäre, dass ein Mangel an Selbsteinsicht mit ein Grund dafür sein könnte, dass eine vorhandene Sinnleere und -krise einfach nicht wahrgenommen oder explizit benannt wird. Oder dass das Verdrängen einer tatsächlichen Sinnkrise als Copingstrategie dient. In diesem Fall wäre die vermeintliche Abwesenheit psychologischer Folgen des erlebten Sinnmangels ein Artefakt bzw. eine Funktion mangelnder Selbsteinsicht und kognitiver oder affektiver Verzerrungen als Copingstrategie. Allerdings gelangt Schnell nichtsdestotrotz zu dem etwas unvermittelten Schluss, dass der „Wille zum Sinn" nach Frankl keine Grundmotivation darstelle, sondern lediglich ein sogenanntes optionales Wachstumsbedürfnis:

> Eine Relativierung einer zentralen Annahme der Sinnforschung kann bereits aufgrund der Häufigkeit des Vorkommens existentieller Indifferenz vorgenommen werden: So ist der von Frankl postulierte Wille zum Sinn bestenfalls als ein Wachstumsbedürfnis im Sinne Maslows (1970) zu verstehen, nicht aber als ein Defizitbedürfnis, das bei Nichterfüllung einen als Mangel erlebten Spannungszustand hervorruft.[134]

133 Schnell. Deutsche in der Sinnkrise, s. Anm. 124
134 Ibd.

Wie gesagt steht dem entgegen, dass der LeBe-Test *a priori* aufgrund seiner Items für eine Testung der Frankl'schen Sinnmotivation schlichtweg nicht geeignet ist, weil er „Sinn" ganz anders operationalisiert – und vielleicht auch deswegen Ergebnisse zeitigt, die in zahlreichen anderen Studien genau gegenteilig ausfallen.

3. EXISTENTIELL INDIFFERENT?

Lukas: Natürlich weiß jeder Psychologe und weiß auch Tatjana Schnell, dass Fragebogenresultate von den gestellten Fragen abhängen, und dass sich ein so komplexes (und vor allem geistiges) Phänomen wie „Sinnerfüllung" mit einer Ansammlung von Fragen nicht veritabel abschätzen lässt. Ich habe diesbezüglich schon Anfang der 1970er Jahre meine Erfahrungen mit dem von mir kreierten „Logo-Test" gemacht, den ich immer als ein „nur sehr grobes Instrument" bezeichnet habe.

Trotz all dieser Bedenken fällt es mir nicht schwer, die vorliegende Zusammenfassung von Schnells Sinnforschung zu kommentieren, denn meines Erachtens bestätigt sie Frankls Behauptungen eher, als dass sie sie widerlegt.

Es wurden zwei Studien mittels Befragungen durchgeführt; die erste an 603 deutschen Probanden (wahrscheinlich eine Zufallsauswahl) und die zweite an Studentinnen und Studenten der Psychologie (Zahl mir unbekannt). Bei beiden Studien wurden die Probanden auf Grund ihrer Aussagen in eine der folgenden vier Kategorien eingeordnet:

1) Sinnerfüllt – ohne Sinnkrise (logotherapeutisch zu erwarten)
2) Nicht sinnerfüllt – in Sinnkrise (logotherapeutisch zu erwarten)
3) Nicht sinnerfüllt – ohne Sinnkrise (logotherapeutisch nicht zu erwarten)
4) Sinnerfüllt – in Sinnkrise (logotherapeutisch nicht zu erwarten)

Sehen wir uns noch einmal die erhobenen Prozentzahlen der Probanden an:

1) 61 % (1. Studie),	56 % (2. Studie)
2) 4 % (1. Studie),	7 % (2. Studie)
3) 35 % (1. Studie),	37 % (2. Studie)
4) 0 % (1. Studie),	0 % (2. Studie)
100 %	100 %

Ich möchte mit den Kategorien 1) und 4) beginnen: Kein einziger Proband, dessen Leben als „sinnerfüllt" eingestuft wurde, befand sich in einer Sinnkrise! Das klingt zwar logisch, aber Menschen sind widersprüchliche Wesen. Nicht jeder, der glücklich sein müsste, ist glücklich. Nicht jeder, der genügend Grund zur Verzweiflung hätte, ist verzweifelt ... In den beiden Studien bezeichnete sich jedoch *jeder*, der sein Leben als sinnvoll deklarierte, als *von Sinnkrisen verschont*. 0 % der Befragten ließen auch nur den geringsten Schatten eines Zweifels auf ihr erfülltes Leben fallen. Alle 61 % bzw. 56 %, und das heißt: 100 % der sinnbejahenden Interviewten, waren „Sinnkrisen-frei". Das ist geradezu sensationell!

Dazu kommt: Menschen assoziieren mit dem Wort „Krise" diverse Probleme, Sorgen, Zweifel und Ungereimtheiten ihres Lebens. Deswegen ist es durchaus möglich, dass Personen dieser 61 %- bzw. 56 %-Gruppen an andersartigen Krisen als Sinnkrisen litten, was offen und unausgesprochen blieb. Es ist (auch aus logotherapeutischer Sicht) klar, dass Sinnerfüllung nicht vor Kummer, Leid und Nöten bewahrt, wie sie das Leben nun einmal mit sich bringt. Sinnerfüllung liftet nur die Trage- und Managementkraft im Umgang mit solchen „Herausforderungen". Trotzdem vermischten die befragten Probanden ihre eventuellen anderen Krisen nicht mit dem Begriff „Sinnkrise". Ihr Statement war eindeutig: *Sinnerfüllung schützt vor Sinnkrisen.*

Was wissen wir aus Schnells Studien sonst noch über diese 61 %- bzw. 56 %-Gruppen? Zunächst dies: Unter den befragten Studentinnen und Studenten, also durchschnittlich jungen Menschen, war die Anzahl derjenigen, die Sinnerfüllung in ihrem Leben bejahten, geringer (56 %) als unter der Zufallsauslese mit Angehörigen verschiedenen Alters (61 %). Diese Beobachtung deckt sich mit den von mir im Jahr 1969 eruierten statistischen Befunden, was auf eine erstaunliche Konstanz hinweist.

> Die Höhe persönlicher Sinnorientierung ist altersabhängig. Die Normalkurve zeigt ein besonders starkes Absinken der Sinnorientierung zwischen 20 und 30 [Jahren], die höchsten Werte liegen zwischen 40 und 60 [Jahren] (am 1 %-[Fehler-]Niveau signifikant) ... Studenten und Akademiker haben durchschnittlich höhere Sinnprobleme als Vertreter anderer Berufssparten (am 1 %-[Fehler-]Niveau signifikant).[135]

135 Erstmals publiziert 1972 in einem Beitrag von Elisabeth Lukas in: Frankl. *Der Wille zum Sinn*, s. Anm. 2, 257f.

Meine damalige Erklärung lautete: Junge Menschen sind noch stärker auf der Suche nach sinnvollen Aufgaben, die zu ihren Visionen und Talenten passen könnten, als ältere Menschen, die in dieser Hinsicht bereits fündig geworden sind. – Das dürfte auch heute noch gelten.

Bei meinen damaligen mündlichen Straßenbefragungen von 1000 Personen zufälliger Auswahl waren es nur 51,5 % der Befragten, die konkrete Sinngehalte ihres Lebens benennen konnten oder wollten. Allerdings verweigerten 21,9 % ihre Aussage, darunter gewiss auch welche, die „sinnerfüllt" waren, aber es bloß eilig hatten. Der Prozentsatz von rund 50 % bis 60 % „sinnvitaler" Personen in unserer mitteleuropäischen Bevölkerung scheint demnach seit einem halben Jahrhundert unverändert geblieben zu sein.

Weitere Korrelationen, die Tatjana Schnell gemessen hat, korrespondieren ebenfalls mit vielen meiner alten Befunde. In einem Vergleich zwischen den Probanden der 61 %- bzw. 56 %-Gruppen und den restlichen Probanden trat gemäß Schnell zutage, dass Sinnerfüllung u. a. die Bereitschaft fördert,

- Beziehungen und familiäre Bindungen einzugehen,
- Dinge zu schaffen, die von bleibendem Wert sind,
- zu bewusstem, achtsamen, auch rituellen Erleben,
- zu harmonischem Gleichklang mit sich und anderen,
- zur Zielstrebigkeit und zu eigenem Wachstum.

Logotherapeutisch würden wir daraus folgern, dass Sinnerfüllung die Fähigkeit zur Selbsttranszendenz in Gang setzt und in einem damit die Liebesfähigkeit – zu sich, zu anderen Menschen, zur Welt.

Wenden wir uns jetzt der Kategorie 2) zu. Die Probanden dieser Kategorie scheinen auf den ersten Blick die tristesten zu sein, da sie sich als „nicht sinnerfüllt *und* in einer Sinnkrise steckend" offenbarten. Ich würde diese 4 % bzw. 7 % der Befragten jedoch – in Übereinstimmung mit Frankl – als die „Mündigen" bezeichnen; als diejenigen, die sich ihrer existentiellen Frustration und Flachheit *bewusst sind* und zutiefst spüren, dass sie sich geistig nach der Hingabe an sinnvolle Aufgaben und nach in Freiheit übernommener kreativer Eigenverantwortung sehnen.

> Vielmehr meine ich, dass der Mensch damit, dass er die Frage nach dem Sinn des Lebens stellt, ja, mehr als das, dass er es wagt, die Existenz eines solchen Sinnes sogar in Frage zu stellen, – ich meine, dass der Mensch

> damit nur seine Menschlichkeit manifestiert … Das tut eben nur der Mensch, und das ist nicht *Ausdruck einer seelischen Krankheit*, sondern *der Ausdruck geistiger Mündigkeit*, würde ich sagen.[136]

Dass sich die Gruppe der Studentinnen und Studenten (7 %) um eine Nuance „mündiger" und „wacher" erwies als die Durchschnittsgruppe (4 %), überrascht nicht (und deckt sich ebenfalls mit meinen Befunden, siehe oben). Studierende sind darauf getrimmt, sich mit kniffeligen Fragen zu beschäftigen. Auch sind sie vorwiegend (noch) „Suchende".

Bei aller geistigen „Mündigkeit" sei jedoch die Tatsache nicht übersehen, dass existentielle Frustrationen in noogene Neurosen und Depressionen einmünden können. Dass sie zwar nicht pathologisch, dafür aber pathogen sind (Frankl) und massive seelische Krankheiten auslösen können. Meiner praktischen Erfahrung nach ist es ein ausgesprochenes Alarmzeichen, wenn jemand unmissverständlich ausdrückt, sich in einer Sinnkrise zu befinden. Genaugenommen wäre es indiziert, den Probanden der 4 %- bzw. 7 %-Gruppen (als Dank für ihre Teilnahme an der Befragung?) eine psychotherapeutische Behandlung anzubieten, am besten eine logotherapeutische. Redliche Forscher wollen schließlich nicht erleben, dass etwa Suizidgedanken in einem ihren Tests indirekt angekündigt wurden, die Tests aber lediglich für wissenschaftliche Erhebungen benutzt wurden …

Womit wir zuletzt bei der seltsamen Kategorie 3) angelangt sind. Wenn man so vielen ratsuchenden und leidgeschüttelten Menschen gelauscht hat wie ich, klärt sich dieser Befund schnell auf. Denn man weiß und hat hundertfach erlebt: Menschen *täuschen sich*. Das fängt schon damit an, dass das Leben ja einen bedingungslosen Sinn hat, den es unter keinen Umständen verliert (Frankl). Wenn also jemand zu einem bestimmten Zeitpunkt keinen Sinn (mehr) in seinem Leben sieht, dann *täuscht er sich*. „Objektiv" hat auch *sein* Leben Sinn, aber „subjektiv" nimmt er keinen Sinn (mehr) wahr. Er ist „sinnblind" (geworden), weswegen er eben Hilfe braucht. (Wie schön der Vergleich von Frankl, wonach der Logotherapeut nicht einem Maler gleicht, der irgendwelche Sinnornamente auf eine leere Leinwand malt, sondern vielmehr einem Augenarzt gleicht, der die Sehtüchtigkeit seines Patienten in Bezug auf *vorhandene* Sinnmöglichkeiten wiederherstellt!) Wenn ferner ein solch „Sinnblinder" glaubt, sein Leben auch ohne „Sinnberücksichtigung" und allein ent-

136 Frankl. *Der Wille zum Sinn*, s. Anm. 2, 239

lang der banalen Alltäglichkeit ableisten zu können, *täuscht er sich wiederum.* „Objektiv" geht es ihm nicht gut, weil sich seine Menschlichkeit nicht zu ihrer vollen Höhe entfalten kann, aber „subjektiv" hat er es sich in den unteren Nischen seines Daseinsvollzuges einigermaßen bequem eingerichtet.

In der Psychologie ist eine Menge vergleichbarer subjektiver Täuschungen bekannt. Würde man verwahrloste Straßenkinder, die sich von Diebereien ernähren, fragen, ob sie sich in einer „Krise" befinden, würden die meisten von ihnen lachend verneinen. Würde man dickleibige oder nikotinabhängige Leute ähnlich befragen, würden etliche abwinken und behaupten, sie fühlen sich wohl in ihrer Haut. Würde man Zyniker oder chronische Nihilisten danach befragen, würden sie die Zumutung vehement zurückweisen, selber in einer Krise zu sein. Würde man bei verleumderischen Nachbarn, neidischen Kollegen, nörglerischen Tanten etc. nach ihrem gefühlten Krisenstatus fahnden, bekäme man kaum Eingeständnisse. Menschen gaukeln sich allerlei vor, wenn sie vor der Wahrheit zurückscheuen.

Batthyány: Schnell berichtet – wie ich schon kurz erwähnte – ja tatsächlich über einen augenscheinlich seltsamen Nebenbefund, der manches von dem bestätigt, was Sie soeben in Ihrer Analyse aufgezählt haben. Eine Dimension im LeBe-Test ist, wie erwähnt, die Selbsterkenntnis – und nun zeigt sich just, dass die existentiell Indifferenten signifikant niedrigere Werte in Selbsterkenntnis haben als die anderen Gruppen:

> Besonders auffallend ist eine große negative Abweichung der existentiell Indifferenten in Selbsterkenntnis. Es wäre denkbar, dass sie der Grund dafür ist, dass eine vorherrschende Sinnleere nicht wahrgenommen oder eingestanden wird. Ein solches Leugnen wiederum könnte als Copingstrategie verstanden werden, die – zumindest temporär – erfolgreich ist: So erleben existentiell Indifferente z. B. ihre Berufstätigkeit zwar als weniger zufriedenstellend als Menschen mit hoher Sinnerfüllung, aber deutlich positiver als Menschen in einer Sinnkrise.[137]

Lukas: Machen wir uns nichts vor: Mini-Prozentsätze wie 4 % oder 7 % an Sinnkrisen in unserer Gesellschaft sind geradezu lächerlich. Das „existentielle Vakuum", das Frankl erstmalig ausführlich beschrieben hat, grassiert

137 Schnell. Deutsche in der Sinnkrise, s. Anm. 124

weltumspannend, was Hunderte an Quer- und Längsuntersuchungen längst bestätigt haben. Die drei tragischsten Auswirkungen des „existentiellen Vakuums", nämlich Autoaggression, Fremdaggression und Drogensucht (Frankl) sind „Seuchen", die sich nicht in einstelligen Prozentsätzen bewegen. Die von Fachexperten geschätzten Prozentsätze an davon Betroffenen schwanken zwischen 25 % und 45 %, je nach Kultur, Wohlstand und Industrialisierung. Addiert man folglich die Prozentsätze von 35 % bzw. 37 % der von Tatjana Schnell so benannten „existenziell Indifferenten" zu den 4 % bzw. 7 % ihrer „Sinnkrisen-Probanden", dann nähert man sich der Realität ziemlich an.

Die von Schnell gewählte Formulierung „existenziell indifferent" trifft meines Erachtens nicht den wahren Kern der Chose. Es mag zwar die Indifferenz, die überquellende Gleichgültigkeit allen Werten gegenüber, ein Charakteristikum dieser Personengruppe darstellen, aber der eigentliche Grund ihrer Gleichgültigkeit liegt in der erwähnten „Sinnblindheit" oder zumindest in einer reduzierten geistigen „Sehtüchtigkeit" in Richtung eigener sinnvoller Möglichkeiten. Deshalb wäre mein Vorschlag, bei den 35 %- bzw. 37 %-Gruppen von Probanden zu sprechen, die „existenziell wahrnehmungsschwach" oder „existenziell kurzsichtig" sind. Ich würde sie sogar zu den „geistig weniger Mündigen" zählen, als jene, die sich ihrer Sinnkrise bewusst sind und an ihr leiden. Im klinischen Kontext ist ferner zu bedenken: *Dass* jemand an einer Frustration seines „Willens zum Sinn" *nicht* leidet, könnte ein genauso ernstes Symptom sein wie das Kennzeichen, *dass* ein Melancholiker sich *nicht* an den Lichtblicken seines Lebens erfreut.

Prüfen wir, ob die von Tatjana Schnell erzielten Korrelationen meinen Definitionsvorschlag stützen. In ihrer Zusammenfassung steht zu lesen, dass es den beiden besagten Personengruppen an Selbsterkenntnis mangelt:

> Hier scheint sich vor allem ein fehlender Wille, sich mit sich selbst auseinanderzusetzen, abzuzeichnen. Existenziell Indifferente kennen ihre eigenen Stärken und Schwächen weniger, ihnen liegt jedoch auch nichts daran, sich selbst zu überschreiten.[138]

Ein „Doppelpack" in einem Satz, der jeden Logotherapeuten aufhorchen lässt! Denn wie geschieht Sinnerfüllung? Das habe ich einmal anhand der Symbolik zweier einander ideal ergänzender Halbkreise veranschaulicht:

---

138 Ibd.

> Der linke Halbkreis sei eine Person mitsamt ihren Fähigkeiten, Talenten und Erfahrungen. Er repräsentiere die Fülle dessen, was diese Person der Welt zu geben hat: alles, was sie sinn- und liebevoll einbringen kann zum Wohle ihrer Mit- und Umwelt … Der rechte Halbkreis sei im Gegensatz dazu ein Stückchen Welt, ein Ausschnitt aus dem Umfeld der Person. Und zwar ein vernachlässigtes Stückchen, ein unvollkommener Ausschnitt, eine reparaturwürdige Stelle im Dasein … Wir dürfen davon ausgehen, dass grundsätzlich zu jeder Person und ihren Kompetenzen (linker Halbkreis) ein bedürftiges Stückchen Welt (rechter Halbkreis) existiert, das sie auffordert und einlädt, sich ihr aufbauend zu widmen – *weil sie es kann.*[139]

Was passiert nun, wenn sowohl der linke als auch der rechte „Halbkreis" nur verschwommen oder überhaupt nicht wahrgenommen werden? Übersetzt: Wenn die Person ihre Fähigkeiten und Ressourcen nicht hinreichend kennt (Schnell: mangelnde Selbsterkenntnis) und sich um den kleinen Ausschnitt ihrer Mit- und Umwelt nicht bekümmert (Schnell: sich nicht selbst überschreitet)? Na, dann wird es zu keiner Vereinigung der beiden „Halbkreise" – zu keiner gelingenden Sinnerfüllung kommen.

Die These von einem reduzierten geistigen Wahrnehmungshorizont „existenziell indifferenter" Personen könnte man auch mit einem allgemein herabgesetzten Wertebewusstsein bei diesen Personen untermauern. Wobei ich nochmals auf die Kluft zwischen „objektiv" und „subjektiv" aufmerksam machen möchte. Werte haben ihren „Eigensinn". Werte sind in der Welt und nicht lediglich in unserem Bewusstsein. Wenn Tatjana Schnell schreibt: „Existenziell Indifferente weisen in allen Lebensbedeutungen niedrigere Werte auf als sinnerfüllte Menschen", dann sind natürlich nicht *die Lebensbedeutungen* „niedriger" oder „höher", je nachdem, ob und wie man sie betrachtet, sondern *das Erkennen und Verstehen* von Bedeutsamem ist bei den jeweiligen Betrachtern erhöht oder erniedrigt. Oder, um auf die Sache mit den Täuschungen zurückzukommen: Wer keine Werte in und um sich herum erschaut, der *täuscht sich.* Derjenige, für den ein Kind, ein Tier, ein Lied, ein Wald, ein Sonnenaufgang … nichts wert sind, der *täuscht sich.* Nicht nur in der Abwertung, sondern auch in sich selbst. Denn zutiefst in seinem Inneren verborgen rührt auch ihn dies alles an. Und wenn er in einem Fragebogen an-

139 Lukas, E. (2015). *In der Trauer lebt die Liebe weiter.* München: Kösel (8. Auflage), 65ff.

gibt, dass ihn dies alles unberührt lasse, dann spiegelt das mehr Krankheit oder Selbsttäuschung wider als echte Nonchalance.

Zum Aspekt der seelischen Krankheit kann ich nicht umhin, an typisch noogen-neurotische Zustände zu denken. Ich habe schon vor Jahrzehnten in meinem Lehrbuch geschrieben:

> ... bedeutet dem noogenen Neurotiker nichts wirklich etwas ... kann man den noogenen Neurotiker an seinem Desinteresse an sich und der Welt erkennen, für ihn ist „alles, was besteht, wert, dass es zugrunde geht".[140]

Nicht selten haben mir solche Patienten beteuert, mit ihrer „coolen" Grundeinstellung zufrieden zu sein. Wer sein Herz an nichts hängt, muss um nichts zittern, muss bei Abschieden um nichts weinen. Aber an irgendeinem Punkt im längeren Gespräch flossen plötzlich die Tränen – über das so elend leere Leben hinter der krampfhaft aufrecht gehaltenen Fassade. Deshalb vermute ich, dass die leichten Korrelationen in Schnells Zusammenfassung zwischen einerseits Zufriedenheit bzw. geringer Neigung in Richtung Angst oder Depression und andererseits existenzieller Indifferenz der Flüchtigkeit von Fragebogenbeantwortungen zuzurechnen sind. Ich kann das nicht beweisen, aber noogen Kranke dissimulieren oft, um sich den Schmerz an ihrer vermeintlichen Sinnarmut nicht bitterlich eingestehen zu müssen. Auch ist das in der Testtheorie geläufige Phänomen der „Desiderabilität", wonach Leute in Fragebögen dazu tendieren, „Wünschenswertes" anzukreuzen, um tunlichst „gut dazustehen", nicht zu unterschätzen. In conclusio: Man muss in der Wissenschaft äußerst präzise sein; nicht nur bei den Messungen, sondern auch darin, *was* man da misst.[141]

Batthyány: Ja – der entscheidende Punkt ist wohl – im Verbund mit den in Ihrer Analyse genannten Faktoren – der: Ein selbstkonstruierter Sinn bzw. (wie Schnell das nennt) „ein persönlicher Mythos" ist keine tragfä-

140 Lukas, E. (2004). *Lehrbuch der Logotherapie. Menschenbild und Methoden.* München: Profil (4. Auflage), 179

141 Nachbemerkung: Dem subjektiven Sinnbegriff entsprechen auch Schnells Empfehlungen zur Sinnerfüllung: „Finden Sie heraus, wo Sie persönlich gerne hin möchten ..." In der Sprache meines o. g. Gleichnisses ist damit der eine „Halbkreis" (Fähigkeiten der Person) nur unzulänglich umrissen und der zweite „Halbkreis" (Bedarf in der Welt) fehlt komplett.

hige Lebensleitlinie; er stillt nicht den Willen zum Sinn und verwirklicht nicht das Soll in der Welt. Daher ist auch zu erwarten, dass seine Abwesenheit nicht sonderlich vermisst wird – kein Leiden also am Leben ohne persönlichen Mythos. Wohl aber, und das zeigen ja hunderte Studien aus anderen Arbeitsgruppen: sehr wohl ein Leiden am sinnlosen Leben, sofern man einen adäquaten Sinnbegriff zugrunde legt, der diesen Namen auch verdient.[142]

Um die Arbeiten von Schnell abschließend in den Kanon der bisher vorliegenden umfangreichen, die Logotherapie ja tatsächlich überwältigend stützenden Sinnforschung einzuordnen und zugleich die Kritik an Schnells Testverfahren auf einen wesentlichen Kernpunkt zu bringen: Ich denke nicht, dass das Hauptproblem der LeBe-Test ist. Schnell macht selbst in ihren Publikationen darauf ganz im Sinne wissenschaftlicher Sorgfalt transparent, dass sie einer eigenen theoretischen, eher subjektivistischen Konzeption folgt und sich – nicht zuletzt vor diesem Hintergrund – von den bisherigen Testinstrumenten (wie etwa dem PIL, SOC, SONG, LRI etc.) abwendet. Problematisch ist aus meiner Sicht einzig, dass sie bei den Interpretationen ihrer mittels LeBe-Test gewonnenen Daten dann mit einem Mal wieder (allerdings ohne weitere Begründung) voraussetzt, u. a. die logotherapeutische Sinnkonzeption „getestet" zu haben, was, wie wir gesehen haben, eben gerade *nicht* der Fall ist. Schnells Deutung ihrer Befunde beruht auf dem Missverständnis, es gehe auch der Logotherapie um einen „persönlichen Mythos", d. h. die Logotherapie verwende einen konstruierten Sinnbegriff des Sinnerlebens (und nicht so sehr des Sinnerfüllens). Die theoretischen Ableitungen, die Schnell aus ihren Daten zieht, beruhen auf dieser Prämisse. Und wenn eine Prämisse fraglich ist – das ist sie ja hier tatsächlich –, dann ist auch die darauf beruhende Schlussfolgerung fragwürdig.

Interessanterweise *bestätigen* Schnells Daten unter einem anderen Blickwinkel damit ja sogar die von der Logotherapie stets postulierte, aber bislang selten so ausführlich getestete Wirkungsschwäche eines subjektiven Sinnbegriffs. Ein bloß „gemachter" Sinn ist kein tragfähiger Sinn …

---

142 Batthyány & Guttmann. Empirical Research in Logotherapy and Meaning-Oriented Psychotherapy, s. Anm. 116; Batthyány. Over thirty-five years later, s. Anm. 116; Thir & Batthyány. The state of empirical research on logotherapy and existential analysis, s. Anm. 116

Lukas: Zwischen dem, was man in einem Fragebogen ankreuzt, und dem, was man im Leben realiter zustande bringt, ist ein großer Unterschied. Wir haben uns bereits über die Variationsbreite von Fehlern bei Selbsteinschätzungen ausgetauscht. Außerdem hat es mit der „Sinneinschätzung“ seine eigene Bewandtnis. Im sinnerfüllten Leben bemerkt man den Sinn praktisch gar nicht. Eine alte Oma, die emsig an zwei neuen Pullovern für ihre beiden Enkelbuben strickt, ist auf die Umsetzung der hübschen Farbmuster voll konzentriert. Würde man sie zwischendurch fragen, ob ihr Leben einen Sinn hat, würde sie vielleicht stumm den Kopf schütteln – ihr sinnvolles Tun hält sie für selbstverständlich, nicht der Rede wert, Freude bereiten, das genügt ihr ... Was es mit dem Sinn auf sich hat, versteht sie nicht. Sinn ist wie die Luft, deren Einatmen man im Zuge seiner Alltagstätigkeiten nicht registriert. Man gerät erst in Panik, sobald sie einem fehlt ... Doch in gewisser Weise hinkt auch dieses Gleichnis, weil sich ein Fehlen von Luft rasch und deutlich im Bewusstsein abbildet. Es gibt jedoch Nährstoffe, die dem Organismus dramatisch fehlen können (wie Eisen oder Kalzium), ohne dass man dies rasch bemerkt. Was man dann bitterlich spürt, sind die Konsequenzen des Mangels – und erst der Arzt klärt einen darüber auf, was einem fehlt. Ähnlich leistet manchmal der Logotherapeut „Aufklärungsarbeit“, wo Konsequenzen eines „Sinnmangels“ (besser: einer Frustration des Sinnwillens) bitterlich spürbar geworden sind.

Deshalb kann es geschehen und wird es immer wieder bei Testerhebungen geschehen, dass eine fleißige alte Oma, die ihre Tage sinnvoll verbringt, die Frage, ob sie ihr Leben für sinnvoll hält, unbeantwortet lässt. Oder dass ein sexgieriger Student, der von einer Orgie zur nächsten taumelt, die Frage, ob er an einem Sinnvakuum leidet, verneint.

Als ich noch das Süddeutsche Institut für Logotherapie in Fürstenfeldbruck bei München leitete (1986–2003), verwendeten wir in unserer psychotherapeutischen Ambulanz Karteikarten für unsere Patienten. Darin gab es neben den Spalten für Name, Adresse, Alter etc. zwei Spalten, die lauteten: „Anmeldegrund“ und „Diagnose“. Kaum jemals deckte sich, was von uns Therapeuten in diese beiden Spalten eingetragen wurde. Manchmal stand bei „Anmeldegrund“: Schlafprobleme, und bei „Diagnose“: Zwangskrankheit. Manchmal stand bei „Anmeldegrund“: Partnerkonflikte, und bei „Diagnose“: Persönlichkeitsstörung. Manchmal stand bei „Anmeldegrund“: Stress am Arbeitsplatz, und bei „Diagnose“: Verdacht auf endogene Depressionsphase usf. Was, so frage ich Sie, hätten all diese Patienten in Fragebögen angekreuzt, und wie aussagekräftig wären ihre Kreuzchen gewesen?

Tatjana Schnell ist Wissenschaftlerin und keine erfahrene Therapeutin. Wenn sie glaubt, dass ihre Probanden (eventuell vorliegende) eigene Sinnfrustrationen sauber diagnostizieren können, dann möge sie sich belehren lassen, dass dies nicht der Fall ist. Sinnforschung muss nach meinem Ermessen stets *indirekt* betrieben werden, etwa nach der Art, dass man (gleichnishaft) die Tiefe und Regelmäßigkeit von Atemzügen kontrolliert, um daraus zu schließen, dass ausreichend Luft im Raum ist. Sinn ist eine derart „numinose Entität", dass sie sich sämtlichen plump-verbalen Anpeilungen verwehrt.

4. POLITISCHER RADIKALISMUS UND EXISTENTIELLES VAKUUM

Batthyány: Da wir gerade bei der allgemeinen nichtlogotherapeutischen Sinnforschung sind: Es gibt eine sozialpsychologische Forschungsrichtung, die in den letzten Jahren angesichts der vielerorts beobachtbaren politischen Radikalisierung zunehmend an Gewicht gewinnt, und die einige der von Frankl postulierten Zusammenhänge zwischen Sinnvakuum und krisenträchtigen Erlebnis- und Verhaltensweisen aus ganz unerwarteter Perspektive bestätigt. Das Ganze hat zwar vorderhand mit der Logotherapie nichts zu tun, und auch nicht mit anderen existentiellen Denkrichtungen der Psychologie. Umso faszinierender aber sind die bisherigen Ergebnisse aus dieser Forschung. Ariel Kruglanski und seine Forschungstruppe an der Universität von Maryland – ihr Ansatz stammt aus dem Bereich der Cognitive Closure-Forschung[143] – haben in zahlreichen Laborstudien eine wechselseitige Beziehung zwischen Ambivalenzerleben, Unsicherheit und einer Reihe psychischer Negativzustände nachweisen können.

In einem zweiten Schritt haben Kruglanski und Kollegen vor einiger Zeit dann ein sozialpsychologisches Modell entwickelt, demzufolge Menschen vor allem dann besonders anfällig für Fanatismen aller Art sind, wenn sie erstens existentiell entwurzelt und orientierungslos sind, und zweitens gleichzeitig eine erhöhte Aversion gegen die Ambivalenzen des Daseins hegen. Solche Menschen suchen, so das Modell, gehäuft nach geschlossenen

143 Dijksterhuis, A. P., van Knippenberg, A. D., Kruglanski, A. W. & Schaper, C. (1996). Motivated social cognition: Need for closure effects on memory and judgment. In: *Journal of Experimental Social Psychology*, 32 (3), 254–270

Systemen, die ihnen die persönliche Sinnsuche und Sinnverantwortung abnehmen und zugleich ein Gefühl der Sicherheit und Bedeutung geben sollen.[144] Sie flüchten zum Beispiel in die Struktur einer rigiden Ideologie, sozusagen in „ein starres Gehäuse", wie Max Weber es nannte. Die Betroffenen definieren sich also über die möglichst breite Zustimmung durch die Gesellschaft oder Peer Groups, statt das eigene Gewissen und die jeweils eigenständig als Werte erkannten Gehalte – wenn es denn sein muss, auch gegen die Widerstände des Kollektivs – in Stellung zu bringen. Warum? Sei es, weil sie der Gruppe zugehören möchten, oder weil sie versuchen, sich als besonders geachtete, herausragende Mitglieder dieser Gruppe zu erweisen. Oder auch, indem sie sich von der Gruppe bzw. einem speziellen Mitglied dieser Gruppe Rettung und Erlösung aus der eigenen Unbestimmtheit und Orientierungslosigkeit erhoffen.

Das deckt sich weitgehend mit Frankls Erklärung, wonach der existentiell verunsicherte Mensch sich selbst fraglich erscheint und im selben Maße anfällig wird für die „starken" Angebote des Fanatismus. Die Folge ist ein Sich-Unterwerfen unter sozialpsychologische Mechanismen, die den Fanatismus nähren und am Leben halten: Konformismus und Totalitarismus. In diesem Zustand sind Menschen, so das Kruglanski-Modell, leicht durch und im Gruppengeschehen verführbar. Frankl schrieb dazu:

> Weder wissend, was er [der Mensch] muss, noch wissend, was er soll, scheint er oftmals nicht mehr recht zu wissen, was er im Grunde will. So will er denn nur das, was die anderen tun – Konformismus! Oder aber er tut nur das, was die anderen von ihm wollen – *von ihm* wollen – Totalitarismus.[145]

Kruglanski und Kollegen haben ihr Modell in mehreren Untersuchungen mit großen Stichproben überprüft. Eine Faktorenanalyse unter Einbeziehung vieler alternativ denkbarer Einflussfaktoren (darunter sozioökonomi-

---

144 Kruglanski, A. W., Gelfand, M. J., Bélanger, J. J., Hetiarachchi, M. & Gunaratna, R. (2015). Significance quest theory as the driver of radicalization towards terrorism. In: *Resilience and resolve: Communities against terrorism*, 17–30; Hogg, M. A., Kruglanski, A. & van den Bos, K. (2013). Uncertainty and the roots of extremism. In: *Journal of Social Issues*, 69 (3), 407–418

145 Frankl, V. E. (1991). *Das Leiden am sinnlosen Leben. Psychotherapie für heute*. Freiburg/Br.: Herder, 13

scher Status, Bildungsgrad, fluide und kristalline Intelligenz, Extraversion, Gewissenhaftigkeit, Impulsivität, Neurotizismus etc.) zeigte tatsächlich, dass erlebte Sinnleere und Orientierungslosigkeit, gepaart mit der Aversion gegen Ambivalenzen, den mit weitem Abstand *größten Varianzanteil* am Fanatismus erklärt. Insofern bestätigen diese Untersuchungen Frankls (im Rahmen seiner Erörterung der „Pathologie des Zeitgeistes") Vorhersagen über das Verhältnis von Orientierungs- und Sinnmangel und Fanatismus und den damit zusammenhängenden Sozialphänomenen Konformismus und Totalitarismus.

Allerdings – befragt, welche vorbeugenden oder „heilenden" Maßnahmen man anbieten könnte, stößt man bislang auf Schweigen. An sich wäre hier aber ein naheliegendes und ideales Einsatzgebiet der Logotherapie. Denn sie bietet nicht nur das Instrumentarium, die beschriebenen Probleme auch motivationspsychologisch zu erklären; sie zeigt vor allem Wege auf, wie Menschen davor geschützt werden können, fanatischen und lebensfeindlichen Angeboten in die Falle zu gehen; denn diese bieten ja eine Art pervertiertes Abbild echter Sinnfindung und der damit einhergehenden Aktivierung an …

Die Logotherapie wäre prädestiniert, insbesondere in sozialen Brennpunkten vitale und einsatzfähige, zugleich aber orientierungslose junge Menschen dort abzuholen, wo sie derzeit oftmals von den falschen Leuten bzw. für die falschen Ideen an- und abgeworben werden (politische Sekten, destruktive, fanatische oder nihilistische Anschauungen, aber auch die von Ihnen angesprochene Cybersucht). Es wäre zu untersuchen, wie man hier ein konstruktives und lebensnahes Gegenprogramm gestalten könnte – sozusagen eine logotherapeutische Prophylaxe gegen die Auswüchse der „Pathologie des Zeitgeistes"?

Das zu verwirklichen würde dem Programm einer Psychohygienearbeit entsprechen, die Frankls Lehrer und Mentor Rudolf Allers einmal als Ideal und Ziel der helfenden Berufe formuliert hat: Eine Versöhnung zwischen Mensch und Welt zu fördern, also die Brücke zwischen Mensch und Welt wieder zu errichten[146] …

146 Allers (1963/2008). *Abnorme Welten*, s. Anm. 14

5. DIE ANTWORT DER LOGOTHERAPIE AUF DEN POLITISCHEN RADIKALISMUS

Lukas: Die Brücke vom Ich zur Welt kann aus verschiedenen Ursachen zu schwach errichtet, ungangbar geworden oder eingestürzt sein. Auf eine Ursachendiskussion will ich mich nicht einlassen, sie müsste zu breit gefächert werden. Was der amerikanische Sozialpsychologe Ariel Kruglanski bei den von ihm untersuchten Riesenstichproben aber herausgefunden hat, kann als die Essenz dieser vielfältigen Ursachen eingestuft werden. Im „existentiellen Vakuum" (Frankl) versinkt die Brücke wie in Nebelschwaden. Wobei es wirklich spannend ist, dass Kruglanski und sein Team neben der (Sinn-)Orientierungslosigkeit auch die Zwickmühle der Ambivalenzen als „pathogen" eruiert haben. Hat doch Frankl die Herkunft der „noogenen Turbulenzen", die auf geistige Frustrationen zurückgehen, etliche Jahrzehnte früher haargenau so skizziert: als Folgen existentieller Leere *oder* sittlicher Konflikte (wie er sich ausgedrückt hat).

Bevor ich mich Ihrer Frage zuwende, möchte ich an unseren Diskurs über die Motivationstheorien der Verhaltenstherapie und der Logotherapie anknüpfen. Dort sagte ich, dass es der urtümlichen Wesenhaftigkeit des Menschen entspricht, Gutes (in verhaltenstherapeutischer Diktion: Belohnung) für Sinnvolles und Geliebtes zu wollen, und Schaden (in verhaltenstherapeutischer Diktion: Bestrafung) von Sinnvollem und Geliebtem abwenden zu wollen. Gesunde und seelisch nicht verkümmerte Menschen möchten ihren persönlichen Einsatz dafür erbringen. Sie möchten sich für eine Sache engagieren, möchten ihre Ziele verfolgen, möchten für ihre Angehörigen und Freunde da sein, möchten mit ihren Talenten „wuchern", um Gegebenheiten kreativ zu verändern. Das Pro-Motiv der Liebe überwiegt das Kontra-Motiv der Angst im gelingenden Leben. Vor allem junge Menschen sind von dem in ihnen eruptiv erwachenden „Willen zum Sinn" (Frankl) derart durchdrungen, dass ihre Faszination blitzartig hochwallt, sobald sich ein Faszinosum am Horizont abzeichnet.

Was all das wie eine Giftspritze auf der Stelle lähmt, ist der Irrglaube, in Wirklichkeit selbstunwirksam zu sein. Auf der Packung dieser Giftspritze steht in Großbuchstaben, nichts von Bedeutung tun zu können. In der Packungsbeilage steht geschrieben, dass es sich gleich bleibt, ob man etwas tut oder nicht, weil alles nichts hilft. Dass man ohnmächtig ist im Getriebe der Gezeiten. Dass es egal ist, ob man strampelt oder nicht, ja, dass es sogar egal ist, ob es einen selbst gibt oder nicht.

In unserer globalisierten Welt grassiert eine solche Antifaszination globaler Hilflosigkeit. Alarmierende Nachrichten betreffen fast das gesamte Spektrum lebender und toter Materie. Ob es Dauerbrennherde, Dauerarmut und Dauerflucht sind, ob es das Massenaussterben von Tierarten ist, ob es dräuende Umweltapokalypsen sind, stets raunt die Logik dem Einzelnen ins Ohr, dass er in seiner Winzigkeit all dem hilflos ausgeliefert ist. Wie reagiert der Einzelne auf ein solch unerträgliches Raunen? Entweder will er trotzig „mit dem Kopf durch die Wand", oder er arrangiert sich resignierend mit der Egalität. Das heißt: Entweder rutscht er in fanatische Exzesse hinein oder er dümpelt im provisorischen Daseinsvollzug vor sich hin. Beim kläglichen Versuch, im Rahmen fanatischer Umtriebe doch noch irgendein Engagement entwickeln zu können, schließt sich der Einzelne Kollektiven an, die gegen andere Kollektive kämpfen. Dabei übt er sich in kollektivistischen Denkfiguren ein. Beim analog kläglichen Versuch, seine Sinnsehnsucht ignorierend das Leben in Gleichgültigkeit zu bestehen, streift der Einzelne seine Mittäterschaft und Verantwortung ab. Er übt sich in fatalistischen Interpretationen ein. Was Frankl zu seiner Zeit brillant (und ohne komplizierten Prüfaufwand) als kritisch-pathologisches Vierergespann analysiert hat, findet heute nicht nur seine wissenschaftliche Bestätigung, sondern dürfte sich in seinem Ausmaß noch potenzieren.

Greifen wir jetzt den *Fanatismus* heraus, den Sie in Ihrer Fragestellung thematisiert haben. Nun: Bei aller energischer Zielstrebigkeit und allem gewaltsamen Mit-dem-Kopf-durch-die-Wand-Wollen des Fanatikers fehlt diesem die Angst vor der Möglichkeit, sich schuldig zu machen. *Und zwar vor einem Schuldig-Werden an Werten.* Wie könnte auch jemand im „existentiellen Vakuum", in dem die Brücke zur Welt gekappt ist, um Werte jenseits der Brücke bangen? Wenn Angst vor möglicher Schuld vorhanden ist, dann wird sie sich bei ihm folglich um das Selbst herum schlingen, es wird die blande Angst vor dem sein, was *ihm* passieren könnte, wenn er an der Wand scheitert und seine Ziele nicht erreicht. Genauso wird sich seine Freude nicht über die Brücke tasten, nämlich die Freude an erschauten Werten, sondern wird sich auf das Ich zurückkrümmen und sich mickrig dem Triumph der eigenen Zielerreichung auf die Fersen heften. Daher kommt es, dass Fanatiker „seelenruhig" und ungehemmt über menschliche Würde und Werte hinwegtrampeln.

Wie könnte ein lebensnahes Gegenprogramm dazu aussehen, haben Sie gefragt. Ariel Kruglanski hat keines gewusst, und ich soll eines wissen? Okay, ich nehme die Herausforderung an und steige in Frankls Fußstapfen.

Jeder Mechaniker kennt den Anwendungsbereich seiner Werkzeuge und ihre Limitationen. Auch der Psychotherapeut, dessen Werkzeug die zwischenmenschliche Kommunikation ist, kennt das Limit verbaler Therapie. Frankl kannte es, und ich kenne es. An dieses Limit stößt man bei Oligophrenie, Demenz, Autismus, Psychosen und Psychopathien. Psychopathen wie Fanatiker sind mit noch so glühenden Worten nicht zu kurieren. Wie sieht es hingegen mit Taten aus? Speziell mit *sinnvollen Taten*, zu denen sie animiert oder herangezogen werden? Das „learning by doing" hat sich auf vielen Gebieten als fruchtbar erwiesen. Frankl schickte die existentiell frustrierten arbeitslosen Jugendlichen der 1930er Jahre zum Ehrenamt in Bibliotheken oder Sozialstationen – das linderte ihren physischen Hunger nicht, aber es stillte ihren Hunger nach Sinn. Zweifellos reduzierte es die Gefährdung der Jugendlichen, in kriminellen Gangs zu versacken. Frankl berichtete von einem schwedischen Experiment, bei dem Vandalen, die Statuen in einem Park beschmiert hatten, just als Bewachungsbrigade dieses Parks eingeschult wurden. Seither blieben die Statuen sauber – und die neuen Parkwächter blieben moralisch sauber. Es gab in Österreich eine kluge Anordnung, bei der Autofahrer, die Unfälle verursacht hatten, zur „Buße" mehrere Wochen lang auf Unfallstationen in Krankenhäusern aushelfen mussten. Danach waren sie reihenweise zu vorsichtigen Autolenkern bekehrt. In Amsterdam ist mir zugetragen worden, dass die Bäume der dichten Wälder, die die ganze Stadt mit Frischluft versorgen, einst von hunderten Leuten gepflanzt worden sind, die durch Kriegswirren vertrieben in den Straßen herumlungerten, bis man ihnen Setzlinge, Schaufeln und Lunchpakete in die Hände drückte. Nicht nur die späteren Generationen haben davon profitiert! Die pflanzende Generation selbst hat wieder Lebensmut gefasst – trotz widriger Umstände (die leicht zu psychopathischen Entgleisungen hätten verführen können).

Meines Erachtens sind derlei Erfahrungen Rezepturen für lebensnahe Gegenprogramme gegen die Ausbreitung des Fanatismus. Innovative Hacker und Datendiebe hätten das Know-how, um im Datenschutz mitzuarbeiten und Cyberkriminalität abzuschmettern. Rassistisch aufgehetzte Personen würden sich vielleicht besinnen, würden sie in unterstützende Projekte für Immigranten aktiv eingegliedert. Rabauken und Muskelprahler wären bei Naturkatastrophen am richtigen Platz, um Verschüttete auszugraben und Feuer oder Wassermassen zu wehren. Ich will nicht leugnen, dass ein Risiko bleibt. Menschen sind immer für eine Überraschung gut – in jeder Richtung. Aber das Risiko entsteigt den pathologischen Strömungen des Zeitgeistes sowieso. Einzudämmen ist es nur über das Antidot „Selbsttranszendenz“. Und sei es, dass Personen im Nebel des „existentiellen Vakuums“ Tat für Tat über die Brücke zur Welt geschubst werden, bis sich die Nebelschwaden vor ihren Augen teilen, und die Bedürftigkeit und Schützenswertigkeit der Welt, aber auch ihre unglaubliche Schönheit wieder zum Vorschein gelangen.

6. EXKURS: DIE FLÜCHTLINGSFRAGE & IHRE SOZIALEN FOLGEN

Batthyány: In diesem Kontext gibt es ein Gegenwartsproblem, das den aktuellen Zeitgeist stark prägt, und auf das einzugehen wir wohl nicht versäumen dürfen, wenn wir als Logotherapeuten der sozialen und sozialpsychologischen Not unserer Tage antworten wollen, nämlich die Flüchtlingskrise. Ich will dabei nicht wieder auf das Problem der politischen Radikalisierung und Frontenbildung verweisen, wohl aber auf die Frage, wie eine *konstruktive Reaktion* auf die hier auftretenden konflikthaften Entwicklungen aussehen könnte. Mir geht es also im Moment weniger darum, dass und warum sich manche Menschen unbehaglich oder verunsichert fühlen, wenn Mitglieder anderer Kulturen bei uns Zuflucht suchen. Mir geht es eher darum, wie man den Flüchtlingen begegnen und helfen soll, und – um die logotherapeutische Perspektive in den Vordergrund zu stellen – was man ihnen antut, wenn man ihnen von staatlicher und gesellschaftlicher Seite nicht oder zu wenig Gelegenheit gibt, etwas Selbständiges zur Gesellschaft beizutragen. Und dabei scheinbar wie selbstverständlich davon auszugehen scheint, dass sie nur Mangel und Bedürftigkeit und nicht etwa selbst etwas Wertvolles mitbringen, von dem auch die anderen etwas lernen oder gewinnen könnten. Wenn man Flüchtlinge also zu bloßen „Hilfsempfängern“ degradiert und ihnen nicht erlaubt (oder sie dazu ermutigt), selbst etwas Proaktives und Sinnvolles einzubringen, sei es durch freiwillige Aktivitäten, sei es, indem man ihnen die Gelegenheit und Raum gibt, ihrerseits die Gesellschaft zu bereichern und beispielsweise von ihrer Kultur zu teilen (vom Essen bis zur Literatur, bildenden Kunst, Musik und anderen kulturellen Bereichen).

Solange der Sozialstaat also Menschen (und im Grunde geht es da nicht nur um Flüchtlinge) als bloß bedürftige Empfänger von Hilfeleistungen sieht und damit zugleich die menschlichste aller Ressourcen beschneidet – nämlich nicht nur zu empfangen, sondern auch zu geben und in Selbstverantwortung und freiem Ausdruck den je eigenen Beitrag und die eigenen Talente einzubringen – solange unterschätzt er den Menschen. Und das ist, so wohlgemeint das auch sein mag, keine humane Hilfe, sondern unterminiert Wesen und Würde des Menschen.

Hier tut sich tendenziell ein „Teufelskreis" auf, der sich auch in konkreten Zahlen niederschlägt: Die Kriminalitätsrate unter Flüchtlingen und anderen staatliche Hilfe entgegennehmenden sozialen Gruppen ist einigen Erhebungen zufolge in einzelnen Bereichen geringfügig erhöht[147], und ehe man das stereotypisierend auf kulturelle, soziale oder andere individuelle Unterschiede zurückführt, ist gewiss jener hausgemachte Anteil in Rechnung zu stellen, der dadurch zustande kommt, dass man viel zu vielen Menschen oftmals gar nicht ausreichend Möglichkeit gibt, selbst konstruktiv am gesellschaftlichen und kulturellen Alltagsleben teilzunehmen und dieses ihrerseits zu bereichern. Das Resultat: existentielles Vakuum und Langweile. Existentielles Vakuum und Langweile aber zeitigen ihrerseits die altbekannten Folgen, die Frankl schon vor Jahrzehnten als massenneurotische Trias beschrieben hat: Aggression, Sucht und Depression. Dies wiederum trägt zu verstärkten Urteilen und Vorurteilen seitens der Mehrheitsgesellschaft bei, und deren Ablehnung wiederum zur weiteren Isolation und zur inneren Verarmung der Betroffenen.

Dieser Teufelskreis ist zwar vorgezeichnet, aber keineswegs unvermeidlich. Denn wenn es stimmt, dass das existentielle Vakuum unter manchen sozialen Gruppen eine reale seelische Bedrohung darstellt, dann wäre der Ausweg aus dem beschriebenen Teufelskreis womöglich leichter zu bewerkstelligen, als manchmal vermutet wird. Um zurück zur Frage eines menschenwürdigen Umgangs mit Flüchtlingen zu kommen: Wenn man ihnen Gelegenheit und Raum gäbe, (unter Rücksichtnahme auf ihre Fluchttraumata natürlich) selbst nach und nach wieder Fuß zu fassen und selbst etwas Konstruktives, Eigenes gesellschaftlich einzubringen – etwa aus ihrer Kultur, ihrem Wissen, ihren Erfahrungen etc. –, dann wäre sozusagen der „Stein der Weisen" gefunden, ein relativ festgefahrenes gesellschaftliches „Problem" wohl nicht komplett zu überwinden, aber zumindest zu lindern …

Lukas: Zumindest wohnt im Frankl'schen Gedankengut die Ahnung von so einem „Stein". In einem meiner Bücher, das 2015 verfasst und im Frühjahr

147 Bundeskriminalamt: Polizeiliche Kriminalstatistik 2017 (PKS 2017)

2016 erschienen ist[148], ließ ich die fiktiven Figuren Silvia und Boris folgendes Zwiegespräch führen:

> Nachdenklich schaut Silvia auf die begehrlichen Köstlichkeiten, die in der Konditorei ausgestellt sind, und ist von Mitleid mit denjenigen ergriffen, die kein Geld haben, derlei Luxus frönen zu können. Das vertraut sie Boris an, doch der wiegt nachdenklich den Kopf. „Es ist etwas Wertvolleres als Schokolade und Kuchen, das ihnen fehlt", setzt er seine Überlegungen fort. „Stell dir nur einmal vor, du kommst nach fürchterlichen Strapazen am Zielort an, und dann beginnt ein zermürbendes Warten. Du wachst des Morgens auf einem Feldbett in einem Notquartier auf, frühstückst und verbringst den Tag mit Warten. Abends unterbrichst du das Warten, weil du dich schlafen legst, aber am nächsten Morgen wartest du weiter, und so fließen die Monate dahin. Allein schon das Warten auf einen Asylbescheid und sonstige Maßnahmen muss die Menschen korrumpieren!" „Immerhin werden Sprachkurse angeboten", wendet Silvia ein, versteht aber im gleichen Moment, dass die Begeisterung, eine komplizierte Sprache zu studieren, gedämpft ist, solange jemand nicht weiß, ob und wie lange er sich in diesem Sprachraum überhaupt aufhalten darf. „Es ist richtig, dass unsererseits eine enorme Hilfsbereitschaft in der Bevölkerung vorhanden ist", gibt Boris zu. „Die meisten Sprachlehrer und Lehrerinnen arbeiten ehrenamtlich. Zahllose anonyme Spender unterstützen die Hilfswerke. Europa ist ein Erdteil mit einer hochentwickelten Kultur und Moral. Das ist genau das Dilemma: Dass wir Feldbetten, Notquartiere, Verpflegung und sogar arztliche Dienste für tausende ‚Eindringlinge' unentgeltlich zur Verfügung stellen, ist eine einmalige Höchstleistung in der Geschichte der Menschheit. Das hat es bei keiner Völkerwanderung jemals gegeben. Und trotzdem reicht es nicht zur seelischen Gesunderhaltung der Flüchtlinge aus."
>
> Silvia will wissen, warum das Warten so zermürbend ist. „Bei uns sind sie zunächst sicher", sagt sie. „Ihre Grundbedürfnisse sind gestillt". Boris verweist auf den von Viktor E. Frankl so benannten *Willen zum Sinn*. „Für Tiere ist es okay, wenn ihre Grundbedürfnisse gestillt sind", argumentiert er, „aber wir Menschen möchten darüber hinaus einen

148 Lukas, E. (2016). *Einmal rund um die Sonne. Begleitende Gedanken für das ganze Jahr.* München: Neue Stadt, 290ff.

Sinn in unserem Leben erfüllen, wir möchten für etwas da sein, für etwas gut sein, möchten eine Perspektive haben, in die und für die es sich lohnt, Kräfte zu investieren. Denk nur an jene unvorbereiteten Rentner, die plötzlich mit einer täglichen Leere konfrontiert sind und vor lauter Langeweile krank werden! Für die Flüchtlinge war die Erreichung ihres Fluchtzieles *der* Sinn, der sie sämtliche Hindernisse hat überwinden lassen, der das Letzte an Reserven aus ihnen herausgeholt hat. Aber mit der Erreichung ihres Fluchtzieles hat dieser Sinn ausgedient, und ein neuer Sinn eröffnet sich ihnen nicht so schnell. Freilich sind ihr Bleiberecht und ihre Integration im Ausland Zielschimmer am fernen Horizont, nur hilft ihnen das kaum über die gegenwärtige Leere und Langeweile hinweg. Die Frauen unter ihnen, die sich um ihre mitgebrachten Kinder kümmern, haben das leichtere Los. Aber die jungen Männer, Männer wie ich – also ich würde durchdrehen, wenn ich endlos herumhocken und warten müsste. Ich hielte das gar nicht aus. Mich wundert, dass die Kerle relativ diszipliniert sind und nicht mit gehäuften Aggressionen oder Depressionen reagieren."

„Weil du vom Sinn sprichst, kommt mir eine Idee", trägt Silvia zum Gespräch bei. „Genaugenommen hat sich für die Aufnahmeländer der Sinn verstärkt. Sie haben eine Sinnmöglichkeit dazugewonnen, indem sie diesen Fremdlingen beistehen und ihre Not zu lindern trachten." Boris schaut sich in der Kaffee-Konditorei um, als wollte er in den Mienen der Anwesenden lesen. „Ich fürchte, das ist des Messers Schneide, die unser ‚Abendland' ins Wanken bringen wird", murmelt er. „Die Schneide, die uns spalten wird. Die das Trennende über das mühsam errungene Einende setzen wird. Gewiss, eine Hälfte wird es für sinnvoll halten, die fremde Not zu lindern, doch die andere Hälfte wird es für sinnvoll halten, den eigenen Lebensstandard zu verteidigen. Zwei unvereinbare Hälften, die aufeinanderprallen, werden uns kaputt machen ... nicht die Schutzsuchenden selbst, nicht die Unsummen an Mitteln, die sie kosten ... nein, das wäre zu verkraften, aber das Schisma in den Auffassungen wird uns unterhöhlen. Die innere Verfeindung und Dissonanz ist die eigentliche Gefahr, nicht die äußere Bedrohung ..."

Im weiteren Gesprächsverlauf entdecken Silvia und Boris, dass es nicht darauf ankommt, was für sinnvoll *gehalten wird*, sondern was sinnvoll *ist*.

Ihnen … mir … jedem logotherapeutisch geschulten Beobachter der vorherrschenden Flüchtlings- und Asylpraktiken ist die Gefahr eines „existentiellen Vakuums“ bei den Immigranten bewusst. Was haben wir doch alles gelernt:

1. Dass die Zielerreichung vom psychohygienischen Standpunkt aus gefährlicher ist als die Zielanstrebung, was Reinhard Tausch in seinen akademischen Untersuchungen nachgewiesen hat.

2. Dass der Mensch ständig zwischen Not und Langeweile hin und her pendelt, ein Schopenhauer-Zitat, das Frankl benützte, um auf zwei Gefahrenpole hinzuweisen, die sich in nichts nachstehen. Und das auf die Immigranten in unseren Landen perfekt zutrifft, die aus extremer Not abrupt in extremer Langeweile landen.

3. Dass Traumatisierungen am ehesten und besten in zukunftsträchtiger Aktivität und Kreativität bewältigt werden können und am schlechtesten im Nichtstun und Vor-sich-hin-Brüten. Was mit umgekehrten Vorzeichen auf die teils schwer traumatisierten Immigranten zutrifft, die kaum Gelegenheit zur Kreativität, dafür aber ungeheuer viel Muße zum „Brüten“ haben.

4. Dass der „Wille zum Sinn“ enorme Kapazitätsreservoire sprudeln lässt, sobald sich ein Sinn am Horizont abzeichnet, aber sämtliche Kapazitätsreservoire schier vertrocknen lässt, wenn jedwede Sinnvision am Horizont erlischt.

5. Dass es zum Zustand einer „anomischen Depression“ kommen kann, wenn Völker ihre Kulturwerte sukzessive einbüßen und sich in fremde Sitten eingewöhnen müssen, die ihren Traditionen zuwiderlaufen, wie Wolfgang und Louise Jilek-Aall aus Kanada weltweit belegt haben.

6. Dass zwischen der inneren Sinnerfüllung eines Menschen, dessen Affektlage und dessen Immunlage beachtliche Zusammenhänge bestehen. Je dürftiger die innere Sinnerfüllung, desto düsterer wird seine Affektlage und desto anfälliger wird seine Immunlage. Konkret: Desto mehr tendiert er zur psychischen und physischen Degeneration schon aus nichtigen Gründen.

Hätte ein logotherapeutisch geschulter Beobachter auch ein Korrekturrezept für die angerissene Malaise? Die Richtung, in die nachgebessert werden müsste, ist evident, aber um praktische Details auszufantasieren, werfe ich hiermit den Konversationsball an Sie zurück.

7. RESILIENZ UND SINNFRAGE

Batthyány: Danke – das sind tatsächlich sehr wertvolle Anregungen, nicht nur für unsere Konversation, sondern mit Blick auf die Entwicklung von psychosozialen Programmen ...

Die hier angesprochenen Fragen führen zugleich noch auf eine weitere thematische Spur. In der aktuellen Psychologiedebatte gibt es nämlich einen Begriff, den wir bei Viktor Frankl zwar so nicht finden, der aber dennoch im Frankl'schen Werk konzeptuell vorweggenommen ist: der Begriff der *Resilienz*. Emmy Weiner, auf die diese Wortschöpfung zurückgeht, fand in ihren ersten Studien eine Reihe von Resilienz-Faktoren, allen voran die sichere Bindung an eine konstante Bezugsperson, daneben Humor, die Bereitschaft, Hilfe anzunehmen, und verschiedene Formen von Spiritualität – alles Faktoren also, die uns aus der Logotherapie vertraut sind.

Frankl wird vielleicht auch deswegen von einigen Autoren als einer der Pioniere der Resilienzforschung beschrieben[149] – obwohl er das Wort selbst in seinem umfangreichen Werk tatsächlich nicht einziges Mal verwendet hat. Die Abwesenheit dieses Begriffs ist nicht zuletzt deswegen ungewöhnlich, weil Frankl bis in die 1990er Jahre hinein aktuelle wissenschaftliche Entwicklungen in der Psychiatrie, Psychotherapie und Psychologie verfolgt und daher sicherlich auch mitbekommen hat, wie das Konzept der Resilienz zunehmend an Popularität gewann. Zudem fällt natürlich auf, dass Frankl mit der „Trotzmacht des Geistes" ein zumindest ähnliches Konzept vorgestellt hat. Das lädt natürlich geradezu dazu ein, Übereinstimmungen

149 Silveira, D. R. & Mahfoud, M. (2008). Contribuições de Viktor Emil Frankl ao conceito de resiliência. In: *Estudos de psicologia (Campinas)*, 25 (4), 567–576; Benight, C. C. & Cieslak, R. (2011). Cognitive factors and resilience: How self-efficacy contributes to coping with. In: *Resilience and Mental Health: Challenges Across the Lifespan*, 45; English, F. (2008). What motivates resilience after trauma? In: *Transactional Analysis Journal*, 38 (4), 343–351; Wu, G., Feder, A., Cohen, H., Kim, J. J., Calderon, S., Charney, D. S. & Mathé, A. A. (2013). Understanding resilience. In: *Frontiers in Behavioral Neuroscience*, 7, 10.

bzw. Unterschiede zwischen der Resilienz und der Trotzmacht des Geistes zu suchen. Gleich zu Anfang ist es mir jedoch ein Anliegen, mit einem historischen Irrtum aufzuräumen. Man liest nämlich manchmal, Frankl verdanke sein Überlebt-haben der dreijährigen Internierung in den Konzentrationslagern Theresienstadt, Auschwitz, Kaufering und Türkheim seiner Resilienz. Manche Autoren schreiben sogar, Frankls Überleben der Lager sei geradezu ein Paradebeispiel resilienten Verhaltens. Leider aber ist die Sache nicht so einfach. Leid lässt sich nicht einfach psychologisch aushebeln und der Machbarkeit menschlichen Handelns unterwerfen – als ob bloß die „richtige", die „positive" Haltung oder andere Resilienzfaktoren das Überleben leidvoller schicksalhafter Situationen gewährleisteten. Das ist nicht nur höchst unrealistisch; es würde ja auch im Umkehrschluss all jenen, die *nicht* überleben und überstehen, Mitverantwortung oder gar Mitschuld für ihr Schicksal und ihr Sterben unterstellen („sie waren eben nicht stark oder positiv gestimmt oder resilient genug").

Frankl wusste es besser; und er wusste aus eigener Erfahrung. Er betonte daher in seinen Gedenkreden für die im Holocaust ermordeten Kolleginnen und Kollegen immer wieder, dass das Überleben des Holocaust oft wenig mehr zu verdanken war als dem rohen Zufall oder „unverdienter Gnade". Und er wiederholte es oft genug: „Die Besten haben nicht überlebt …":

> Denn wir Überlebenden wussten ganz genau, dass die Besten, die unter uns dort waren, von dort nicht herausgekommen sind – die Besten waren es, die nicht zurückgekehrt sind! So konnten wir unser Überleben nicht anders denn als unverdiente Gnade empfinden.[150]

Frankl sprach vielmehr über die Willkür des Sterbenmüssens und die Gnade des Überlebens – und die unheilvolle Rolle eines politischen Systems, welches es so weit kommen ließ, dass oft nicht mehr als die momentanen Launen der Aufseher und Lagerkommandanten über Leben und Tod der Lagerinsassen bestimmten. Mit anderen Worten war Frankl viel zu realistisch, als dass er unabänderliches Leiden mit einem anderen Ziel verknüpft oder Begriff belegt hätte, als mit dem, was das Wesen solchen Leidens nun einmal

150 Frankl, V. E. (2015). *Es kommt der Tag, da bist du frei: Unveröffentlichte Texte und Reden.* Hrsg. und eingeleitet von Alexander Batthyány. München: Kösel, 112

auszeichnet: Es ist leidvoll und als solches durch nichts schönzudenken oder schönzureden.[151]

Versuche, unabänderliches Leiden irgendwie anders umzudeuten, sind daher aus wenigstens zwei Gründen höchst suspekt. Erstens, weil sie dem Ernst der jeweiligen Lage ebenso wenig gerecht werden wie der Situationsangemessenheit des Leidens. Und zweitens, weil solche Versuche die Unbedingtheit des unabänderlichen Leidens hoffnungslos unterschätzen.

Vielleicht ist es vor diesem Hintergrund wichtig, auch an dieser Stelle an ausgebildete Logotherapeuten und Psychotherapeuten allgemein den Appell zu richten, den Respekt vor dem Leidenden und dem Leiden selbst nie zu vergessen ... Resilienz und Positive Psychologie hin oder her: Der Verlust eines geliebten Menschen oder die Diagnose einer unheilbaren – chronischen oder akuten – Erkrankung ist erst einmal leidvoll, und die Betroffenen haben nicht zuletzt auch ein menschliches Anrecht darauf, erst einmal Trauer oder Unglück zu erleben. Und zwar unbehelligt von jeglichem Druck, in ihrem Unglück auch noch unter den Leistungsdruck des „positiven Bewältigens" gesetzt zu werden. Leid ist nun einmal Teil unseres Lebens – und bevor man ans Bewältigen denkt, hat man doch alles Recht der Welt, erst einmal traurig oder mutlos oder auch verzweifelt zu sein angesichts dessen, was man gerade an Leid erlebt. Alles andere wäre ja in höchstem Maße ungewöhnlich und psychologisch fragwürdig.

Lukas: Es gibt in der Tat einen unheilvollen Trend in der Psychotherapie, demzufolge (meist nicht medizinisch geschulte) Therapeuten zum Beispiel Krebskranken oder Herzkranken suggerieren, diese hätten sich „krank gelebt", weil sie sich von anderen Menschen unterdrücken haben lassen, sich zu wenig Vergnügungen gegönnt hätten, zu viel aufgeopfert, zu viel geärgert hätten u. dgl. mehr. Daraus leiten jene Therapeuten dann ab, dass die Kranken von nun an ein „besseres" Leben führen sollen, worunter sich oft die Aufforderung zu mehr „An-sich-selber-Denken" verbirgt. Natürlich will ich nicht leugnen, dass es Lebensstile gibt, die Krankheitsausbrüche fördern. Leugnen will ich auch nicht, dass es ein sinnwidriges (geradezu masochistisches) Sich-Aufopfern gibt, und dass dieses weder seelisch noch körperlich bekömmlich ist. Aber gerade bei der Begleitung von Schwerkranken lesen

151 Für diesen Textteil vgl. Batthyány, A. (2019). Wer ein Warum zu leben hat ... Vorwort zu: Frankl, V. E. (2019). *Wer ein Warum zu leben hat. Lebenssinn und Resilienz.* Weinheim: Beltz

sich derlei Äußerungen wie blanker Hohn. Denn sie besagen gleichsam: „Du bist selbst schuld daran, dass du krank geworden bist! Hättest du vergnüglicher gelebt, wäre es dir gut gegangen und würde es dir jetzt noch gut gehen" – was pure Lüge ist. Weder lebt man deswegen gut, weil man vorrangig an sich selber denkt, noch verhindern Egoismus und Selbstliebe Krankheiten wie Krebs oder Herz-Kreislauf-Attacken. Nicht-Mediziner neigen dazu, exogene Parameter für das Eintreten von Leidenszuständen verantwortlich zu machen, weil sie zu wenig über die organischen Strukturen und deren Verfallsgeschichte wissen. Oder, wie ich meinen Schülern zu sagen pflegte: Auch Blumen verwelken und auch Tische verrotten, ohne dass sie sich vorher geärgert haben! Alle Materie ist anfällig und hinfällig, und auch der vernünftigste Lebensstil schützt nicht vor dem allwaltenden Schicksal, das keinerlei Pardon kennt!

Schwerkranken und leidenden Menschen ist daher weder ihre Vergangenheit „schlechtzureden", noch ihre Zukunft „schönzureden", sondern behutsam darzulegen, welche Optionen in ihrer Gegenwart schlummern – Optionen trotz Leid und im Leid. Wobei sich der Berater stets bewusst bleiben muss, dass er „leicht daherreden kann", weil er ja jenes Leiden nicht trägt und daher im Grunde gar nicht weiß, *wie es sich trägt.* Daher ist sein Reden nie mehr als „Silber", und sein demütiges Schweigen – ist manchmal „Gold".

Batthyány: Ja – vorschnelle Sinnangebote sind da tatsächlich nicht nur nicht hilfreich, sondern auch schlichtweg unrealistisch und unangebracht. Genau genommen fängt die Frage nach dem Sinn im und trotz dem Leid ohnehin aus logotherapeutischer Sicht viel früher an – also nicht erst in der Leiderfahrung, sondern vielmehr bereits im gewöhnlichen Alltag. Daher stellte Frankl auch vor aller konkreten Leidensbewältigung eine viel grundlegendere Frage in den Vordergrund: nämlich ob ein Leben, das früher oder später von der tragischen Trias aus Leid, Schuld und Tod heimgesucht wird – und damit alles menschliche Leben – überhaupt noch sinnvoll und lebenswert sein kann. Frankl warf also erst einmal generell die Frage nach der Sinnhaftigkeit des Lebens auf: Kann Leben überhaupt trotz Leiden sinnvoll sein?

Dazu gibt es eine Schlüsselstelle in einem seiner frühen Texte zur Psychologie des Konzentrationslagers:

> Während die Bekümmerung der meisten der Frage galt „Werden wir das Lager überleben? Denn, wenn nicht, dann hat dieses ganze Leiden keinen Sinn" – lautete demgegenüber die Frage, die mich bedrängte, anders: Hat dieses ganze Leiden, dieses Sterben rund um uns, einen Sinn? Denn, wenn nicht, dann hätte es letztlich auch gar keinen Sinn, das Lager zu überleben. Denn ein Leben, dessen Sinn damit steht und fällt, dass man mit ihm davonkommt oder nicht, ein Leben also, dessen Sinn von Gnaden eines solchen Zufalls abhängt, solch ein Leben wäre nicht eigentlich wert, überhaupt gelebt zu werden.[152]

Diese Fragestellung ist bei Frankl ein wiederkehrendes Thema. Es prägt seinen Zugang zum leidenden Menschen. Mit anderen Worten hebt sich Frankls Auseinandersetzung mit dem Leiden unter anderem auch von anderen Copingmodellen ab, dass Frankl das Leiden gar nicht als einen gesonderten *Ausnahmefall* oder vom restlichen Leben trennbaren Aspekt menschlichen Erlebens betrachtet. Frankl sieht Leid vielmehr als normalen Bestandteil menschlicher Existenz. Hier offenbart sich also ein kompromisslos realistischer Blick auf das Leben. Und diese Bestandsaufnahme kann man auch gar nicht anders als realistisch bezeichnen: Es bleiben Leid und Schuld ja tatsächlich niemandem erspart, und alle sind wir mit dem Problem der Vergänglichkeit der Dinge und der Sterblichkeit geliebter Menschen bzw. der eigenen Sterblichkeit konfrontiert.

Frankl appellierte daher ganz einfach an unseren Realismus, wenn er die Leidensfähigkeit des Menschen ebenso zum Inventar geistiger Reife zählte wie die Liebes- und Arbeitsfähigkeit. Genauer gesagt ist unter diesem Vorzeichen Leidensfähigkeit letzten Endes ein zentraler Aspekt der Lebensfähigkeit – eben genau deswegen, weil Leben sowohl leidvolle als auch freudvolle Erfahrungen und Erlebnisse umfasst.

Der Beitrag der Logotherapie besteht hier also in einem Plädoyer für ein bedingungsloses „Trotzdem Ja zum Leben sagen" – und das heißt: weder das Leid aus dem Gesamtbild des Lebens zu verdrängen, noch aber auch das noch trotz und im Leid verbleibende Gute aus den Augen zu verlieren.

Um nun schließlich näher zur Resilienz heranzurücken: Mir scheint, dass Frankls Konzept sich unter diesem Vorzeichen vom zeitgenössischen

152 Frankl, V. E. (1951). Psychotherapie im Notstand – psychotherapeutische Erfahrungen im Konzentrationslager. In: *The Affective Contact. Internationaler Kongreß für Psychotherapie* 1951

Resilienzverständnis darüber hinaus u. a. dadurch unterscheidet, dass Frankl Resilienz weniger als *Ziel*, sondern vielmehr als *Folge* und Nebenprodukt der Sinnoffenheit betrachtet; und dass es weiters auf die natürlichen Selbstheilungskräfte des Menschen baut, sofern dieser auch noch angesichts von unabänderlichem Leid persönliche Sinnmöglichkeiten entdecken kann.

Hinzu kommen aber auch methodische Unterschiede mit Blick auf die Frage, wie Resilienz aktiviert werden kann. In der Resilienzforschung wird etwa häufig der Versuch unternommen, aus groß angelegten Gruppenuntersuchungen über individuelle Unterschiede hinweg jene Faktoren (in Regressionsanalysen und ähnlichen statistischen Verfahren) auszumachen und zu isolieren, die mit Resilienz parallel ziehen. Aus logotherapeutischer Perspektive kann man dem das alternative Modell gegenüberstellen, dass das individuelle Ansichtigwerden einer Sinnmöglichkeit auch noch in unabänderlichem Leid als *Nebeneffekt* automatisch jene psychologischen Faktoren mobilisiert, die in Gruppenuntersuchungen als signifikante Resilienzvariablen auffallen. Der Vorgang wird also aus Perspektive der Logotherapie weniger mechanisch aufgefasst, sondern entfaltet sich in und an der individuellen Begegnung mit verbleibenden oder neu gewonnenen Sinnmöglichkeiten trotz oder gar im Leid. Diese Begegnung nährt somit gleichsam die Wurzeln in der stets einmaligen und einzigartigen geistigen Person.[153]

Dennoch ist es für uns Logotherapeuten ermutigend, dass die Forschung Zug um Zug auf mitunter gänzlich unterschiedlichen Wegen stückweise zu Einsichten hingeführt hat, die von Frankl schon vor Jahrzehnten und zudem noch in gänzlich anderem historischen Zusammenhang formuliert worden sind, die zumindest große Parallelen zu diesen Einsichten aufweisen.

Lukas: Die Resilienzthematik hat auch mich schon beschäftigt. Vor kurzem ist ein Buch von mir mit dem Titel „Souveränität und Resilienz. Tragödien in einen Triumph verwandeln" (Profil, 2020) erschienen. Meines Erachtens stellt Souveränität eine Art Vorstufe zur Resilienz dar, denn nur der souveräne Mensch, der sich von inneren oder äußeren Faktoren nicht völlig gängeln lässt und sich seinem Schicksal nicht einfach ausliefert (ohne damit geistig zu ringen bzw. sich zu einer persönlichen Position durchzuringen), ist im-

153 Zu dieser Diskussion und dem hier vorgestellten Abriss der Gegenüberstellung von Resilienz und Trotzmacht des Geistes, vgl.: Batthyány. Wer ein Warum zu leben hat …, s. Anm. 151

stande, jene Kräfte zu bündeln, die es benötigt, um einem herben Schicksal die Stirn zu bieten.

Aber zunächst dies: Ich stimme Ihnen ohne jeden Einwand zu, dass unzählige Male der blinde Zufall über unser Geschick Regie führt. Dass etwa Frankl enormes Glück gehabt hat, den Holocaust zu überleben, und dass grundsätzlich keinerlei von einem Menschen zu erlernende Mächtigkeit diesen vor Kummer, Gram und Katastrophen verschonen kann. Wie die Arbeitsfähigkeit keine Arbeit verhindert, sondern sich während der Arbeit zu bewähren hat, so verhindert auch die Leidensfähigkeit kein Leid, sondern ist im Leidensfall gefordert, sich zu entwickeln und mobilisiert zu werden.

Soweit ich es überblicke, ist Resilienz jedoch nicht vollkommen identisch mit dem, was Frankl unter Leidensfähigkeit verstanden hat. Diese umschreibt ja die Fähigkeit, eine Enttäuschung, eine Frustration, einen Schmerz etc. – insofern als all dies unabwendbar und unumgänglich ist – tapfer und mit Würde zu ertragen. Es zu ertragen mit einer heroischen Akzeptanz und unter Verzicht auf aggressive Rundumschläge, wie sie die Psyche zur Schmerzausagierung gerne austeilen würde. Es zu ertragen, ohne das Leid in der Welt, sei es bei sich selbst, sei es bei anderen, zu vermehren – eine hohe Kunst! Das heißt: Handlung wird dort, wo sie aussichtslos ist, zurückgeschraubt, und das „Primat“ wandert zur inneren Haltung. Frankl: „Aufs Tragen kommt es an – darauf, wie man das Schicksal trägt, sobald man es nicht mehr in die Hand nehmen, vielmehr nur noch auf sich nehmen kann“.

Demgegenüber umschreibt der Begriff der Resilienz eher die Fähigkeit eines Menschen, nach einem schweren schicksalhaften Einbruch, einer Tragödie, einem bedrohlichen Verlust etc. das nachfolgende Leben einigermaßen gut zu meistern. Also wieder auf die Beine zu kommen und sich wie ein Stehaufmännchen oder Stehaufweibchen vom Boden, auf den man (selbstverschuldet) niedergestürzt oder (fremdverschuldet) niedergeschmettert worden ist, zu erheben. Mit Blick auf Frankls Biographie: Leidensfähigkeit genug brauchte er im KZ-Lageralltag, und Resilienz genug brauchte er nach seiner Rückkehr nach Wien bzw. nach der Hiobsbotschaft, dass seine Mutter und seine junge Frau in den Lagern umgekommen waren.

In Bezug auf Resilienz wäre es fatal, würden in einem solchen „Leben danach“ Aktivitäten zurückgefahren werden. Im Gegenteil ruft der „Sinn des Augenblicks“ häufig danach, etwas durchaus tatkräftig in die Hand zu nehmen, nämlich das Beste, das derjenige, der ein fürchterliches Drama überlebt hat, immer noch der Welt zu geben hat. Und Frankl nahm es in die

Hand: Er begann, wieder als Arzt zu ordinieren, ein Buch zu schreiben, eine Familie zu gründen, eine Zweitpromotion ins Auge zu fassen, sein ideelles Werk fortzusetzen …

Dass die „Trotzmacht des Geistes" bei derlei „Leben danach"-Prozessen mit angezapft wird, ist klar. Dennoch glaube ich, dass Frankl diese Kapazität nicht hauptsächlich für den „Resilienzfall" vorgesehen hatte. Ja, nicht einmal für den „Leidensfähigkeitsfall", denn einem unveränderlichen negativen Sachverhalt kann man überhaupt nicht trotzen. Man kann sich nur dazu einstellen, und zwar so oder so. Nicht Trotz, sondern die Realisierung von Einstellungswerten ist angefragt.

Der „noo-psychische Antagonismus" steht für andere kritische Situationen bereit; weniger für zu Akzeptierendes als für *Nicht zu Akzeptierendes*. Zum Beispiel, wenn eigenen unnötigen Ängsten oder ungesunden Begierden oder unethischen Neigungen widerstanden werden soll. Er ist die Ausrüstung des „besseren Ichs" im Kampf mit dem „schwächeren Ich", und nicht im Kampf mit den Nornen. Es kann zwar sein, dass massive Verführungen und Einflüsse von außen jemanden in eine falsche Richtung drängen, aber den richtigen Respons muss sich der Betreffende von sich selbst abtrotzen. Demzufolge stellt die „Trotzmacht des Geistes" vorrangig eine Gegenkraft zu psychophysischen Automatismen oder Triebgelüsten dar, die einer „humanen Korrektur" bedürfen. Resilienz hingegen würde ich als eine Gegenkraft zur Verdichtung von posttraumatischen Belastungsstörungen bezeichnen.

Was Resilienz fördernde Faktoren angeht, so teile ich nicht die Ansicht, dass die Bindung an eine konstante Bezugsperson ausschlaggebend sei. Ist doch gerade die Einbuße solcher Bindungen bzw. der Tod geliebter Personen oft jener Schicksalsschlag, den es im „Leben danach" zu bewältigen gilt. Auch bin ich nicht überzeugt, dass die Bereitschaft, sich helfen zu lassen, maßgeblich sei. Mir scheint die Bereitschaft, selber anderen bei deren Problemen beizustehen, der seelischen Genesung viel förderlicher zu sein. Immer wenn Frankl sein therapeutisches Geschick einzubringen vermochte – sei es im Trösten seiner Lagerkameraden, sei es später im Dienst an seinen Patienten in der Poliklinik – hat es ihn aufgerichtet. Sein „Wille zum Sinn" regenerierte sich. Dass allerdings neben dem „Willen zum Sinn" auch Spiritualität (der „Wille zum letzten Sinn") und das Existential „Humor" *survival value* besitzen, bezweifle ich nicht.

Wie lässt sich nun das in Fachkreisen beobachtete Phänomen der Resilienz aus der Frankl'schen Lehre her deuten? Bekanntlich hat Frankl den homo sapiens in den homo faber, den homo amans und den homo patiens aufgegliedert. Er verwies dabei auf die drei „Hauptstraßen der Sinnfindung“, die er ortete. Man könnte daraus die Metapher einer dreispurigen Autobahn ableiten, auf der die Fahrer die Spur wechseln können je nach Anlass und Bedarf. Menschliches Sein kann sich auf jeder Spur und in jeder Spurkombination erfüllen. In seinem berühmt gewordenen „Fadenkreuz“ hob Frankl jedoch eine der drei Spuren gesondert hervor, nämlich die des homo patiens. Obwohl sie nach wie vor auf der Autobahn des homo sapiens verläuft, eignet ihr eine zusätzliche Höhendimension (die Frankl in seiner Graphik orthogonal zur Linie des homo sapiens einzeichnete). Denn schöpferisches Tun (homo faber) und kostbare Erlebnisse (homo amans) machen es dem Menschen leicht, seelisch aufzublühen. Optimalerweise beschenken sie ihn mit Nebeneffekten wie positiver Spannung, Freude oder Zufriedenheit. Ein erfahrenes Leid, ein nicht zu eliminierender grässlicher Schmerz hingegen katapultieren den Menschen an die Grenze aushaltbaren Martyriums, dorthin, wo sich der Schlund schierer Verzweiflung öffnet. Doch siehe: Der menschliche Geist kann auch dort noch Sinn erfüllen, was unendlich mehr ist, als dem Verzweiflungsschlund zu entrinnen. Es ist die allerhöchste „Leistung“, die ein Mensch zu erbringen vermag. Es ist eine höhere Leistung, als er per homo amans oder per homo faber jemals zustande bringen könnte. Die Spur des homo patiens ist gleichsam die „Überholspur“ auf der Autobahn menschlicher Sinnfindung, die Spur, auf der sämtliche übrigen Errungenschaften des homo sapiens zurückbleiben ... Und sollte es zum totalen Crash im Schaffensbereich kommen, sollte das totale Unglück über alles Lieben hereinbrechen – die „via sacra“ des homo patiens ist immer noch befahrbar; auf ihr kann menschliches Leben bis zuletzt an Werthaftigkeit gewinnen. (Wohingegen umgekehrt der schönste Erfolg und das größte Glück kein Abrutschen in existentielle Nöte abbremsen, falls die Wegweisungen des Sinns ignoriert werden – aber das ist ein anderes Thema). Soweit Frankls These.

Um nun im Bilde zu verweilen: Der Resiliente schreitet daran, den „Stau“ auf der Autobahn wieder aufzulösen. Sein Vorsprung auf der Überholspur des homo patiens gestattet es ihm, den ins Stocken geratenen homo faber und homo amans in sich wieder in Fluss zu bringen. Ein Witwer rappelt sich aus Liebe zu seiner verstorbenen Frau wieder auf, weil sie nicht gewollt hätte, dass er in Trauer dahinsiecht ... und schon hat der homo amans den homo patiens eingeholt. Eine ans Bett gefesselte Frau knüpft Rosenkränze für Blinde aus der Pfarrei ... und schon ist der homo faber mit von der Partie.

An Frankls Nachkriegskarriere ist deutlich ablesbar, wie schnell er wieder auf allen drei „Sinnspuren" dahingebraust ist. Als homo patiens zog er einen versöhnlichen Schlussstrich unter die Massaker des Zweiten Weltkriegs, was ihn für sein künftiges Leben befreite. Ohne Groll und Hass war er von keiner klebrigen Rückschau okkupiert, die ihn gegenwärtige Präsenz gekostet hätte. Als homo amans verschenkte er sein Herz an seine zweite Frau und seine neu geborene Tochter. Auch seine Liebe zum Arztberuf, zum Bergsteigen, zum Reisen etc. erholte sich. Als homo faber entwickelte er eine atemberaubende Kreativität, die ihn in die Riege der Wissenschaftler von Rang und Namen hievte. Jede freie Minute nützte er, um seine Logotherapie in Texte zu fassen, von denen noch Generationen von Therapeuten und Medizinern profitieren werden.

Und wenn ihn dennoch einmal Nachwehen der durchlittenen Qualen umgarnten? Als homo patiens bog er sofort auf die „Überholspur" ein und stabilisierte sich mittels beachtlicher Einstellung zum Geschehenen. Die Dankbarkeit legte sich besänftigend auf seine Wunden. Nicht nur die Dankbarkeit fürs Überlebt-Haben, nein, auch der Dank für all die Gnaden, die ihm bis zur KZ-Internierung geschenkt worden waren: ein behütendes Elternhaus, ein Studium mit Fachausbildungen, ein steiler beruflicher Aufstieg, innige Freundschaften, eine wunderbare Ehe ... Dass diese Geschenke in der Vergangenheit ruhten, minderte nicht ihren strahlenden Glanz ... Und sie waren Auftrag: Frankl wollte sich seines Überlebt-Habens würdig erweisen. Der Fokus verschob sich von der Qual zum Sinn. Frankl übergab sämtliche restlichen „Nachwehen" dem homo amans und dem homo faber in sich zur Bearbeitung: Als homo faber berichtete er detailliert über die „Psychologie im Konzentrationslager" und als homo amans gedachte er liebevoll seiner toten Kameraden und warnte die Lebenden vor den Irrwegen des Fanatismus und Kollektivismus. Seine Wunden vernarbten.

In conclusio: Gelingendes Leben ist sinnorientiertes Leben *in* allen Lebenslagen. Eine Variante davon spiegelt sich im modernen Begriff der Resilienz wider. Denn dieser steht für nichts anderes als für die Bereitschaft und Zustimmung eines Menschen, sinnorientiert zu leben – *nach* allen Lebenslagen, wie (schlimm) sie auch gewesen sein mögen.

VII. VERORTUNGEN UND EINSATZGEBIETE DER LOGOTHERAPIE

1. DIE LOGOTHERAPIE BEWAHREN: AN KONFLIKTEN REIFEN

Batthyány: Kommen wir als Nächstes zu den Aufgaben und zur Verantwortung des Logotherapeuten in der heutigen Gesellschaft. Frankl hat dieses Anwendungsgebiet in Zeiten insbesondere sozialen Umbruchs ja deutlich wahrgenommen. In den Tagen der grassierenden Jugendarbeitslosigkeit in der Zwischenkriegszeit engagierte er sich etwa in der Beratung der durch ihre Untätigkeit verzweifelten Jugendlichen; der Artikel, in dem er darüber berichtet, wie er diesen jungen Leuten dazu verhalf, die unfreiwillig gewonnene Freizeit wenigstens sinnvoll zu nutzen und damit auch einen Großteil ihrer Verzweiflung zu überwinden, stellt sogar eine der ersten klassischen logotherapeutischen Arbeiten Frankls dar.[154]

Und während des dann am Vorabend der nationalsozialistischen Machtübernahme in Wien zunehmend um sich greifenden Ungeists des Antisemitismus hat Frankl sich im Rahmen des Wiener zionistischen Landesverbands in mehreren Vorträgen der seinerzeitigen seelischen Not jüdischer junger Leute angenommen und diese zu lindern versucht. Selbst in Theresienstadt hat er mit Hilfe von Rabbi Leo Baeck, der weltweit ersten ordinierten Rabbinerin, Regina Jonas, und dem bekannten Arzt und Künstler Karel Fleischmann versucht, sich im Lager um die Alten, Kranken und Leidenden zu kümmern. Und unmittelbar nach seiner Befreiung aus dem KZ und der Rückkehr nach Wien sprach Frankl von der durch den Psychiater zu leistenden „geistigen Wiederaufbauarbeit". Nach dem Fall des Eisernen Vorhangs hat Frankl ebenfalls die Initiative ergriffen, den Menschen zu helfen, den

154 Frankl, V. E. (1933). Wirtschaftskrise und Seelenleben vom Standpunkte des Jugendberaters. In: *Sozialärztliche Rundschau*, 3

politischen und gesellschaftlichen Umbruch besser zu verkraften und als Chance eines friedlichen Neubeginns zu sehen.

Kurzum, bei solchen Anlässen größeren gesellschaftlichen Ausmaßes ist der Psychiater oder Psychotherapeut nicht mehr nur mit der Arbeit mit und am Patienten im engeren Sinne befasst – sein Tätigkeitsgebiet reicht viel weiter.

Es ist ohnehin evident, dass der Therapeut nicht nur im unmittelbaren therapeutischen Setting wirken soll. Die europäische Logotherapie ist da keineswegs allein; im Gegenteil, sie hat meines Erachtens sogar einen gewissen Nachholbedarf, wenn man sie etwa mit der Bandbreite an Angeboten der beiden Wiener Vorläuferschulen, also der Psychoanalyse und der Individualpsychologie, vergleicht. Gerade die Individualpsychologen leisten immer noch hervorragende und engagierte Arbeit in der Jugend- und Elternberatung, Sozialarbeit, Seniorenbetreuung etc. In Südamerika oder in Russland gibt es logotherapeutische Initiativen zur Suchtprophylaxe und der Betreuung chronisch Kranker. Nicht zuletzt vor diesem Hintergrund läuft derzeit etwa eine Kooperation zwischen unserem Wiener Viktor-Frankl-Institut und dem Kinderhilfswerk der Vereinten Nationen (UNICEF) in New York zur logotherapeutischen Unterstützung von Jugendlichen aus Krisen- und Kriegsgebieten, das hunderttausende Jugendliche erreichen soll – wobei weniger die Zahl der potentiellen Nutznießer eines solches Programms bemerkenswert ist, als vielmehr die erschütternd hohe Zahl an jungen Menschen (57 Millionen!), die heutzutage in Krisengebieten aufwachsen bzw. aus solchen fliehen mussten oder konnten. Jedenfalls – all diese Programme bestätigen den weiten Anwendungsraum der Logotherapie und die soziale Verantwortung des Logotherapeuten auch jenseits des eigentlichen Kerngebiets der Psychotherapie. Denn dass Logotherapie nicht alleine nur Psychotherapie ist, sondern auch darüber hinaus anwendbar und hilfreich, dürfte ohnehin außer Frage stehen. Auch Frankl selbst hat derartige Initiativen stets unterstützt oder – siehe oben – ins Leben gerufen.

Allerdings gab es in den letzten Jahren mit Blick auf die Frage nach den Kernkompetenzen der Logotherapie auch einige Konflikte, und in unserem offenen Gespräch kann man wohl auch an diesem Thema leider nicht ganz vorbeigehen.

Ich denke dabei an den vor einigen Jahren in Deutschland von der „Deutschen Gesellschaft für Logotherapie und Existenzanalyse“ (DGLE) bzw. FLP-EU eingeführten Berufstitel des sogenannten „Logotherapeuten

DGLE®“ bzw. „Logotherapeuten FLP-EU®“. Weil die damaligen Ereignisse viele in der deutschsprachigen Logotherapie-Szene regelrecht erschüttert und bis heute Auswirkungen haben, will ich ein bisschen ausholen und gleich mehrere Anmerkungen und Fragestellungen dazu anreißen.

Die erste Frage betrifft den Umgang mit Konflikten innerhalb der Logotherapie. Die zweite Frage betrifft das Profil des Logotherapeuten insgesamt. Zunächst zum faktischen Hintergrund: In Österreich ist die Logotherapie als Psychotherapie staatlich vollständig anerkannt. In der Schweiz gibt es kantonal unterschiedliche Regelungen. In Deutschland hingegen scheint auf lange Sicht ihre staatliche Anerkennung eher unwahrscheinlich zu sein. Die DGLE hat daher vor einigen Jahren den Logotherapeuten als eigenen Beruf *unabhängig* vom Psychotherapeuten definiert („Logotherapie ersetzt keine psychotherapeutische Behandlung“, wie es in den Informationen der DGLE nun heißt)[155] und als Marke beim europäischen Patent- und Markenamt eingetragen. Das lief innerhalb wie außerhalb dieser Gesellschaft allerdings nicht ohne Friktionen ab, und bald wurden auch wir in Wien von diesen Entwicklungen eingeholt.

Im Zuge der Diskussionen wurden dann noch Bruchlinien offenbar, die bis dahin nicht so offen zu Tage getreten waren. Veranstaltungen von Längle und seiner Gruppe wurden im DGLE-Veranstaltungskalender beworben – teils wurden auch gemeinsame Seminare bzw. Veranstaltungen mit der Gruppe um Längle abgehalten. Uns wurde hingegen mitgeteilt, dass die inhaltliche Distanzierung von Längle „zu dogmatisch“ sei. Zudem wurden und werden Seminare im Rahmen eines verpflichtenden sogenannten „DGLE-Fortbildungsforums“ angeboten, die inhaltlich teils weit entfernt waren und sind von der originären Logotherapie.

Ich muss offen gestehen, dass vieles davon auch persönlich enttäuschend war. Schließlich kam es aber zu einem (wenn auch nicht inhaltlich) versöhnenden Gespräch mit dem DGLE-Vorstand. Zugleich besiegelte dieses Gespräch letztlich über einen kleinen Umweg die offizielle Trennung der deutschen Gesellschaft DGLE vom Viktor-Frankl-Institut (VFI) und der dem VFI angeschlossenen *International Association of Logotherapy and Existential Analysis (*das ist der internationale Verbund der knapp 150 mit dem Wiener Institut fachlich und freundschaftlich verbundenen Logothe-

155 DGLE (o. J.) *Auf dem Weg zur Professionalisierung von Logotherapeutinnen und Logotherapeuten.* O. V.

rapie-Institute und -initiativen in rund 40 Ländern). Mit dieser Trennung fand eine lange bestehende Verbindung zwischen Wien und der DGLE ein Ende. Seither geht die DGLE jedenfalls mit einigen wenigen Ablegern, die in einer „FLP-EU-EWIV (= europäische wirtschaftliche Interessensvertretung)" organisiert sind, eigene Wege. Heute sehe ich, dass das für beide Seiten befreiend war.

Weil das aber nicht immer offen kommuniziert wurde, will ich im Sinne eines transparenten Diskurses einige der Hauptgründe für die Trennung kurz auflisten: Da war zunächst neben der Neubestimmung der Anwendungsbereiche und Kernkompetenzen der Logotherapie (dazu gleich mehr) auch die damals vorgeschlagene starke Reglementierung der Ausbildungsanwärter und Mitglieder des DGLE-FLP-EU-EWIV-Konstrukts. Es gab da etwa eine Vertragsklausel, mit der die Ausbildungskandidaten dem Vorstand der DGLE das „Erstveröffentlichungsrecht" für während der Ausbildung verfasste Schriften und Bücher, also ihr geistiges Eigentum, übertragen sollten. Außerdem sollten sie sich dazu verpflichten, die Bezeichnung „Logotherapeut" nur noch im Rahmen der DGLE-Linzenz (mit oder ohne Zusatz DGLE®) für sich zu verwenden, was natürlich potentiell leicht zu wirtschaftlicher Abhängigkeit der Mitglieder führen würde etc. etc. Die inhaltlichen Änderungen wurden also durch organisatorisch wie inhaltlich bedenkliche Entwicklungen flankiert, die das Gesicht der Logotherapie in Deutschland entscheidend verändern und mit einer noch nie dagewesenen Kontrolle des DGLE-Vorstands über die Ausbildungskandidaten einhergehen würden.

Das Problem wurde aber erst wirklich auch unser unmittelbares Problem, als uns dann vorgeschlagen wurde, der DGLE-Vorstand solle auch als Mittler oder Nadelöhr zwischen den deutschen Logotherapeuten und Logotherapie-Instituten auf der einen Seite und dem Viktor-Frankl-Institut auf der anderen Seite stehen. Wenn also jemand ein neues Institut gründen wollte, hätte er zuerst bei der DGLE (oder FLP-EU) einen Antrag stellen müssen und nicht, wie bisher, einfach bei uns eine wie auch immer geartete Unterstützung erhalten sollen (oder schlichtweg unabhängig von allen sein Institut aufziehen). Dasselbe hätte auch für einzelne Therapeuten oder Berater gelten sollen, die im neuen Modell nicht mehr einfach und direkt, sondern nur über ein Placet des DGLE-Vorstands akkreditierte Mitglieder im VFI werden können sollten. Spätestens mit diesem Vorschlag stand das VFI unter dem Zugzwang, dieses Gesamtpaket (inkl. der Neubestimmung der Logotherapie als „nicht Psychotherapie ersetzend") mitzutragen – oder eben nicht.

Letztlich stießen damals auch zwei sehr unterschiedliche Kulturen aufeinander: Wir haben uns im Viktor-Frankl-Institut stets bemüht, dem Vorbild Frankls zu folgen und die einzelnen Initiativen ziemlich unkompliziert unter Wahrung größtmöglicher Selbstbestimmung und Unabhängigkeit auch der Logotherapeutinnen und Logotherapeuten zu ermutigen und zu unterstützen. Freiheit, Selbstbestimmung und Verantwortung sind ja Kernmerkmale der Logotherapie und ein Aufgeben dieser Grundlinien bedeutet letztlich nicht weniger als ein Aufgeben der logotherapeutischen Identität selbst (von der weiter unten behandelten Frage, ob die Logotherapie nun psychotherapeutische Hilfe anbieten kann oder nicht, ganz zu schweigen). Daher hatte es bis dahin derartige Konflikte in der gesamten Geschichte des VFI auch noch nie zuvor gegeben.

Hinzu kam auch und setzte uns noch mehr unter Zugzwang: Auch Kollegen anderer Therapierichtungen wurden auf die Entwicklungen in Deutschland aufmerksam und begannen uns eindringlich zu warnen. Befreundete Adlerianer haben etwa auf die ja nur wenige Jahrzehnte zuvor hochkochende Affäre um den autoritären Zürcher „Verein für psychologische Menschenkenntnis" (VPM) hingewiesen, der sich ursprünglich aus der Adler'schen Individualpsychologie gebildet und mit einer zunehmenden Gruppenbindung der Einzelmitglieder und Abschottung nach außen bald die Brücken zur Individualpsychologischen Vereinigung und Kollegenschaft innerhalb und außerhalb der Individualpsychologie abgebrochen hatte.[156] Das waren also schwierige Jahre für die deutsche Logotherapie, von denen sie sich nun aber langsam erholt. Heute gibt es immer mehr und größere unabhängige Initiativen, die teils äußerst erfolgreich die Logotherapie wieder in ihrer ursprünglichen Form festigen und verbreiten.

Mir ist aber sehr wichtig, an dieser Stelle auf einen eigentlich ohnehin selbstverständlichen Sachverhalt hinzuweisen: nämlich, dass man, um hervorragende logotherapeutische Arbeit zu leisten, nirgends Mitglied – auch nicht Mitglied der Internationalen Vereinigung im VFI oder sonst einem Verband – zu sein braucht. Ich kenne einige, die nirgends „angegliedert" sein

---

156 Sorg, E. (1991). *Lieblings-Geschichten: die „Zürcher Schule" oder Innenansichten eines Psycho-Unternehmens*. Zürich: Weltwoche-ABC-Verlag; Efler, I. & Reile, H. (Hrsg). (1995). *VPM – Die Psychosekte*. Reinbek: Rowohlt

wollen und vielleicht gerade als unabhängige Initiativen höchst aktiv und erfolgreich sind. Persönlich finde ich es sehr bereichernd, mit diesen freien Initiativen in Kontakt zu stehen, und halte dort auch gelegentlich Vorträge oder Seminare, oder wir im VFI helfen gelegentlich mit Büchern etc. aus, wenn wir danach gefragt werden. Kurz: Es stehen die Türen und Dienste des VFI wirklich allen offen – nämlich erstens wirklich offen, und zweitens wirklich allen: Mitgliedern wie Nichtmitgliedern, Logotherapeuten wie Nichtlogotherapeuten, Therapeuten wie Vertretern anderer Berufe oder Laien.

Erst, wenn es abseits der konkreten Arbeit um institutionelle Fragen der Mitgliedschaft in der Internationalen Vereinigung geht, haben wir als Institut uns natürlich an die Vorgaben Viktor Frankls und das logotherapeutische Profil zu halten. Im Grunde ist die Sache daher relativ einfach: Die DGLE bzw. FLP-EU hat eine Neubestimmung des Logotherapeuten, das Markenrecht und dergleichen eingeführt und uns gefragt, ob wir da mitmachen oder zustimmen können. Unsere Antwort war ein recht ausführlich begründetes „Nein". Aber: Auch gute Freunde sagen sich gelegentlich „Nein" und können trotzdem füreinander da sein bzw. eben geöffnete Türen füreinander haben.

Nun habe ich den Eindruck – bitte korrigieren Sie mich, wenn ich da falsch liegen sollte – dass Sie selbst für das erste, damals noch unter Ihrer Leitung stehende Süddeutsche Institut in Fürstenfeldbruck[157], als es um einen seinerzeitigen Konflikt mit dem damaligen Vorstand der DGLE, Herrn Prof. Amini, ging, ebenfalls bald die Reißleine gezogen und sich dazu entschlossen haben, den Weg ohne DGLE weiterzugehen – in wohlwollender Verbundenheit zwar, aber eben doch in gewahrter Distanz ...

Lukas: Es stimmt: In den 1990er Jahren, als ich noch die fachliche Leitung des „Süddeutschen Instituts für Logotherapie GmbH" innehatte, geschah es, dass Prof. Bijan Adl-Amini zum Präsidenten der damaligen „Deutschen Ge-

157 Elisabeth Lukas leitete das erste Süddeutsche Institut für Logotherapie bis zum Jahr 2003. Das heutige „Süddeutsche Institut für Logotherapie" steht unter neuer Leitung und ist wieder im Verbund der DGLE organisiert. Das umfangreiche literarische und wissenschaftliche Erbe von Elisabeth Lukas wird heute hingegen vom Elisabeth-Lukas-Archiv in Bamberg (Leitung: Dr. Heidi Schönfeld) bewahrt und u. a. in Buchreihen und übersetzten Neuausgaben verbreitet. In der angeschlossenen Akademie für Logotherapie im Elisabeth-Lukas-Archiv wird von Dr. Schönfeld auch in der Tradition des ersten Süddeutschen Instituts die berufsbegleitende Ausbildung in Logotherapie nach einem nunmehr erweiterten und aktualisierten Lehrplan von Elisabeth Lukas angeboten, teils noch unter Supervision von Elisabeth Lukas.

sellschaft für Logotherapie e. V." gewählt wurde. Ich hatte Adl-Amini als höflichen und freundlichen Zeitgenossen kennen gelernt und wusste, dass er sich den Frankl'schen Ideen verbunden fühlte. Nur leider war er kein ausgebildeter Logotherapeut und vertrat ganz offiziell die Meinung, dass Sinn lediglich dem Bewusstsein des Menschen entspringe und außerhalb des menschlichen Bewusstseins nicht und nirgendwo existiere. Da ich von Längles Konzeptabweichungen her ein „gebranntes Kind" war, kündigte ich daraufhin die Mitgliedschaft unseres Instituts in der deutschen Logotherapie-Gesellschaft auf. Das war kein leichter Schritt für mich, weil ich diese Gesellschaft im Jahr 1983 gemeinsam mit Dr. Karl-Dieter Heines und einer Handvoll anderer Fachleute gegründet hatte. Aber wer am transsubjektiven Sinnbegriff rüttelt, zieht der Logotherapie das Fundament unter den Füßen weg. Seit damals habe ich keinen Kontakt mehr zur deutschen Logotherapie-Gesellschaft und kann daher zu den von Ihnen beschriebenen Reibereien nichts sagen.

Batthyány: Nun würde mich in der Rückschau und vor allem in der Vorausschau allgemeiner interessieren, wie auf vielleicht anderswo erwachsende ähnliche Problemsituationen am besten zu reagieren ist? Wie sichern wir den Fortbestand einer freien und entwicklungsfähigen Logotherapie im Sinne Frankls und schützen sie zugleich vor zweifelhaften Tendenzen, vor denen wir ja auch in Zukunft nicht gefeit sein werden?

Lukas: Abweichungen, Veränderungen, Verschlechterungen, Vermischungen oder gar Missbräuche des Frankl'schen Erbes zu eigenen Zwecken lassen sich vermutlich auf keine Weise verhindern, weder jetzt noch in Zukunft. Aber etwas Wichtigeres als etwaige Verhinderungsmaßnahmen dünkt mich Vorrang zu haben. Bekanntlich soll man keine Energien in Kontra-Motive stecken (also *gegen* etwas investieren), sondern seine Energien Pro-Motiven widmen (also sich *für* etwas engagieren). Bezüglich des Frankl'schen Erbes bedeutet dies, dass eine weltumspannende Schar erstklassig ausgebildeter Logotherapeuten anzuzielen ist. Nur so könnte sichergestellt werden, dass hinreichend viele von ihnen der originären Logotherapie die Treue halten und sie trotzdem verantwortungsvoll weiterentwickeln bzw. anpassen an neue Zeiten und neue Herausforderungen.

Was dafür notwendig wäre, sind exzellente Logotherapie-Dozentinnen und -Dozenten, und daran hapert es leider gewaltig. Ich fürchte, davon hängt für die nächsten Jahrzehnte ab, ob die heilsamen Denkansätze Frankls den wachsenden Unmengen an krisengeschüttelten Menschen ringsum Linderung und Stütze im Lebensvollzug gewähren können, oder ob sie größtenteils ungehört versickern werden, obwohl sie so dringend gebraucht würden.

Die Schwierigkeit, exzellente Logotherapie-Dozentinnen und -Dozenten zu generieren, liegt daran, dass solche Lehrpersonen über eine Dreifach-Kompetenz verfügen müssen. Einerseits müssen sie in der Logo-Theorie und in den anthropologischen Grundlagen der Psychotherapie „sattelfest" sein. Andererseits sollten sie über eine jahrelange logotherapeutische Praxis verfügen (wenn nicht im therapeutischen Sektor, dann wenigstens im Beratungssektor), um über Anwendungstaktiken referieren und diese an entsprechenden Beispielen exemplifizieren zu können. Schließlich müssen sie noch genügend pädagogische Qualifikationen besitzen, um interessant und „mitreißend" unterrichten zu können. Die Frage lautet: Wo findet man solche „Dreifach-Profis"?

Nun, Sie sind Inhaber des Viktor-Frankl-Lehrstuhls. Vielleicht sind Sie (in Kooperation mit gut funktionierenden Logotherapie-Zentren) dazu berufen, sich um den Nachwuchs solcher „Dreifach-Profis" zu kümmern. Es wäre eine lohnenswerte Lebensaufgabe, maßgeschneidert für einen Universitätsprofessor, exzellenten Logotherapie-Kenner und engen Vertrauten der Frankl-Familie wie Sie ...

2. IST DIE LOGOTHERAPIE EINE BERUFSSPARTE?

Batthyány: Wobei Sie selbst doch den weitaus größten Anteil am Fortbestand der Logotherapie im deutschen Sprachraum haben. In dem damals noch unter Ihrer Leitung stehenden ersten Süddeutschen Institut haben hunderte Fachleute Logotherapie gelernt – und zwar, wie Frankl es formuliert hat, „aus reinster Quelle". Er hat sogar seinen Enkelsohn Alexander Vesely als Schüler zu Ihnen geschickt ...

Einige Ihrer ehemaligen Schülerinnen und Schüler, zum Beispiel im Ausbildungsinstitut für Logotherapie und Existenzanalyse (ABILE) in Österreich oder auch die Akademie für Logotherapie (Dr. Heidi Schönfeld) in Bamberg, unterrichten nach dem von Ihnen erstellten Lehrplan und bauten in den vergangenen Jahren großartige Initiativen auf, ebenso auch das Schweizer Institut für Logotherapie und Existenzanalyse (ILE) in Chur. Ansonsten gibt es zu viele Initiativen, um sie alle aufzuzählen – in Kanada etwa leitet Dr. Maria Marshall seit vielen Jahren ein äußerst produktives Institut in Ottawa, in dem auch regelmäßig Schriften zur Logotherapie erscheinen. Und auch in Moskau (mit Ablegern in St. Petersburg und Partnerinstituten in einigen der ehemaligen Sowjetrepubliken wie z. B. in Kasachstan und Usbekistan) wächst unter dem Dach des bzw. in Kooperation mit dem traditionsreichen Moskauer Institut für Psychoanalyse (das ja auch Gastgeber des 4. Weltkongresses für Logotherapie war) eine großartige Generation von Logotherapeuten und Lehrtherapeuten heran, die als Ihre „Enkelschüler" die originäre Logotherapie hochhalten. In anderen Ländern rund um den Globus bauen sich vergleichbare Initiativen auf oder florieren bereits. Die Logotherapie erfährt derzeit in vielen Ländern einen Wachstumsschub, der vor einigen Jahrzehnten in dem Ausmaße noch nicht absehbar war.

Aber umso mehr und gerade für Deutschland bleibt noch die Frage, wie die Logotherapie künftig öffentlich wahrgenommen werden wird, das heißt, *als was* die Logotherapie in Erscheinung treten soll. Das ist – um noch bei der gegenwärtigen Situation in Deutschland und der Eingangsfrage zu verbleiben, wie Logotherapeuten arbeiten sollen – durchaus wichtig. Denn in Deutschland wurde das neu eingeführte Berufsprofil des „Logotherapeuten DGLE® bzw. FLP-EU®" in einer eigenen auch online zugänglichen „europäischen Charta" festgeschrieben. Demnach würden die Methoden der Logotherapie „bei psychischen Erkrankungen *keine* psychotherapeutische Behandlung" ersetzen (Charta, S. 3).

Das allerdings trifft die Logotherapie mitten ins Herz. Denn es ist ja ein Großteil der Logotherapie etwa der Behandlung u. a. von Angststörungen, Zwangserkrankungen, Persönlichkeitsstörungen, noogenen Neurosen, Burnout und Formen der nicht primär somatogenen depressiven Störungen gewidmet – von der psychotherapeutischen Begleitung bei Psychosen und dem weiten Feld der ärztlichen Seelsorge, das zunehmend auch von anderen psychotherapeutischen Schulen als therapeutisches Kernanliegen erkannt wird („spiritual care"), ganz zu schweigen. In neueren Dokumenten der deutschen Gesellschaft heißt es sogar deutlicher, dass laut dieser Neubestimmung die Logotherapie als dritte Wiener Schule der Psychotherapie ihrem neuen Verständnis nach „keinen Ersatz für psychotherapeutische Behandlung"[158] bieten kann.

158 DGLE. *Auf dem Weg zur Professionalisierung von Logotherapeutinnen und Logotherapeuten*, s. Anm. 157

Das Problem ist: Man kann diese Definition der Logotherapie nur aufrechterhalten, wenn man zentrale Bereiche des logotherapeutischen Werks Frankls und seiner Schülerinnen und Schüler streicht. Denn die Mehrheit der empirischen Studien zur Logotherapie und auch der Großteil der Schriften und Vorträge Frankls sind ja der Psychotherapie bzw. der Behandlung psychischer Störungen gewidmet.

Der emeritierte Ordinarius für Psychologie an der Universität Wien, Prof. Dr. Giselher Guttmann, hat zudem in einem Diskussionsbeitrag auf ein weiteres Problem hingewiesen. Er merkte an, dass man mit einer solchen „offiziellen" Definition all den klinischen und universitären Initiativen in den Rücken fällt, die sich in derzeit laufenden Verfahren um die Anerkennung der Logotherapie als Psychotherapie bemühen. Das ist ja leider ein Dauerthema in Deutschland, wo derzeit nur die Verhaltenstherapie, die tiefenpsychologisch orientierten Verfahren und die analytische Psychotherapie anerkannt sind.

Allerdings wird kein in einem psychotherapeutischen Anerkennungsverfahren involvierter Entscheidungsträger eine psychotherapeutische Schule als solche anerkennen, deren selbsterklärter „Berufsverband" in einer Grundsatzerklärung behauptet, sie ersetze ohnehin keine Psychotherapie bzw. psychische Erkrankungen fielen nicht in ihr primäres Tätigkeitsfeld. Auch wies Guttmann darauf hin, dass das Ganze frappierend an Alfried Längles seinerzeitigen Versuch erinnere, den Methoden der Logotherapie die Eignung als Behandlungsmethoden psychischer Störungen abzusprechen. Tatsächlich gleicht die in der Charta festgeschriebene Definition der logotherapeutischen Behandlung beinahe wörtlich jener, die auch Alfried Längle vornahm:

> Wir fanden in der GLE als die zutreffendste Bezeichnung für Logotherapie „sinnorientierte Beratungs- und Behandlungsform" […] Frankls Anliegen war nicht die Begründung einer eigenen Psychotherapie, sondern eben nur die Schaffung einer Ergänzung.[159]

Mit der „europäischen Charta" bzw. den DGLE-Verlautbarungen wurde nun nicht mehr nur von Längle, sondern auch von einer bis dahin historisch

159 Längle, A. (1995). Logotherapie und Existenzanalyse – eine begriffliche Standortbestimmung. In: *Existenzanalyse* 1, 8

noch mit der originären Logotherapie nach Viktor Frankl verbundenen Gesellschaft der Logotherapie die Bestimmung als eigenständige Psychotherapie abgesprochen.

Lukas: Dass Frankl seine Logotherapie als eine eigenständige und gut anwendbare Psychotherapieform entwickelt hat, steht außer Zweifel. Er war zwar Psychiater, Neurologe, Philosoph und Wissenschaftler, aber sein Herz schlug in beruflicher Hinsicht eindeutig für die Psychotherapie. Man braucht nur seine Kasuistik durchzublättern, um zu erkennen, dass die von ihm geschilderten Patientinnen und Patienten allesamt eine erstklassige psychotherapeutische Behandlung erhielten, an der sie genasen. Auch wenn Frankls Fallbeispiele aus literarischen Notwendigkeiten heraus komprimiert dargestellt sind, zeugen sie dennoch von feinstem psychotherapeutischem Fingerspitzengefühl und von methodischer Brillanz. Dass die Logotherapie keinen Katalog an Methoden aufweist (wie etwa die Verhaltenstherapie), sondern mit wenigen Psychotechniken auskommt, liegt nicht an einem Defizit von ihr, sondern an ihrem Vorzug: Sie überzeugt mit ihren anthropologischen Argumenten, was dazu führt, dass sich die gesunden Selbstheil- und Immunkräfte seelisch kranker Personen regenerieren.

Ein aus jeglicher „Konkurrenz" herausragendes Merkmal der Logotherapie ist jedoch, dass sich die Vielseitigkeit von Frankls Fachstudien und Interessensgebieten in der Vielseitigkeit seines Werkes widerspiegelt. Denn die Logotherapie ist sowohl von ihrem theoretischen Umfang als auch von ihrer Praktikabilität her *mehr als eine psychotherapeutische Schule*. Ich betone: mehr und nicht weniger. Sie enthält neben ihrem kurativen Anteil (der ja Inhalt jeder Seelenheilkunde ist) einen ungemein großen präventiven Anteil und einen nicht minder enormen konsolativen Anteil. Sie vermag nicht nur Leidenszustände zu heilen, sondern sie auch zu verhindern und – wenn nötig – Leidende zu trösten.

Frankl hat einmal in seiner humorigen Art erzählt, dass ihn manche schlichten Gemüter wegen seines medizinischen und philosophischen Doktorates statt als „doppelten Doktor" als nur „halben Arzt" betrachten. Es hieße, dieser Manier zu folgen, wollte man die Logotherapie auf Grund ihrer Vielseitigkeit als nur „halbe Psychotherapie" einstufen.

Wenn jemand behauptet, die Logotherapie sei „nichts als" eine sinnorientierte Beratungsform, dann erinnert mich das an Frankls Definition nihilistischer Strömungen, die sich weniger durch ein Gerede vom Nichts als durch ihre Äußerungen über ein „nichts als" demaskieren. „Freundschaft ist nichts als verkappte Homosexualität", „Nächstenliebe ist nichts als sublimiertes Geltungsbedürfnis" ... wir haben in einem anstrengenden Entwicklungsgang seit Freuds Tagen derlei Abwertungen überwunden und möchten sie nicht in flapsigen Kommentaren zur Logotherapie wiederfinden!

3. BERATUNG UND BEHANDLUNG: ÜBERGÄNGE UND SCHNITTMENGEN

Batthyány: Wobei allerdings die Grenze zwischen Beratung und Psychotherapie nicht ganz klar zu ziehen ist, oder?

Ein Beispiel: Wie ich Ihnen bereits mitteilte, ist es nach langjährigen Vorarbeiten in einer Kooperation zwischen der Logotherapeutin Gudrun Mehring im bayerischen Bad Birnbach, der Ludwig-Maximilian-Universität (LMU) in München und dem Viktor-Frankl-Institut in Wien gelungen, die Logotherapie als festen Bestandteil eines umfassenden Vorsorgekonzepts zu etablieren – ein großer Schritt, der uns hoffentlich die Türen zu weiteren Anerkennungen öffnen wird. Der Block der indikationszentrierten Patienten-Gesprächsseminare dieses Konzepts besteht ausschließlich aus logotherapeutischen Inhalten, die von Gudrun Mehring konkret für diesen Indikationsbereich (Stressprävention) entwickelt wurden. Die LMU hat – unter mehreren Kandidaten – die Wirksamkeit dieses Modells wissenschaftlich überprüft und bestätigt. Die klassische Logotherapie ist damit nun Bestandteil einer „ambulanten, medizinischen Vorsorgeleistung in Form einer Kompaktkur", die jedem gesetzlich Versicherten in Deutschland zusteht.

Nur der Vollständigkeit halber und um noch etwas anschaulicher zu machen, weshalb der seinerzeitige Vorstoß der deutschen Charta sich nicht nur unter inhaltlichen, sondern auch unter berufspolitischen Gesichtspunkten als nicht sonderlich zielführend erwiesen hat, ist zu erwähnen, dass für das Anerkennungsverfahren gegenüber den amtlichen Institutionen eine klare Abgrenzung unsererseits vom „Berufsverband" und der „Berufsverband-Charta" nötig war. Vielmehr haben wir die Logotherapie in ihrer eigentlichen Bestimmung als *Psychotherapie* dargestellt, die eben – wie im Übrigen nahezu jede andere psychotherapeutische Schule – *auch* beratend *und* therapeutisch einsetzbar ist.

Allerdings: Dazu kommt wohl, dass sich Beratungs- und Therapiearbeit mehr oder minder fortlaufend ohnehin überschneiden, eine so explizite Ausgliederung der Beratung aus der Psychotherapie bzw. der psychotherapeutischen Methoden aus der Beratung also ohnehin nicht wirklich trag- und darstellbar ist.

Lukas: Gewiss, der Übergang zwischen Beratung und Psychotherapie ist fließend. Man kann eine heuristische Trennungslinie einziehen, aber wirklich gültig wird sie nie. Der Grund dafür ist der fließende Übergang zwischen seelischer Gesundheit und seelischer Krankheit. Wann ist ein Klient noch seelisch gesund und hat bloß ein Problem, bezüglich dessen er Beratung sucht – und wann ist ein Patient schon seelisch krank und hat infolgedessen Symptome, bezüglich derer er therapeutische Hilfe braucht? Im Allgemeinen wird der Maßstab vorhandener Freiheitsgrade angelegt, um diese Frage zu klären. Sind sie groß, ist der Betreffende „noch gesund", sind sie niedrig, ist er „schon krank". Aber nun: Freiheitsgrade kann man sich selbst beschneiden, Freiheitsgrade kann man ungenützt lassen, und Freiheitsgrade gibt es noch bis weit ins psychotische bzw. organisch bedingte Krankheitsgeschehen hinein. Darüber hinaus kann eine gelungene Beratung Leben retten und eine misslungene Psychotherapie Leben zerstören. Das alles ist nicht präzise auseinanderzudividieren.

Ich selbst habe jahrelang Lebens-, Ehe- und Familienberatungsarbeit geleistet. Dann erhielt ich meine Zulassung als Psychotherapeutin. Danach habe ich jahrelang als Psychotherapeutin gearbeitet; aber ich habe nach meiner Approbation dasselbe wie vorher getan! Ich kann nicht einmal bestätigen, dass ich in der psychotherapeutischen Ambulanz unseres Instituts viel mehr gestörte Patientinnen und Patienten hatte als in der Beratungsstelle, die ich vorher geleitet habe.

Deshalb wünschte ich, dass alle Berater, die mit Menschen in schwierigen Lebenslagen zu tun haben, eine solide psychotherapeutische Ausbildung besäßen, wie ich sie zum Glück durch Frankl erfahren durfte. Auch wenn manche Klientenanliegen schnell und „auf die einfache Tour" zu lösen sind, kommt man einander in den Beratungsgesprächen doch sehr nahe. Da bricht leicht etwas auf, das mehr therapeutisches Geschick erfordert, als Berater mit Kurzausbildungen mitbringen. Damit will ich nicht sagen, dass ellenlange Psychotherapieausbildungen effizient seien. Heutzutage sind sie oft mehr „Abzocke" als echtes Training. Was ich sagen will, ist, dass ein würdiges Menschen- und Weltbild, eine korrekte diagnostische Grundlage, gute Kenntnisse im Kommunikationswesen und ein breites Repertoire an heilsamen Strategien die Voraussetzung dafür sind, dass man seelisch angeschlagenen und verzweifelten Menschen eine Stütze sein kann. Gesellt sich noch die Intuitionskraft einer (nicht erlernbaren) „Herzensweisheit" hinzu, wird nicht mehr viel schiefgehen.

4. VOM „ERGÄNZUNGSCHARAKTER" DER LOGOTHERAPIE

Batthyány: Gelegentlich hört man aber, Frankl selbst habe manchmal davon gesprochen, die Logotherapie sei (bloß) eine „Ergänzung" der Psychotherapie. Das tat er allerdings meines Wissens nach nur in den ersten Jahren; in späteren Vorlesungen und Vorträgen spricht er von der Logotherapie als „Psychotherapie vom Geiste her", von der dritten Wiener Schule der Psychotherapie und positioniert die Logotherapie eindeutig als eigenständige Psychotherapie ... Außerdem hat Frankl ja unmittelbar mitbekommen, wie Sie die Ausbildungen in Logotherapie entwickelt und angeboten haben, daher hat er sich Ihnen gegenüber vermutlich genauer zu dieser Frage geäußert?

Lukas: Nun – mein Vorteil ist, dass ich Frankl gekannt habe und weiß, was er gemeint hat. Keinesfalls liebäugelte er mit der Vorstellung, man möge Psychotherapie nach irgendeiner der vielen „Schulen" praktizieren und logotherapeutische Inhalte wie einen Zuckerguss darüberstreuen. Was er gemeint hat, war, dass das zweidimensionale Leib-Psyche-Denkmodell anderer Schulen dringend einer Ergänzung bedurfte, nämlich der Ergänzung um die dritte spezifisch humane Dimension (und der damit verbundenen spezifisch humanen Möglichkeiten), und dass es Aufgabe der Logotherapie war und ist, diese Ergänzung zu vollziehen. Genaugenommen ergänzt also die Logotherapie basale und axiomatische Strukturmuster anderer Psychotherapierichtungen um eine ganz wesentliche Erkenntnis und baut – jetzt im Unterschied und nicht mehr „ergänzend" – auf dieser Erkenntnis ihr eigenständiges psychotherapeutisches Gebäude auf.

Ich will Ihnen etwas verraten. In unserer psychotherapeutischen Ambulanz haben wir jährlich Statistiken über die Erfolgsrate geführt. Neben den Einschätzungen durch die Therapeuten wurden auch Rückmeldungen der behandelten Patientinnen und Patienten eingeholt. In den 17 Jahren, in denen ich das Institut geleitet habe, lag die Erfolgsrate durchschnittlich zwischen 70 % und 75 %. Das ist enorm hoch, weil die allgemein verlautbarten Erfolgsraten bei ähnlich gemischtem Krankengut kaum über zwei Drittel (66 %) hinauskommen. Und dabei haben wir alle miteinander *hauptsächlich* logotherapeutisch interveniert, wenn auch in Kombination mit anderen Methoden, wo nützlich oder erforderlich. Unsere *primäre Richtschnur* jedoch war die Logotherapie und nichts anderes.

Batthyány: Wobei man anfügen muss, dass Frankl Kombinationen der Logotherapie mit anderen therapeutischen Ansätzen recht offen gegenüberstand. In seinen Kasuistiken griff er ja auch selbst wiederholt auf andere Methoden zurück. Mir scheint, er setzte einfach voraus, dass Logotherapeuten nicht nur Kenntnisse über Logotherapie haben, sondern auch gut informierte Diagnostiker und Kliniker sind – also solide Grundkenntnisse auf dem Fachgebiet der klinischen Psychologie und evidenzbasierten Psychotherapie haben; dass sie also insgesamt vertraut sind mit störungsangemessenen Zugängen und Hilfsangeboten. In seinen Büchern *Theorie und Therapie der Neurosen* und *Die Psychotherapie in der Praxis* etwa nahm Frankl wie selbstverständlich auf andere Methoden Bezug – sei es auf das Verabreichen von Kochsalzlösung als Placebo, sei es auf die Hypnose, sei es auf imaginative Verfahren, sei es auf Entspannungsübungen aus dem Autogenen Training … Man gewinnt da den Eindruck, als ob Frankl vom Logotherapeuten erwartete, nicht nur über eine im engeren Sinne logotherapeutische, sondern insgesamt über eine ausreichende psychotherapeutische und klinische Bildung zu verfügen.

5. METHODENVIELFALT UND KOMBINATIONSFÄHIGKEIT DER LOGOTHERAPIE

Lukas: Ja, so wie er die „therapeutische Zange" bei jenen Krankheiten befürwortete, die mit geeigneten Medikamenten plus supportiver logotherapeutischer Begleitung bekämpft werden müssen, so akzeptierte er durchaus Anleihen an fremde Verfahrenstechniken, wenn sich solche als opportun erweisen. Auch ich habe positive Erfahrungen gemacht mit Kombinationen von Logotherapie mit Entspannungstechniken (Autogenem Training, Progressive Relaxation, Yoga ...) oder mit Naturheilverfahren (Homöopathie, Akupunktur, Diät ...) oder mit Kunsttherapien (Musiktherapie, Maltherapie, Bibliotherapie ...) oder mit Sportprogrammen (Physiotherapie, Reittherapie, meditatives Laufen ...). Allerdings gibt es eine prinzipielle Vorbedingung für solche Therapiekombinationen: Die fremden Verfahrenstechniken dürfen nicht auf einem zur Logotherapie kontradiktorischen Menschenbild aufruhen. Deswegen spießt es sich, würde man versuchen, tiefenpsychologisch „aufdeckendes" Vorgehen in logotherapeutisch „entdeckende" Prozesse einzuschleusen. Und selbst wenn man typisch verhaltenstherapeutische Übungen gelegentlich mitverwenden kann, widerspricht es logotherapeutischen Anschauungen, auf dem Niveau von gezielter Belohnung und Bestrafung zu agieren, auf dem man auch Tiere dressiert.

Die „Ergänzungsdebatte" abschließend möchte ich deswegen sagen: Es war *das anthropologische Fundament der alt-herkömmlichen Psychotherapie*, das es zu ergänzen galt. Damit ist es der logotherapeutischen „Ergänzung" genug! Was Frankl der Welt geschenkt hat, ist eine „Psychotherapie in Würde" (Lukas), die komplett und in Eleganz durchkomponiert ist. Wie alle lebendigen Systeme ist sie komplett und dennoch entwickelbar, ist sie durchkomponiert und dennoch kombinierbar.

Batthyány: Und sie ist auch im Rahmen anderer Disziplinen anwendbar. Sie selbst haben ja in Ihrem Institut seinerzeit eine Ausbildung zur *logotherapeutischen Zusatzqualifikation* angeboten und keinen Beruf*sersatz*, also keinen alternativen „Beruf" im grauen Markt der Lebenshilfe- und Psychoangebote. In der Akademie für Logotherapie im Elisabeth-Lukas-Archiv wird das ja in Ihrer Nachfolge ebenso gehandhabt: Die Logotherapieausbildung ist keine reine und eigenständige Berufsausbildung, sondern eine Spezialisierung – einmal im medizinischen, klinisch-psychologischen und psychotherapeutischen Bereich, zweitens aber auch in anderen helfenden Berufszweigen wie zum Beispiel der Sozial-, Pastoral- oder Hospizarbeit – immer vorausgesetzt, dass diejenigen, die die Logotherapie dann in ihrem jeweiligen Berufsfeld anwenden, das Handwerkszeug ihres Quellberufs beherrschen und die jeweiligen Anwendungsmöglichkeiten und auch -grenzen der Logotherapie in ihrem jeweiligen Bereich kennen.

6. DIE BESONDERHEIT DES FRANKL'SCHEN DENKANSATZES: PERSON UND SINN

Lukas: Das hat sich sehr bewährt. Unter den Hunderten von Schülerinnen und Schülern, die ich ausgebildet habe, waren Vertreter diverser Humanwissenschaften. Zahn- und Kinderärzte berichteten mir strahlend, dass sie ihren großen und kleinen Patienten mittels Logotherapie die Angst zu nehmen vermochten. Allgemein- und Fachmediziner fanden in ihrer Praxis plötzlich die richtigen Worte im richtigen Moment. Juristen schwangen sich zu einem mediatorischen Umgang mit Konfliktparteien auf. Psychologen veränderten ihre Gesprächstaktiken auf fruchtbare Weise. Pädagogen schwärmten davon, logotherapeutische Thesen im Ethikunterricht an Schulen einzusetzen. Seelsorger schärften ihren Blick für pathologische Entgleisungen, die man nicht frömmelnd beheben kann. Sozialarbeiter kurbelten ihren Respekt noch vor den jämmerlichsten Außenseitern an. Alten- und Behindertenbetreuer erblickten hinter den brüchigen Fassaden ihrer Pfleglinge heile, intakte Personen. Politisch Engagierte träumten davon, das friedenstiftende Potential der Logotherapie in die Köpfe der Verantwortlichen unserer Welt einzupflanzen ...

Um ein allerletztes Mal auf die „Ergänzungsdebatte" anzuspielen: *Die Frankl'sche Logotherapie ist eine vollgültige Psychotherapieform. Aber sie bildet eine ideale Ergänzung für sämtliche Disziplinen und Fragenkomplexe, die sich mit dem Los des Menschen befassen, seien sie ärztlicher oder anderer Natur.*

Im Folgenden möchte ich der Vollständigkeit halber auch auf jene erheblichen Anteile der Logotherapie kurz eingehen, die über den psychotherapeutischen Radius hinausreichen. Es ist grandios, welche Weisheitsschätze Frankl in seinem Werk gebündelt hat, und wie sehr diese den krisenträchtigen Sorgen unserer Zeit die Stirn bieten können. Ich will nur einige Aspekte aufzählen:

A) Thema „Selbstbeherrschung"

Wir sind mit einem Mangel an Affekt- und Impulskontrolle konfrontiert. Sogar in unserer relativ satten Gesellschaft, die zufrieden leben könnte, eskalieren Streitigkeiten zunehmend in Tätlichkeiten. Faust- und Messerattacken auf Angehörige oder Rivalen sind schon fast an der Tagesordnung. Wer sich ärgert, greift zu Gewalt oder zu psychischem Terror. Ungefiltert und ungehemmt wird gemobbt, gestalkt, im Internet bloßgestellt etc. Die sexuellen Übergriffe machen nicht einmal vor den obersten Bildungsschichten halt. Handlungen aus dem puren Trieb heraus explodieren geradezu.

Fehlt die Sattheit, dann vermehren sich die Fremdschädigungen um die Selbstschädigungen. Gemäß einer europäischen Studie korreliert Armut deshalb mit sinkender Lebenserwartung, weil arme Leute zu viel rauchen, Alkohol konsumieren und ungesund essen. Dabei ist es völlig verrückt, Geld für Zigaretten und Spirituosen zu vergeuden, wenn kaum Geld da ist. Und gerade billiges Essen ist oft das gesündeste wie z. B. Gemüse, Brot, Wasser (statt süßer Limonade) oder die Früchte der Saison. Dass in Hungerländern die Kinderzahl (und daher die Kindersterblichkeit) besonders hoch ist, widerspricht ebenfalls dem Verstand, der dafür plädiert, auf Kinder, die man nicht ernähren kann, eher zu verzichten.[160]

Dieses weltweite Problem läuft darauf hinaus, dass Menschen lernen müssen, sich unter massivem Affektdruck einen Freiraum zu verschaffen, in dem sie geistig *wählen*, statt dass ihre Handlungen quasi psychophysisch *gewählt* werden. Frankl hat dazu geschrieben:

> Es kommt darauf an, bei aller Bejahung der Triebe nicht die Freiheit gegenüber den Trieben zu verneinen ... Die psychologische Wirklichkeit ergibt nun, dass ‚Triebe an sich' beim Menschen niemals zum Vorschein kommen. Immer sind die Triebe schon bejaht oder verneint, immer sind sie irgendwie – so oder so – schon gestaltet, immer hat die Person die aus dem Psychophysikum auftauchenden Triebe schon assimiliert, immer hat sie die Triebe schon integriert ... Wo der Mensch wie ein Getriebener imponiert, dort ‚*lässt* er sich treiben'. Er kann sich also sehr wohl seinen Trieben überantworten; aber diese Überantwortung selber steht in seiner Verantwortung. Die Freiheit hat der Mensch sonach auf jeden Fall; aber er hat sie nicht nur zum Freisein, sondern ebenso zum Unfreisein. Er hat die Freiheit ... nur ... dass sie ihm nicht immer bewusst ist; aber sie kann ihm dann bewusst werden – sie muss ihm dann eben bewusst gemacht werden.[161]

160 Ich darf das sagen, ohne dass es zynisch wirkt, weil ich selbst in ärmlichen Verhältnissen aufgewachsen bin. Auch erinnere ich mich, dass ich einmal meine Eltern gefragt habe, warum ich keine Geschwister habe. Sie wiesen darauf hin, dass wir (gemeinsam mit meinen ausgebombten Großeltern) zu fünft in einer kleinen Zwei-Zimmer-Wohnung hausten, wo kein Raum für weitere Kinder gewesen wäre.

161 Frankl. *Der leidende Mensch*. s. Anm. 18, 141f.

In dieser Passage hat Frankl ausdrücklich vermerkt, dass er es als eine markante Aufgabe seiner Logotherapie erachtet, die den Menschen verbleibende Freiheit gegenüber den Triebimpulsen bewusst zu machen. Regeln jeglicher Gewalt- oder Missbrauchsprävention bestünden somit in der Installierung von regelmäßigen Zwischenpausen zwischen Trieb stimulierendem Input und reaktivem Output, in denen „Besinnung" und bewusste Entscheidungsfindung stattfinden können. In denen sich der Mensch zwischen sich und seine Wut, seine Gier, seine Lust und all seine verführenden Gefühlsaufwallungen stellen kann. In denen er sich qua geistige Person schützend vor seine potentiellen Opfer stellen kann. In denen er sich an seinem Bezug zu Sinn und Werten festhalten kann. Ein Moment des Innehaltens – um Mensch zu bleiben und nicht Monster zu werden! Was braucht es dazu? Eine Aufstockung der Fähigkeit zur Selbstdistanzierung, was sonst? Wer kennt sich damit aus? Der Logotherapeut!

Er schlüpft gleichsam in die Rolle eines Segelmeisters und lehrt, mit den starken Winden der Gefühle souverän zu kreuzen statt von ihnen ohnmächtig dahingetrieben zu werden.

B) Thema „Belastungen tragen"

Es sind nicht nur die *Post*traumatischen Belastungsstörungen mit ihren sich aufdrängenden Intrusionen, die Therapeuten und Interventionsteams häufig Kopfzerbrechen verursachen. Auch *aktuelle* Belastungssituationen müssen schließlich verkraftet werden, und dräuende *künftige* Belastungen, denen sich jemand ausgesetzt sieht, sind ebenfalls kein Honiglecken. Bei aller Einfühlsamkeit und Anteilnahme, die man aufbringen kann, ist dennoch klar, dass seelische Lasten im Unterschied zu physischen Lasten ihrem Träger nicht einfach abgenommen werden können. Jeder hat sein Päckchen zu tragen, wie der Volksmund weiß. Bei manchen Lasten sind Gewicht reduzierende Maßnahmen möglich – aber nur dann, wenn Gewicht aufbauschende Fehlhaltungen beim Träger offenbar werden. Doch ist Vorsicht bei der Beurteilung angezeigt. Gravierende Belastungen sind „mildernde Umstände", wenn ein geplagtes Menschenkind einknickt ... oder wie Frankl zu sagen pflegte: „Heldentum darf man nur einem einzigen Menschen abverlangen – nämlich sich selbst."

Jedenfalls ist der Logotherapeut für den Umgang mit belasteten Personen optimal gerüstet. Ihm steht die gesamte Palette der Ärztlichen Seelsorge zur Verfügung, und das ist nicht wenig. Dazu mischt er nicht selten Elemente der *Dereflexion*. Niemand ist gezwungen, seine Belastungen im Zentrum der eigenen Aufmerksamkeit festzuschnüren. Sie wollen sich zwar gerne dort ansiedeln und allen Fokus auf sich ziehen, aber der menschliche Geist kann sie auch auf den Aufmerksamkeitsrand beordern, wenn er anderem Wichtigen den Platz in der Mitte zuerteilt.

Eine Forschergruppe rund um Olivier Cottencin von der Universität Lille hat diesen Sachverhalt jüngst bestätigt[162] – vermutlich, ohne etwas von Frankls Dereflexionsmethode zu wissen. Die Forscher fanden heraus, dass Personen, die schwer an traumatischen Erlebnissen tragen, sich übermäßig auf diese fixieren und gedanklich davon nicht abrücken wollen. In einem Experiment, bei dem sich solche Personen auf zu memorierende Wortlisten konzentrieren sollten, schnitten sie signifikant schlechter als der Durchschnitt ab. Die Forscher zogen daraus das Resümee, dass immer dann, wenn Teile der Vergangenheit nicht hinreichend vergessen werden können, das Gehirn heruntergebremst ist. Vergessen bzw. „Ablegen können" sei demnach ein bedeutender Mechanismus, der neuronale Verbindungen zurückstutzt, um unser Gehirn fit zu machen, neue und für die Gegenwart relevante Informationen zu speichern.

Freilich kann man sich nicht befehlen, etwas zu vergessen. Wie hätte zum Beispiel Frankl seine furchtbaren KZ-Qualen jemals vergessen können? Aber etwas anderes konnte er tun. Er konnte sich seinen zurückgewonnenen Lebenschancen widmen und sie sinnumrankt ausbuchstabieren. Das Geheimnis der Dereflexion besteht darin, dass es nicht (wie im obigen Experiment) sinnlose Wortlisten sind, auf die sich traumatisierte Personen konzentrieren sollen, sondern dass es „der Ruf des Logos höchstpersönlich" ist, den zu vernehmen sie angeleitet werden. Nichts fasziniert Menschen so sehr, als wenn ihr „Wille zum Sinn" plötzlich fündig wird. Sofort erobert sich das Gefundene den Mittelpunkt ihrer Aufmerksamkeit, und was dort gelagert war, versickert allmählich im Hintergrund.

Längst schon wissen wir Logotherapeuten, dass das übliche „Aufarbeitungsrezept", wonach posttraumatisch belastete Personen ihre tragischen Erlebnisse wieder und wieder erzählen sollen, falsch ist. Diese Erlebnisse hämmern sich ständig tiefer in ihr Gedächtnis ein und blockieren jeden

162 Cottencin, O., Vaiva, G., Huron, C., Devos, P., Ducrocq, F., Jouvent, R. et al. (2006). Directed forgetting in PTSD: A comparative study versus normal controls. In: *Journal of Psychiatric Research* 40 (1), 70–80

Neustart. Was die moderne Resilienzforschung zu Tage gefördert hat, war bei Frankl bereits Jahrzehnte zuvor nachzulesen: Wer sich zu einem Trauma unverbittert einstellt, es versöhnlich verabschiedet und sich heißblütig dem Sinn des Augenblicks zuwendet, hält alle Trumpfkarten in der Hand – das Gewesene wird ihn nicht mehr bis in seine existentiellen Grundfesten hinein erschüttern.

C) Thema „Motivation"

In einem Rundbrief vom Dezember 2018 hat der bekannte Managementtrainer Fredmund Malik geschrieben: „Ich halte die Lehre von Frankl für das Beste, was bisher über Motivation gesagt wurde." Das ist ein großes Lob, denn über Motivation wurden bislang Unsummen an mehr oder weniger klugen Erläuterungen abgegeben, vor allem in der Welt der Wirtschaftsbosse und in den Chefetagen von Topkonzernen. Kein Coaching-Guru, der nicht mit seiner betuchten Klientel darüber diskutieren würde, wie man träge Mitarbeiter und Untergebene in feurige Sprinter verwandeln könnte. Warum aber hält Malik gerade die Logotherapie für die beste Motivationslehre weithin?

> Wenn man will, dass Menschen in ihrer Arbeit Sinn sehen und Sinn finden können, so muss man ihnen heute immer besser erklären, welchen Sinn eine Arbeit für das *Gesamtunternehmen* hat, und vor allem, welchen Sinn eine Arbeit für den *Kunden* hat. Selbst weniger angenehme und durchaus belastende Arbeiten könnten dadurch, wenn schon nicht leichter, so doch sinnvoller werden, und sie könnten somit erträglicher sein.[163]

Der Autodidakt Malik hat Frankl gut verstanden. In Frankls Motivationslehre laufen fast alle Fäden glückenden Lebens zusammen. Der Sinnaspekt ist es, der uns einerseits anfeuert und andererseits Frustrationstoleranz spendet. Der Sinnaspekt ist es, der uns unter extremem Affektdruck gerade noch in der menschlichen Liga hält (wenn wir ihm bloß genügend Zeitspielraum dafür geben), und der Sinnaspekt ist es, der uns Vergangenes zu bewältigen und Vergänglichkeit zu akzeptieren erlaubt. Wenn er kippt, reißt er alle anderen „Sicherungen" mit sich. Malik weiß das:

---

163 Malik, Fredmund. In: *Malik Letter Nr. 12/2018 für Richtiges und Gutes Management*, St. Gallen/Schweiz

> Ich habe es oft genug erlebt ... wie Manager gegen Ende ihrer Laufbahn vor einem Sinnproblem stehen. Sich gerade vom ersten Herzinfarkt erholend beginnen sie über ihr Leben nachzudenken. Und dann schleicht sie die Frage an: War's das jetzt, mein Leben?
>
> Es gibt noch einen zweiten Grund, der die Sinnfrage wichtig und aktuell fürs Management macht. Nicht allen Führungskräften bleibt es erspart, Arbeitsplätze abzubauen und Menschen in die Arbeitslosigkeit schicken zu müssen ... Die größte Angst haben viele vor der Frage dieser Menschen: „Was hat das jetzt alles eigentlich für einen Sinn gehabt? Ich habe 25 Jahre für diese Firma gearbeitet, und ich habe alles gegeben. Und jetzt entlassen Sie mich ...?

Wie tröstlich ist es da, wenn Menschen begreifen, dass alles Gewirkte unverlierbar in der geschichtlichen Wahrheit ruht, und dass es, wenn es sinnvoll war, diese Wahrheit mit „ewigem Licht“ durchglüht. Wie spannend ist es ferner, zu erfahren, dass sich lebenslang neue Tore öffnen, wo sich alte Tore schließen (Frankl).

VIII. DIE LOGOTHERAPIE IN DER PSYCHOTHERAPEUTISCHEN PRAXIS

1. IMPROVISATION UND STRUKTUR IN DER LOGOTHERAPEUTISCHEN PRAXIS

Batthyány: Um nun zur konkreten psychotherapeutischen Arbeit zu kommen: Es gibt da eine Überlegung, die Frankl in einigen Vorlesungen und Publikationen zur Rolle der Lehrbarkeit der Psychotherapie im Allgemeinen und der Logotherapie im Speziellen thematisiert hat – und zwar die Frage nach dem Stellenwert der Improvisationskunst innerhalb der Logotherapie. Frankl schrieb dazu:

> Alle Psychotherapie muss improvisieren, sie muss erfinden, und zwar sich selbst, und das eigentlich in jedem Falle, für jeden Fall aufs Neue. Sofern Psychotherapie solcherart wesentlich angewiesen erscheint auf ein Individualisieren, ist sie freilich nicht lehrbar, nämlich nicht restlos lehrbar; aber vergessen wir nicht, dass sich ja auch das Individualisieren und Improvisieren selber irgendwie lehren lässt.[164]

Es ist in der Tat beachtlich, wie häufig Frankl, wenn er z. B. im Buch *Die Psychotherapie in der Praxis* Kasuistiken vorstellte, berichtete, er habe dieses oder jenes „improvisierend" getan oder gesagt. Dennoch gewinnt man stets den Eindruck, dass Frankl nicht einfach improvisierte, sondern mit sehr geradlinigem Blick auf ein Ziel hin seine Worte den jeweiligen Gegebenheiten angepasst hat. So schrieb er denn auch:

164 Frankl, V. E. (2008). *Psychotherapie in der Praxis und ausgewählte Texte zur angewandten Psychotherapie.* Bd. 3 der Edition der Gesammelten Werke. Hg. von Batthyány, A., Biller, K., Fizzotti, E. Wien: Böhlau, 30

> Auf Grund der Einmaligkeit und Einzigartigkeit jedes einzelnen „Falles", jedes einzelnen Menschen, der der Psychotherapie bedarf, aber eben in seinem individuellen Sein dem Zugriff aller typisierenden Erfassungsversuche sich entzieht, lässt sich füglich behaupten: Letztlich müsste die Psychotherapie für jeden Kranken eigentlich neu erfunden werden, jene Psychotherapie zumindest, deren er als Einzelner, sohin als Einziger, einzigartig bedarf. Hier kann es also grundsätzlich kein Schema geben – nur im Rahmen eines solchen jedoch wäre Psychotherapie vollendet lehrbar; weder gibt es da ein Schema im dogmatischen noch etwa in einem eklektischen Sinne [...] Der Mensch ist vielmehr immer ein Ganzes, er ist immer Einheit und Ganzheit – und auch seine Neurose hat an seiner Einheitlichkeit und Ganzheitlichkeit teil.
>
> Dass, darüber hinaus, also über das Eine und Einzige seiner Person hinaus der einzelne Neurotiker auch in Bezug auf die einzelnen Situationen seines Daseins bzw. die einzelnen Phasen der psychotherapeutischen Behandlung diese immer aufs Neue vor die Notwendigkeit von Anpassungen und Umstellungen stellt, beweist nur eines: dass die jeweils richtige Psychotherapie nicht nur individualisieren, somit von Fall zu Fall auf den jeweiligen Fall abgestimmt werden muss, sondern dass sie sich auch bei ein und demselben Fall von einem zum andern Mal sich wandeln, dass sie also auch improvisieren muss.[165]

Zugleich ist Logotherapie natürlich wesentlich mehr als „nur" Improvisation. Sie folgt einem gewissen Schema, zumindest bestimmten Rahmenparametern, die der therapeutischen Behandlung Form und Struktur verleihen. Es gibt also „Leitlinien der Improvisation", es gibt Koordinaten. Nun haben Sie tausende Patientinnen und Patienten betreut, und hunderte Schülerinnen und Schüler in der Logotherapie ausgebildet – es dürfte kaum jemand aus logotherapeutischer Perspektive mehr Einsicht in dieses Wechselverhältnis von Improvisation, Individualisierung und therapeutischen Leitlinien haben als Sie.

Lukas: Die Frankl'sche Logotherapie ist geradezu ein System von „Leitlinien der Improvisationskunst". Therapeutische Improvisation hat jedoch nichts mit Planlosigkeit zu tun. Sie kann durchaus *planmäßiges* Handeln bedeuten,

---

165 Ibd., 342f.

das aber aus dem Stegreif und ohne Vorbereitung erfolgt, oder – bei Auftauchen diverser Unwägbarkeiten – auch *außerplanmäßiges* Handeln inkludieren. Meinen Schülerinnen und Schülern habe ich dazu das Gleichnis vom Leuchtturm vermittelt. Wenn der Kapitän eines Schiffes in pechschwarzer Nacht eine Küste entlangfährt, gibt ihm ein vorgebauter Leuchtturm Auskunft, vor welchen Klippen er sich hüten und welche Landspitzen er umrunden soll. Der Leuchtturm markiert keine fixe Fahrrinne. Der Kapitän muss den Kurs seines Schiffes gemäß Gezeitenströmungen, Wetterbedingungen Frachtbeladung etc. selbst bestimmen. In Ernstfällen wird er die Maschinen stoppen, umkehren oder schützende Häfen aufsuchen. Aber immer kann er sich am Leuchtturm orientieren. Frankl hat uns eine Serie solcher „Leuchttürme" hinterlassen, an denen wir uns in Patientengesprächen orientieren können.

Die stärkste Unwägbarkeit im Therapieprocedere ist stets unser Gegenüber. Da jeder Mensch einzigartig ist, ist es auch jeder und jede Ratsuchende. Bei manchen ist die Compliance hoch, bei anderen niedrig. Manche verstehen flott, und andere sind wie vernagelt. Manche boykottieren jeglichen Genesungsansatz, und andere bedanken sich überschwänglich für den geringsten Tipp. Bei manchen muss man strenge Konfrontationen einleiten, und andere sind empfindlich wie die Mimosen. Improvisierend wird man daher zunächst achtsam auf sein Gegenüber eingehen, ohne sich von diesem gängeln zu lassen. Der Schiffer schaukelt gleichsam mit den Wellen, ohne ihnen zu erlauben, über Bord zu schwappen.

Eine weitere Unwägbarkeit sind die Krankheitsmischformen und die Krankheitsgrenzfälle. Speziell „psychotische Anflüge", die latent vorhanden, aber nur vage ausgeprägt sind (wie etwa beim schizophrenen Basissyndrom), oder unterschwellige endogene Depressionen, die sich bloß als schwache seelische Insuffizienzen äußern, sind schwer erkennbar, kaum diagnostizierbar und rechtfertigen oftmals noch keine medikamentösen Scharfgeschosse. Trotzdem kommen sie unseren therapeutischen Bemühungen in die Quere und sorgen für Misserfolge. Mit den „somatogenen Pseudoneurosen" (Frankl) verhält es sich analog. Solange das jeweilige Könnens- und Freiheitsareal von Patienten nicht gut abgesteckt ist, bewegen wir uns im Zickzack-Modus, und unser „Schiff" schlingert hin und her. Improvisierend wird man in solchen Fällen die „Fahrt" verlangsamen und sorgfältig Informationen einholen, um sich eine möglichst richtige Fachmeinung zu bilden.

Leider tendieren nicht-medizinische Berater dazu, das Könnens- und Freiheitsareal ihrer Klienten zu überschätzen, was für die Logotherapie ein Extra-Risiko in sich birgt. Denn alle hervorragenden Taktiken dieser Psychotherapieform zielen pfeilgerade auf den vorhandenen Freiraum der zu behandelnden Personen ab. Und immer ist dabei still und leise vorausgesetzt, dass dieser Freiraum *realistisch* aufgespannt wird. Täuscht sich ein Patient, kann der Therapeut ihn korrigieren, aber täuscht sich der Therapeut – gibt es ein echtes Problem, das sich bis zu ernsten Therapeutenfehlern steigern kann.

Improvisationskunst ist aber nicht nur angesagt, wenn sich die Unwägbarkeiten mehren. Identische „Leuchttürme" können verschiedene Manöver nahelegen. Der Kürze halber möchte ich die von Ihnen erwähnte Geschichte von dem alten Arzt aufgreifen, der über den Tod seiner geliebten Frau nicht hinwegkam. Frankls Argumentation war ebenso schlicht wie wirksam. Was wäre geschehen, wenn der Arzt *vor* seiner Frau gestorben wäre? Nun – dann hätte die Frau gelitten! Dieses Leiden blieb ihr erspart, allerdings um den Preis, dass ihr Mann es trug … War er gewillt, ihr das grausame Leiden des Nachtrauern-Müssens quasi „abzunehmen"? Tausendmal ja! Der alte Arzt war in die heroische Akzeptanz seines Verlustes hineingehievt!

Wie kam Frankl zu dieser Improvisation? Da steht ein „Leuchtturm", dessen rotierender Lichtstrahl zünftig logotherapeutisch um Möglichkeiten kreist – bei gewissen Indikationen sogar um *vergangene* Möglichkeiten. Wie sind denn die Möglichkeiten eines alten Ehepaares beschaffen? Dass sie ewig leben, ist keine Möglichkeit. Dass sie gleichzeitig sterben, ist eine höchst unwahrscheinliche Möglichkeit. Bleiben zwei Restmöglichkeiten: Dass der Mann die Frau oder die Frau den Mann überlebt. Frankl lenkte den Blick des alten Arztes auf die zweite Restmöglichkeit. Wäre sie wirklich besser, wäre sie wünschenswerter gewesen? Nicht … ?

Bei einer anderen Patientengeschichte hat Frankl denselben „Leuchtturm" anvisiert, aber unterschiedlich argumentiert. Es ging um einen Lokomotivführer, der auf Grund irreparabler Schwerhörigkeit seinen geliebten Beruf aufgeben musste. Der aufbäumenden Revolte des Mannes begegnete Frankl mit der Betonung, dass der Patient ja immerhin jahrzehntelang seinen Traumjob hat ausüben können. Wie viele Menschen dürfen sich in einem solchen Privileg sonnen? Sanft entfachte Frankl im Schwerhörigen die Heilkraft der Dankbarkeit. Wie gelangte er zu dieser Improvisation? Wiederum schweifte der Lichtstrahl des „Leuchtturms" über Möglichkeiten, und wiederum um *vergangene* Möglichkeiten. Was wäre denn die Alternative gewesen? Nun, dass der Patient niemals Lokomotivführer gewesen wäre und folglich diesen Beruf jetzt nicht vermissen würde. Wäre diese Alternative wirklich besser, wäre sie wünschenswerter gewesen? Nicht … ?

Hier eine dritte Variante. Einmal sprach ich mit einem jungen Mann, der mir erbittert berichtete, seine Eltern hätten ihn mit 16 Jahren in eine Bäckerlehre gedrängt. „Welche Lehre wollten Sie stattdessen beginnen?", fragte ich ihn. „Ach, damals wusste ich überhaupt nicht, was ich wollte", gestand er. „Wenn Ihre Eltern keine Initiative ergriffen hätten, was hätten Sie dann im Alter von 16 Jahren gemacht?" Es folgte eine Nachdenkpause. „Vermutlich gar nichts", murmelte er, „ich wäre bloß herumgehangen …" und schon lockerte sich seine Vorwurfshaltung gegenüber den Eltern. Noch immer ist es derselbe „Leuchtturm" mit seinem rotierenden Lichtstrahl, der mich damals leitete, obwohl sich meine Vorgehensweise von den Frankl'schen Argumentationen abhebt. Wie hätte denn die Alternative zur Bäckerlehre ausgesehen? Besser, wünschenswerter? Nicht …?

Fassen wir zusammen. Das Beherrschen der Improvisationskunst macht uns Therapeuten flexibel und anpassungsfähig an die Menschen und an die Sorgen, mit denen sie sich an uns wenden. Aber nur dann, wenn wir ein erstklassiges Orientierungssystem besitzen, wie es die Logotherapie uns gewährt. Solange wir uns daran halten, wird unser „Schiff" nicht kentern.

2. THERAPIEPLAN UND LEITFADEN IN DER BERATUNG

Batthyány: Was dieses „Orientierungssystem" betrifft … Weil wir ein solches nicht explizit ausformuliert in der Logotherapie vorliegen haben, habe ich mich in Vorbereitung auf dieses Gespräch ein wenig in der Literatur zur klinischen Psychologie und Psychotherapie umgesehen und folgende Struktur des therapeutischen Vorgehens im Allgemeinen gefunden:

(1) Stabilisierung der Symptome
(2) Symptommanagement
(3) Heilung oder Coping
(4) Rückfallprophylaxe

Wenn man dieses Protokoll aus logotherapeutischer Perspektive betrachtet, könnte man einiges konkretisieren und anderes ergänzen. Man käme dann – jetzt einmal ein heuristischer Vorschlag – auf ungefähr folgendes Schema:

(1) Stabilisierung der Symptome – inklusive dem Verhindern einer Verschlimmerung in der Anfangsphase der Therapie (z. B. mittels Einsatz der Wechseldiagnostik)
(2) Selbstdistanzierungsfähigkeit nutzen und wecken
(3) Einstellungsänderung – also irrige Überzeugungen, Symptomdeutungen, Abhängigkeiten von Lust- und Unlustgefühlen oder sozialen Rückmeldungen zugunsten einer realistischen und der eigenen Freiheit und Verantwortung gerecht werdenden Einstellung korrigieren
(4) Symptommanagement, je nach Indikation etwa durch paradoxe Intention, Dereflexion und andere therapeutische Wege der Krisenintervention
(5) Heilung oder Coping
(6) Rückfallprophylaxe – durch Aufstockung einer gesunden Selbsttranszendenz. Mir fällt dazu ein Zitat von Frankls frühem Lehrer und Mentor Rudolf Allers ein. Dieser berichtete von einem Patienten, der nach einer erfolgreichen Therapie erst recht einer Sinnkrise verfallen ist. „Da bin ich nun aus dem Sumpf gerettet worden", schrieb dieser Patient. „Nun bin ich auf weitem Land und weiß nicht, wohin …". Allers plädierte für eine gezielte Rückfallprophylaxe im Sinne Frankls – also für ein Ausrichten auf den Sinn …

Gerade angesichts dessen, was wir soeben über die Improvisationskunst in der Logotherapie erörtert haben, können das nur ungefähre Eckpunkte sein – wie gesagt, übernommen aus dem Kanon der allgemeinen Psychotherapieforschung. Möchten Sie diese Schritte einzeln durchgehen?

Lukas: Sie mögen es mir nicht krummnehmen, wenn ich den Ausdruck „Stabilisierung der Symptome" gleich wieder aus unserem Diskurs streiche. Wir Therapeuten wollen alles andere als *Symptome* zu stabilisieren. Wenn wir etwas (besser: jemanden) stabilisieren wollen, dann ist es *die Person* mit ihren geistigen Trotzmächten gegenüber ihren Leiden und Symptomen. Diese Intention durchzieht unser gesamtes Behandlungsgerüst.

Auch kann man die Verhinderung von Verschlimmerungen nicht direkt anpeilen. Sie ergibt sich vielmehr als Nebeneffekt positiver Fortschritte, die eine Patientin oder ein Patient[166] macht. Und was ein Fortschritt ist, ergibt

166 Im weiteren Text werde ich auf das Gendern verzichten und nur vom „Patienten" und vom „Therapeuten" sprechen, um Langatmigkeit zu vermeiden.

sich wiederum aus der jeweiligen Diagnose. Ist jemand z. B. computerspielsüchtig, dann ist es ein Fortschritt, wenn er eine Woche lang kein Computerspiel mehr anrührt. Ist jemand streitsüchtig, dann ist es ein Fortschritt, wenn er eine Nuance mehr Toleranz gegenüber seinen Kameraden walten lässt. Keine Fortschritte zu machen, *ist* bereits eine Verschlimmerung!

1. Am Beginn jeder therapeutischen Beziehung steht die Schaffung eines Vertrauensverhältnisses zwischen dem Patienten und dem Therapeuten. Das ist praktisch bei allen Therapieschulen so. Genuin logotherapeutisch ist dabei lediglich der Appell, dass der Therapeut ein hohes Maß an Selbsttranszendenz und Selbstvergessenheit aufzubringen hat, um sich seinem Patienten geistig so weit als möglich anzunähern. Wir halten das für noch wichtiger als die viel beschworene Empathie, die er signalisieren soll. Denn nicht alles, was ein Patient offeriert, hat der Therapeut „einfühlsam zu verstehen". Negativismen, Kollektivismen, Fanatismen, Pauschalierungen und sonstige pathologische Einstellungen sollen gar nicht „verstanden" werden; sie sollen auf den Prüfstein gelegt werden. Das Recht auf Widerspruch steht nicht nur dem Patienten, sondern auch dem Therapeuten zu. Das gute Vertrauensverhältnis sorgt dafür, dass gegenseitige Widersprüche ausgehalten werden. Darüber hinaus schützt die geistige Nähe zum Patienten den Therapeuten vor unbewussten Übertragungen.

2. Was ebenfalls bei allen Therapieschulen parallel läuft, ist das anfängliche Raumgeben den Erzählungen des Patienten. Er muss in Ruhe seinen Kummer ausbreiten können, er muss „emotionalen Dampf ablassen" dürfen und er darf selber aussuchen, welche Inhalte er thematisiert.[167] Genuin logotherapeutisch ist dabei das Horchen des Therapeuten auf „Brauchbares". Wofür brauchbar?

Man kann es nicht oft genug wiederholen, dass Frankl eine philosophisch-psychologische Sicht-Umkehr von gigantischer Relevanz geglückt ist. Die Ereignisse aus unserer Vergangenheit bestimmen ihr gemäß nur *bedingt* unsere Gegenwart, während die zu verwirklichenden Möglichkeiten aus unserer Zukunft das *unbedingte* Potential besitzen, unsere Gegen-

167 Was er allerdings nicht darf, ist, sich dabei in sein Gejammer hineinzusteigern und in seiner Malaise zu versinken. Dem wird logotherapeutisch konsequent gegengesteuert. Auch Selbstmitleid wird nicht zugelassen.

wart zu bestimmen! Menschen bekümmern sich viel zu viel um dasjenige, was bereits verwirklicht (und daher nicht mehr änderbar) ist, statt sich mit sämtlichen Fasern ihrer Vernunft und ihres Gewissens um dasjenige zu bekümmern, was noch verwirklichbar ist! Aus den Erzählungen von Patienten ist somit all dasjenige „brauchbar", was es ihnen erleichtert, sinnvolle Möglichkeiten aus ihrer Zukunft herauszufiltern und gegenwärtig umzusetzen. Das können Talente und Fähigkeiten, Erfahrungen (auch schlechte Erfahrungen), gewonnene Einsichten und Erkenntnisse (auch über Irrtümer und Schuld), zur Nachahmung anregende Vorbilder etc. sein. Der Logotherapeut sammelt bereits beim Zuhören solch „Brauchbares" in seinem Hinterkopf, um es später bei seinen Interventionen hervorholen zu können. Manchmal akzentuiert er es verbal in kleinen Zwischenkommentaren.

3. In der anschließenden diagnostischen Phase, die auch alle Therapieschulen einläuten, ist die Wechseldiagnostik[168] (Lukas) genuin logotherapeutisch. Ihr Rezept besteht – sehr vereinfacht ausgedrückt – darin, sich abwechselnd nach den Problemen sowie *nach dem Gelungenen* im Leben des Patienten zu erkundigen. Was aber auch sehr bald an den Patienten herangetragen wird oder an geeigneten Gesprächsstellen mit einfließt, ist in der Logotherapie zweierlei: Zum einen Grundzüge ihres Menschenbildes (z. B. Erklärungen des noo-psychischen Antagonismus), und zum anderen das Ausloten von persönlichen Freiräumen. Abhängigkeitsthesen werden gesprengt, Eigenverantwortung wird anskizziert, „der Blick über den Tellerrand" wird angeschoben. Dabei ist es notwendig, stets behutsam abzutasten, inwieweit ein Patient mitgehen kann und ob sein Bildungshorizont ausreicht, um die angebotenen Darlegungen zu begreifen. Die Arbeit mit Symbolen, Metaphern, Aphorismen, teaching tales etc. kann diese Phase sehr beleben.

Der Löwenanteil der Arbeit liegt hier beim Therapeuten und verlagert sich erst allmählich auf den Patienten. Der Therapeut muss nicht nur um eine exakte Differentialdiagnose ringen, sondern sich auch für einen konkreten (wenngleich vorläufigen) Therapieplan entscheiden, den er bei den folgenden Sitzungen starten wird. Er muss damit rechnen, ihn vielleicht

168 Dabei werden Nachfragen zur geschilderten Problematik abgewechselt mit Fragen, was im Leben des Patienten unproblematisch ist. Es werden sowohl Informationen über die Leidenszustände des Patienten eingeholt wie auch Informationen über seine Freuden bzw. seine intakten Lebensbereiche. Das schützt vor jeglicher Fokussierung des Negativen.

wieder zu revidieren, wenn neue Fakten zum Vorschein kommen. Dennoch bastelt er an einem individuell auf seinen Patienten zugeschnittenen Therapieplan. Nicht umsonst hat Frankl neben dem „Improvisieren“ auch das „Individualisieren“ dringend empfohlen.

Was dem Therapeuten dabei hilft, ist weniger sein Fachwissen als vielmehr die geistige Nähe, die er zu seinem Patienten aufgebaut hat (siehe Punkt 1), und die seine Intuitionstüchtigkeit intensiviert.[169]

4. Jetzt wird es Zeit für das „Symptommanagement“, wie Sie es nennen.

Batthyány: Würden Sie denn einen anderen Begriff bevorzugen?

Lukas: Ja, ich würde das Wort „Heilmethoden“ bevorzugen. Es ist kein „Griff nach den Sternen“, wenn man das Wort „heilen“ in einem umfassenden Sinne verwendet. Niemand Seriöser in der Heilungsbranche macht sich Illusionen. Sowohl körperliche als auch seelische Verletzungen heilen selten narbenlos aus. Auch überstandene schwere Krankheiten haben ihre Nachwehen. Und gewisse kritische Charakterdispositionen schleppen wir sowieso lebenslänglich mit uns. Deswegen kann man den Erwerb von Coping-Mechanismen oder das Erlernen vom An-Schwächen-Vorbeiagieren ohne Weiteres zu den Heilmethoden zählen. Letzteres ist sogar ein Element der Frankl’schen Dereflexionsmethode. Wie schon die Altvorderen wussten, bedeutet Heilwerden nicht selten: akzeptieren, was akzeptiert werden muss, und ändern, was (sinnvollerweise) zu ändern ist.

An dieser Stelle seien mir ein paar Bemerkungen zu dem gelegentlichen Naserümpfen von Kollegen gestattet, weil die Logotherapie lediglich über drei Methodenkomplexe verfügt. Schauen wir uns doch um: Destruktion ist in der Welt. Was fördert sie? *Gleichgültigkeit* lässt Destruktion „achselzuckend“ zu, wie Sie in einem Ihrer jüngsten Werke[170] präzise analysiert haben. *Negativerwartungen* ziehen Destruktives „magisch“ an. *Egoismen* produzieren „werteblinde“ Destruktivität. Stumpfheit, Angst und Gier sind Weg-vom-Sinn-Verführer ersten Ranges. Was die Logotherapie dagegen

169 Woraus sich die eiserne Disziplinregel für den Therapeuten ableitet, *nach* einem Therapiegespräch seinen Patienten geistig mit allen guten Wünschen wieder loszulassen und in die eigene Präsenz zurückzukehren.

170 Batthyány, A. (2019). *Die Überwindung der Gleichgültigkeit.* München: Kösel (2. Auflage)

in der Hand hält, ist geradezu ein Generalrezept. Die Methode der Einstellungsmodulation rüttelt an der existentiellen Indifferenz (Schnell) und inspiriert zu verantwortungsbewusstem Handeln. Die Methode der Paradoxen Intention verscheucht Erwartungsängste und erobert Urvertrauen zurück. Die Methode der Dereflexion stärkt die Hinwendung zu Geliebtem und senkt den Wunsch nach Selbstbefriedigungen (wie Frankl am Beispiel der erfolgreichen Behandlung von Sexualneurosen exemplifiziert hat). Was diese drei Methoden können, ist phänomenal. Freilich werden sie im intimen Therapeutenkämmerlein angewandt, aber jeder, der mit ihnen in Berührung kommt, wird zu einem winzigen Wehrschild gegen den Pesthauch der Destruktion in der Welt. Und das ist viel mehr, als von einer therapeutischen Methode eigentlich verlangt ist.

5. Keine der drei Methoden wird vom Patienten flugs erlernt bzw. praktiziert. In der therapeutischen Phase verschiebt sich der Löwenanteil der Arbeit sukzessive auf die Schultern des Patienten. Was im Gedankenaustausch an ihn herantransportiert worden ist, soll im Alltag fruchtbar werden. Ein Gefecht mit sich selbst beginnt für ihn, wie es nicht horribler sein könnte. Verlieren doch auch gesunde und robuste Menschen ununterbrochen den Kampf zwischen ihrem Wissen und ihren Habits. Fast jeder weiß, dass Rauchen schädlich ist, aber … Fast jeder weiß, dass er sich fleißig bewegen soll, aber … Fast jeder weiß, dass er Abfall reduzieren soll, aber … und so geht es munter fort. Auch der Patient ist mit Wissen darüber gefüttert worden, was seine Dilemmata lindern und seine Vitalität erhöhen würde, aber … Das große ABER, eine Mixture aus Trägheit, Gewohnheit, Feigheit und „innerem Schweinehund“, steht den lauteren Absichten ständig im Wege.

Der Therapeut hat jedoch einen bewährten Verbündeten: Seine Methoden sind *selbstbelohnend.*[171] Noch dazu ist es das herrliche Plus der logotherapeutischen Methoden, dass sie *schnell* selbstbelohnend sind. Sobald Patienten spüren, dass ihr Leidensdruck weicht und der „Kokon“, in den sie sich eingesponnen haben, sich öffnet, steigert sich ihr Eifer, zu kooperieren. Hat der Therapeut bislang eine Menge Repetition leisten müssen, ist es nunmehr seine Aufgabe, den aufkeimenden Eifer anzufeuern und den Patienten bei seinen kleinen Fortschrittchen zu bestärken und zu ermutigen.

171 Sofern sie nicht zur Selbstbelohnung verzweckt, sondern um einer Sache willen, einer Person willen, einer Wahrheit willen etc. angewandt werden.

Frankl war ein großer Befürworter der „supportiven Psychotherapie", und dies nicht nur bei psychotisch Kranken. Parallel zu eventuellen Medikamentenverschreibungen und parallel zu therapeutischen Gesprächen schwingt stets das Zwischenmenschliche ganz entscheidend mit. Es kommt durchaus vor, dass Patienten über ihre Symptome hinauswachsen, weil sich ihr Therapeut mit ihnen aufrichtig darüber freut, weil er ihnen applaudiert, weil er sie dafür bewundert und lobt. Das mag eine zwiespältige Motivation sein, aber hoffnungsträchtiger als keine Motivation ist sie allemal.

In unserer „westlichen" Gesellschaft geht der materielle Wohlstand mit einer Beziehungsverarmung einher. Online-Kontakte ersetzen Realkontakte. Die Leute finden wenig Halt in ihrer Familie, sind zerstritten, getrennt, vereinsamt, das Gespenst einer Singlesierung geht um. Das Redebedürfnis ist riesig, die Zuhörkompetenz schrumpft. Da ist es kein Wunder, wenn der Therapeut zu einer „Kontaktperson" avanciert, zu jemandem, „mit dem man reden kann wie sonst mit keinem". Es ist die Gratwanderung par excellence für den Therapeuten, während der Behandlung seine Patienten weder von sich abhängig zu machen, noch sie an sich zu binden, und ihnen dennoch auf Augenhöhe *die Menschlichkeit* entgegenzubringen, nach der sie lechzen und die sie instand setzt, über die Hürde ihres ABERs zu springen und die dargebotenen Methoden in ihrem Alltag beharrlich anzuwenden.

6. Sie haben einen Satz von Allers zitiert, wonach sich der aus dem Sumpf Gezogene, der eigentlich sein Geschick preisen könnte, wieder festen Boden unter den Füßen zu haben, mit der Frage abplagt, wohin er nun gehen soll. Meines Erachtens ist dieser Satz nicht eins zu eins übertragbar auf die Situation eines genesenen Patienten. Zumindest bei logotherapeutischen Interventionen verläuft die Reihung umgekehrt. Der im Sumpf Versinkende wird einer Zielvision auf festem Land gewahr, und *das* flößt ihm die Kraft ein, den ausgestreckten Arm des Therapeuten zu packen und sich aus dem Sumpf herauszustrampeln. Der Sinn kommt *vor* dem Akt, ihn zu wollen. Oder wie Frankl es ausgedrückt hat: „Der Wille entzündet sich am Gewollten." Ohne Wozu kriecht niemand aus dem Sumpf.

In Übersetzung heißt dies, dass die Zielfrage keinesfalls am Ende einer Behandlung ihren Platz hat. Schon bei Punkt 2 habe ich darauf hingewiesen, dass die Wahlen in der Gegenwart, die vom Patienten zu treffen sind, von seiner Zukunft und den darin eingebetteten Möglichkeiten her aufgerollt werden müssen und nicht von seiner festgemauerten Vergangenheit her.

Gedankliche Spaziergänge im Freiraum verweisen *immer* auf ein Morgen, das *so gut werden soll*, dass man es sanktionieren kann, wenn es zum Gestern geworden ist. Die Zielsuche des weiteren Lebensweges ist demnach kein Hauptthema der Nachbetreuung oder Rückfallprophylaxe. Im Idealfall ist sie längst abgehakt.

Die Frage „Gesundwerden – wozu?" liefert nicht selten sogar Anhaltspunkte in der diagnostischen Phase. Ähnlich wie Frankls Standardfrage, um den Suizidalitätsgrad eines Patienten zu eruieren, lautete: „Warum wollen Sie sich *nicht* umbringen?", lautete eine Standardfrage von mir an Neuankömmlinge: „Wenn Sie Ihre Probleme nicht hätten, wie würden Sie dann Ihr Leben (um)gestalten?" Wer auf solche Standardfragen nichts Griffiges vorzuweisen hat, ist gefährdet. Sein „Wozu leben" bzw. „Wozu gesund werden" ist zu dünn, zu nebulös. Um es deutlicher herauszufigurieren, darf man nicht bis zur Nachbetreuung warten.

Die Essenz der Rückfallprophylaxe könnte man in der Aller'schen Metapher folgendermaßen umreißen: Man begleitet den Wanderer, der dem Sumpf entronnen ist, noch ein Stück weit und zeigt ihm, wie man durch die Landschaften geht, ohne in Sümpfe zu platschen, in Felsspalten zu stolpern oder sich im Gestrüpp zu verfangen. Nichts ist so krisenpräventiv wie ein *sinnorientierter Lebensstil*. Nichts so sichernd wie ein reiches Wertsystem. Daran gilt es, zu renovieren. Bei chronischen Krankheitszuständen gilt es, die Pathoplastik aufzupolieren.

3. EINSTELLUNG UND HEILUNG

Batthyány: Wobei hier sich auch die Frage nach den Einstellungen und Lebenshaltungen wieder stellt (s. o.). Es war die Logotherapie ja auch – historisch gesehen – eine der ersten psychotherapeutischen Schulen überhaupt, die auf die Rolle von unrealistischen und freiheits- und verantwortungsscheuen Einstellungen bei der Genese und der Fortsetzung psychischer Störungen aufmerksam gemacht hat.[172] Mittlerweile rückt die gesundheitsförderliche und -unterminierende Rolle der Einstellungen und Lebenshaltungen ja zunehmend in den Mittelpunkt der psychotherapeutischen For-

172 Frankl, V. E. (1925). Psychotherapie und Weltanschauung. In: *Internationale Zeitschrift für Individualpsychologie*, 3, 250–252

schung und klinischen Praxis. Die Logotherapie kann auf diesem Gebiet aber mit Fug und Recht für sich reklamieren, auch hier eine Vorreiterrole eingenommen zu haben.

Zurück aber zur Frage nach dem „Orientierungssystem" logotherapeutischer Behandlung. Die Logotherapie weist etwa unter anderem darauf hin, dass viele Konflikte und Lebensprobleme sich weniger dem Erlebten an sich als vielmehr dessen Deutung verdanken; dass es also nicht nur darum geht, einen guten oder konstruktiven Umgang mit unabänderlichen Lebensumständen zu finden, sondern bereits etwas vorher zu beginnen und die eine oder andere Einstellung, die zu einer Fehldeutung oder einer scheinbar unverrückbaren Gewissheit der Erklärung oder Einordnung des Erlebten zugrundeliegt, zu hinterfragen. Mit anderen Worten: den Deutungsspiel- und -freiraum neu bewerten ...

Lukas: Sie haben mit Ihrer Behauptung, dass falsche Einstellungen und Deutungen an einem Haufen überflüssiger Konflikte schuld sind, ins Schwarze getroffen. In der therapeutischen Phase kann man sich aber nur mit denjenigen davon (via Einstellungsmodulation) beschäftigen, die am Krankheitsbild ursächlich beteiligt sind.[173] Später, in der Konsolidierungsphase, gibt es dann auch Spielraum für die *Vermittlung von Einsichten*, deren Mangel wenig oder keinen Zusammenhang mit der überwundenen Störung hatte. Man kann die markantesten Weisheiten der Logotherapie vor den Füßen des einstigen Patienten ausbreiten und ihn einladen, sich aus diesem Fundus zu bedienen. Ich habe sehr gute Erfahrungen damit gemacht, meine „Schützlinge" in großen Abständen wieder einzubestellen, um ihre Erinnerung an das Besprochene aufzufrischen. Davon abgesehen ist es wesentlich leichter, „anschleichende" Rückfallmuster in statu nascendi einzubremsen, als Patienten nach neuerlichen Kollapsen wieder aufzurichten. Es ist wie mit einem Schrank, der durch irgendeine Erschütterung ins Wackeln gerät. Kippt er nur wenige Millimeter, kann man ihn mit ein paar Stemmbewegungen wieder gerade hinstellen. Ist er jedoch bereits in großer Schräge am Kippen, ist sein Hinfallen nicht mehr aufzuhalten.

173 Zum Beispiel wird man bei histrionischen Störungen dafür plädieren, auf aufmerksamkeitsheischende Manipulationen freiwillig zu verzichten (vgl. „Textbuch der positiven Rolle"). Oder bei Feindbildern die Schwarz-Weiß-Malerei verwischen, und ins Bewusstsein heben, dass der „Feind" nicht rein hassenswürdig und man selbst nicht rein liebenswürdig ist.

7. Erwähnen möchte ich zuletzt noch die logotherapeutische Gruppenarbeit. Frankl hat sich darüber mokiert, dass „einer Gruppenpsychotherapie die ‚Gruppenpsyche = Gruppenseele' fehlt". Auch ich halte die Einzeltherapie für unumgänglich. Für Rekonvaleszenten aber oder für andere Personen, die ein bisschen Nachhilfe im „Leben-lernen", „Leben-nützen", „Leben-meistern" etc. brauchen könnten, sind Gruppenangebote durchaus geeignet. Im Zuge einer Dereflexionsgruppe bauen die Teilnehmer Hyperreflexionen ab und Sinnsensibilität auf. Im Zuge eines Logotherapeutischen Meditationskreises schauen sie u. a. der „tragischen Trias" (Frankl) ins Auge und schwingen sich zum „tragischen Optimismus" (Frankl) auf. Eine geistige Akrobatik, die sie vor einem Absturz in die Verzweiflung bewahren müsste – komme, was wolle.

4. EIN UPDATE DER LOGOTHERAPEUTISCHEN NEUROSENLEHRE

Batthyány: Ein weiterer Weg, sich einem adäquaten therapeutischen Vorgehen anzunähern, ist der über die Indikationen bzw. Diagnosen. Es gibt dazu von Ihnen einen wichtigen Text über ein „Update" der logotherapeutischen Neurosenlehre[174].

Frankl folgte ja in seiner Neurosenlehre über weite Strecken der lange gültigen Neurosensystematik, derzufolge man unterscheiden kann zwischen Störungen, die primär psychisch verursacht sind (psychogen), und solchen, die zwar eine psychische Symptomatik zeigen, aber eigentlich primär körperliche Ursachen haben (somatogen) – wie etwa im Rahmen endokriner Erkrankungen (z. B. der Schilddrüsenfehlfunktionen). Ferner umfasst diese Systematik die psychosomatischen Erkrankungen, die sich in körperlichen Symptomen äußern, aber aus komplexen Wechselwirkungen von körperlichen Prädispositionen und psychischen Auslösern hervorgehen, und die reaktiven Neurosen, bei denen wir es mit krankhaften psychischen Rückwirkungen auf somatische oder psychische Vorgänge zu tun haben.

Frankl ergänzte diese Systematik um die noogene Neurose, d. h. psychische Symptome, die dann entstehen, wenn geistige Anliegen – etwa ein

174 Lukas, E. (2016). The Pathogenesis of Mental Disorders: An Update of Logotherapy. In: Batthyány, A. (Hrsg.). *Logotherapy and Existential Analysis*. New York: Springer, 127–130

frustrierter Wille zum Sinn oder auch sittliche Konflikte – im Vordergrund stehen. Hierbei handelt es sich also um die psychischen Auswirkungen von geistigen Frustrationen, wobei an dieser Stelle hervorzuheben ist, dass der Logotherapie zufolge das Geistige selbst nicht erkranken, wohl aber eine dauerhafte Frustration geistiger Anliegen sich auf vielfältige Weise in Form neurotischer Symptome äußern kann.

Die meisten von uns haben das so gelernt – in Ihrem Update schlagen Sie aber vor, angesichts der Erkenntnisfortschritte der Neurospsychologie die Ätiologie der logotherapeutischen Neurosenlehre nachzujustieren und etwa von -fokal, und nicht länger von -gen zu sprechen, wenn es um die Einordnung einzelner Störungsgruppen geht.

Ich denke, man braucht die Begründung einer solchen Neubewertung angesichts der gegenwärtigen Forschungslage nicht allzu breit auszuwalzen – einige Stichworte sollten genügen: Sowohl die biologische Psychologie und Psychiatrie, die medizinische Genetik, als auch vor allem die Neuropsychologie legen immer deutlicher und mit Hilfe recht unterschiedlicher und voneinander unabhängiger Verfahren (genetische und Familienstudien, bildgebende Verfahren, strukturelle und neurochemische Untersuchungen) nahe, dass etwa auch eine ganze Reihe der über lange Zeit als primär psychogen gedachten „Neurosen" zumindest teilweise auch biologisch bzw. physiologisch vorangelegt oder in der einen oder anderen Weise mitbedingt sind.

Jedenfalls zeigen diese Forschungsarbeiten, dass eine strikte Unterscheidung zwischen *rein* psychogenen und *rein* somatogenen Störungen in dieser Präzision kaum mehr vor dem Hintergrund des aktuellen empirischen und klinischen Wissensstands aufrechterhalten werden kann. Die alte Systematik ist also eher heuristisch hilfreich, wenn es darum geht zu sondieren, wo der ätiologische *Schwerpunkt*, nicht aber die monokausale Erklärung einzelner Störungen liegen mag (die von Frankl allerdings auch nie so konzipiert wurde). In Ihrem Text zur Nachjustierung der Neurosenlehre argumentieren Sie sehr schlüssig dafür, der Tatsache, dass es sich hier eben um Schwerpunkte (-fokal) und nicht so sehr klar zuordenbare Ursachen (-gen) handelt, auch in der Systematik Rechnung zu tragen.

Solche Nachjustierungen sichern der Logotherapie die Entwicklung und den Fortbestand als lebendige und aktuelle Therapie, die sich vor den Erkenntnissen der Forschung nicht zu verstecken braucht, sondern diese im Gegenteil relativ bruchlos integrieren kann.

Lukas: Frankl hat schon in seinen frühesten Schriften die „Neurosenlehre“ als „Problem“ bezeichnet[175]. Insofern nämlich, als man eine seelische Erkrankung höchstens als „primär“ neurotisch oder als „primär“ psychotisch deklarieren kann. Er verwies auf ein grafisches Schema von Oswald Schwarz, demzufolge es nur graduelle Unterschiede zwischen „psychogen“ und „somatogen“ gibt, obwohl es sich bei Psyche und Soma ontologisch um verschiedene Regionen und anthropologisch um verschiedene Dimensionen handelt. Inzwischen hat sich wissenschaftlich bestätigt, dass die Entstehung seelischer Störungen multifaktoriell ist und nicht eindeutig einer der beiden Dimensionen zugeordnet werden kann (wobei auch noch soziale Faktoren mitbeteiligt sein dürften).

In der psychotherapeutischen und psychiatrischen Praxis ist der Blick auf dieses „Primäre“ der jeweils betroffenen Dimension dennoch nicht vernachlässigbar. Denn davon hängt ab, wie viel oder wie wenig medizinische und speziell medikamentöse Unterstützung ein Patient oder eine Patientin braucht. Es ist z. B. eine grassierende Unsitte, bei jeder Traurigkeit Antidepressiva zu verschreiben, genauso, wie es unverantwortlich ist, psychotische Verdachtsmomente außer Acht zu lassen und es mit helfenden Gesprächen allein zu probieren.

Da die Logotherapie eine „Psychotherapie vom Geistigen her und auf Geistiges hin“ ist, steigt sie zusätzlich in die dritte (spezifisch humane) Dimension ein, um (auch) aus dieser Warte zur Krankheitsminimierung beizutragen. Allerdings hütete sich Frankl davor, das „Primäre“ von seelischen Turbulenzen und Entgleisungen prinzipiell ins Geistige (Noetische) zu verlagern. Für ihn gehörte es zum Ehrenkodex des Arztberufes, saubere Differentialdiagnosen zu erstellen. Er hielt es für eine unabdingbare Voraussetzung des Praktikers, zu wissen, wann eine Therapie (wiederum „primär“) im körperlichen Bereich anzusetzen hat, wann im psychischen und wann im noetischen. Dass oftmals Kombinationen erforderlich sind, ändert nichts an der Tatsache, dass der Fokus je nach Krankheitsbild vorrangig auf eine bestimmte Region des Menschseins gerichtet werden muss und nicht auf eine andere.

Studiert man Frankls Fachliteratur sorgfältig durch, erkennt man schnell, dass es ihm nicht um Entstehungsverdikte („-gen“) ging, wenn er die alte Nomenklatur „somatogen“, „psychogen“, und neu: „noogen“ verwendete.

175 Frankl, V. E. (1982). *Theorie und Therapie der Neurosen*. München: UTB, 1ff.

Es ging ihm vielmehr darum, welche Dimension des Menschseins jeweils am stärksten affiziert ist, und wo folglich die therapeutische Arbeit einzuklinken hat. Ist das organismische „Werkzeug" der geistigen Person beschädigt oder gebraucht die geistige Person ihre – mehr oder minder – tadellosen „Werkzeuge" nicht richtig? *Das* gilt es herauszufinden! Wir wissen: Die Sinnerfassungskompetenz des Neurotikers kann gegen seine Neurose ausgespielt werden, aber die schrumpfende oder gar fehlende Sinnerfassungskompetenz des Psychotikers kann *nicht* gegen seine Psychose ins Feld geführt werden. Bei Mischformen wie dem Borderline-Syndrom, psychotischen Basissyndromen, aber auch Formen von Drogenabusus, Hirnläsionen, beginnender Altersdemenz etc. ist die Klärung dieser „Werkzeugfrage" besonders heikel. Irrtümer kommen ärztlichen Kunstfehlern gleich.

Batthyány: Was bedeutet das in der Praxis?

Lukas: Hundert Male gelingt es, einen Patienten zu animieren, seine psychischen Schwächen mittels geistigen Trotzkräften zu überwinden – aber es gelingt nicht ein einziges Mal, wenn seine geistigen Trotzkräfte selber geschwächt sind durch physische Barrieren. Ein Beispiel zur Exemplifikation: Eine meiner Patientinnen war nach einer Hirnblutung lange Zeit zur Rehabilitation in einer Klinik gewesen und danach halbwegs stabilisiert nach Hause entlassen worden. Deprimiert saß sie den ganzen Tag auf einer Couch und döste vor sich hin. Eine Freundin von ihr schleppte sie zu mir. Bald gelangte ich zu der Überzeugung, dass die Patientin an einer organisch bedingten Depression litt. Ich konferierte mit einem mir bekannten Facharzt, der sie in medikamentöse Betreuung nahm. Organisch bedingte Depressionen lichten sich nicht leicht, bleiben sogar oft „hängen". Die niedergedrückte Psyche kann jedoch physisch ein wenig stimuliert werden. Gemeinsam mit der Freundin der Patientin und dem Roten Kreuz-Dienst heckte ich einen Bewegungsplan für die Kranke aus. Täglich kam jemand, um mit ihr über längere Strecken spazieren zu gehen, am besten bei hell flutendem Sonnenlicht. Zweimal wöchentlich wurde sie zum Schwimmen gefahren. Für zu Hause erhielt sie kleine Aufgaben, die eine Ergotherapeutin mit ihr ausführte. Und mit mir besprach sie sich in 14-täglichem Rhythmus.

Nach ca. einem halben Jahr unternahm die Patientin ihre Ausflüge selbständig, obwohl inzwischen die kalte Jahreszeit angebrochen war, und vermochte sich auch zu Hause zu beschäftigen. Der zugezogene Facharzt reduzierte die Dosis ihrer Medikamente. Das war der richtige Moment, typisch logotherapeutische Register zu ziehen. Vorsichtig schob ich die Sinnfrage ins Zentrum unserer Gespräche. Die Patientin war frühpensioniert, Witwe, kinderlos … also? Es zeigte sich, dass sie unglaublich belesen war, sich zeitlebens mit deutscher Literatur befasst hatte. Bücherregale zierten zwei Wände ihres Wohnzimmers. „Es gibt Gedichte, Sprüche und Anekdoten, die enorm trösten und aufrichten, wenn man einen schweren Schlag erlitten hat", sagte sie. Wir kamen überein, dass sie eine Mappe mit solchen ausgewählten Texten füllen könnte. Wozu? Ihr fiel sogleich die Rehabilitationsklinik ein, in der sie gewesen war. Dort gäbe es jede Menge an dankbaren Abnehmern und Abnehmerinnen für eine Kopienmappe. Auch der Facharzt und die Ergotherapeutin hätten gewiss Bedarf an „dichterischen Trostpflastern" für ihre Kundschaft. Wir tüftelten mehrere Stunden an den Kriterien für passende Texte. Schließlich entstand daraus eine Serie bunter Mappen mit „Geistesblitzen" zu verschiedenen Leiden. Die Patientin freute sich und vertraute mir beim Abschiedsgespräch an, dass sie froh sei, die Gehirnblutung glimpflich überstanden zu haben. Es hätte ganz anders ausgehen können … Ihr Ja zum Leben war zurückgewonnen.

Ich habe diese Fallgeschichte erwähnt, um die therapeutische Wechselstrategie zu demonstrieren. Das Problem der Patientin war offensichtlich „primär" somatogen mit einem reaktiven Beiwerk an Psychogenität. Es war keine noogene Krise (obwohl das passive Herumsitzen diesen Anschein hätte erwecken können). Entsprechend setzte ich den Fokus auf eine breit gefächerte körperliche Behandlung. Unsere 14-täglichen Gespräche dienten zudem der psychischen Aufmunterung und Stärkung des Durchhaltevermögens der Frau. Erst als es ihr psychophysisch besser ging, wurde sie wieder empfänglich für existentielle Fragen. Dann aber rückten diese urplötzlich ins „Primäre" auf und harrten der Antworten, die über das Weiter-leben-Wollen und *Wie*-weiter-leben-Wollen der Patientin entscheiden würden. *Jetzt* hätte sie in eine noogene Krise hineintrudeln können, dem es vorzubeugen galt. Dass die Frau in einem geistigen Ringen alsbald zumindest *eine* hervorragende Antwort auf die Sinnfrage fand, beglückte mich sehr.

IX. TRANSZENDENZ: AN DEN GRENZEN MENSCHLICHEN VORSTELLUNGSVERMÖGENS

1. ZUM VERHÄLTNIS VON LOGOTHERAPIE UND RELIGION

Batthyány: Über die Neurosenlehre sind wir mitten hineingelangt in das Einzugsgebiet der Dimensionalontologie. Dieses Modell steht zwar in einer durchaus langen Tradition philosophischen und anthropologischen Denkens von Aristoteles bis Gehlen und Scheler, ist aber im psychologischen Kontext in vielerlei Hinsicht eine Besonderheit der Logotherapie. Es besagt, dass dem Menschen neben den ontologisch voneinander zu unterscheidenden, zugleich aber funktional eng verschränkten Dimensionen Leib und Seele (dem Psychophysikum) eine eigene – dritte – Dimension zukommt: das Geistige bzw. die geistige Person. Die geistige Person ist nach Frankl erstens personal und individuell, zweitens transmorbid, also unerkrankbar, und drittens auch Grundlage der Freiheit und Verantwortung – sie ist unbedingt und sogar noch angesichts psychiatrischer und neurologischer Erkrankungen hält Frankl in seinem psychiatrischen Credo fest, dass sie zwar störbar sei durch ein erkranktes Psychophysikum, aber zugleich selbst nicht zerstörbar. Die geistige Dimension ist es diesem Verständnis nach auch, die uns befähigt, von psychophysischen Bedingtheiten abzurücken und eigenständig und dazu frei Stellung zu nehmen. In ihr ist zudem auch die Sinnmotivation und Selbsttranszendenz verortet – wobei Selbsttranszendenz in der philosophischen Tradition etwa Schelers und Gehlens auch als Weltoffenheit oder -zugewandtheit geführt wird: die Fähigkeit also, sich von Tatsachen und Sachverhalten in der Welt ansprechen zu lassen, also auf etwas oder jemand hin ausgerichtet zu sein, der nicht wieder man selbst ist. Diese Kurzzusammenfassung wird der ganzen Diskussion über Wesen und Wirken und die therapeutische Relevanz des Anerkennens der Existenz der geistigen Person allerdings kaum gerecht – und ich würde jenen Leserinnen und Lesern unseres Buches, die mit diesem

Konzept noch nicht ganz vertraut sind, an dieser Stelle gern Frankls Grundlagentext *Zehn Thesen zur Person* ans Herz legen.[176]

Es fällt natürlich auf, dass die geistige Person in vielerlei Hinsicht dem ähnelt, was vor allem die religionsphilosophische, theologische und religiöse Literatur gelegentlich mit dem alten Begriff der „Seele" umreißt. Eben dieser Umstand birgt einige Implikationen: Denn die Tatsache, dass Frankl erstens philosophisch viel mehr leistete als „nur Psychotherapie", zweitens mit seinem Konzept der geistigen Dimension oder Person auf irreduzible Aspekte des Menschseins Bezug nimmt und drittens selbst gläubiger Jude war, ist wohl gemeinhin bekannt. Vielleicht lohnt es sich daher, gerade mit Blick auf das Menschen- und Weltbild Frankls auf einen Themenbereich näher einzugehen, der manchmal kontrovers diskutiert wird. Nämlich auf die sich angesichts der Dimensionalontologie stellende Frage der weltanschaulichen und womöglich (je nach Definition) religiösen Verortung der Logotherapie.

Um etwas auszuholen: Es haben sich praktisch alle frühen Pioniere der Psychotherapie und Psychologie (von Wundt bis James, Lange, Freud, Adler, Jung, Skinner ...) in der Regel nicht nur mit dem psychologischen Themengebiet im engeren Sinne befasst, sondern auch mit den großen Menschheitsfragen – wozu nun einmal die Religion ebenso gehört wie die Musik, die bildenden Künste oder die Literatur. Der entscheidende Unterschied zwischen Frankl und vielen anderen Pionieren der Psychotherapie ist daher also nicht so sehr sein Nachdenken über Religion. Er besteht eher darin, wie Religion verstanden und gedeutet wird: dass Freud etwa die Religion als rein innerpsychisches (massenneurotisches) Phänomen begriff, oder Adler in Gott die „Konkretisierung der Vollkommenheitsidee" sah (und damit im Wesentlichen eine Projektion), wohingegen Jung in Gott die Manifestation des kollektiven Unbewussten zu erkennen meinte, etc. So unterschiedlich diese Auffassungen und Deutungen des Religiösen auch gewesen sein mögen, haben sie doch allesamt einen gemeinsamen Nenner: Gott wurde jeweils schlichtweg als ein psychologisches Phänomen gedeutet, um nicht zu sagen als *ein Produkt der Psyche*.

Frankl hingegen anerkannte etwas „Echtes" im Religiösen, jedenfalls insofern, als er dagegenhielt, dass die inneren Momente, die jemanden zum Religiösen führen, von mehr gespeist werden als von innerer Dynamik oder

176 Frankl. *Zehn Thesen über die Person*, s. Anm. 99

Projektion oder bloßer Bedürfnisbefriedigung. Frankl sah in der religiösen Frage also letztlich vielmehr einen möglichen Ausdruck der Sinnausgerichtetheit des Menschen, nämlich einen Ausdruck der geistigen Person. Und damit endet die „religiöse Dimension“ der Logotherapie eigentlich auch schon. Sie besteht darin, anzuerkennen, dass der Psychologe, Psychotherapeut oder Psychiater für religiöse Phänomene gar nicht primär zuständig ist, weil Religion eben nicht nur Ausdruck und Angelegenheit des Psychischen, sondern etwas Geistiges, Eigenständiges ist:

> Ich pflege davon zu sprechen, dass die Logotherapie im Gegensatz zu anderen Psychotherapieformen offen ist, und zwar wird mit dieser Offenheit bestätigt, dass ich das Theologische für eine Dimension halte, die über die anthropologische Dimension und damit auch über die Psychotherapie als solche hinausgeht.[177]

> Die Psychotherapie muss sich also diesseits des Offenbarungsglaubens bewegen und die Sinnfrage diesseits einer Trennung in die theistische Weltanschauung einerseits und in die atheistische andererseits beantworten. Wenn sie solcherart das Phänomen der Gläubigkeit nicht als einen Glauben an Gott, sondern als den umfassenderen Sinnglauben auffasst, dann ist es durchaus legitim, wenn sie sich mit dem Phänomen des Glaubens befasst und beschäftigt.[178]

Dass Frankl in seinen Vorträgen und Werken relativ freimütig über metaphysische und auch religiöse Fragen sprechen konnte, ist meines Erachtens also vor allem der Tatsache geschuldet, dass er vergleichsweise unverkrampft und ohne psychodynamische oder pathologische Generalverdächtigungen sich mit den eigentlich religiösen Fragen auseinandersetzen konnte. Sie wurden ja oft genug – sowohl von Kollegen als auch von Patienten und Ratsuchenden – an ihn herangetragen.

Dennoch wird der Logotherapie bisweilen von Kritikern unterstellt – manchmal auch vorgehalten –, es handle sich „im Grunde“ um eine religiö-

---

177 Frankl, V. E. (2016). *Psychotherapie, Psychiatrie und Religion. Über das Grenzgebiet zwischen Seelenheilkunde und Glauben.* Band 5 der Edition der Gesammelten Werke. Hrsg. von Batthyány, A., Biller, K. und Vik, J. Wien: Böhlau, 231

178 Ibd., 118

se Therapie. Das dürfte meines Erachtens nach auf einem großen Missverständnis beruhen, nämlich auf einer Fehldeutung des logotherapeutischen Verständnisses der Religion. Man kann es daher nicht oft und nicht deutlich genug sagen: *Die Logotherapie ist weder von ihren anthropologischen und ontologischen Voraussetzungen noch von ihren therapeutischen Zielsetzungen her eine religiöse Therapie.*

Überdies verhandeln wir in der Logotherapie nicht so sehr über den Sinn des Weltganzen, sondern primär über Sinn im Leben, also über die sinnvollen Aufgaben einer einzigartigen Person in einer einmaligen und konkreten Lebenssituation. Unser Sinnbegriff ist also ganz innerweltlich – im Gegensatz zum religiösen oder metaphysischen Sinn des Weltganzen. Ich erkläre meinen Studenten in diesem Zusammenhang manchmal, dass der „Übersinn", also der alles umfassende Sinn des Ganzen, gegeben ist oder nicht; man kann oder kann nicht an ihn glauben, aber der Glaube an ihn bringt ihn ebenso wenig *in* die Existenz wie der Nichtglaube ihn *aus* der Welt schaffen würde – *unsere* Antwort auf die Gottesfrage ändert nichts daran, ob es einen Gott gibt oder nicht: Gott ist ja keine Folge unseres Tuns.

Völlig anders ist es beim Sinn im Leben. Der hängt nämlich ganz entscheidend genau davon ab, was wir selbst in einer gegebenen Situation tun, erleben oder wie wir uns einer bestimmten Situation gegenüber einstellen: Ob aus Sinnmöglichkeiten Sinnwirklichkeiten werden, liegt an uns und in unserer Verantwortung – hier ist das Werden von Sinnwirklichkeiten auf uns angewiesen; im Religiösen ist es genau umgekehrt: Da ist unser Sein auf die Transzendenz angewiesen. Da die Sinnfrage zugleich mittlerweile aber ohnehin schon in der Mitte der Psychotherapieforschung angekommen ist, ist zu hoffen, dass es nicht mehr so regelmäßig zum Missverständnis kommt, eine am Sinn interessierte Psychotherapie sei deswegen auch schon eine theologisch oder religiös begründete Psychotherapie.

Dass das Missverständnis der religiösen Therapie gerade Frankl gegenüber immer wieder auftritt, ist vielleicht noch anders erklärbar. Für denjenigen, der Frankls Schriften kursorisch liest, mag der Eindruck entstehen, dass öfter und wohlwollender von Gott und dem Gottglauben gesprochen wird als in sonstigen Texten der Psychotherapie. Auch mag mit eine Rolle spielen, dass in der Frühzeit der Logotherapie vor allem Vertreter religiösen Denkens in Frankl einen „Verbündeten" sahen. Und dies speziell, weil ihr Kernanliegen bei Frankl erstmals von Seiten der Psychotherapie und Psychiatrie nicht mehr unter den Generalverdacht des Abwegigen, Kollektivneurotischen oder Bedürfnisbefriedens gestellt, sondern als ein möglicher – wenn auch natürlich nicht zwingender oder notwendiger – Ausdruck genuinen Menschseins anerkannt wurde.

Und für denjenigen, der sich etwas eingehender mit Frankl befasst, mag zudem vor allem die Idee der Sinn-Objektivität Anlass sein, sich an religiöse Denkfiguren erinnert zu fühlen. Der Vollständigkeit halber muss man aber hierzu noch einmal betonen, dass es eine Vielzahl philosophischer Traditionen und Schulen gibt, die von der Wirklichkeit objektiver Werte ausgehen, ohne dies religiös oder von Gott her zu begründen.

Nun könnte man dieses komplexe und vielschichtige Verhältnis der Logotherapie zur Religion und religiösen Fragen so stehen lassen oder noch einfacher auf die von Frankl gerne zitierte Religionsdefinition Paul Tillichs zurückgreifen, der zufolge „religiös zu sein bedeutet, leidenschaftlich nach dem Lebenssinn zu fragen" – was wir Logotherapeuten ganz bestimmt tun.

Aber hinzu kommt auch, dass auf der anderen Seite „religiös" stets auch ein Jenseits des empirisch Einfangbaren impliziert – also einen Daseinsgrund, der nicht einfach *im* Dasein, also innerweltlich gemessen und eruiert werden kann. Mit anderen Worten: Das Religiöse will geglaubt werden und braucht sich einer empirischen Überprüfung im Grunde gar nicht erst zu stellen.

Von den philosophischen Grundlagen einmal abgesehen: An dieser Stelle wiederum beginnt das Missverständnis über die religiöse Verortung der Logotherapie doch um einiges problematischer zu werden. Denn Logotherapeuten haben – ganz zuvorderst auch Sie in Ihrer Dissertation – die Logotherapie als Motivations- und Persönlichkeitstheorie sowie als erfolgversprechende Therapie immer wieder empirischen Untersuchungen unterzogen und dabei ihre Gültigkeit und Wirksamkeit in oft überwältigender Weise unter Beweis gestellt. Auch hier ist also eine Grenzziehung nötig – bzw. nicht nur nötig: Diese Grenzziehung ist in der Logotherapie selbst deutlich angelegt und lässt sich wie gesagt vielleicht am leichtesten wie folgt zusammenfassen: Das Menschenbild der Logotherapie ist non-reduktiv, daher werden auch religiöse Phänomene (ebenso wie künstlerische Ausdrucksformen) nicht einfach und exklusiv psychologisch gedeutet oder einplaniert.

2. DIMENSIONALONTOLOGIE UND TRANSZENDENZ

Lukas: Für die logotherapeutische Praxis ist das Menschenbild Frankls relevant, ist geradezu konstitutiv. Es ist offen für Welt und Überwelt, und das bedeutet, dass a) der Weltbezug eines jeden Patienten gefördert wird, und dass b) die spirituelle Orientierung eines Patienten (falls sie anklingt) nicht in psychische Gefilde hinabprojiziert, sondern akzeptiert und ggf. behutsam nachgeprüft wird.

Es gibt überwiegend viele Patientengespräche, bei denen religiöse Facetten überhaupt nicht gestreift werden. Die Spiritualität eines Menschen gehört laut Frankl zur Intimsphäre der Person und soll vor jeder öffentlichen Betrachtung geschützt bleiben. Selbst im therapeutischen Setting, das eher das Gegenteil von „öffentlich", nämlich „vertraulich" ist, wird die Intimsphäre der Person strikt gewahrt. Kein Logotherapeut wird jemals einen Patienten nach dessen Glaubenshintergrund fragen. Kein Logotherapeut wird anlasslos das Wort „Gott" über seine Lippen bringen. Während die menschliche Fähigkeit zur Selbsttranszendenz prinzipiell in jeden Therapieplan auf die eine oder andere Weise eingebaut wird, ruht die Transzendentalität des Menschen nur im Bewusstsein des Logotherapeuten und stimuliert lediglich dann seine Aufmerksamkeit, wenn der Patient *von sich aus* Äußerungen tätigt, die dessen religiöse Vorstellungen oder dessen religiöses Ringen widerspiegeln.

Eine meiner Patientinnen hatte ihre 33-jährige Tochter durch einen plötzlichen Lungenriss verloren. Die Tochter war just am Höhepunkt ihrer Glückseligkeit gestanden: In wenigen Wochen sollten die Hochzeitsglocken läuten. „Wie konnte Gott das zulassen", schrie die Mutter wieder und wieder. „Entweder konnte Gott nicht helfen, dann ist er nicht allmächtig, oder er wollte nicht helfen, dann ist er böse!"

„So kommt es uns vor", nickte ich und nahm eine Schale zur Hand. „Können Sie sich vorstellen, in dieser Schale wären Nüsse?", fragte ich sie. „Gewiss." „Können Sie sich weiters vorstellen, jemand käme bei der Türe herein, der Nüsse noch nie gesehen hat? Jemand, der nur Äpfel kennt?" Auch das konnte die Mutter. „Was würde derjenige beim Anblick der Nüsse denken?", fragte ich sie. „Er würde denken, dass das hier sehr komische Äpfel sind!", meinte sie spontan. Wiederum nickte ich. „Und sonst noch?" Die Mutter zögerte. „Na ja, vielleicht würde er denken, dies sei eine schlechte Sorte von Äpfeln, hart und ungenießbar." „Oder?" „Oder die Äpfel hätten in extremer Trockenheit gelagert und seien eingeschrumpft." „Okay", antwortete ich, „hätte derjenige recht?" Die Mutter wischte sich die Stirn mit ihrem Taschentuch ab. „Sie wollen damit sagen ..." „Ja", entgegnete ich. „Wenn man Nüsse aus der Apfelperspektive betrachtet, verkennt man sie. Und wenn man Gott aus rein menschlicher Perspektive betrachtet, verkennt man ihn auch." Die Mutter seufzte tief auf: „Gott lässt sich nicht in seine Karten gucken, was?" Wir schwiegen beide. „Ach, er wird schon wissen, was er tut", meinte sie schließlich. „Aber ich begreif's halt nicht. Ich begreif's nicht!" „Das müssen Sie auch nicht", tröstete ich sie. „Sie müssen es nur dankbar annehmen, dieses herrliche Geschenk von 33 Jahren Länge ..."

Ein Sokratischer Dialog zum Franklwort „Beugen vor dem Geheimnis" – und die arme Mutter fand ihre Fassung wieder. Soll das „religiöse Therapie" gewesen sein? Dagegen möchte ich mich entschieden verwehren. Keine konfessionelle Implikation ist von mir eingeschleust worden. Ich habe auf jegliche christliche oder andere Doktrin verzichtet. Es war eben „Ärztliche Seelsorge", wie sie im Lehrbuch steht.

Auch erinnere ich mich an jene altersschwache Dame aus der Kirchengemeinde, die unbedingt einen Traum, der sie aufgewühlt hatte, mit mir erörtern wollte. Darin war sie auf einem Floß einen Fluss hinabgetrieben und erblickte von ferne auf einem bewaldeten Berghügel hoch oben ein riesiges Tor mit einem unbeschreiblichen Licht dahinter. Doch als ihr Floß am Ufer des Berghügels strandete, war das Licht verschwunden und es herrschte bloß noch Finsternis rings um sie. Da brach sie in Panik aus. „Wird der Herrgott, wenn ich bei ihm eintreffe, mich verstoßen?" Todesangst schüttelte ihr einfaches Gemüt.

Ich lächelte sie beruhigend an. „Zufällig habe ich Erfahrung im Bergwandern", sagte ich zu ihr. „Wenn man am Fuß eines bewaldeten Hanges steht, kann man die Bergspitze nicht sehen. Sie ist von den Baumwipfeln verdeckt. Stehen die Bäume sehr dicht, dringt kaum Licht durch ihr Blättergeflecht. Man muss erst mühsam Schritt für Schritt bergauf steigen, bis die Büsche zurücktreten und sich in einem erhebenden Moment der Gipfel zeigt ..." „Ach so", wisperte sie erleichtert. „Das heißt, ich muss noch mein restliches Leben Schritt für Schritt ..." „Und Tag für Tag mutig und manchmal vielleicht sogar ein wenig keuchend bergauf steigen!", ergänzte ich. „Richtig! Aber im Traum ist Ihnen ja versprochen worden, wo Sie ankommen werden." „Was der Herrgott verspricht, das hält er auch", erklärte sie im Brustton der Überzeugung und verließ mich voller Zuversicht.

Ich bin keine Sympathisantin von Traumdeutungen. Spekulationen sind mir zuwider. Doch habe ich aus der Logotherapie gelernt, dass die Wahrheit vielschichtiger und bunter ist, als wir mit unserem eingeschränkten Gesichtsfeld vermeinen, und dass man immer mit Wahrheitsnähe argumentieren darf. Das gilt auch für religiöse Metaphern.

Eine sinnzentrierte Psychotherapieform kann nun einmal nicht vor „letzten Sinnfragen" kneifen. Und wenn diese zum Himmel emporhallen, muss sie ihren Schallwellen folgen.

Batthyány: Das Gebot der weltanschaulichen Enthaltsamkeit besagt somit nicht, dass dem religiösen Anliegen eines Patienten seitens der Logotherapie eine Absage erteilt wird. Es bedeutet bloß, dass Weltanschauung nicht ungefragt in den therapeutischen Prozess eingeführt wird … und eben dies war Frankl ein oft und deutlich formuliertes Anliegen[179]:

> Für die Logotherapie kann Religion nur ein Gegenstand sein – nicht aber ein Standort. Religion ist ein Phänomen am Menschen, am Patienten, ein Phänomen unter anderen Phänomenen, denen die Logotherapie begegnet; im Prinzip aber sind für die Logotherapie die religiöse und die irreligiöse Existenz ko-existente Phänomene, mit anderen Worten, die Logotherapie ist ihnen gegenüber zu einer neutralen Einstellung verpflichtet. Die Logotherapie ist ja eine Richtung der Psychotherapie […]. Wenn also schon aus keinem anderen Grunde, so würde der Logotherapeut, weil er als Arzt den hippokratischen Eid geleistet hat, dafür Sorge tragen müssen, dass seine logotherapeutische Methodik und Technik anwendbar ist auf *jeden* Kranken, mag er nun gläubig oder ungläubig sein, und anwendbar bleibt durch *jeden* Arzt, ungeachtet dessen persönlicher Weltanschauung.[180]

Ich lege mir die Beschränkung auf, so wie in der Ordination, in der Sprechstunde dem Patienten gegenüber, nur von konkreten Sinnmöglichkeiten zu sprechen. Den Patienten auf konkrete, auf personale, ihn

179 Frankl, V. E. (1937). Zur geistigen Problematik der Psychotherapie. In: *Zentralblatt für Psychotherapie* 10, 33–75. (Wieder abgedruckt in: Frankl, V. E. [2005]. *Frühe Schriften 1923–1942*. Herausgegeben und kommentiert von Gabriele Vesely-Frankl. Wien: Maudrich)

180 Frankl. *Psychotherapie, Psychiatrie und Religion*, s. Anm. 177, 115

> persönlich wie niemand anderen im ganzen Universum ansprechende, ihn herausfordernde Sinnmöglichkeiten hinzuweisen. Ihn aufmerksam zu machen. Ihm gegenüber Sinnmöglichkeiten aufleuchten zu lassen. Aber nicht vom Leben überhaupt, dem Sinn des Lebens schlechthin, dem Sinn der Welt und weiß Gott was zu sprechen. Darauf darf ich mich als Arzt nicht einlassen. Denn vor allem muss ich ja dasein, als Arzt dasein, auch als Nervenarzt, als Seelenarzt oder wie Sie es nennen wollen. Dasein für jeden Patienten. Unabhängig davon und ungeachtet dessen, welche Weltanschauung er in die Ordination mitbringt. Ich habe ja nicht die Weltanschauung zu beeinflussen. Außer es wäre wie in einem geschickt gelenkten sokratischen Dialog, in dem ihm ganz spontan eine Interpretations- oder Sinnmöglichkeit aufleuchtet. Ich muss für die Atheisten genauso wie für die Theisten dasein. Und ich darf keine Persuasion betreiben, kein Ihn-Überzeugen-Wollen. Das kommt gar nicht in Frage. Also aus dieser Neutralität, aus dieser Abstinenz heraus, Werturteile vorwegzunehmen bzw. im Patienten zu installieren, – von dem muss man ausgehen. In den späteren Enunziationen und Publikationen habe ich immer darauf hingewiesen: Der Logotherapeut hat es zu tun mit konkreten Sinnmöglichkeiten, auf die seine konkret vor ihm sitzenden Patienten warten und die von ihnen allein verwirklicht werden können.[181]

Allerdings muss man sagen: Die klare Aufforderung zur weltanschaulich-religiösen Enthaltsamkeit hat nicht immer Gehör gefunden. Zum einen finden wir Grenzüberschreitungen oftmals innerhalb von bestimmten Konfessionen vor, die die Logotherapie sozusagen als weltanschaulich-philosophische Schützenhilfe verwenden, was an sich aber wohl nicht sonderlich verwunderlich oder problematisch ist. Es ist schließlich jedem freigestellt, sich die Wahl der argumentativen Untermauerung der eigenen Weltanschauung an unterschiedlichen Stellen zu suchen. Einzig ist vielleicht hier darauf aufmerksam zu machen, dass die Tatsache, dass sich die Logotherapie in bestimmten weltanschaulichen oder konfessionellen Kreisen großer Beliebtheit erfreut, nicht bedeutet, dass sie mit den von diesen Kreisen vertretenen Weltanschauungsmodellen und -systemen übereinstimmt. Meist ist sie nämlich einfach nur kompatibel mit ihnen, wobei hier stets zu ergän-

181 Frankl, V. E. (1995). *Gespräch mit Wolfram Kurz zum 90. Geburtstag.* Wien: Mitschrift, Viktor-Frankl-Archiv

zen ist: Sie ist ihrem Wesen nach mit einem breiten Spektrum weltanschaulicher Modelle kompatibel – eben genau deshalb, weil sie selbst keine derartigen Inhalte anbietet oder auch nur anbieten will. Frankl zitierte daher im Kontext dieser Diskussionen gelegentlich den Begründer des Autogenen Trainings J. H. Schultz, der darauf hinwies, dass es keine „christliche, islamische, jüdische oder buddhistische Neurosen und Psychosen gibt und es daher auch keine buddhistische oder christliche oder sonstig religiös fundierte Psychotherapie geben kann."

Soweit also dazu, dass die Logotherapie – ebenso wie jede andere Psychotherapieschule – nicht einseitig weltanschaulich-religiös positioniert und vereinnahmt werden kann und sollte; wobei ein Verhindern solcher Entwicklungen wie gesagt eigentlich ohnedies jenseits des Einflussgebiets der Logotherapie selbst liegt. Der Priester, Pastor, Rabbiner oder sonstige geistliche Amtsträger kann also in der Logotherapie ein geeignetes Instrument der Beratung und Seelsorge finden – und uns bleibt nicht mehr, als zu hoffen, dass er sich auch in dieser Rolle des Kunstfehlers eines Werte-Oktrois enthält.

Um einiges problematischer ist aber nicht der Geistliche als Logotherapeut, sondern der Logotherapeut, der zugleich ein bestimmtes Weltanschauungsangebot mit an die Patienten oder Studenten trägt. Vor solchen Grenzüberschreitungen ist keine psychotherapeutische Schule gefeit; das sieht man tatsächlich immer wieder. Leider auch bei manchen Vertretern und Lehrern innerhalb der Logotherapie – ob es nun die Vermischung der Logotherapie mit Lehren von Esoterikern ist, die als „Eingeweihte" aus einer „Urquelle" zu schöpfen vermeinen, oder der wohl extremste Fall der von Bernard Tyrrell gegründeten „Christotherapie", die in den Raum stellt, dass der Logos der Logotherapie sozusagen selbst eine Reduktion einer eigentlich noch höheren Dimension sei, die dann mit Christus gleichgesetzt wird.[182] Immerhin kann man aber beruhigt festhalten, dass dieser Vorschlag ohnedies nie wirklich ernst genommen worden ist, bzw. wenn, dann von Theologen und Logotherapeuten gleichermaßen als unzulässige Kategorienüberschreitung zurückgewiesen wurde. Beide sahen in Tyrrells Versuch einer „christozentrischen Logotherapie" einen Ebenen- und Kategorienübergriff, der weder der Theologie noch der Psychotherapie dienlich ist. Aber – wie

182 Tyrrell, B. J. (1999). *Christotherapy I: Healing Through Enlightenment*. Eugene, OR: Wipf and Stock Publishers; Tyrrell, B. J. (1999). *Christotherapy II: The Fasting and Feasting Heart*. Eugene, OR: Wipf and Stock Publishers

gesagt ist Tyrrell nicht der Einzige, der hier mehr persönliche religiös-spirituelle Weltanschauung in die Logotherapie einfließen lässt, als eigentlich *lege artis* in ihr angelegt ist und zulässig wäre.

Somit zeigen diese Beispiele, dass es vereinzelt vorkommt, dass dem Gebot der religiös-weltanschaulichen Enthaltsamkeit nicht immer besonders konsequent Folge geleistet wird. Aus meiner Arbeit im Frankl-Archiv und den dort gelagerten Briefwechseln weiß ich allerdings, dass Frankl selbst derartige Vermengungen der Logotherapie mit religiösen oder quasi-religiösen Heilslehren stets scharf verurteilt hat.

Es gibt aber auf der anderen Seite vor allem in jenen Texten Frankls, die sich nicht primär der klinischen Arbeit, sondern den philosophischen Grundfragen der Logotherapie widmen, vereinzelte Stellen, die darauf hinweisen, dass er selbst sich auch bisweilen auf eine transzendentale Ebene jenseits der geistigen Person bezog:

> Denn die Logotherapie hält sich offen zur transanthropologischen – ich sage absichtlich nicht transpersonalen – Dimension.[183]

> Wollen wir das Verhältnis der humanen zur divinen, das heißt ultra-humanen Dimension bestimmen, so bietet sich uns als ein Gleichnis der Goldene Schnitt an. Ihm zufolge verhält sich bekanntlich der kleinere Teil zum größeren so wie der größere zum Ganzen.[184]

Es gibt also in der Philosophie der Logotherapie fraglos Ansätze, die man als Metaphysik im eigentlichen Sinne bezeichnen kann. Ich erwähne dies, weil man seit einiger Zeit manchmal von dem Postulat einer „vierten Dimension" jenseits von Leib, Seele und Geist hört – wobei diese vierte Dimension von den Vertretern dieser Ergänzung meist nicht im Menschen lokalisiert, sondern „übermenschlich" gedacht wird – etwa in Korrespondenz zu einem Über- oder Letztsinn. Als Erster hat meines Wissens nach Donald J. Tweedie diesen Vorschlag in den 1960er Jahren gemacht; ihm zufolge sei das Noetische durch die Dimension des *pneuma* zu ergänzen.[185] Kurzum, es

183 Frankl. *Psychotherapie, Psychiatrie und Religion*, s. Anm. 177, 283

184 Ibd., 178

185 Tweedie, D. J. (1963). *The Christian and the Couch: An Introduction to Christian Logotherapy*. Grand Rapids: Baker Book House, 14f. Siehe auch die kritische Diskussion dieser „Erweiterungsversuche" in: Costello, S. J. (2016). The spirit of logotherapy. In: *Religions*, 7 (1), 3

war schon vor Jahrzehnten und ist neuerdings auch wieder insbesondere in den letzten Jahren zu registrieren, dass sowohl Philosophen und Theologen als auch manche Logotherapeuten in der Transzendenzoffenheit der Logotherapie ein Einfallstor für ihre eigenen metaphysischen „Nachbesserungen" erblicken, die allerdings nicht selten knapp am Werte-Oktroi vorbeischrammen.

Vielleicht verweist dies auch auf eine weitere indirekte Antwort auf die Frage, ob die Logotherapie ihrem Wesen nach religiös sei. Offenbar ist sie es so wenig, dass immer wieder der Versuch unternommen wird, Ergänzungen einzuführen, die ihrem Wesen nach religiöser oder metaphysischer sind als die klassische Logotherapie selbst ...

Versucht man, das Grundanliegen dieser Ergänzungen zu verstehen, dann kann man das auch ohne religiöse Versatzstücke noch allgemeiner formulieren. Dann steht nämlich schlichtweg die Frage im Raum, ob die Dimensionalontologie ein *Menschenbild* beschreibt oder auch ein *Weltbild?* Und ob man nicht der Welt selbst eine weitere Dimension hinzufügen sollte? Vom Menschenbild her scheint mir offenkundig zu sein, dass das Hinzufügen einer vierten Dimension indiskutabel ist, denn was könnte schon jenseits von Leib, Seele und Geist liegen und dennoch noch menschlich sein? Für ein Weltbild allerdings ist es zumindest theoretisch denkbar, eine weitere Dimension zu postulieren, und wird wie gesagt auch seit einiger Zeit von einigen Logotherapeuten angedacht ...

Lukas: Meiner Auffassung nach umschreibt Frankls Dimensionalontologie sein *Menschenbild* und nicht sein gesamtes *Weltbild* oder gar *Gottesbild.* Das Besondere an Frankls Menschenbild ist jedoch – so wie ich es verstehe – die Offenheit zur Welt und Überwelt, die *dem Menschen* darin bestätigt wird. Im Konzept der Selbsttranszendenz (dimensionalontologisch: Offenheit des „Zylinders") wird der Mensch als ein Wesen skizziert, das über sich hinaus in die Welt hineinlangt, voller Interesse, Sehnsucht, Willenskraft und schöpferischem Potential. Im Wesenszug seiner Transzendentalität wird der Mensch als sein eigener Maßstab verneint und in die Ebenbildlichkeit zu einem überweltlichen Schöpfer geliftet.

> Damit, dass wir nachweisen, dass der Mensch keineswegs eindeutig bestimmt ist von vitalen und sozialen Kräften und Mächten, vielmehr frei von ihnen und verantwortlich für die Selbstbestimmung – damit haben

> wir, über die biologischen, psychologischen und soziologischen Fakten hinaus, die Existenz des Menschen zurückgewonnen. Nun geht es darum, durch Einbezug der Transzendenz in die Wesenslehre vom Menschen ein Menschenbild wiederherzustellen, das dem Wesen Mensch insofern gerecht wird, als in diesem Bilde der Wesenszug seiner Transzendentalität mit einbezogen ist. Ein wesensgerechtes Menschenbild sprengt nämlich nicht nur den Rahmen der Faktizität, sondern auch der Immanenz. Das Bild vom Menschen ist im Rahmen der Immanenz nicht vollendbar. Entweder der Mensch versteht sich als Ebenbild Gottes – oder er missrät zum Zerrbild seiner selbst.[186]

Zweifellos fließt in diesen Text ein religiöses Bekenntnis von Frankl mit ein. Als ich mich im Zuge der Recherchen zu meinem Buch „Frankl und Gott"[187] intensiv mit Frankls religiösen Bekenntnissen beschäftigt habe, wurde mir aber erneut deutlich bewusst, wie ehrfürchtig, demütig und bescheiden Frankl diesbezüglich war. Mir imponiert das sehr. Notwendigerweise sind alle unsere Gottesbilder falsch, eben *Bilder*, die wir Menschen uns zurechtzimmern, um Unvorstellbares in irgendeine vorstellbare Form zu zwängen. Spricht man von einer „göttlichen Dimension", ist das vermutlich nicht minder unzulänglich als anschaulichere Denkentwürfe. Einmal schrieb Frankl, dass Gott vielleicht das Koordinatensystem selbst sei, das die verschiedenen Dimensionen aufspanne … nun ja, und wenn man dafür die Jasper'sche Abstraktion „Transzendenz" gebraucht, löst man das Problem unseres Unvermögens, uns mit rationalen Mitteln nach dieser Transzendenz auszustrecken, auch nicht.

Frankl war den Menschen, den leidenden, verzweifelten, zu Gott flehenden und betenden Menschen nahe genug, um ihnen ihre Bilder nicht madigzumachen, sondern sie ihnen unbestritten zuzugestehen. Er hat sich lediglich ausbedungen, dass ihre Bilder nicht als „Original" gehandelt werden bzw., dass Relatives nicht auf den Platz von Absolutem gehievt werde. Wenn „alle Werte Platzhalter für den Herrn sind" (Frankl[188]), dann sind es wohl alle Dimensionen auch.

---

186 Frankl. *Der leidende Mensch*, s. Anm. 18, 230

187 Lukas, E. (2019). *Frankl und Gott. Erkenntnisse und Bekenntnisse eines Psychiaters*. München: Neue Stadt

188 Frankl. *Der leidende Mensch*, s. Anm. 18, 225

Ich würde meinen, dass es ein Gebot der Ehrfurcht, Demut und Bescheidenheit ist, sich des Begriffs einer „vierten = göttlichen Dimension" zu enthalten. Das ganze Dimensionsvokabular ist ja selber und seinerseits „bildhaft". Es ist der Physik und der graphischen Darstellung des dreidimensionalen Raums entlehnt. Inzwischen haben die Physiker längst entdeckt, dass es in der Wirklichkeit des Weltraums mit den augenscheinlichen drei Dimensionen nicht getan ist. Dass der Raum viertens „gekrümmt" ist, dass man auch noch die Zeitkomponente als fünfte Dimension im Kosmos deklarieren könnte, und so fort. Auf welchen Platz soll man dann Gott setzen? Auf den sechsten, auf den siebenten? Lächerlich, nicht wahr?

Dass wir besser nicht „von" Gott, sondern lieber öfter „zu" Gott sprechen mögen[189], ist das kondensierte Extrakt der Frankl'schen Weisheit in dieser Angelegenheit ...

3. VOM WERDEN UND WESEN DER GEISTIGEN PERSON

Batthyány: ... und was ist mit der geistigen Person? Wenn wir an dieser Stelle schon Grenzthemen besprechen, die selten so explizit in der Logotherapieliteratur behandelt werden, würde ich gerne noch ein mit dem eben Besprochenen zusammenhängendes Thema anreißen: nämlich Lebenslauf und Schicksal der geistigen Person. In Ihrem Buch *In der Trauer lebt die Liebe weiter* schreiben Sie mit Blick auf den Tod den schönen Satz, dass „die Schöpfung uns nicht ins Nichts fallen" lasse (S. 79). Sie schreiben auch vom „selbst- und sinnbewussten Geist", der – wenn einmal das Psychophysikum verfällt – „ganz er selbst sei" (S. 75). Tatsächlich scheinen solche Gedanken in der Dimensionalontologie angelegt zu sein: Der „unbedingte Mensch" ist demnach jene Dimension des Menschen, die jenseits des raum-zeitlich Determinierenden und Bedingenden und damit auch jenseits von Verfall und Zerfall als etwas Transmorbides existiert.

Ihr Bild vom „ganz er selbst" seienden Geist wirft allerdings auch einige Fragen auf. Frankls „Zehn Thesen über die Person" zufolge ist die geistige Person ja an sich nicht ins kausale Netz der Dinge eingebunden – sie ist eben unbedingt, wenn auch dimensional verschränkt mit einem biologisch, sozial, kognitiv etc. bedingten Psychophysikum. Andererseits

189 Frankl. *Der Wille zum Sinn*, s. Anm. 2, 67

verdankt sie auch nicht sich selbst. Sie ist also unbedingt und frei gegenüber dem Psychophysischen, aber andererseits selbst Geschöpf. So viel zu ihrem Werden.

Was allerdings das Ende betrifft – da liegt kein klares Votum vor. Wir denken wie gesagt, die geistige Person sei transmorbid – also jenseits des Erkrankbaren. Das „psychiatrische Credo" bejaht demnach das Vorhandensein der geistigen Person auch dann, wenn das erkrankte Psychophysikum den Blick auf die geistige Person versperrt. Was kann das für das Ende bedeuten, wenn das Psychophysikum nicht bloß gestört ist, sondern jegliche Lebensfunktion beendet ist? Von Frankl existieren dazu nur relativ wenige, allerdings auch recht unterschiedliche Äußerungen. So sagte er einmal:

> Ich halte es für sinnlos, von der Todessekunde angefangen, von einem ‚Vorher' oder einem ‚Nachher' zu sprechen und daher fallen auch Fragen wie Reinkarnation, überhaupt ein Fortleben nach dem Tod für mich weg.

Andererseits hat er sich in einem Gespräch mit Rabbi Bulka zum selben Thema wie folgt geäußert:

> It was an analogy I once presented: someone being woken up frightens but does not see that he is waking up into a more beautiful world. And, in any event, he must necessarily be frightened when you touch him. Death is the same. We feel frightened, but we do not know to which higher dimension we are waking into.[190]

Dabei bezieht sich Frankl auf diese Fußnote in seinem nur auf Englisch erschienenen Buch *Will to Meaning*:

> Usually death is compared with sleep. Actually, however, dying should be compared with being wakened. At least this comparison makes it comprehensible that death is beyond comprehension. Consider a loving father tenderly waking his child with a caressing touch. The child will wake up with a startle, with fright, because in his dream world into which the touch intrudes, is proper meaning cannot be conceived. Man, too, waked up, from life to death, with fright. And if, after being clinically dead, his

190 Frankl. *Psychotherapie, Psychiatrie und Religion*, s. Anm. 177, 214

> life is saved it is understandable that he does not remember anything. The waker remembers his dream, but the dreamer does not know that he is sleeping.[191]

Ich will nicht zu viel aus diesem Zitat herauslesen: Die „höhere Dimension, in die wir hineinerwachen", auf die Frankl im Gespräch mit Rabbi Bulka verweist, ist ja nicht ohne Grund empirisch oder rational nicht fassbar.

Aber ich komme in diesem Zusammenhang auf das oben zitierte im Tod „ganz es selbst" seiende Geistige zurück. Wenn Frankl im Gespräch mit Rabbi Bulka die Möglichkeit in Erwägung zieht, einmal in einer „höheren Dimension" zu erwachen, dann liegt die Schlussfolgerung nicht fern, darin eine Aufgipfelung des „psychiatrischen Credos" für den Tag zu sehen, an dem das Psychophysikum nicht mehr bloß versehrt, sondern ganz hinfällig geworden ist: Der Geist ist nun, wie Sie schreiben, „ganz er selbst". Das alleine ist schon eine interessante Spur, es wirft aber auch gleichsam im Schlepptau eine Reihe weiterer Fragen auf. Etwa: Welche Eigenschaften könnte die „rein geistige Person" ohne ihr Psychophysikum haben? Auch wenn ich mir bewusst bin, dass man Dimensionen nicht so leicht auftrennen kann: Wir können ja dennoch Eigenschaften des Körpers und Eigenschaften der Psyche benennen und daraus ableiten, dass diese *nicht* die Eigenschaften der geistigen Person sind (also etwa: bedingt, raumzeitlich eingebunden etc.). Die geistige Person hingegen wäre demnach frei, selbstbewusst, gestaltend und ist ausgestattet mit einem Sensorium für das Gesollte. Und sie ist Individuum und sie ist stets neu – also nicht nur unteilbar, sondern auch einzigartig. Ich frage mich nun, wie man sich die geistige Person in diesem Kontext vorstellen und wie man sich ihr weiteres „Schicksal" denken kann, wenn das Psychophysikum noch nicht oder nicht mehr da ist ... Frankl schreibt in seinem Grundlagentext *Zehn Thesen über die Person* über das Werden der Person:

> Jede einzelne Person ist ein absolutes Novum. Bedenken wir doch bloß: Der Vater wiegt post coitum um ein paar Gramm und die Mutter post partum um ein paar Kilogramm weniger; aber der Geist erweist sich hier als ein wahres Imponderabile. Oder werden die Eltern, wenn mit ihrem Kinde ein neuer Geist entsteht, etwa ärmer an Geist? Können die Eltern,

191 Frankl, V. E. (1988). *Will to Meaning.* New York: Meridian, Fn 8, 150

> wenn in ihrem Kinde ein neues Du entsteht – ein neues Wesen, das zu sich „ich“ sagen kann –, vielleicht um ein Jota weniger „ich“ zu sich sagen?[192]

Das ist an sich ein starkes Argument – aber: Wenn die Person nicht aus dem Leiblichen abgeleitet werden kann, stellt sich natürlich die naheliegende Frage, woher sie dann kommt und als was sie ins Dasein kommt und geht.

Lukas: Ich möchte eine Grundtatsache vorwegnehmen. Es gibt unzulässige Fragen, die unzulässig sind, weil sie falsch gestellt sind. Auf falsch gestellte Fragen gibt es nur falsche Antworten. Hier ein amüsantes Beispiel für eine falsch gestellte Frage: „Wer näht die Gewänder der Engel?“ In den unzähligen Abbildungen von Engeln sind sie nahezu alle bekleidet. Trotzdem ist es eine unzulässige Frage, nach der Produktion ihrer Gewänder zu fragen, weil keine Antwort, wie sie auch ausfallen mag, stimmt. Auch die Antwort „niemand“ wäre falsch, weil sie eine Selbstproduktion der Engelgewänder implizieren würde. Charakteristisch für falsch gestellte Fragen ist eine *falsche Voraussetzung* – im genannten Beispiel die Voraussetzung, dass Engel Gewänder tragen. Zu falschen Voraussetzungen kommt es immer dann, *wenn unsere menschliche Denkweise auf Nicht-Menschliches oder Über-Menschliches übertragen wird.* Im Beispiel: Da wir uns Engel nicht vorstellen können (unabhängig davon, ob es sie gibt oder nicht), schreiben wir ihnen menschliche Leiber, menschliche Züge zu und ziehen sie mit menschlichen Gewändern an. Dieser falschen Voraussetzung entsprießen dann falsch gestellte Engel-Fragen.

Ich habe diese Tatsache erwähnt, weil es ein Phänomen gibt, das viel komplexer und weitreichender als der Engelmythos ist: Wir können uns eine Dimension der Raum- und Zeitlosigkeit nicht vorstellen und schreiben ihr deswegen unentwegt Orte und Termine zu. Wir hüllen sie sozusagen in „menschliche Gewänder“ und wundern uns dann, dass sie nicht passen. Sowohl unser Denkapparat als auch unser Fühlinstrumentarium sind auf Raum und Zeit geeicht und können darüber hinaus weder denken noch fühlen. Jegliches Vorstellungsvermögen versagt, und das heißt viel, denn das menschliche Wesen hat es in der Kunst der Imagination und Fantasie weit gebracht. Wir können uns eine ganze Menge Nicht-Reales und Noch-nicht-Reales vorstellen, von Zaubermärchen, futuristischen Visionen bis hin zu

192 Frankl (2005). *Ärztliche Seelsorge. Anhang: 10 Thesen zur Person.* Wien: Deuticke

Science-Fiction-Romanen, aber alles bleibt unweigerlich raum- und zeitverhaftet.

Die Spitzenliga der modernen Astrophysik hat inzwischen herausgefunden, dass das Rätsel um den „Urknall“, mit dem das Universum entstanden ist, darin liegt, dass es kein Vorher gibt bzw. geben kann. Es kann nicht eine Ungeheuerlichkeit an Masse gegeben haben, die aus irgendeinem Grunde explodiert ist und unendlich viele Teilchen ins All geschleudert hat. Das einzig Mögliche ist, dass mit dem Urknall Raum und Zeit *erst entstanden sind* und sich seither ausdehnen. Das bedeutet: kein Vorher, und kein vorheriges Dort. Dass wir Menschen uns dies nicht vorstellen können, ändert nichts daran.[193]

Ein Analogon dazu stellt unsere eigene Existenz dar. Auch für die geistige Person, die jeder von uns ist, hat sich erst mit dem Akt ihres leiblichen Gezeugtwerdens „urknallartig“ Raum und Zeit aufgespannt. Kein Vorher und kein vorheriges Dort. Die Frage, *wo* die Person *vor* ihrer Zeugung gewesen sei, gehört also zu den unzulässigen Fragen, auf die man nur falsch antworten kann. Um die Frage, ob die geistige Person einen Anfang hat, zu dem sie ins Leben gerufen wurde, präzise zu beantworten, müsste man folglich differenzieren: „Sie per se“ hat weder Anfang noch Ende, aber „sie in Personalunion mit dem Leibseelischen“ nimmt mit ihrer Zeugung ihren Anfang. Die Einheit und Ganzheit „Mensch“ wird somit (und es kann ja nicht anders sein) von den Eltern ins Leben gerufen. Ob – was die „Person per se“ betrifft – der „Götterbote Zufall“ (der bei jeder Zeugung seine Finger mit im Spiel hat) mitruft, ob ein Gesolltsein und Willkommensein seitens einer höheren Instanz mitschwingt, können wir vermuten, liegt aber jenseits unseres Wissenshorizontes.

Ich bekenne, ich habe Ihre Frage ein bisschen „gedreht“. Sie haben nämlich gefragt, ob die Person anfänglich *ins Dasein* gerufen wird, und ich habe mit ihrem *ins Leben* Gerufensein argumentiert. Das *Dasein* bzw. das *Sein überhaupt* ist ein philosophisch vielschichtiger Begriff. Wenn er „alles Seiende“ umfassen soll, ist dann die uns absolut unzugängliche (divine?) Dimension der Raum- und Zeitlosigkeit (Anfang- und Endlosigkeit), der die geistige Person „entstammt“, mit einbezogen? … hier häufen sich die Miss- und Unverständnisse. Frankl war klug genug, in seinen Schriften vom Sein

193 Es ist sogar noch dramatischer: Wir können uns nicht einmal Raum und Zeit richtig vorstellen. Denn der Raum ist in Wirklichkeit nicht geometrisch, sondern „gekrümmt“, wie sämtliche Berechnungen belegen, und die Zeit ist nicht konstant, wie wir seit Einstein wissen. Beides widerspricht unserer Alltagswahrnehmung.

und einem „Übersein“, vom Sinn und einem „Übersinn“, von der Welt und einer „Überwelt“ zu sprechen. Mit der Silbe „über“ markierte er jene uns verschlossene Dimension, die eben über jegliches menschliche Begreifen hinausragt. Dadurch machte er in seinen Texten stets klar, ob er das irdische Dasein, menschliche Sinnerkenntnis, die uns umgebende Mit- und Umwelt meinte, oder – mehr.

Im Allgemeinen interessieren sich die Leute weniger für die Herkunft ihrer Existenz als dafür, was mit ihnen passiert, wenn sie „aus dem Leben gerufen werden“. Was mit ihrem Organismus passiert, steht außer Diskussion: er sinkt ins Grab. Er vergeht. Aber sie selbst? Seit Millionen Jahren schwelt eine Ahnung im heraufdämmernden homo sapiens, dass dieses Selbst nicht einfach mitverlöscht. Wo Knochen der allerersten Menschen gefunden wurden, wurden auch Grabbeigaben gefunden – die nicht den geringsten Sinn hätten, wären unsere Vorfahren vom gänzlichen Verlöschen der Person überzeugt gewesen. Freilich ist dabei wieder „in menschliche Gewänder gehüllt worden“, was sich der Vorstellungskraft des Menschen entzieht: ein Jenseits, in dem man Schmuck, Töpfe und sonstige materielle Kostbarkeiten brauchen könnte. Aber auch wir aufgeklärten Bewohner des 21. Jahrhunderts können uns kein Bild von jener Dimension machen, in der die geistige Person unversehrt aufgehoben ist. Wir können nur mit Frankl sagen:

> Im Augenblick seines Absterbens verliert der Mensch nicht nur sein Bewusstsein, nicht nur das Bewusstsein der Zeit, sondern er verliert auch die Zeit selbst. Er verliert sie im Tode ganz genau so, wie er sie im Zeitpunkt seiner Geburt [besser: seiner Zeugung, Anm. der Verf.] überhaupt erst gewinnt. Nur Dasein in Raum und Zeit und, in einem damit, im Leibe – nur solches Dasein ‚hat‘ die Zeit, ‚hat‘ eine Vergangenheit und eine Zukunft. Geistiges Sein jedoch, als geistiges, ‚ist‘ nicht ‚da‘, es ist im Gegensatz zum ‚da-sein‘ ein Sein jenseits von Raum und Zeit.[194]

und:

> Im Tode ist alles immobil geworden, nichts ist disponibel; dem Menschen steht nichts mehr zur Verfügung – kein Leib und keine Seele mehr ist ihm da verfügbar: es kommt zum totalen Verlust des psychophysischen Ich.

194 Frankl (1982). *Der leidende Mensch*, s. Anm. 18, 133

> Was bleibt, ist nur noch das Selbst. Der Mensch hat also nach dem Tode kein Ich mehr – er ‚hat' überhaupt nichts mehr, er ‚ist' nur mehr: eben sein Selbst.[195]

Was folgt daraus? So wie die „Person per se" unzeugbar ist, ist sie auch unsterblich. Sie hat kein Ende. Aber Achtung: Im Tod fällt alles Nachher und nachheriges Dort weg. So bitter es uns schmecken mag, die Frage, *wo* die Person *nach* ihrem Tode sei, ist eine unzulässige Frage, auf die es nur falsche Antworten gibt.

Als Psychotherapeutin habe ich die Erfahrung gemacht, dass es eher psychischen Stress erzeugt, über Unwissbares zu *spekulieren*, während es erheblich zur inneren Beruhigung beiträgt, angesichts von Unwissbarem zu *vertrauen*. Ich möchte diese Erfahrung einer Ihrer weiteren Fragen entgegenhalten, und zwar der Frage, was man über die Eigenschaften der „Person per se" nach der todbedingten Auflösung ihrer Union mit dem Leibseelischen spekulieren könnte. Dass ein Bewusstsein im hirntechnischen Sinne unmöglich ist, scheint logisch zu sein. Ein Gewusstsein hingegen wäre möglich (Frankl). Dass sie ohne ihr psychophysisches Werkzeug und Medium kein Freiheitsfeld zur individuellen Gestaltung und Äußerung mehr besitzt, scheint ebenfalls unbezweifelbar zu sein. Uns dünkt es jämmerlich wenig, was übrig bleibt – aber wir werkeln schon wieder an „menschlichen Gewändern", die wir der Transzendenz überstülpen möchten. Mit unserem begrenzten Verstand wollen wir ins Unbegrenzte hineinleuchten. Davon ist allein schon im Sinne einer gesunden Psychohygiene (und nicht nur im Sinne wissenschaftlicher Redlichkeit) abzuraten. Üben wir uns in Spekulationsabstinenz und stocken wir stattdessen unser Vertrauen auf!

Frankl war durchdrungen von einem Vertrauen in den „Übersinn" (Gott?), der in Kategorien jenseits unseres Begreifens waltet. In dem sogar alles Leid noch einen höherwertigen Letztsinn haben kann. In dem die geistige Person geborgen ist „auf ewig". „Beugen wir uns vor dem Geheimnis", hat er gemahnt, beugen wir uns …

Eines gibt es jedoch, das wir nicht erspekulieren müssen, weil es evident ist. Die geistige Person kehrt nach ihrer Erdenwanderung (von Ausnahmen wie frühem Kindstod oder Schwerstbehinderung abgesehen) mit einer anderen Identität in ihre spirituelle Heimat zurück, als sie die Erde betreten

---

195 Frankl. *Der Wille zum Sinn*, s. Anm. 2, 54

hat.[196] Sie bringt die Wahrheit über ihr gelebtes Leben mit, und diese ist unzerstörbar und unveränderbar. Der sogenannte „Optimismus der Vergangenheit" gehört zu den genialsten Konzepten Frankls. Er hat erkannt, dass das Gewesensein die „sicherste Form von Sein" darstellt, weil es durch keine Macht der Welt (oder Überwelt) variiert oder gar eliminiert werden kann. Was einmal wahr geworden ist, ist es ein für alle Mal. Insofern ist auch alles, was eine Person jemals in ihrem Leben entschieden, geschafft, geleistet, erlebt, erlitten, beabsichtigt und durchgeführt hat, in der unbestechlichen Wahrheit gespeichert als die Fülle ihres Lebenswerkes. Mehr noch: als die einzigartige Identität, die sie kraft ihres einmaligen Lebenswerkes entwickelt hat. Jeder meißelt mit seinen Taten an seinem eigenen „Denkmal", so Frankl, und der Tod kann daran nicht rühren. Es ist fast unglaublich, aber richtig: Auch der allgewaltige Tod ist limitiert; unsere Lebensvergangenheit ist für ihn tabu. Und wiederum schwelt eine seltsame Ahnung seit Menschengedenken in uns, die sich in sämtlichen Religionen und Mythen widerspiegelt: die Ahnung, dass es nicht egal ist, *was* da in der Vergangenheit über uns gespeichert ist. Dass es von irgendwelcher Relevanz ist, ob Hass oder Liebe überwogen haben, ob Konstruktion oder Destruktion unser Handeln bestimmen hat dürfen, ob wir die Einladung zur Mitschöpfung zum Wohle oder zum Schmerze der Schöpfung genützt haben. Am Ende ist jeder sein eigener Himmel oder seine eigene Hölle, je nachdem, so Frankl.[197]

Aber noch haben wir das Zeit-Kontinuum gedanklich nicht verlassen. Auch Frankl hielt sich bei seinen Überlegungen kurz darin auf, als er fortsetzte:

> So gelangen wir ... zu der Paradoxie, dass die eigene Vergangenheit des Menschen die eigentliche Zukunft ist, die er zu gewärtigen hat.[198]

Dann aber vollzog er den Sprung von der bloßen Historie in die Zeitlosigkeit eines „Überseins":

---

196 Betreten, zurückkehren etc. sind inadäquate Begriffe, weil sie örtliche Bewegungen suggerieren. Da wir jedoch Nicht-Räumliches nicht denken können, können wir es auch nicht in Worte gießen; weshalb ich hier eine Metapher verwende. Sie „hinkt" allerdings, weil die geistige Person auch während ihrer „Erdenwanderung" im Raum- und Zeitlosen beheimatet bleibt. „Geist ist im Leibe nirgends ..." (Frankl)

197 Frankl. *Der Wille zum Sinn*, s. Anm. 2, 54

198 Ibd., 55

> Der lebende Mensch hat Vergangenheit und Zukunft; der Sterbende hat keine Zukunft mehr, sondern nur mehr Vergangenheit, der Tote aber *ist* seine Vergangenheit.[199]

Wen meinte er mit „der Tote"? Den Leichnam im Sarg? Natürlich nicht. Die geistige Person jenseits von Raum und Zeit? Gewiss. Also war es seine Auffassung, dass die „Person per se" nach ihrem Tod (man verzeihe mir die Vokabel „nach", sie ist aus Sicht von uns Lebenden gewählt) von einer gewandelten und von ihr selbst entfalteten Identität ist, die sich aus ihrer geschichtlichen Vergangenheit vor ihrem Tod (man verzeihe mir auch das „vor") rekrutiert. *Von derselben Identität war sie zu Beginn ihrer leibseelischen Personalunion im Moment der Zeugung nicht.*

Wahrscheinlich ist dies die äußerste und bereits ziemlich gewagte Aussage, zu der wir uns hinauslehnen können. Welche Assoziationen man sich dann aus den Gedankensplittern „Zum Mitschöpfer eingeladen", „Jede Tat ihr eigenes Denkmal", „Jeder sein eigener Himmel oder seine eigene Hölle", „Gewusstsein wäre möglich" zusammenschmiedet, ist dem Einzelnen überlassen. Er wird sich mehr oder weniger anthropomorphe Symbole suchen, um sich einem Geheimnis anzunähern, das sich uns nicht offenbart.

4. DIE GEISTIGE PERSON UND KOGNITIVE BEEINTRÄCHTIGUNGEN

Batthyány: Hier stellt sich dann allerdings auch die Frage nach dem existentiellen Schicksal und Weg derer, die als geistige Person niemals auf ein hinreichend funktionierendes Psychophysikum getroffen sind. Ich rede von Personen, die zu Lebzeiten, z. B. aufgrund einer angeborenen starken kognitiven Beeinträchtigung, nie die Chance hatten, bewusst denken, entscheiden und handeln zu können ... Ich bin mir dessen bewusst, dass wir uns nun schon in hochspekulativen Gefilden bewegen und gesicherte Antworten hier ohnehin nicht zu erwarten sind. Dennoch haben wir ja in der Logotherapie einige Marker auf der Landkarte, die uns zumindest Annäherungen ermöglichen. Angesichts der Tatsache, dass die Logotherapie von dem Grundver-

199 Ibd., 55 Fußnote

trauen getragen ist, dass eine wohlwollende und sinnvolle Lebensordnung auf unser sinnbejahendes Mitwirken zu zählen scheint, bleibt die Frage, was das Wesen der geistigen Person in diesen Fällen ausmacht oder dereinst mit deren Tod gewesen sein wird …

Lukas: Nun, diese Frage führt auf die angedeuteten „Ausnahmen" zurück. Es kann *doch* geschehen, dass die finale Identität einer Person ihrer Ursprungsidentität gleicht. Stirbt beispielsweise ein Kind im Mutterleib, dann hat diese (geistig noch unerwachte) Person nie die Möglichkeit vorgefunden, auf ihre persönliche Art in die Welt hineinzuwirken. Ähnliches gilt für Kranke, deren „Werkzeug des Geistes" durch starke cerebrale oder psychotische Einschränkungen unbrauchbar ist. Wir bedauern solche Personen – zu Recht. Vielleicht aber zeichnet sich im Lichte des „Übersinns" ein überraschend akzeptableres Muster ab. Vielleicht sind diese speziellen Personen von der Last und Verantwortung einer Kokreation entbunden und dürfen völlig unbeschädigt durch „Fehl und Tadel" in die Zeitlosigkeit hinübergleiten, aus der sie der „Götterbote Zufall" herausgespült hat. Zählt doch neben Leid und Tod die *Schuld,* von der das Dichterwort kündet, sie sei der Übel größtes, zur „tragischen Trias" im Menschenleben (Frankl). Jenen „Auserwählten" aber bleibt das Schuldigwerden erspart. Sie dürfen ihre „blütenweiße Weste" in Form ihrer Ursprungsidentität behalten. Vielleicht haben demnach eher *sie* Grund, *uns* zu bedauern …

Wir sollten vorsichtig sein, wenn wir uns an der Kante des Erfassbaren entlangtasten. Wir brauchen ein Seil um unsere Mitte geschlungen, um nicht bei einem unbedachten Schritt zu stolpern; und dieses Seil ist aus *festem Vertrauen* geknüpft. Solange das (Ur-)Vertrauen uns hält, wird uns keine noch so missliche Realität und wird uns kein noch so grässlicher Irrtum über die Kante ins Bodenlose werfen.

5. NAHTODERFAHRUNGEN AUS SICHT DER LOGOTHERAPIE

Batthyány: Dazu noch Folgendes zum Abschluss dieses Themenbereichs: Mir ist bei der Vorbereitung auf diesen Gesprächsblock ein interessanter Artikel des Logotherapeuten und klinischen Psychologen James C. Crumbaugh (bekannt vor allem durch den gemeinsam mit Leonard T. Maholick entwickelten PIL-Test[200]) untergekommen. In diesem Artikel versuchte Crumbaugh, das Phänomen der sogenannten Todesnäheerfahrungen (TNE) unter dem Blickwinkel der Dimensionalontologie zu beleuchten.[201] Bekannt ist, dass laut Statistiken rund 8 % bis 18 % derjenigen, die eine extrem lebensbedrohliche Krise wie etwa einen Herz- oder Atemstillstand überlebt haben, von einem relativ gleichförmigen und geordneten Erleben berichten, das gemeinsame Elemente aufweist: etwa einen intensiv erlebten Lebensrückblick und ein Gefühl der Leichtigkeit, des tiefen inneren Friedens und manchmal auch eine Art „Lichtbegegnung".[202] Für die Forschung stellen diese Berichte ein kleines Rätsel dar, und zwar deswegen, weil diese Erfahrungen zu einem Zeitpunkt stattzufinden scheinen (und als Erinnerung abgespeichert werden), an dem ein so geordnetes und strukturiertes Erleben bzw. überhaupt ein bewusstes Erleben unter neurobiologischen Gesichtspunkten als äußerst unwahrscheinlich gilt.

Ich habe vor einigen Jahren mit einigen Studenten an der Universität Wien eine Studie durchgeführt, für die wir über 650 Erfahrungsberichte von Todesnäheerfahrungen ausgewertet haben – uns ging es insbesondere um die Frage, wie die Betroffenen selbst ihre Erfahrung kognitiv erlebten und wie sie sie deuten.[203] Eine große Mehrheit der Probanden berichtete, dass sie sich während ihrer TNE in einem *klareren* Bewusstseinszustand befanden als in ihrem gewöhnlichen Alltagsleben. Sie erlebten also nicht etwa eine verschwommene Trance, sondern waren äußerst konzentriert und wach. Einzig der Inhalt – also das, *was* diese Personen erlebten, war außerordentlich „unirdisch" … Unserer Arbeitsgruppe ging es aber weniger um den Inhalt als um die Erfahrungsweise selbst – und hierzu muss man schon sagen: Dass jemand komplexe und kohärente Erfahrungen macht, während er sich in einer ernstlichen physiologischen Krise wie Atem- oder Herzstillstand befindet, ist schon recht ungewöhnlich und wirft einige Fragen auf über das Verhältnis zwischen subjektivem Erleben und seinen neurobiologischen Grundlagen:

---

200 Crumbaugh & Maholick. An experimental study in existentialism. s. Anm. 4

201 Crumbaugh, J. C. (1997). A contribution of Frankl's logotherapy to the interpretation of near death experiences. In: *The Journal of Near-Death Studies*, 15 (3)

202 Batthyány, A. (2018). *Foundations of Near-Death Research: A Conceptual and Phenomenological Map.* Durham: IANDS Press

203 Batthyány, A. (2016). Complex visual imagery and cognition during the near-death experience. In: *Journal of Near-Death Studies*, 33 (1)

> The most important objection to the adequacy of all reductionist psychophysiological theories [...] is mental clarity, vivid sensory imagery, a clear memory of the experience and a conviction that the experience seemed more real than ordinary consciousness are the norm for near-death experiences, even when they occur in conditions of drastically altered cerebral physiology under which the reductionist model would deem consciousness impossible.[204]

Das Phänomen ist somit neben der klinischen auch eine theoretische Herausforderung. Denn einerseits liegt es natürlich nahe, nach physiologischen Ursachen der TNE zu suchen – schlichtweg, weil bisherige neuropsychologische Erkenntnisse insgesamt sehr dafür sprechen, dass allem Erleben ein neurophysiologisches Korrelat zugewiesen werden kann, und folglich ein solches auch für die TNE anzunehmen ist. Zugleich sind aber gerade die neurophysiologischen Korrelate komplexen und geordneten Erlebens, wie es in der TNE zu Tage tritt, ausgesprochen störungsanfällig im Rahmen physiologischer Ausnahmezustände. Das werden wohl die meisten aus eigener Erfahrung kennen: Das Erste, was schon bei leichteren Störungen wie Fieber, Kopfschmerzen oder Schwindel in Mitleidenschaft gezogen wird, sind genau jene komplexen höherkognitiven Vorgänge, die auch in der TNE aktiviert werden.

Daher wirft die TNE die Frage auf, wie und wieso ein solch komplexes Erleben ausgerechnet in Todesnähe auftreten kann. Zudem kann man auch schwerlich ins Treffen führen kann, die TNE sei evolutionär besonders adaptiv. Schließlich werden während der TNE biologische Ressourcen in Anspruch genommen, die im Überlebenskampf anderweitig viel ‚sinnvoller' eingesetzt werden könnten – man darf nicht vergessen, dass jeder Gehirnvorgang einen hohen Energieumsatz bedeutet. Daher sollte man erwarten, dass im Überlebenskampf sämtliche Ressourcen in den Hirnstamm investiert werden, wo Atmung und Herzschlag gesteuert werden.

Zugleich stellt sich die Todesnäheerfahrung den Betroffenen selbst auch nicht als neurophysiologisches Prozesscluster dar, sondern als eine tiefgreifende Erfahrung, die, wie weitere Forschungen zeigen, noch über Jahrzehnte hinweg Nachwirkungen auf ihre Lebensgestaltung, Einstellungen

---

204 Greyson, B. (2010). Implications of near-death experiences for a postmaterialist psychology. In: *Psychology of Religion and Spirituality*, 2, 37–45

und Verhalten zeitigt.[205] Einem so einschneidenden Erlebnis wird daher eine rein klinische und neurophysiologische Betrachtung ohnehin nicht vollumfänglich gerecht. Potentiell tut sich hier also ein Spannungsfeld auf zwischen persönlichem Erleben und wissenschaftlichen Erklärungsversuchen. Um diesen Konflikt zu entschärfen, hat Crumbaugh 1997 vorgeschlagen, die Frankl'sche Dimensionalontologie auch auf die TNE anzuwenden. Damit stünden die subjektive, existentielle Erlebnisperspektive der TNE und die neurologisch-biologische Perspektive nur scheinbar in Widerspruch zueinander, während sich ihre Widerspruchsfreiheit und Vereinbarkeit (erst) im Modell verschiedener einander durchdringender Dimensionen offenbart. Dimensionalontologisch ist das beschriebene Phänomen demnach eine neurophysiologisch grundierte Erfahrung – und mehr als das. Und es ist eine tiefgehende existentielle, für die meisten sogar spirituelle Erfahrung – und zugleich nicht nur das ...

Lukas: Ja, Frankls Dimensionalontologie ist ein äußerst geschicktes Behelfskonstrukt, um die *Einheit trotz Mannigfaltigkeit* des menschlichen Wesens plausibel darzustellen. Dieses Konstrukt – das jeglichem Schichtenmodell überlegen ist – kann zweierlei leisten, was Frankl in seinen zwei dimensionalontologischen Gesetzen auf den Punkt gebracht hat. Es kann erstens Konflikte zwischen scheinbar inkompatiblen Dimensionalphänomenen auflösen, also sozusagen eine anthropologische „Quadratur des Kreises" zustande bringen, weil beides, „Quadrat" und „Kreis", auf höherer Ebene in einer „zylindrischen Figur" aufgehen. Und es kann zweitens überzeugend davor warnen, Dimensionenvermischungen durch Fehlprojektionen von Phänomenen vorzunehmen: Komplexe anthropologische „Figuren" verflachen zu mehrdeutigen Schattenrissen ihrer selbst, wenn sie auf zu niedriger Ebene (oder ausschließlich auf ihr) betrachtet werden.

Ich möchte James C. Crumbaugh beipflichten, dass sich die seltsamen Nahtoderfahrungen, über die sich in der Literatur eine Reihe von Berichten und Texten angesammelt hat, aus dem Blickwinkel der Frankl'schen Dimensionalontologie besser verstehen lassen. Dass wir uns vor Dimensionenver-

205 Rominger, R. A. (2009). Exploring the integration of near-death experience aftereffects: Summary of findings. In: *Journal of Near-Death Studies*, 28 (1), 3–34; Holden, J. M. (2012). Aftermath: Counting the aftereffects of potentially spiritually transformative experiences. In: *Journal of Near-Death Studies*, 31 (2), 65–78

mischungen durch Fehlprojektionen zu hüten haben, hat Frankl an folgenden Beispielen exemplifiziert:

> Projiziere ich ... Gestalten wie Fedor Dostojewski oder Bernadette Soubirous in die psychiatrische Ebene, dann ist für mich als Psychiater Dostojewski nichts als ein Epileptiker wie jeder andere Epileptiker und Bernadette nichts als eine Hysterikerin mit visionären Halluzinationen. Was sie darüber hinaus sind, bildet sich in der psychiatrischen Ebene nicht ab. Denn sowohl die künstlerische Leistung des einen als auch die religiöse Begegnung der anderen liegt außerhalb der psychiatrischen Ebene. Innerhalb der psychiatrischen aber bleibt alles solange mehrdeutig, bis es transparent wird auf etwas anderes hin, das dahinter stehen mag, das darüber stehen mag ...[206]

Die Übertragung von Frankls Beispielen auf Personen mit Nahtoderfahrungen bietet sich an. Projiziert man nämlich deren Aussagen in die rein medizinische Ebene, landet man beim Irrflackern eines lädierten Gehirns. Projiziert man sie in die rein psychologische Ebene, landet man beim frommen Wunschdenken. Die widersprüchlichen Standpunkte zwischen den Wissenschaftlern („Quadrat") und den nahtoderfahrenen Laien („Kreis") können dadurch erklärt und entschärft werden, dass die Geistigkeit des Menschen als eine *eigene* und zu den leiblich-seelischen Dimensionen *differente* Dimension miteinbezogen wird, wie es der Dimensionalontologie Frankls entspricht. Denn dann werden die berichteten Erlebnisse „transparent auf etwas anderes hin, das dahinter stehen mag, das darüber stehen mag ..." Sie werden sozusagen – „zylindrisch". Was auf den leiblich-seelischen Ebenen als Halluzinationen oder Sehnsuchtsanwandlungen von Fast-Sterbenden zu interpretieren ist, könnte dann auf der geistigen Ebene des Menschen ein winziger vorweghuschender Einblick in ein „Jenseits des Todes" sein, so unörtlich und unzeitlich ein solches auch in Wahrheit sein mag.

Nun ist die geistige Dimension des Menschen nicht nur eine *eigene*, sondern auch die *eigentliche* Dimension des Menschen, da sie Menschsein überhaupt erst konstituiert. Das heißt, sie ist zwar eine von drei Dimensionen, und dennoch „irgendwie" mehr; eben nicht vergleichbar mit der leiblichen und der seelischen Dimension, deren sie sich zu ihren Äußerungen und Kreatio-

---

206 Frankl (1982). *Ärztliche Seelsorge*, s. Anm. 49, 34f.

nen bedient. Schon im Leben wird sie von etwas Mysteriösem umrankt. Sie ist nicht einzufangen in das dimensionale Einheitsgebinde, dessen Einheit sie selber stiftet[207]. Sie ist nicht parallelistisch angekettet an die übrigen Ebenen, die eng miteinander verwoben sind. Sie ist ein Leben lang angewiesen auf den Rest der Ganzheit Mensch und dennoch „freier" als dieser Rest …

Es ist anzunehmen, dass sich im Status des nahenden Lebensendes diese Einheit und Ganzheit des Menschen lockert. Je mehr sich das Leiblich-Seelische funktional minimiert, desto stärker überwiegt das Geistige im Bunde. Schafft es also die geistige Person in Ausnahmefällen, cerebrale Letztenergien aus den welkenden Zellbeständen zu generieren, um noch Kunde von sich zu geben, dann darf es uns nicht verwundern, wenn sie (jetzt ungebremst von Siechtum, Schmerzen, Affekten etc.) in erstaunlicher Klarheit und Hellsichtigkeit, ja, geradezu mit einer Spur von „Ewigkeitssichtigkeit" zu Tage tritt. Etwas Ähnliches hat Frankl entdeckt, als er gemeinsam mit seinem Kollegen Otto Pötzl eine Gruppe von Leuten untersucht hat, die nach Abstürzen gerettet worden waren, aber während ihres Absturzes den sicheren Tod vor Augen gehabt hatten[208]. In diesen Fällen standen die Abstürzenden leiblich-seelisch offenbar so stark unter Schock, dass diese beiden Dimensionen auf Grund der Schockstarre quasi interim „ausfielen" (was sich von dem Forscherpaar sogar neuronal aufschlüsseln ließ), und das Geistige plötzlich überwog. Häufig kam es während der wenigen Sekunden des Absturzes dann ebenfalls zu einer Art aufblitzenden „Ewigkeitssichtigkeit", indem geistig just jene Essenz des eigenen Lebenslaufes bildhaft wahrgenommen wurde, die positiv, gut und kostbar war – wert, im ewigen Vergangensein aufbewahrt zu bleiben.

An dieser Stelle möchte ich jedoch an die Warnung aus Frankls Dimensionalontologie anknüpfen. Was auch immer im Nahtod geistig „erschaut" wird, ist notwendigerweise vom „Jenseits" ins „Diesseits" übersetzt, ja, mehr noch: ist ins Diesseits hineinprojiziert! Ist aus einer umfassenderen Dimension in eine niedrigere Dimension hineinprojiziert! Und das bedeutet: Es ist Schattenriss einer unsichtbaren und unendlich viel höheren „Figur". Wenn Sterbende folglich gleißende Lichtstrahlen sehen, sich außerhalb ihres Körpers fühlen, zu schweben vermeinen u. Ä., sind das simplifizierte Herabzerrungen

207 Vgl. dazu die 7. These in Frankls *„Zehn Thesen über die Person"*

208 Frankl, V. E. & Pötzl, O. (1952). Über die seelischen Zustände während des Absturzes. In: *European Neurology*, 123 (6), 362–380

in menschliche Gefilde. Wobei wir nicht einmal wissen, aus welcher „Höhe" auf menschlichen Boden und menschlichen Horizont hinabprojiziert wird. Sicher nicht aus einer „vierten" Dimension – Göttliches ist keine Nummer 4! Frankls diesbezügliche Idee war, dass es das Koordinatensystem selbst sei, das alles dimensional Aufspannende, das aller Dimensionalität Übergeordnete, von dem uns in extremen Lebenssituationen ein Hauch anwehen mag. Dennoch verwendete er in seiner Ausdrucksnot das Wort „Dimension des Überweltlichen", um seine Warnung verständlich zu machen, als er schrieb:

> So wie ein Erlebnis, aus dem Raum des Menschlichen in die Ebene des bloß Leiblich-Seelischen hineinprojiziert, mehrdeutig wird, ebenso wird … auch ein Ereignis mehrdeutig, sofern es nicht in seiner *Transparenz in die Dimension des Überweltlichen hinein* betrachtet, sondern in den Welt-Raum hineinprojiziert, also stur und borniert in seiner bloßen Weltlichkeit gesehen wird.[209]

Runden wir deshalb das Thema der Nahtoderfahrungen damit ab, dass wir uns versprechen, bei künftigen Debatten darüber auf zweierlei zu achten: 1. Geistiges nicht auf Leiblich-Seelisches zu reduzieren, und 2. Menschliches nicht im Himmel zu lokalisieren.

Als Psychotherapeutin möchte ich bei dieser Gelegenheit den Hinweis nicht versäumen, dass obiges Zitat von Frankl über die theoretischen Erwägungen hinaus exzellente Anregungen für die angewandte Logotherapie-Praxis hergibt. Immer wieder verstoßen Patienten gegen die Ermahnung, Überweltliches nicht zu verweltlichen, und handeln sich dadurch strafende und rächende Gottesbilder ein, vor denen sie sich schrecken. Um ihnen die Absurdität ihres Unterfangens zu vermitteln, kann u. a. die Heilkraft des Humors angezapft werden, die manchmal pfeilgerader wirkt als kluge Argumentationen. Frankl, der über viel Humor verfügte, hat in einem seiner Bücher mit Hilfe eines Witzes erläutert, wie sehr wir aufpassen müssen, Göttliches nicht zu vermenschlichen. In diesem Witz erzählt ein Religionslehrer in der Schule, dass einst eine Frau im Wochenbett gestorben sei und ihr Mann zu arm war, eine Amme zu bezahlen. Da habe Gott ein Wunder getan und diesem Mann Brüste wachsen lassen, damit er den Säugling stillen konnte.

---

209 Frankl. *Logotherapie und Existenzanalyse,* s. Anm. 21, 67

> Woraufhin sich der kleine Moritz meldete: „Offen gesagt, Herr Lehrer, versteh' ich das nicht ganz. Wäre es denn nicht einfacher gewesen, wenn Gott es so gefügt hätte, dass dieser arme Mann – scheinbar zufällig – auf der Straße Geld findet? Dann hätte er sich eine Amme leisten können – und Gott hätte kein Wunder zu tun brauchen." Daraufhin der Lehrer: „Du dummer Bub! Wenn Gott ein Wunder tun kann, wird er doch kein Bargeld ausgeben!"[210]

Jedermann versteht sofort die Pointe der Geschichte. Gott ist nicht „einer von uns" …

Analog habe ich einmal mit einer jungen Patientin gearbeitet. Sie war eine engagierte Lehrerin, freundlich, anständig, die Güte in Person, doch leider mangelte es ihr an Urvertrauen. „Ich habe ständig Angst, schuldig zu sein", sagte sie zu mir. „Ich habe Angst zu sterben und Gott zu begegnen, der mich schuldig sprechen wird!" Die Sache war ernst, aber ich schwenkte in ein heiteres Geplänkel um: „Welch ein Privileg, Gott zu begegnen", rief ich aus. „Davon träumen zahlreiche Menschen!" „Aber wenn Er mich verdammt?", fragte sie. „Na, ich schlage vor, dass Sie bei einer solch honorigen Begegnung als Erste das Wort ergreifen", entgegnete ich. „Ladies first! Wie wäre es, wenn Sie Ihn fragten, warum Er Ihnen denn derlei abstruse Schuldgefühle aufgehalst hat? Vielleicht gesteht Er dann zerknirscht, Er habe die Schuldgefühle zu den Rabauken schicken wollen, die bei terroristischen Anschlägen Unschuldige niedermetzeln, aber ein Programmfehler im himmlischen Computer, der auch nicht mehr der Jüngste ist, habe die Schuldgefühle versehentlich zu Ihnen geleitet …" Da lachte die junge Frau; auch sie verstand die Pointe sofort. „Vielleicht", fuhr ich fort, „setzt Er noch hinzu: ‚Aber ich habe dir doch ein Quäntchen Freiheit und Humor gewährt. Damit konntest du deinen überflüssigen Schuldgefühlen trotzen …'"

Bald konnte sie es wirklich. Und wie gewann sie ihr Urvertrauen zurück? Vertrauen gewinnt man einzig durch einen Vertrauensvorschuss. Da der Tod „Schlafes Bruder" ist, empfahl ich ihr, ihre „Begegnung mit Gott" schon vorwegnehmend abends vor das Einschlafen zu verlegen – diesmal ohne schelmisches Geflunker, sondern stattdessen ganz und gar „echt". „Herr", sollte sie beten, „Du hast mir so viel Schönes geschenkt. Mein Leben, meine Gesundheit, meinen herrlichen Beruf … Heute möchte *ich* Dir etwas schen-

---

210 Frankl (1992). *Der unbewusste Gott*, s. Anm. 34, 93f.

ken. Ich schenke Dir meinen uneingeschränkten Glauben daran, dass Du voller Liebe zu Deinen Geschöpfen bist. Ich weiß es nicht, ich fühle es nicht, doch soll dies mein Geschenk an Dich sein: dass ich mein Misstrauen Dir gegenüber ablege und blind auf Deine Barmherzigkeit baue ..."

Mit den Geschenken hat es eine eigene Bewandtnis. Werden sie mit lauterer Absicht ausgesucht, ist der Schenkende fast immer der am meisten Beschenkte. So war es auch in diesem Fall.

Im Übrigen bedarf nicht nur der Kontakt „nach oben", in der Senkrechten, mancher Vorleistung. Auch der Kontakt in der Waagrechten, zu den Mitmenschen, profitiert von Vorleistungen – siehe Eheberatung oder Familientherapie.

X. GELEBTE UND WEITERGEGEBENE LOGOTHERAPIE

1. VON DER FASZINATION DES LERNENS UND LEHRENS

Batthyány: Wir nähern uns allmählich dem letzten Kapitel unseres Gesprächs. Daher sei mir eine persönliche Anmerkung gestattet: Es ist schon eine ganz besonders wertvolle und beglückende Erfahrung, mit Ihnen, meiner Lehrerin, der ich meine Ausbildung in Logotherapie verdanke, so ausführlich und vertraut und offen über bislang selten in der Logotherapie behandelte Themen zu sprechen.

Als ich Freunden, die ebenfalls bei Ihnen gelernt haben, von diesem Projekt erzählte, reagierten beinahe alle – unabgesprochen – mit derselben Botschaft, die ich Ihnen übermitteln soll: Innigen Dank! Die Ausbildungswochenenden, die Supervisionen, Ihre Schriften und Vorträge, Ihr persönliches Vorbild einer „gelebten Logotherapie", Ihre Anregungen und Ihre Kritik – alles das bewahren viele von uns als großen Schatz im Gedächtnis und im Herzen auf … Sie haben uns nie einfach nur ermutigt. (Ich hüte heute noch Ihre handschriftlichen Notizen, die Sie unter meine Prüfungsarbeiten schrieben. Sie waren die Erste, die mich dazu ermutigte, selber Logotherapie zu unterrichten.) Sie haben auch stets von uns gefordert, was Sie vorgelebt haben: Genauigkeit und Klarheit im Denken, Kritikfähigkeit und intellektuelle und existentielle Redlichkeit, das Bemühen um Verstehen, Erkenntnis und Einsicht, zugleich aber auch Demut und persönliche Glaubwürdigkeit, und nicht zuletzt die Treue zum Frankl'schen Werk – bei aller Offenheit für Weiterentwicklungen und Adaptionen an die Gegenwart. Daher will ich an dieser Stelle die Gelegenheit nutzen, mich auch im Namen vieler meiner Kommilitonen bei Ihnen für die Lehrzeit im seinerzeit noch unter Ihrer Leitung stehenden ersten Süddeutschen Institut und insgesamt für Ihr ermutigendes Wirken als unsere Dozentin zu bedanken. Auch an Ihren Mann Gerhard will ich in diesem Zusammenhang dankbar erinnern – wie er sich um uns Studierende kümmerte, wie er Ihnen und uns organisatorisch zur Seite stand, wie er vom Schreibtisch aus stets für ein gutes Wort da gewesen ist – das alles hat zum besonderen und einmaligen Zauber des Instituts unter Ihrer Leitung beigetragen.

Lukas: Mein lieber Freund, das alles beruht auf Gegenseitigkeit. Ich habe meine Schülerinnen und Schüler geliebt, als wären sie meine Kinder. Ich habe sie verdienterweise viel gelobt und wenn nötig ein wenig gescholten, aber insgesamt war ich unendlich stolz auf sie. Zu dieser gegenseitigen „harmonischen Schwingung" trat jedoch (für mich ganz unerwartet) von Anfang an ein zusätzliches Unterstützungsmoment hinzu. *Die Logotherapie lockt ethisch sensitive Personen an.* Sie bringt in den Seelen derjenigen, die sich intensiv mit ihr beschäftigen, die sanften Töne zum Klingen und dämpft die schrillen. In jedem Menschen sind Aufgipfelungen und Abgründe verborgen, ist Gutes und Schlechtes samenhaft angelegt. Frankl sprach gar vom Engelsein und Teufelsein, das der Potenz nach in uns schlummert – unabhängig von unserer Herkunft, Bildung oder Volkszugehörigkeit. Wir selbst bestimmen, welche Samen wir fleißig begießen, und welche wir vertrocknen lassen. Mein Eindruck nach 49 Semestern Lehrtätigkeit ist nun der, dass das logotherapeutische Gedankengut beim Gießen der richtigen Anlagen hilft. Davon profitierte ich meine ganze Lehrtätigkeit lang.

2. FRANKL ALS LEHRER UND MENTOR

Batthyány: Darf ich nun aber im Gegenzug fragen, wie Sie Ihrerseits Viktor Frankl als Lehrer erlebt haben? Er hat Ihre wissenschaftliche und therapeutische Laufbahn ja über Jahrzehnte hinweg sehr unmittelbar begleitet.

Ich selbst gehöre zur ersten Enkelschüler-Generation, konnte aber den letzten beiden Vorlesungen Frankls an der Medizinuniversität in Wien beiwohnen. Dazu möchte ich eine kleine Anekdote beisteuern, die auch etwas Licht wirft auf Frankls Umgang mit seinen Studenten.

Noch im ersten Studienabschnitt stieß ich auf Frankls Vortrag „Die Bewältigung der Vergänglichkeit"[211]. (Zu dieser Zeit – das war Mitte der

211 Frankl, V. E. (1984). *Bewältigung der Vergänglichkeit.* (Vortrag im Funkhaus Dornbirn am 23. Oktober 1984) Innsbruck: Audiotex-Kassette

1990er Jahre – kursierten unter uns Wiener Studenten Tonbandkassetten mit Frankl-Vorträgen.) Damals hatte mich die darin angesprochene Frage, ob Leben trotz seiner Vergänglichkeit sinnvoll sein kann, sehr umgetrieben. Nun aber fand ich in Frankls „Scheunengleichnis" endlich eine glaubwürdige Antwort auf die Sinnproblematik angesichts des Todes. Dieser Vortrag war für mich so entscheidend, dass ich mich bewegt fühlte, Frankl für seine „Hilfe per Tonband" zu danken.

Ich schrieb ihm also einen Dankesbrief. Ich sei zwar nur ein unbekannter Student unter vielen, aber ich wolle ihm danken für die Logotherapie, ihre guten Einsichten und vor allem konkret für das Scheunengleichnis und den Vortrag „Die Bewältigung der Vergänglichkeit".

Ich erwartete natürlich keine Antwort. Warum auch sollte Frankl – noch dazu im vorgerückten Alter von 90 Jahren – einem unbekannten Studenten im ersten Studienabschnitt antworten? Zumal er, wie ich später erfuhr, durch eine Macula-Degeneration kaum mehr in der Lage war, Briefe selbst zu lesen (seine Frau las sie ihm vor); und er bekam hunderte Briefe pro Woche von Leuten aus aller Welt, die vermutlich wesentlich Substantielleres zu sagen hatten als ich. Aber eine Woche später rief seine Ehefrau Eleonore Frankl bei mir an, richtete mir Dank für mein Schreiben und gute Wünsche von ihrem Mann aus und bat mich, zum Optikergeschäft an der Straßenecke gegenüber der Franklwohnung in der Mariannengasse zu gehen. Dort würde etwas auf mich warten – ich solle nur meinen Namen sagen, und dass Herr Prof. Frankl mich schicke.

Ich ging noch am selben Nachmittag in das Geschäft. Als ich meinen Namen nannte und die ominösen Worte: „Herr Prof. Frankl schickt mich!" aussprach, verschwand der Optiker im Hinterraum des Ladens und kehrte mit vier Büchern von Frankl zurück: *Ärztliche Seelsorge*, *Der unbewusste Gott*, *Die Sinnfrage in der Psychotherapie* und *Der Wille zum Sinn*. Frankl hatte diese Bücher für mich signiert. Und seine Widmung war auch nicht einfach eine Widmung, sondern eine über die Bücher aufgeteilte ermutigende Nachricht, auf diesem Weg weiterzumachen …

Das war meine kurze „persönliche" Begegnung mit Frankl – neben den letzten beiden Vorlesungen. (Übrigens war unter diesen auch jene denkwürdige letzte Vorlesung, in der er zu Ihnen sagte: „Frau Doktor, bitte setzen Sie fort" … was Sie nicht nur damals im Hörsaal, sondern praktisch ein Leben lang getan haben.)

Sie hingegen haben Frankl über Jahre gekannt, er hat Sie in Ihrem Wirken ermutigt, und war, so kann man annehmen, wohl auch selbst ermutigt und getröstet darüber, dass nach dem Längle-Debakel sein Werk bei Ihnen in versierten und guten Händen war. Wie haben Sie Viktor Frankl erlebt?

Lukas: Ich habe ein wenig Scheu, Frankl zu „charakterisieren" – ein solches Universalgenie wie ihn, und gleichzeitig jemanden, der sich nicht wehren und nichts mehr zurechtrücken kann. Deshalb will ich besonders behutsam vorgehen.

Eines ist sicher: Frankl *war immer überraschend*. Sie selbst waren ja auch überrascht, als er Buchgeschenke für Sie beim Optiker hinterlegte. Bei seinen Patienten war der „Verblüffungseffekt" geradezu Frankls Bonus. Was war jene Patientin, die im Hörsaal ausführlich schilderte, dass sie vor lauter Ängsten völlig gehemmt sei, sich vor Leuten zu äußern, doch verblüfft, als er sie fast anschrie, wieso sie hier, vor versammelten Studenten und vor einem honorigen Professor, so frei weg von der Leber rede ... Plötzlich erkannte sie ihr „Trotzdem-Potential". Oder was war jener Patient, der im Hörsaal seine Zwangsvorstellungen über zu begehende Messerattacken beschrieb, verblüfft, als ihm Frankl ein ellenlanges Küchenmesser in die Hand drückte mit dem Befehl, es durch Frankls Unterarm hindurch bis in die Tischplatte zu stoßen ... Plötzlich wusste der Mann, dass er nicht tut, was er nicht will.

Als ich vor einigen Monaten mit meinem Sohn im Waldgebiet um Payerbach-Reichenau wanderte, kehrten wir in einem Gasthaus ein. Ich fragte die alte Wirtin, ob sie mir den Weg zur „Dr. Viktor Frankl-Gasse" weisen könne, da begann sie in Erinnerungen zu schwelgen. Ja, den Professor habe sie gut gekannt. Oft sei er von ihrem Haus aus zu seinen Bergtouren aufgebrochen. Wir plauderten, und was glauben Sie, welche Begebenheit ihr am meisten Eindruck gemacht hat?

Einmal hat Frankl mit seinem nagelneuen, schicken Citroën-Wagen, an dem er leidenschaftlich hing, vor ihrem Gasthaus geparkt und war auf die Rax marschiert. Die damals noch junge Wirtin musste eine Besorgung erledigen und hatte das Pech, beim Reversieren mit ihrem eigenen Auto Frankls Wagen zu schrammen. Sie bebte vor Furcht, Frankl werde bei seiner Rückkehr ein Donnerwetter auf sie loslassen. Sie wagte es gar nicht, ihm ihr Missgeschick zu beichten, und schob ihren Mann vor, der Frankl stammelnd Bericht erstattete. Da lachte Frankl und meinte, es möge nichts Ärgeres passieren als eine Blechbeule. *Das* ist dieser Frau bis über 20 Jahre nach Frankls Tod hinaus in Erinnerung geblieben. Sie weiß wahrscheinlich gar nichts von Frankls weltberühmtem Schaffen, aber sie kennt heute noch die Güte seines Herzens.

Immer wieder habe ich erlebt, dass Frankl unerwartet reagierte. Auf einem Logotherapie-Kongress in Buenos Aires saß ich mit Frankl in einem Seminarraum und lauschte (per Kopfhörer) verschiedenen Rednern. Einer darunter brachte haarsträubenden Blödsinn vor. Er vermengte die Logotherapie mit einem spiritistischen Ahnenkult und faselte von Geistermaterialisierungen. Als er geendet hatte, wollte ich mich protestierend zu Wort melden – doch dann stockte ich. Schließlich saß Frankl neben mir! War es nicht *sein* Part, hier eine Klarstellung über seine Logotherapie zu treffen? Doch Frankl schwieg. Er schwieg und schaute demonstrativ zur Decke. Alles an ihm drückte aus: „Dieses Gefasel ist keinerlei Kommentar wert." Das Publikum, das ebenfalls Frankl beobachtete, verstand die „silent communication" perfekt, und niemand applaudierte dem Redner. Ich begriff. Eine Diskussion hätte des Redners Irrtümer nur tiefer ins Bewusstsein aller eingeprägt.

Bei einem anderen Kongress in Kalifornien war Frankl gebeten worden, sich einem Podiumsgespräch mit einem Fernseh-Interviewer zu stellen. Das Ereignis fand in einer Arena statt, in der tausende Zuhörer saßen. Der Interviewer war berüchtigt, weil er seine Gesprächspartner gerne mit kniffeligen Fragen bombardierte und wenn möglich in Widersprüche verwickelte, so flüsterte man mir zu. Es war keine leichte Aufgabe für Frankl! Aber ich war unbesorgt, denn Frankl war ein rhetorisches Supertalent.

Doch dann provozierte ihn der Interviewer auf andere Weise. Er redete wie ein Wasserfall auf Frankl ein, derart schnell und Silben verschluckend, dass ich keinem einzigen englischen Satz folgen konnte. Frankl parierte, indem er eigene Themen anschnitt, die ihm wichtig waren. Das ließ der Interviewer aber nicht zu; er beharrte auf Antworten auf seine gezielten Fragen. Plötzlich rief jemand aus dem Publikum, der Interviewer möge langsamer und verständlicher sprechen. Da reagierte Frankl spontan, indem er zu dem Zurufer sagte: „Ach, wenn es für mich, einen deutschsprachigen Ausländer, nicht zu schnell ist, dann wird es doch für die Einheimischen deutlich genug sein." Ich war ärgerlich. Statt dem Zurufer zu danken, verteidigte Frankl noch seinen rücksichtslosen Interviewer! Doch siehe da, von Minute an sprach der Interviewer langsamer und Frankl – na ja, brillierte! Seine versteckte „paradoxe Intention" hatte funktioniert.

Ein drittes Kongressereignis sei erwähnt. Ich glaube, es war in Hartford/ Connecticut, wo Frankl und L. Michael Ascher zusammentrafen. Wir saßen beim Abendbuffet an einem runden Tisch: Frankl mit Gattin, Ascher, mein Mann und ich. Der Wolpe-Nachfolger Ascher war damals schon ein gewichtiger Vorreiter der aufblühenden Verhaltenstherapie, und Frankl war durchaus bereit, mit ihm Gemeinsamkeiten und Unterschiede zur Logotherapie herauszuarbeiten. Ascher hing jedoch an Frankls Lippen und wirkte auf mich wie ein lernbegieriger Schüler und keinesfalls wie jemand, der eine eigene Psychotherapierichtung vertreten möchte. Als Frankl dies merkte, schwenkte er auf einen anderen Dialogstil um. Er lächelte Ascher väterlich zu und sagte in etwa: „Herr Kollege, die Verhaltenstherapie hat gescheite Köpfe wie Sie. Sie wird sich weiterentwickeln und das Wesen des Menschen immer besser verstehen lernen. Sie wird einiges von der Logotherapie abkopieren und in ihre Methodenpalette integrieren. Vielleicht wird mein Name dabei in Vergessenheit geraten, aber das ist nicht entscheidend. Entscheidend ist, dass die spezifisch humane Dimension in ihrer Lehre nicht übersehen und unterschätzt wird."

Inzwischen denke ich, das war ein *prophetisches Wort*. Die modernen Verhaltenstherapeuten achten zunehmend auf Gesinnung und Wertbezüge bei ihren Patienten. In jüngster Zeit wurde der Ausdruck „Dekognition" kreiert – zur Einbremsung von sich aufschaukelnden Denkspiralen. Exakter kann man schon nicht von Frankls „Dereflexion" abschreiben. Dass Frankls Name dabei nirgendwo auftaucht … Frankl selbst nahm das nicht tragisch. Wieso wird ihm von manchen Kritikern vorgeworfen, er wäre eingebildet, arrogant und selbstherrlich gewesen? Ich, die ihn kannte, vermag das nicht zu begreifen.

Batthyány: Aber wie war Frankl als Lehrer? Wie haben Sie ihn als seine Schülerin erlebt?

Lukas: Na ja – er war alles andere als ein „Lehrer". Während meiner Dissertationszeit und am Anfang meiner Berufslaufbahn wandte ich mich oft mit fachlichen Fragen an ihn, aber das gewöhnte ich mir bald ab. Denn auch diesbezüglich gab es stets Überraschungen. Manchmal antwortete er kurz und bündig, um das Gefragte wisse ich selber Bescheid. Punkt und fertig. Manchmal schwang er sich auf, einen Festvortrag im Wohnzimmer zu halten. Erst allmählich entdeckte ich, dass die „Wissen-Sie-selbst-Antworten" eher auf meine praxisbezogenen Fragen kamen, und die „Festvortrag-Antworten" eher auf meine Theoriefragen erfolgten. Das Theoretisieren machte ihm einfach den größeren Spaß.

Einmal berührte ich ein heikles Thema. Er hatte bei seiner feierlichen Ansprache auf dem Wiener Rathausplatz erklärt, man dürfe kein Wort des Hasses von ihm erwarten. Er kenne nur die Opfer (des Holocaust), die Täter kenne er nicht. Diese Begründung schien mir für eine „Hassverweigerung" nicht ausreichend. Deshalb fragte ich ihn, wie es denn wäre, wenn er nun einen Täter kennen würde? (Tatsächlich muss er ja etliche Täter gekannt haben!) Frankl verbat sich schroff diese Frage. Es tut mir so leid, wenn ich ihn an einer empfindlichen Stelle getroffen habe.

Anders war es, wenn ich keine Fragen an ihn herantrug, sondern ihm von meinen Ideen und Weiterentwicklungsvorschlägen erzählte. Dann war er ganz Ohr, aufmerksam und neugierig. Insbesondere zufrieden war er, wenn ich ihm meine Patientenbehandlungen nachskizzierte. Dann zeigte er sich stolz auf mich und betonte wiederholt die „Legierung von Menschlichkeit und Wissenschaftlichkeit", die mir seiner Meinung nach gelinge. Mitunter dünkte mich, als wäre es in diesen Fällen umgekehrt: nämlich als würde *ich* ihn überraschen, auf wie vielen Beratungssektoren man seine Theorien fruchtbar anwenden kann. Eine Therapiegespräch-Supervision habe ich nie von ihm erhalten, aber von seinen präzisen diagnostischen Erwägungen habe ich gelegentlich profitiert.

Weniger interessierte sich Frankl für mein Unterrichtskonzept. Pädagogische Aspekte waren ihm nicht geläufig. Am seltsamsten empfand ich, dass er mein frühes Buch „Von der Trotzmacht des Geistes" (1985) – im Unterschied zu meinen sonstigen Schriften – kaum zur Kenntnis nahm. Dieses Buch enthielt die erste Grundlage einer klar gegliederten Übersicht über Theorie und Praxis der Logotherapie, die ich für einen Lehrauftrag an der Münchener Universität entwickelt hatte. Aus diesem Buch wurde später, mit vielen Details angereichert, mein „Lehrbuch der Logotherapie", das bis heute mehrere Auflagen erreicht hat und in elf Sprachen übersetzt worden ist. Es wurde zur Basis eines systematischen Lehrplans, den im Laufe der Jahre fast sämtliche Logotherapie-Institute mehr oder weniger von mir übernommen haben. Aber Frankl war kein Fan von „äußerer" Systematik, für ihn zählte der „innere" logische Aufbau seiner Konzeptionen. Und der ist voll durchkomponiert, das muss man wirklich zugeben.

Ich habe Frankl in verschiedenen Gremien erlebt. Einmal fuhren mein Mann und ich ihn zu einer psychoanalytischen Klinik in Gauting bei München; der Klinikleiter hatte ihn eingeladen. Frankl erzählte den psychoanalytischen Ärzten von seinen frühen Erfahrungen mit Freud und entführte sie dann in philosophisch-anthropologische Höhen, die sie wohl noch nie zuvor betreten hatten. Die Ärzte waren allesamt tief beeindruckt. Als sie nach der praktischen Umsetzung im Patientenalltag fragten (sie hatten zahlreiche Suchtkranke auf Station), zuckte Frankl mit den Achseln. Die Umsetzung müssten sie selbständig leisten. Insgeheim bezweifelte ich, dass sie dazu imstande sein würden. Damals beschloss ich, so viel Kasuistik in meine nächsten Texte einfließen zu lassen, wie ich nur konnte.

Ein anderes Mal fuhren mein Mann und ich ihn zu einer Gedenkfeier nach Türkheim, jenem Außenlager von Dachau, wo Frankl im Krieg zuletzt gefangen gehalten worden war. Frankl hatte mit Hilfe des örtlichen Pfarrers ein Sonntagsessen für die Bewohner der umliegenden Dörfer arrangiert. Er wollte sich dafür revanchieren, dass die KZ-Häftlinge 1945 nach ihrer Befreiung von den dortigen Bauern notdürftig versorgt worden waren. Da saßen alte Weiblein, betagte Herren, ärmlich gekleidete Arbeiter, schlichte Dorfburschen etc. rund um den Mittagstisch und schauten verlegen zu dem fremden Professor auf. Das Erstaunliche war: Innerhalb von Minuten gewann Frankl ihre Sympathie und ihnen ihre Unbefangenheit zurück. Er passte seine Rede haargenau an das Bildungsniveau seines „Publikums" an und gab ihm wertvolle Tipps fürs Leben mit. Mein Verdacht war, dass diese einfachen Leute vom Land sogar mehr geistige Anregungen von Frankls Besuch mit nach Hause genommen haben als die Doktoren der Gautinger Spezialklinik.

Frankl war ein ehrfürchtiger Mensch. Er ehrte Gott und er ehrte seine Eltern. Wir alle wissen von der Visumstory, wie weit seine Ehrfurcht vor seinen Eltern ging ... Es ist fast nicht zu glauben, aber er ehrte sogar meine Eltern.

Meine Mutter war im November 1972, kurz vor meiner Promotion, am Sterben. Dass sie überhaupt so lange gelebt hatte, war das reinste Wunder. Schon Monate zuvor war ihr Körper voller Krebsmetastasen, sie konnte nichts mehr essen und hustete Blut. Aber sie wollte unbedingt meine Promotion miterleben, und das hielt sie aufrecht. (Dass ein Mensch bei einer starken Sinnintention ein Stück über seine biologischen Verhältnisse leben kann, haben wir ja bei Frankl gelernt.) Endlich war der ersehnte Tag gekommen, und Frankl ließ es sich nicht nehmen, mit seiner Gattin an meiner Promotionsfeier teilzunehmen. Neben ihm saß meine Mutter, von meinem Vater gestützt, mit wackeligen Beinen in der Aula der Wiener Universität. Mein Mann trug seine neue Fliegeruniform, und mein 8-jähriger Sohn verfolgte aufgeregt das Geschehen. Als ich mit meiner Doktorrolle im Arm zu den Sitzplätzen zurückkehrte, strahlte meine Mutter über ihr ganzes Gesicht; und dieses freudige Strahlen war noch nicht verblasst, als sie zwei Tage später starb.

Vermutlich hat Frankl (während ich vorne stand) ein paar Worte mit ihr gewechselt und sozusagen „Ärztliche Seelsorge at its best“ vollbracht.

Mein Vater wurde im Sommer 1984 an einem Gehirntumor operiert. Zu diesem Zeitpunkt waren das Ehepaar Frankl, mein Mann und ich in den USA. Ich hätte noch länger als Frankl dort bleiben sollen, um eine mehrtägige Veranstaltung abzuhalten, aber als ich von meines Vaters Operation hörte, flogen mein Mann und ich sofort heim. Als wir im Spital eintrafen, in dem mein Vater bewusstlos lag, begegneten wir Frankl, der sich soeben nach dem Operationsergebnis erkundigt hatte. Er erklärte mir sanft, dass mein Vater nicht mehr aufwachen werde. Ich könne mich aber noch liebevoll verabschieden.

Diese Weisung ordnete das Chaos in meinen Gefühlen. In den nächsten Tagen konnte ich ruhig an Vaters Bett sitzen und mich für meine wunderbare Kindheit, für seine familiäre Fürsorge und Treue bedanken, getragen von der Überzeugung, dass alles Ausgesandte geistig bei ihm ankommen werde. Frankls Credo über die Person war von meinem Gehirn in meine Seele eingesickert.

Was kann ich noch über Frankl sagen? Er sprühte vor Humor und konnte auch sehr ernst sein. Er liebte das Leben und hatte dennoch keine Angst vor dem Tod. Er liebte seine Frau unbändig und gab ihr stets das Gefühl, die wichtigste Person in seinem Leben zu sein. Er liebte seine Tochter und seine Enkelkinder mehr als alles auf Erden, tastete aber niemals deren Eigenverantwortung an. Er liebte die Akrobatik virtuosen Denkens und kühner Inspirationen. Dabei war ihm Fairness ein enormes Anliegen, weshalb er auf korrekte Zitierungen achtete und diesbezügliche Schlampereien verachtete. Er schenkte seinen Schülerinnen und Schülern eine große Portion an Wertschätzung und Vorschussvertrauen. Dabei riskierte er, enttäuscht zu werden. Aber er konnte Frustrationen gut kompensieren und üble Attacken von Kollegen gelassen ignorieren. Sein Motto „Der Misserfolg soll mich nicht beirren, und der Erfolg soll mich nicht verführen“ habe ich mir auf meine eigenen Fahnen geschrieben, und das half mir über Jahrzehnte hinweg zu der Frau zu werden, die ich geworden bin.

3. DAS NÄCHSTE KAPITEL: LOGOTHERAPIE IM WANDEL DER ZEIT

Batthyány: Die erste Schülergeneration Frankls tritt nach und nach in den Ruhestand und übergibt die Staffel an die Enkelschülergeneration. Das gelingt oft, aber dieses Gelingen ist nicht selbstverständlich, zumal weniger nur zur Frage steht, was da an wen übergeben wird, sondern auch, wie und in welche Zeit es übergeben wird. Die Logotherapie erlebt zurzeit beinahe überall auf der Welt eine Phase unglaublichen Wachstums und starker Ausbreitung und Anerkennung – zunehmend werden auch Kollegen aus benachbarten Psychotherapieschulen auf den Wert und die Wirksamkeit der Logotherapie aufmerksam, dasselbe gilt auch für die psychologische und medizinische Forschung insgesamt. Je größer aber das Interesse an der Logotherapie ist, desto größer ist auch unsere Verantwortung, dieses Erbe angemessen und in seiner ganzen Anwendungsbreite zu wahren, gleichzeitig angesichts neuer Forschungsergebnisse zu adaptieren und weiterzuentwickeln und überhaupt in der Gegenwart dialogfähig zu halten.

Mit Blick auf die Zukunft, mit Blick auch auf das, was sich in der Welt ändert und wandelt – wie schätzen Sie die Zukunft der Logotherapie ein?

Lukas: Wir befinden uns derzeit inmitten einer Kulturrevolution gigantischen Ausmaßes, gegen die die Erfindungen des Schießpulvers oder der Buchdruckerkunst „Spielereien" sind. Die bisherige von uns Menschen erfassbare Normalwelt verwandelt sich rasant in eine Digitalwelt, und die Weltbewohner verwandeln sich mit ihr. Ich selbst fühle mich zu alt, um in die Digitalwelt zu übersiedeln, deshalb bin ich wahrscheinlich ungeeignet, zur Staffelübergabe logotherapeutischer Erkenntnisse an die junge Generation brauchbare Aussagen zu machen.

Vielleicht wird es ja ein Vorteil sein, wenn man vorgefertigte Lernprogramme per Datenübermittlung versenden kann.

Man wird Interessenten in Sibirien, Australien, Feuerland oder Alaska schulen, die vor ihren Bildschirmen sitzen; und die Sprachcomputer werden fleißig übersetzen, was den Lernwilligen mitgeteilt wird. Vielleicht wird es ja ein Vorteil sein, wenn die ausgebildeten Logotherapeuten Ratsuchende in allen Erdteilen über Live-Schaltungen betreuen können, und die Sprachcomputer wiederum fleißig im Einsatz sind. Vielleicht wird es ja ein Vorteil sein, wenn niemand mehr schwierige Frankltexte büffeln muss, weil auf

Knopfdruck zu jedem Stichwort ausführliche Kurzinformationen über den Bildschirm flimmern, die mit weiteren Kurzinformationen verlinkt sind. Dass ich bei alledem irgendwelche Nachteile wittere, liegt nur daran, dass ich zum „Auslaufmodell" der Evolution gehöre.

Ich bin sehr froh, dass ich noch so viel *direkten Kontakt* zu den Menschen pflegen konnte. Mir lagen sie alle am Herzen, meine großartigen Schülerinnen und Schüler, und vor allem meine seelisch zerzausten und kläglich strampelnden Patientinnen und Patienten, die sich an die logotherapeutischen Schätze, die ich vor ihnen ausbreitete, wie an Strohhalme klammerten. Die Zukunft wird zeigen, ob es Schätze oder Strohhalme sind, was wir von Frankl empfangen haben. Sind es Strohhalme, werden sie in gewandelter Zeit knicken. Sind es hingegen Schätze, werden sie jeden Wandel überstehen.

LITERATUR

Allers, R. (1963/2008). *Abnorme Welten. Ein phänomenologischer Versuch zur Psychiatrie.* Herausgegeben, kommentiert und eingeleitet von A. Batthyány. Weinheim/Basel: Beltz

Aspinwall, L. G. & Staudinger, U. M. (Eds.). (2003). *A Psychology of Human Strengths: Fundamental Questions and Future Directions for a Positive Psychology.* Washington, DC: American Psychological Association

Baker, M. C. & Goetz, S. (Eds.). (2011). *The Soul Hypothesis: Investigations into the Existence of the Soul.* London: A & C Black

Batthyány, A. (2011). Over thirty-five years later: Research in logotherapy since 1975. New afterword to: Frankl, Viktor E. (2011). *Man's Search for Ultimate Meaning.* London: Rider

Batthyány, A. (2016). (Hrsg.). *Logotherapy and Existential Analysis.* New York: Springer

Batthyány, A. (2016). Complex visual imagery and cognition during the near-death experience. In: *Journal of Near-Death Studies,* 33 (1)

Batthyány, A. (2017). *Gehirn und Handlung. Anmerkungen zum Bereitschaftspotential.* Heidelberg: Universitätsverlag Winter

Batthyány, A. (2018). *Foundations of Near-Death Research: A Conceptual and Phenomenological Map.* Durham: IANDS Press

Batthyány, A. (2019). *Die Überwindung der Gleichgültigkeit. Sinnfindung in einer Zeit des Wandels.* München: Kösel (2. Auflage)

Batthyány, A. (2019). Wer ein Warum zu leben hat ... Vorwort zu: Frankl, Viktor E. (2019). *Wer ein Warum zu leben hat. Lebenssinn und Resilienz.* Weinheim: Beltz

Batthyány, A. (2019). The Impact of Free Will Beliefs on Pro-Social and Altruistic Behavior & Getting a Grip on Ourselves: The Impact of Free Will Beliefs on Procrastination and Phobia-based Avoidant Behavior. Mauren: *IAP Monographie* 2

Batthyány, A. & Guttmann, D. (2006). *Empirical Research in Logotherapy and Meaning-Oriented Psychotherapy.* Phoenix, AZ: Zeig, Tucker & Theisen

Baumeister, R. F., Masicampo, E. J. & DeWall, C. N. (2009). Prosocial benefits of feeling free: Disbelief in free will increases aggression and reduces helpfulness. In: *Personality and Social Psychology Bulletin,* 35 (2), 260–268

Benight, C. C. & Cieslak, R. (2011). Cognitive factors and resilience: How self-efficacy contributes to coping with. In: *Resilience and Mental Health: Challenges Across the Lifespan,* 45

Berscheid, E. (2003). The human's greatest strength: Other humans. In: Aspinwall, L. G. & Staudinger, U. M. (Eds.), (2003). *A Psychology of Human Strengths: Fundamental Questions and Future Directions for a Positive Psychology.* Washington, DC: American Psychological Association

Brink, D. O. (1989). *Moral Realism and the Foundations of Ethics.* Cambridge: Cambridge University Press

Brouwers, A. & Tomic, W. (2012). Factorial structure of Längle's existence scale. In: *Journal of Articles in Support of the Null Hypothesis,* 8 (2)

Brown, K. W. & Ryan, R. M. (2003). The benefits of being present: mindfulness and its role in psychological well-being. In: *Journal of Personality and Social Psychology,* 84 (4)

Bungard, W. (1980). *Die „gute" Versuchsperson denkt nicht. Artefakte in der sozialpsychologischen Forschung.* Wien: Urban & Schwarzenberg

Cahill, S. P., Gallo, L. A., Lisman, S. A. & Weinstein, A. (2006). Willing or able? The meanings of self-efficacy. In: *Journal of Social and Clinical Psychology,* 25 (2), 196–209

Cohen, D. (1952). Expectation effects on dream structure and content in Freudian psychoanalysis, Adlerian individual psychology, and Jungian analytical psychology. In: *Modern Thought,* 1 (2), 151–159

Costello, S. J. (2016). The spirit of logotherapy. In: *Religions,* 7 (1)

Cottencin, O., Vaiva, G., Huron, C., Devos, P., Ducrocq, F., Jouvent, R. et al. (2006). Directed forgetting in PTSD: a comparative study versus normal controls. In: *Journal of Psychiatric Research,* 40 (1), 70–80

Crocker, J. & Park, L. E. (2004). The costly pursuit of self-esteem. In: *Psychological Bulletin,* 130 (3)

Crumbaugh, J. C. (1997). A contribution of Frankl's logotherapy to the interpretation of near-death experiences. In: *The Journal of Near-Death Studies,* 15 (3)

Crumbaugh, J. C. & Maholick, L. T. (1964). An experimental study in existentialism: The psychometric approach to Frankl's concept of noogenic neurosis. In: *Journal of Clinical Psychology,* 20 (2), 200–207

Csef, H. (Ed.). (1998). *Sinnverlust und Sinnfindung in Gesundheit und Krankheit: Gedenkschrift zu Ehren von Dieter Wyss.* Würzburg: Königshausen & Neumann

Dijksterhuis, A. P., van Knippenberg, A. D., Kruglanski, A. W. & Schaper, C. (1996). Motivated social cognition: Need for closure effects on memory and judgment. In: *Journal of Experimental Social Psychology,* 32 (3), 254–270

Diligenskii, G. G. (2000). Individualism, old and new: The individual in the post-Soviet social organism. In: *Russian Politics & Law,* 38 (4), 30–44

Downey, G. & Feldman, S. I. (1996). Implications of rejection sensitivity for intimate relationships. In: *Journal of Personality and Social Psychology,* 70 (6)

Downey, G., Feldman, S. & Ayduk, O. (2000). Rejection sensitivity and male violence in romantic relationships. In: *Personal Relationships,* 7 (1)

Efler, I. & Reile, H. (Hrsg.). (1995). *VPM – Die Psychosekte.* Reinbek: Rowohlt

English, F. (2008). What motivates resilience after trauma? In: *Transactional Analysis Journal,* 38 (4), 343–351

Ehrenwald, J. (1957). Doctrinal compliance in psychotherapy. In: *American Journal of Psychotherapy,* 11 (2), 359–379

Espinosa, N. (1996). Zum Begriff der „Tiefe" in der Existenzanalyse. In: *Was ist Beratung und Begleitung?* Wien

Espinosa, N. (1998). Zur Aufgabe der Logotherapie und Existenzanalyse im nachmetaphysischen Zeitalter. In: *Existenzanalyse,* 15 (3), 4–12

Finlay, S. (2007). Four faces of moral realism. In: *Philosophy Compass,* 2 (6), 820–849

Frankl, V. E. (1925). Psychotherapie und Weltanschauung. In: *Internationale Zeitschrift für Individualpsychologie,* 3, 250–252

Frankl, V. E. (1926). Zur Psychologie des Intellektualismus. In: *Internationale Zeitschrift für Individualpsychologie,* 3

Frankl, V. E. (1933). Wirtschaftskrise und Seelenleben vom Standpunkte des Jugendberaters. In: *Sozialärztliche Rundschau,* 3

Frankl, V. E. (1937). Zur geistigen Problematik der Psychotherapie. In: *Zentralblatt für Psychotherapie* 10, 33–75

Frankl, V. E. (1950). *Zehn Thesen über die Person.* Salzburger Hochschulwochen

Frankl, V. E. (1951). Psychotherapie im Notstand – psychotherapeutische Erfahrungen im Konzentrationslager. In: *The Affective Contact. Internationaler Kongreß für Psychotherapie* 1951

Frankl, V. E. (1955). *Pathologie des Zeitgeistes: Rundfunkvorträge über Seelenheilkunde.* Wien: Deuticke

Frankl, V. E. (1977). *Das Buch als Therapeutikum. Lesen in der Lebenskrise.* Freiburg/Br.: Herder

Frankl, V. E. (1982). *Ärztliche Seelsorge. Grundlagen der Logotherapie und Existenzanalyse.* Wien: Deuticke (10. Auflage)

Frankl, V. E. (1982). *Der leidende Mensch. Anthropologische Grundlagen der Psychotherapie.* Bern: Hans Huber (2. Auflage)

Frankl, V. E. (1982). *Der Wille zum Sinn. Ausgewählte Vorträge über Logotherapie.* Bern: Hans Huber (3. Auflage)

Frankl, V. E. (1982). *Die Psychotherapie in der Praxis: eine kasuistische Einführung für Ärzte.* Wien: Deuticke

Frankl, V. E. (1982). *Theorie und Therapie der Neurosen.* München: UTB

Frankl, V. E. (1984). *Bewältigung der Vergänglichkeit.* (Vortrag im Funkhaus Dornbirn am 23. Oktober 1984.) Innsbruck: Audiotex-Kassette

Frankl, V. E. (1985). *Der Mensch vor der Frage nach dem Sinn.* München: Piper

Frankl, V. E. (1987). *Logotherapie und Existenzanalyse. Texte aus fünf Jahrzehnten.* München: Piper

Frankl, V. E. (1988). *Will to Meaning.* New York: Meridian

Frankl, V. E. (1991). *Das Leiden am sinnlosen Leben. Psychotherapie für heute.* Freiburg/Br.: Herder

Frankl, V. E. (1992). *Der unbewusste Gott. Psychotherapie und Religion.* München: dtv (7. Auflage)

Frankl, V. E. (1995). *Gespräch mit Wolfram Kurz zum 90. Geburtstag.* Wien: Mitschrift, Viktor-Frankl-Archiv

Frankl, V. E. (2005). *... trotzdem Ja zum Leben sagen.* Bd. 1 der Edition der Gesammelten Werke. Hrsg. von Batthyány, A., Biller, K. und Fizzotti, E. Wien: Böhlau

Frankl, V. E. (2005). *Frühe Schriften 1923–1942.* Herausgegeben und kommentiert von Gabriele Vesely-Frankl. Wien: Maudrich

Frankl, V. E. (2005). *Ärztliche Seelsorge. 10 Thesen zur Person.* Wien: Deuticke

Frankl, V. E. (2008). *Psychotherapie in der Praxis und ausgewählte Texte zur angewandten Psychotherapie.* Bd. 3 der Edition der Gesammelten Werke. Hrsg. von Batthyány, A., Biller, K. und Fizzotti, E. Wien: Böhlau

Frankl, V. E. (2010). *Logotherapie und Existenzanalyse. Texte aus sechs Jahrzehnten.* Weinheim: Beltz

Frankl, V. E. (2015). *Das Leiden am sinnlosen Leben. Psychotherapie für heute.* Freiburg/Br.: Kreuz

Frankl, V. E. (2015). *Es kommt der Tag, da bist du frei: Unveröffentlichte Texte und Reden.* Hrsg. und eingeleitet von Alexander Batthyány. München: Kösel

Frankl, V. E. (2016). *Psychotherapie, Psychiatrie und Religion. Über das Grenzgebiet zwischen Seelenheilkunde und Glauben.* Band 5 der Edition der Gesammelten Werke. Hrsg. von Batthyány, A., Biller, K. und Vik, J. Wien: Böhlau

Frankl, V. E. (2017). *Der unbewusste Gott. Psychotherapie und Religion.* München: dtv (14. Auflage)

Frankl, V. E. (2018). *Psychotherapie für den Alltag: Rundfunkvorträge über Seelenheilkunde.* Freiburg/Br.: Herder

Frankl, V. E. & Fabry, J. B. (1978–1979). Aspects and prospects of logotherapy: A dialogue with Viktor Frankl. In: *The International Forum for Logotherapy Journal of Search for Meaning*, 2, 8–11

Frankl, V. E., & Pötzl, O. (1952). Über die seelischen Zustände während des Absturzes. In: *European Neurology*, 123 (6), 362–380

Friestad, M. & Wright, P. (1994). The persuasion knowledge model: How people cope with persuasion attempts. In: *Journal of Consumer Research*, 21 (1), 1–31

Gabriel, M. (2015). *Ich ist nicht Gehirn: Philosophie des Geistes für das 21. Jahrhundert.* München: Ullstein eBooks

Greyson, B. (2010). Implications of near-death experiences for a postmaterialist psychology. In: *Psychology of Religion and Spirituality*, 2, 37–45

Grossman, P., Niemann, L., Schmidt, S. & Walach, H. (2004). Mindfulness-based stress reduction and health benefits: A meta-analysis. In: *Journal of Psychosomatic Research*, 57 (1), 35–43

Haberl, G. (2010). *Der sokratische Dialog in Viktor Frankls Logotherapie.* Doktorarbeit. Universität Wien

Harlow, L. L., Newcomb, M. D. & Bentler, P. M. (1986). Depression, self-derogation, substance use, and suicide ideation: Lack of purpose in life as a mediational factor. In: *Journal of Clinical Psychology*, 42 (1)

Hasler, F. (2012). *Neuromythologie. Eine Streitschrift gegen die Deutungsmacht der Hirnforschung.* Bielefeld: Transcript-Verlag

Hedayati, M. M. & Khazaei, M. M. (2014). An investigation of the relationship between depression, meaning in life and adult hope. In: *Procedia-Social and Behavioral Sciences*, 114, 598–601

Heisel, M. J. & Flett, G. L. (2004). Purpose in life, satisfaction with life, and suicide ideation in a clinical sample. In: *Journal of Psychopathology and Behavioral Assessment*, 26 (2), 127–135

Helbig, H. (2020). Das Phänomen der Emergenz. In: Ders. *Welträtsel aus Sicht der modernen Wissenschaften. Emergenz in Natur, Gesellschaft, Psychologie, Technik und Religion.* Berlin: Springer, 667–739

Hogg, M. A., Kruglanski, A. & van den Bos, K. (2013). Uncertainty and the roots of extremism. In: *Journal of Social Issues*, 69 (3), 407–418

Holden, J. M. (2012). Aftermath: Counting the aftereffects of potentially spiritually transformative experiences. In: *Journal of Near-Death Studies*, 31 (2), 65–78

Horster, D. (2013). *Das Sokratische Gespräch in Theorie und Praxis.* Berlin: Springer

Joffrion, L. P. & Douglas, D. (1994). Grief resolution: Facilitating self-transcendence in the bereaved. In: *Journal of Psychosocial Nursing and Mental Health services*, 32 (3), 13–19

Johnson, D. D. & Fowler, J. H. (2011). The evolution of overconfidence. In: *Nature*, 477 (7364), 317

Johnson, J. J. (2010). Beyond a shadow of doubt: The psychological nature of dogmatism. In: *International Journal of Interdisciplinary Social Sciences*, 5 (3)

Kalender, A. (2020). *Kein Sinn – kein Problem? Sinnerfüllung als Burnoutrisiko? Ein kritischer Diskurs aktueller Sinnforschung aus der Perspektive originärer Logotherapie.* Abschlussarbeit. Bamberg: Akademie für Logotherapie im Elisabeth-Lukas-Archiv

Kazantzis, N., Fairburn, C. G., Padesky, C. A., Reinecke, M. & Teesson, M. (2014). Unresolved issues regarding the research and practice of cognitive behavior therapy: The case of guided discovery using Socratic questioning. In: *Behaviour Change*, 31 (1), 1–17

Khoury, B., Lecomte, T., Fortin, G., Masse, M., Therien, P., Bouchard, V. ... & Hofmann, S. G. (2013). Mindfulness-based therapy: a comprehensive meta-analysis. In: *Clinical Psychology Review*, 33 (6), 763–771

Kinnier, R. T., Kernes, J. L. & Dautheribes, T. M. (2000). A short list of universal moral values. In: *Counseling and Values*, 45 (1), 4–16

Kinnier, R. T., Metha, A. T., Keim, J. S. & Okey, J. L. (1994). Depression, meaninglessness, and substance abuse in "normal" and hospitalized adolescents. In: *Journal of Alcohol and Drug Education*

Kleftaras, G. & Psarra, E. (2012). Meaning in life, psychological well-being and depressive symptomatology: A comparative study. In: *Psychology*, 3 (04), 337

Kruglanski, A. W., Gelfand, M. J., Bélanger, J. J., Hetiarachchi, M. & Gunaratna, R. (2015). Significance quest theory as the driver of radicalization towards terrorism. In: *Resilience and resolve: Communities against terrorism*, 17–30

Lang, A., Goulet, C., Aita, M., Giguère, V., Lamarre, H., Perreault, E. (2001). Weathering the storm of perinatal bereavement via hardiness. In: *Death Studies*, 25 (6), 497–512

Längle, A. (1995). Logotherapie und Existenzanalyse – eine begriffliche Standortbestimmung. In: *Existenzanalyse*, 1, 8

Längle, A. (1998). Zur ontologischen und existentiellen Bestimmung von Sinn. Analyse und Weiterführung des logotherapeutischen Sinnverständnisses. In: Csef, H. (Hrsg.) (1998). *Sinnverlust und Sinnfindung in Gesundheit und Krankheit: Gedenkschrift zu Ehren von Dieter Wyss.* Würzburg: Königshausen & Neumann

Längle, A. (2003). Wertberührung – Bedeutung und Wirkung des Fühlens in der existenzanalytischen Therapie. In: Längle, A. (Hrsg.) *Emotion und Existenz.* Wien: WUV-Facultas, 49–76

Längle, A. (2009). Das eingefleischte Selbst. In: *Existenzanalyse*, 26 (2)

Längle, A. (2012). *Erfüllte Existenz: Entwicklung, Anwendung und Konzepte der Existenzanalyse.* Wien: Facultas

Längle, A. (2014). Psychotrauma und Trauer aus phänomenologischer und existenzanalytischer Sicht. In: *Leidfaden*, 3 (1), 4–7

Längle, A. (2016). *Existenzanalyse. Existentielle Zugänge der Psychotherapie.* Wien: Facultas

Längle, A. (2016). Sich berühren lassen. Vom Zusammenspiel von Werten und Gefühlen in der existenziellen Psychotherapie. In: *Persönlichkeitsstörungen*, 20 (2), 115–126

Längle, A. (2019). History of Logotherapy and Existential Analysis. In: Van Deurzen, E., Längle, A., Schneider, K. J., Tantam, D. & Du Plock, S. (2019). *The Wiley World Handbook of Existential Therapy.* E. Craig (Ed.). Wiley Blackwell

Längle, S. (2003). Levels of operation for the application of existential-analytical methods. In: *European Psychotherapy*, 4 (1), 77–92

Le, T. N. (2011). Life satisfaction, openness value, self-transcendence, and wisdom. In: *Journal of Happiness Studies*, 12 (2), 171–182

Linville, P. W., Fischer, G. W. & Salovey, P. (1989). Perceived distributions of the characteristics of in-group and out-group members: Empirical evidence and a computer simulation. In: *Journal of Personality and Social Psychology*, 57 (2), 165

Lukas, E. (1971). *Logotherapie als Persönlichkeitstheorie.* Dissertation. Universität Wien

Lukas, E. (1972). In: Frankl, V. E. (1982). *Der Wille zum Sinn. Ausgewählte Vorträge über Logotherapie.* Bern: Hans Huber (3. Auflage)

Lukas, E. (2004). *Lehrbuch der Logotherapie. Menschenbild und Methoden.* München: Profil (4. Auflage)

Lukas, E. (2006). *Spirituelle Psychologie. Quellen sinnvollen Lebens.* München: Kösel (5. Auflage)

Lukas, E. (2008). *Den ersten Schritt tun. Konflikte lösen, Frieden schaffen.* München: Kösel

Lukas, E. (2014). *Vom Sinn des Augenblicks. Hinführung zu einem erfüllten Leben.* Kevelaer: topos plus

Lukas, E. (2015). *In der Trauer lebt die Liebe weiter.* München: Kösel (8. Auflage)

Lukas, E. (2016). *Einmal rund um die Sonne. Begleitende Gedanken für das ganze Jahr.* München: Neue Stadt

Lukas, E. (2016). The Pathogenesis of Mental Disorders: An Update of Logotherapy. In: Batthyány, A. (Hrsg.). *Logotherapy and Existential Analysis.* New York: Springer, 127–130

Lukas, E. (2018). *Auf den Stufen des Lebens. Bewegende Geschichten der Sinnfindung.* Kevelaer: topos premium

Lukas, E. (2019). *Frankl und Gott. Erkenntnisse und Bekenntnisse eines Psychiaters.* München: Neue Stadt

MacKenzie, M. J., Vohs, K. D. & Baumeister, R. F. (2014). You didn't have to do that: Belief in free will promotes gratitude. In: *Personality and Social Psychology Bulletin,* 40 (11), 1423–1434

Malik, F. In: *Malik Letter Nr. 12/2018 für Richtiges und Gutes Management,* St. Gallen/ Schweiz: Malik

Mamontov, V. D., Kozhevnikova, T. M. & Radyukova, Y. Y. (2014). Collectivism and individualism in modern Russia. In: *Asian Social Science,* 10 (23), 199

Marshall, M. (2013). *Healing Ministry: Experiences with Viktor E. Frankl's Logotherapy in Psychiatry, Psychology, Clinical Counselling, and Psychotherapy.* Ottawa: Ottawa Institute of Logotherapy

Martin, R. A., MacKinnon, S., Johnson, J. & Rohsenow, D. J. (2011). Purpose in life predicts treatment outcome among adult cocaine abusers in treatment. In: *Journal of Substance Abuse Treatment,* 40 (2), 183–188

Martijn, C., Tenbült, P., Merckelbach, H., Dreezens, E., & de Vries, N. K. (2002). Getting a grip on ourselves: Challenging expectancies about loss of energy after self-control. In: *Social Cognition,* 20 (6), 441–460

Mascaro, N. & Rosen, D. H. (2005). Existential meaning's role in the enhancement of hope and prevention of depressive symptoms. In: *Journal of Personality,* (4), 985–1014

McVeigh, J. (2016). *Ingeborg Bachmanns Wien 1946–1953.* Berlin: Insel Verlag

Mills, E. (2004). Cultivation of moral concern in Theravada Buddhism: Toward a theory of the relation between tranquility and insight. In: *Journal of Buddhist Ethics,* 11, 21–45

Mori, H. (2020). *Existenzanalyse und Logotherapie.* Wien: Facultas

Overholser, J. C. (2010). Psychotherapy according to the Socratic method: Integrating ancient philosophy with contemporary cognitive therapy. In: *Journal of Cognitive Psychotherapy,* 24 (4), 354–363

Peschl, M. F. & Batthyány, A. (Hrsg.). (2008). *Geist als Ursache? Mentale Verursachung im interdisziplinären Diskurs* (Vol. 2). Würzburg: Königshausen & Neumann

Pfost, K. S., Stevens, M. J. & Wessels, A. B. (1989). Relationship of purpose in life to grief experiences in response to the death of a signifcant other. In: *Death Studies,* 13 (4), 371–378

Ratzinger, J. (1982). *Auf der Suche nach dem Sinn. Ein Gespräch mit Ulrich Hommes.* Manuskript

Reitinger, C. (2018). *Zur Anthropologie von Logotherapie und Existenzanalyse: Viktor Frankl und Alfried Längle im philosophischen Vergleich.* Wiesbaden: Springer

Robinson, D. N. (1980). *Psychology and Law: Can Justice Survive the Social Sciences?* New York: Oxford University Press

Robinson, D. N. (2009). *Praise and Blame: Moral Realism and its Applications* (Vol. 54). Princeton: Princeton University Press

Rominger, R. A. (2009). Exploring the integration of near-death experience aftereffects: Summary of findings. In: *Journal of Near-Death Studies,* 28 (1), 3–34

Rottschaefer, W. A. (1999). Moral learning and moral realism: How empirical psychology illuminates issues in moral ontology. In: *Behavior and Philosophy,* 19–49

Sachdeva, S., Singh, P. & Medin, D. (2011). Culture and the quest for universal principles in moral reasoning. In: *International Journal of Psychology,* 46 (3), 161–176

Schnell, T. & Becker, P. (2007). *LeBe. Manual des Fragebogens zu Lebensbedeutungen und Lebenssinn.* Göttingen: Hogrefe

Schnell, T. (2008). Deutsche in der Sinnkrise. Ein Einblick in die Sinnforschung mit Daten einer repräsentativen Stichprobe. In: *Journal für Psychologie,* 16 (3)

Schnell, T. (2016). *Psychologie des Lebenssinns.* Berlin: Springer

Schulenberg, S. E. (2003). Psychotherapy and movies: On using films in clinical practice. In: *Journal of Contemporary Psychotherapy,* 33 (1), 35–48

Shaw, J. (2016). *Das trügerische Gedächtnis. Wie unser Gehirn Erinnerungen fälscht.* München: Wilhelm Heyne

Silveira, D. R. & Mahfoud, M. (2008). Contribuições de Viktor Emil Frankl ao conceito de resiliência. In: *Estudos de psicologia (Campinas),* 25 (4), 567–576

Singer, W. (2005). Das Gehirn – ein Orchester ohne Dirigent. In: *Max Planck Forschung,* 2, 15–18.

Sorg, E. (1991). *Lieblings-Geschichten. Die „Zürcher Schule" oder Innenansichten eines Psycho-Unternehmens.* Zürich: Weltwoche-ABC-Verlag

Spaemann, R. (1996). *Personen: Versuche über den Unterschied zwischen „etwas" und „jemand".* Stuttgart: Klett-Cotta

Spitzer, M. (2015). *Cyberkrank! Wie das digitalisierte Leben unsere Gesundheit ruiniert.* München: Droemer

Stengl, I. (2000). *Selbsterfahrung: Selbstbespiegelung oder Hilfe zum Erreichen der noetischen Dimension? Ein Beitrag zur neueren Diskussion in der Logotherapie und Existenzanalyse.* Dissertation. Rom: Università Pontificia Salesiana, Facoltà di Scienze dell'Educazione

Stillman, T. F. et al. (2010). Personal philosophy and achievement: Belief in free will predicts better job performance. In: *Social Psychological and Personality Science,* 1 (1), 43–50

Struch, N. & Schwartz, S. H. (1989). Intergroup aggression: Its predictors and distinctness from in-group bias. In: *Journal of Personality and Social Psychology,* 56 (3), 364

Svenson, O. (1981). Are we all less risky and more skillful than our fellow drivers? In: *Acta Psychologica*, 47 (2), 143–148

Thir, M. & Batthyány, A. (2016). The state of empirical research on logotherapy and existential analysis. In: *Logotherapy and Existential Analysis*. Cham: Springer, 53–74

Tweedie, D. J. (1963). *The Christian and the Couch: An Introduction to Christian Logotherapy*. Grand Rapids: Baker Book House

Tyrrell, B. J. (1999). *Christotherapy I: Healing Through Enlightenment*. Eugene, OR: Wipf and Stock Publishers

Tyrrell, B. J. (1999). *Christotherapy II: The Fasting and Feasting Heart*. Eugene, OR: Wipf and Stock Publishers

Van Deurzen, E., Längle, A., Schneider, K. J., Tantam, D. & Du Plock, S. (2019). *The Wiley World Handbook of Existential Therapy*. E. Craig (Ed.). Wiley Blackwell

Vohs, K. D. & Schooler, J. W. (2008). The value of believing in free will: Encouraging a belief in determinism increases cheating. In: *Psychological Science*, 19 (1), 49–54

Wang, M. C., Lightsey, O. R., Pietruszka, T., Uruk, A. C. & Wells, A. G. (2007). Purpose in life and reasons for living as mediators of the relationship between stress, coping, and suicidal behavior. In: *The Journal of Positive Psychology*, 2 (3), 195–204

Westerhof, G. J., Bohlmeijer, E. T., Van Beljouw, I. M. & Pot, A. M. (2010). Improvement in personal meaning mediates the effects of a life review intervention on depressive symptoms in a randomized controlled trial. In: *The Gerontologist*, 50 (4), 541–549

Wu, G., Feder, A., Cohen, H., Kim, J. J., Calderon, S., Charney, D. S. & Mathé, A. A. (2013). Understanding resilience. In: *Frontiers in Behavioral Neuroscience*, 7, 10

Zunke, C. (2012). *Kritik der Hirnforschung: Neurophysiologie und Willensfreiheit*. Berlin: Walter de Gruyter

PERSONENREGISTER

ÜBER DIE AUTOREN

Univ.-Prof. Dr. Alexander Batthyány, geb. 1971, ist der Direktor des Viktor-Frankl-Instituts in Wien und ist Inhaber des Viktor-Frankl-Lehrstuhls für Philosophie und Psychologie im Fürstentum Liechtenstein. Seit 2011 hält Batthyány die Professur für „Existentielle Psychologie" in Moskau. Er leitet das Viktor Frankl Forschungszentrum für theoretische Psychologie und personalistische Studien an der Pázmány-Péter-Universität in Budapest. Batthyány hat bei Elisabeth Lukas die dreijährige Ausbildung in Logotherapie absolviert. Er ist Autor und Herausgeber zahlreicher Fachpublikationen, die in zehn Sprachen übersetzt worden sind. Er hält Vorträge und Gastvorlesungen im In- und Ausland. Für seine Forschungsarbeiten wurde er u. a. als Ehrenmitglied in das Staatliche Psychologische Institut der Russischen Akademie in Moskau aufgenommen und erhielt den Presidential Award des Amerikanischen Viktor Frankl Instituts of Logotherapy (Dallas). Er lebt mit seiner Familie in Wien.

Univ.-Prof. h. c. Dr. Elisabeth Lukas, geb. 1942, ist Schülerin von Viktor E. Frankl. Sie spezialisierte sich auf die praktische Anwendung der von ihm begründeten Logotherapie, die sie methodisch weiterentwickelte. Ihre mehr als 30-jährige Erfahrung als Klinische Psychologin und approbierte Psychotherapeutin kam ihr bei ihrer Lehrtätigkeit auf Einladung von über 50 Universitäten zugute. Sie hat nicht nur Hunderten Patientinnen und Patienten Beistand und „Lebenshilfe" geleistet, sondern auch als Dozentin eine ganze Generation an logotherapeutischen Fachkräften ausgebildet. Ihre zahlreichen Vorträge sowie Publikationen in 18 Sprachen machten sie international bekannt. Ihr Werk ist mit der Ehrenmedaille der Santa-Clara-Universität in Kalifornien und mit dem Großen Preis des Viktor-Frankl-Fonds der Stadt Wien ausgezeichnet worden. 2014 verlieh ihr die Universität Moskau eine Ehrenprofessur. Sie lebt in Brunn am Gebirge.